老科学家学术成长资料采集工程丛书

钱塘江工程科学家群体传

李海静◎著

20 世纪 40-70 年代
多方案探寻 摸索中前行

20 世纪 80-90 年代
防治结合 开拓创新

21 世纪
科研与管理 继承与开拓

老科学家学术成长资料采集工程丛书

钱塘江工程
科学家群体传

李海静◎著

湖南科学技术出版社
中国科学技术出版社

图书在版编目（CIP）数据

钱塘江工程科学家群体传 / 李海静著. —长沙：湖南科学技术出版社；北京：中国科学技术出版社. 2024.9

（老科学家学术成长资料采集工程丛书）

ISBN 978-7-5710-2435-2

I. ①钱⋯ Ⅱ. ①李⋯ Ⅲ. ①钱塘江—水利工程—科学家—列传—中国 Ⅳ. ① K826.16

中国国家版本馆 CIP 数据核字（2023）第 161938 号

QIANTANG JIANG GONGCHENG KEXUEJIA QUNTI ZHUAN

钱塘江工程科学家群体传

著　　者：李海静

责任编辑：刘羽洁

责任美编：殷　健

出　　版：湖南科学技术出版社　中国科学技术出版社

发　　行：湖南科学技术出版社

社　　址：长沙市芙蓉中路一段 416 号泊富国际金融中心

网　　址：http://www.hnstp.com

湖南科学技术出版社天猫旗舰店网址：

　　　　　http://hnkjcbs.tmall.com

邮购联系：本社直销科 0731-84375808

印　　刷：长沙市雅高彩印有限公司

　　　　　（印装质量问题请直接与本厂联系）

厂　　址：长沙市开福区中青路 1255 号

邮　　编：410153

版　　次：2024 年 9 月第 1 版

印　　次：2024 年 9 月第 1 次印刷

开　　本：710mm×1000mm　1/16

印　　张：26.25

字　　数：387 千字

插　　页：4 页

书　　号：ISBN 978-7-5710-2435-2

定　　价：129.00 元

老科学家学术成长资料采集工程
专家委员会

老科学家学术成长资料采集工程
丛书组织机构

老科学家学术成长资料采集工程简介

　　老科学家学术成长资料采集工程（以下简称"采集工程"）是根据国务院领导同志的指示精神，由国家科教领导小组于 2010 年正式启动，中国科协牵头，联合中组部、教育部、科技部、工信部、财政部、文化部、国资委、解放军总政治部、中国科学院、中国工程院、国家自然科学基金委员会等 11 部委共同实施的一项抢救性工程，旨在通过实物采集、口述访谈、录音录像等方法，把反映老科学家学术成长历程的关键事件、重要节点、师承关系等各方面的资料保存下来，为深入研究科技人才成长规律，宣传优秀科技人物提供第一手资料和原始素材。

　　采集工程是一项开创性工作。为确保采集工作规范科学，启动之初即成立了由中国科协主要领导任组长、12 个部委分管领导任成员的领导小组，负责采集工程的宏观指导和重要政策措施制定，同时成立领导小组专家委员会负责采集原则确定、采集名单审定和学术咨询，委托科学史学者承担学术指导与组织工作，建立专门的馆藏基地确保采集资料的永久性收藏和提供使用，并研究制定了《采集工作流程》《采集工作规范》等一系列基础文件，作为采集人员的工作指南。截至 2021 年 8 月，采集工程已启动 592 位科学家的学术成长资料采集项目，获得实物原件资料 132922 件、数字化资料 318092 件、视频资料 443783 分钟、音频资料 527093 分钟，具有重要的史料价值。

采集工程的成果目前主要有三种体现形式，一是建设"中国科学家博物馆网络版"，提供学术研究和弘扬科学精神、宣传科学家之用；二是编辑制作科学家专题资料片系列，以视频形式播出；三是研究撰写客观反映老科学家学术成长经历的研究报告，以学术传记的形式，与中国科学院、中国工程院联合出版。随着采集工程的不断拓展和深入，将有更多形式的采集成果问世，为社会公众了解老科学家的感人事迹，探索科技人才成长规律，研究中国科技事业的发展历程提供客观翔实的史料支撑。

总序一

中国科学技术协会主席　韩启德

老科学家是共和国建设的重要参与者，也是新中国科技发展历史的亲历者和见证者，他们的学术成长历程生动反映了近现代中国科技事业与科技教育的进展，本身就是新中国科技发展历史的重要组成部分。针对近年来老科学家相继辞世、学术成长资料大量散失的突出问题，中国科协于2009年向国务院提出抢救老科学家学术成长资料的建议，受到国务院领导同志的高度重视和充分肯定，并明确责成中国科协牵头，联合相关部门共同组织实施。根据国务院批复的《老科学家学术成长资料采集工程实施方案》，中国科协联合中组部、教育部、科技部、工业和信息化部、财政部、文化部、国资委、解放军总政治部、中国科学院、中国工程院、国家自然科学基金委员会等11部委共同组成领导小组，从2010年开始组织实施老科学家学术成长资料采集工程。

老科学家学术成长资料采集是一项系统工程，通过文献与口述资料的搜集和整理、录音录像、实物采集等形式，把反映老科学家求学历程、师承关系、科研活动、学术成就等学术成长中关键节点和重要事件的口述资料、实物资料和音像资料完整系统地保存下来，对于充实新中国科技发展的历史文献，理清我国科技界学术传承脉络，探索我国科技发展规律和科技人才成长规律，弘扬我国科技工作者求真务实、无私奉献的精神，在全社会营造爱科学、学科学、用科学的良好氛围，是一件很有意义的事情。采集工程把重点放在年龄在 80 岁以上、学术成长经历丰富的两院院士，以及虽然不是两院院士、但在我国科技事业发展中作出突出贡献的老科技工作者，充分体现了党和国家对老科学家的关心和爱护。

自 2010 年启动实施以来，采集工程以对历史负责、对国家负责、对科技事业负责的精神，开展了一系列工作，获得大量反映老科学家学术成长历程的文字资料、实物资料和音视频资料，其中有一些资料具有很高的史料价值和学术价值，弥足珍贵。

以传记丛书的形式把采集工程的成果展现给社会公众，是采集工程的目标之一，也是社会各界的共同期待。在我看来，这些传记丛书大都是在充分挖掘档案和书信等各种文献资料、与口述访谈相互印证校核、严密考证的基础之上形成的，内中还有许多很有价值的照片、手稿影印件等珍贵图片，基本做到了图文并茂，语言生动，既体现了历史的鲜活，又立体化地刻画了人物，较好地实现了真实性、专业性、可读性的有机统一。通过这套传记丛书，学者能够获得更加丰富扎实的文献依据，公众能够更加系统深入地了解老一辈科学家的成就、贡献、经历和品格，青少年可以更真实地了解科学家、了解科技活动，进而充分激发对科学家职业的浓厚兴趣。

借此机会，向所有接受采集的老科学家及其亲属朋友，向参与采集工程的工作人员和单位，表示衷心感谢。真诚希望这套丛书能够得到学术界的认可和读者的喜爱，希望采集工程能够得到更广泛的关注和支持。我期待并相信，随着时间的流逝，采集工程的成果将以更加丰富多样的形式呈现给社会公众，采集工程的意义也将越来越彰显于天下。

是为序。

总序二

中国科学院院长　白春礼

　　由国家科教领导小组直接启动，中国科学技术协会和中国科学院等12个部门和单位共同组织实施的老科学家学术成长资料采集工程，是国务院交办的一项重要任务，也是中国科技界的一件大事。值此采集工程传记丛书出版之际，我向采集工程的顺利实施表示热烈祝贺，向参与采集工程的老科学家和工作人员表示衷心感谢！

　　按照国务院批准实施的《老科学家学术成长资料采集工程实施方案》，开展这一工作的主要目的就是要通过录音录像、实物采集等多种方式，把反映老科学家学术成长历史的重要资料保存下来，丰富新中国科技发展的历史资料，推动形成新中国的学术传统，激发科技工作者的创新热情和创造活力，在全社会营造爱科学、学科学、用科学的良好氛围。通过实施采集工程，系统搜集、整理反映这些老科学家学术成长历程的关键事件、重要节点、学术传承关系等的各类文献、实物和音视频资料，并结合不同时期的社会发展和国际相关学科领域的发展背景加以梳理和研究，不仅有利于深入了解新中国科学发展的进程特别是老科学家所在学科的发展脉络，而且有利于发现老科学家成长成才中的关键人物、关键事件、关键因素，探索和把握高层次人才培养规律和创新人才成长规律，更有利于理清我国科技界学术传承脉络，深入了解我国科学传统的形成过程，在全社会范围内宣传弘扬老科学家的科学思想、卓越贡献和高尚品质，推动社会主义科学文化和创新文化建设。从这个意义上说，采集工程不仅是一项文化工程，更是一项严肃认真的学术建设工作。

中国科学院是科技事业的国家队，也是凝聚和团结广大院士的大家庭。早在1955年，中国科学院选举产生了第一批学部委员，1993年国务院决定中国科学院学部委员改称中国科学院院士。半个多世纪以来，从学部委员到院士，经历了一个艰难的制度化进程，在我国科学事业发展史上书写了浓墨重彩的一笔。在目前已接受采集的老科学家中，有很大一部分即是上个世纪80、90年代当选的中国科学院学部委员、院士，其中既有学科领域的奠基人和开拓者，也有作出过重大科学成就的著名科学家，更有毕生在专门学科领域默默耕耘的一流学者。作为声誉卓著的学术带头人，他们以发展科技、服务国家、造福人民为己任，求真务实、开拓创新，为我国经济建设、社会发展、科技进步和国家安全作出了重要贡献；作为杰出的科学教育家，他们着力培养、大力提携青年人才，在弘扬科学精神、倡树科学理念方面书写了可歌可泣的光辉篇章。他们的学术成就和成长经历既是新中国科技发展的一个缩影，也是国家和社会的宝贵财富。通过采集工程为老科学家树碑立传，不仅对老科学家们的成就和贡献是一份肯定和安慰，也使我们多年的夙愿得偿！

鲁迅说过，"跨过那站着的前人"。过去的辉煌历史是老一辈科学家铸就的，新的历史篇章需要我们来谱写。衷心希望广大科技工作者能够通过"采集工程"的这套老科学家传记丛书和院士丛书等类似著作，深入具体地了解和学习老一辈科学家学术成长历程中的感人事迹和优秀品质；继承和弘扬老一辈科学家求真务实、勇于创新的科学精神，不畏艰险、勇攀高峰的探索精神，团结协作、淡泊名利的团队精神，报效祖国、服务社会的奉献精神，在推动科技发展和创新型国家建设的广阔道路上取得更辉煌的成绩。

总序三

中国工程院院长　周　济

　　由中国科协联合相关部门共同组织实施的老科学家学术成长资料采集工程，是一项经国务院批准开展的弘扬老一辈科技专家崇高精神、加强科学道德建设的重要工作，也是我国科技界的共同责任。中国工程院作为采集工程领导小组的成员单位，能够直接参与此项工作，深感责任重大、意义非凡。

　　在新的历史时期，科学技术作为第一生产力，已经日益成为经济社会发展的主要驱动力。科技工作者作为先进生产力的开拓者和先进文化的传播者，在推动科学技术进步和科技事业发展方面发挥着关键的决定的作用。

　　新中国成立以来，特别是改革开放 30 多年来，我们国家的工程科技取得了伟大的历史性成就，为祖国的现代化事业作出了巨大的历史性贡献。两弹一星、三峡工程、高速铁路、载人航天、杂交水稻、载人深潜、超级计算机……一项项重大工程为社会主义事业的蓬勃发展和祖国富强书写了浓墨重彩的篇章。

　　这些伟大的重大工程成就，凝聚和倾注了以钱学森、朱光亚、周光召、侯祥麟、袁隆平等为代表的一代又一代科技专家们的心血和智慧。他们克服重重困难，攻克无数技术难关，潜心开展科技研究，致力推动创新发展，为实现我国工程科技水平大幅提升和国家综合实力显著增强作出了杰出贡献。他们热爱祖国，忠于人民，自觉把个人事业融入到国家建设大局之中，为实现国家富强而不断奋斗；他们求真务实，勇于创新，用科技为中华民族的伟大复兴铸就了辉煌；他们治学严谨，鞠躬尽瘁，具有崇高的科学精神和科学道德，是我们后代学习的楷模。科学家们的一生是一本珍贵的教科书，他们坚定的理想信念和淡泊名利的崇高品格是中华民族自强不息精神的宝贵财富，永远值得后人铭记和敬仰。

通过实施采集工程，把反映老科学家学术成长经历的重要文字资料、实物资料和音像资料保存下来，把他们卓越的技术成就和可贵的精神品质记录下来，并编辑出版他们的学术传记，对于进一步宣传他们为我国科技发展和民族进步作出的不朽功勋，引导青年科技工作者学习继承他们的可贵精神和优秀品质，不断攀登世界科技高峰，推动在全社会弘扬科学精神，营造爱科学、讲科学、学科学、用科学的良好氛围，无疑有着十分重要的意义。

中国工程院是我国工程科技界的最高荣誉性、咨询性学术机构，集中了一大批成就卓著、德高望重的老科技专家。以各种形式把他们的学术成长经历留存下来，为后人提供启迪，为社会提供借鉴，为共和国的科技发展留下一份珍贵资料。这是我们的愿望和责任，也是科技界和全社会的共同期待。

周济

序

2010 年，由中国科学技术协会牵头，联合十二部委共同实施的"老科学家学术成长资料采集工程"（下文简称"采集工程"）正式启动。这是一项抢救性工程，旨在通过口述访谈、实物采集、录音录像等方法，把反映老科学家学术成长历程的关键事件、重要节点、师承关系等方面的资料保存下来，为深入研究科技人才成长规律、宣传优秀科技人物提供第一手素材。2016 年，中国科学技术大学申报的"钱塘江治理工程科技群体采集项目"有幸入选老科学家采集工程，由此开启了针对近现代钱塘江河口防治工程的系统研究工作。

在项目推进过程中，项目组取得浙江省水利厅、浙江省钱塘江管理局、浙江省水利河口研究院等机构和专家的大力支持。在系统梳理近现代以来钱塘江防治工程历史脉络的基础上，对亲历防治工程的老专家、老领导及一线技术人员展开口述访谈。历经多年努力，采集工作取得丰硕成果，除获取大量口述访谈音、视频资料外，还收集整理了散落在专家手中的大批档案资料，涉及证书证件、手稿、照片、信件、图纸等，这是从科技史视角对钱塘江防治工程的首次系统收集、整理与研究工作。为钱塘江防治史研究奠定了坚实基础，为流域治理史和强潮河口防治史研究开拓了新的研究方向和研究内容。

2017 年 3 月,"钱塘江治江历程的回顾与展望座谈会"暨"钱塘江科技群体学术资料采集工程研讨会",在美丽的西子湖畔召开。此次会议得到了"老科学家学术成长资料采集工程"领导小组的大力支持。时任中国科协党组成员、书记处书记王春法,时任中国科协创新战略研究院院长罗晖,时任中国科协调宣部副部长王挺,以及采集工程首席专家张藜教授等相关专家与领导莅临会议并发表讲话。会议特别邀请了亲历钱塘江治理工程的三代新、老技术专家代表共话治江历程。作为老一辈技术专家代表的戴泽蘅、李光炳、陈绍沂、韩曾萃(韩总)、周潮生、余祈文等参会,其中韩总做了题为《近 60 年钱塘江河口治理过程及其成效》的学术报告。作为项目负责人,我做了《钱塘江工程科技群体学术成长资料采集项目进展汇报》,介绍了项目的实施情况。同时,项目组制作了《钱塘江与我们——钱塘江百年治江历程》展览,图文并茂地展示了百年钱塘江的防治历史。会上,老一辈专家代表戴泽蘅与韩曾萃更是慷慨捐赠了他们的手稿、书信、勋章等珍贵治江实物资料,这些宝贵的资料将被中国科学家博物馆永久收藏,成为研究钱塘江治理历史与文化的宝贵财富。

钱塘江的治理开发工作,实测数据资料积累丰富,分析研究手段完备,综合治理成效显著,在我国河口治理领域中尚无先例可循,于世界河口治理范畴内亦独具特色,被国内外学术同行誉为"世界强潮河口治理成功之典范"。

此次采集工作获取史料丰富、访谈对象涉及面广且全面、研究内容较系统,本书中有系统体现。该项工作不仅具有较高学术价值,也具有极高的展示和展览价值,特别是挖掘和总结的钱塘江防治成效和水利人精神,不但显示了浙江省委、省政府带领浙江人民取得的水利工作巨大成效和在此过程中形成的"忠诚奉献 科学务实 勇立潮头"的水利精神,也是共和国成立以来党领导水利建设历史性成效及水利精神的一个缩影,具有特殊的历史意义和现实意义。

我们要感谢中国科学技术协会、中国科技史学会能为此课题立项,并给予持续的指导和帮助,作为项目负责人,我深感荣幸。这项工作让我们有幸见证和记录这段难能可贵的历史。受钱塘江治理工程的老科学家委托，我们也要转达他们对中国科学技术协会的一份谢意，感谢他们启动这样的工程并对本项目给予支持，使几代钱江治理者的奋斗历史可以留存并彰显于世，也希望这些材料能对后世水利工作有所启迪。还要特别感谢浙江省水利厅、浙江省水利河口研究院、浙江省钱塘江流域中心（浙江省钱塘江管理局）等相关厅局、单位及其领导、职工对本项目给予的大力支持和帮助。当然，也要感谢众多过去参与或现在正在从事钱塘江治理工作的专家及其家属的支持和配合，也祝愿他们身体健康、万事如意！

中国科学技术大学人文与社会科学学院教授、执行院长

2023 年 2 月 23 日

1957年苏联专家考察钱塘江海塘

1963年接待来杭州考察的日本专家

1981 年 3 月 22 日 老专家在老盐仓坝坝头围堤上考察钱塘江海塘

1982 年韩曾萃陪同剑桥大学教授于海宁观钱塘江大潮

1984年韩曾萃陪瑞典专家参观试验室

1985年1月美国衣阿华大学肯尼迪教授参观考察钱塘江防治工程

20 世纪 90 年代冯世京陪同徐洽时考察河流

目　录

图片目录

导　言

钱塘江原名浙江、之江、罗刹江。浙江省因这条母亲河而得名，同时这条河流也孕育了"勇立潮头"的浙江精神。千百年来，杭州及沿线城市的发展与钱塘江流域治理密切相关。现仍矗立于宝石山上的秦始皇拴船石，记录了"水波恶"的钱塘江曾直达宝石山下，那时尚无西湖。东晋刘道真在《钱塘记》中留下了华信筑塘的最早记录。《水经注》卷四十引《钱塘记》曰："防海大塘在县东一里许。郡议曹华信家议立此塘以防海水，始开募有能致一斛土者，即与钱一千。旬月之间，来者云集，塘未成而不复取，于是载土石者皆弃而去，塘以之成，故改名钱塘焉。"自此，开启了钱塘江沿线筑塘御潮的历史。伴随着现代水利科技的发展，受过专业训练的水利人不再满足于被动修筑海塘这一防御措施，而是积极探求钱塘江治本之策，开启了钱塘江以"治"代"防"的新历程。新中国成立后，面对多变的江道、持续发生的坍江，水利科技工作者多方探求治江之策，形成了多个治江方案和理念。在"老科学家学术成长资料采集工程"的支持下，课题组对从事钱塘江防治工程的亲历者展开了口述访谈，并将访谈内容整理成此书，以记录水利科技工作者曾经的努力和付出。河湖安澜，则民安国兴。

2016年，"钱塘江治理工程科技群体采集项目"获中国科协组织的"老科学家学术成长资料采集工程"的资助和支持，2019 年，以资料收集整理为主体的一期采集工作完成，并获得结题验收。此阶段，共收集整理实物原件 1311 件，合计 10 811 页；完成档案数字化资料 687 件，合计 8813 页；老专家向采集工程捐赠原件 1190 件；访谈专家 20 余位，录音、录像资料 1 万余分钟，已发表访谈文章 17 篇。这是从史学角度对钱塘江治理工程进行的首次系统梳理工作，获得了大量稀见的一手史料，为未来开展钱塘江治理史研究奠定了良好基础。

本书是"钱塘江治理工程科技群体采集项目"系列成果之一，对亲历钱塘江防治工程的参与者展开系列口述访谈，分多个层面展开系统阐述。这里既有决策者，也有规划与设计者，更有一线工程技术人员。同时，通过追忆的方式记录了逝者曾经的工作，以事实为基础，听亲历者讲述这条"恶龙"的治理过程，以记录和还原大型流域综合治理工程不为大众所了解的历史细节。时光荏苒，已有多位亲历者相继离世，更显此项工作的抢救性价值和意义。众多国内水利专家为钱塘江防治工程的开展贡献了智慧和力量，很多先生已仙逝或限于年事已高无法开展访谈，他们为钱塘江所做贡献应被记住，在此以"记"的形式加以记录。"记"的内容来自间接访谈或一手档案史料、日记等。作为后辈，笔者以真实记录再次展现逝者生平工作，不加任何个人评价，必要时仅作史料和史实补充说明。

整体篇章布局以时间为纵轴，同时兼顾亲历者所处工作岗位，从不同岗位亲历者视角讲述钱塘江防治故事，全面系统还原中华人民共和国成立以来治江过程和历史全貌。本书共分为五个篇章：第一篇章为"摸索中前行 多方案探寻"，主要介绍 20 世纪 40—70 年代参与和主导治江工程开展的技术专家对工程建设规划的回忆与讲述；第二篇章为"防治结合 开拓创新"，主要介绍 20 世纪 80—90 年代技术专家主导下的治江工程，及由此衍生的社会服务功能的提升；第三篇章为"技术应用始建 一线施工建设"，主要介绍参与一线工程施工的技术专家亲历的治江故事；第四篇章为"探寻自然奥妙 解码自然涌潮"，主要介绍 21 世纪以来钱塘江治理和科研工作的新进展；第五篇章为"科研与管理 继承与开拓"，主要介绍浙江省水利厅、浙江省钱塘江流域管理中心（浙江省钱塘江管理局）和浙江省水利河口研究院多位领导者所亲历的钱塘江治理工程及由此所带来的单位发展与改革转型契机。

本项目的开展和执行过程中，得到了中国科学技术大学石云里教授、北京大学张藜教授的多方支持和学术指导，在此深表感谢！老专家韩曾萃竭尽所能，有求必应，给予项目组无私的支持、帮助和学术指导，深表感谢！感谢老专家们及其家人的信任和支持！感谢戴骅先生的支持和帮助！

感谢前期项目组小伙伴的参与和付出，他们是：浙江大学王淼老师，浙江省水利河口研究院王申、黄君宝、孙德勇、朱勇。2019 年，在浙江省水利河口研究院院长基金的支持下，项目得以再次深入推进和全面开展，感谢浙江省水利河口研究档案室的老师们，他们是：张坚樑、介玠、何小敏。特别感谢《浙江水利科技》前副主编郎忘尤女士，创新性地开设访谈专栏，发表系列访谈文章。她的督促加快了访谈稿件整理的速度，使得个体视角下的钱塘江治理工程的历史细节得以向更广泛的大众呈现。还有我的学生，美丽的陈露琼，靠谱的贾伟凯，富有理想又擅长拍摄的彭自强。特别感谢浙江水利学会裴瑶女士的支持，她认真阅读本书初稿，并对文中错漏予以纠正。

感谢前辈的信任、领导们的支持！感谢大家的帮助和付出！

第一章
摸索中前行　多方案探寻

水利世家——记两代水利人：冯旦、冯世京父子

图1-1　1935年冯旦担任赤山湖工赈处工程师工作照

冯旦（1896—1967），男，江苏如皋人，水利专家。1917年，毕业于河海工程专门学校首届特科班。毕业后，相继于天津河工善后处、江苏省建设厅、江南旱灾工赈处、国民政府经济部、国民政府水利委员会、国民政府水利部驻赣闽浙区等机构任职。1946年，任浙江省海塘工程紧急抢修委员会主任，因抢险有功，获国民政府金质奖章。中华人民共和国成立后，历任华东军政委员会水利部农田水利处处长、中央水利部技术专员等职。

冯旦先生简介

冯旦于 1915 年考入河海工程专门学校，成为首届特科班学员，与汪胡桢[1]、须恺[2]、许心武[3]等成为同学。1917 年冯旦毕业后，曾任职江苏省立农业学校测量学教员。1917 年海河大水，急需专业技术人员，经许介忱[4]介绍，冯旦前往天津河工善后处负责流量测量工作。测量工作结束后，返回江苏，任职于江苏省建设厅。1934年，受江苏省建设厅沈百先厅长之命，赴江阴市处理顾山镇因荒圩壩所引发的地方械斗纠纷，并圆满解决。1935年江南旱灾，南京国民政府特成立江南旱灾工赈处，冯旦任赤山湖工赈处工程师，负责赤山湖（现为赤山湖湿地公园）地区水利建设。

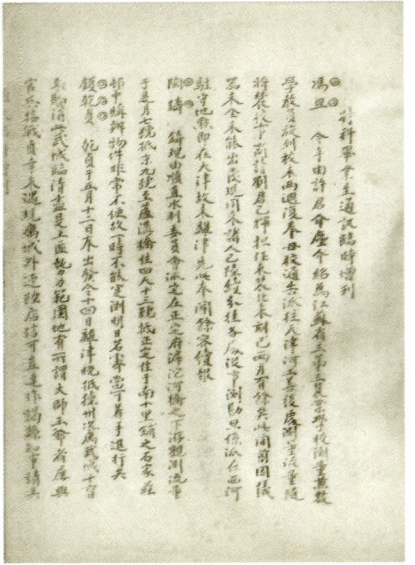

图 1-2　河海工程专门学校特科毕业生通讯临时增刊

1940—1949 年，冯旦任国民政府经济部、水利委员会、水利部驻赣闽浙区视察工程师。抗日战争时，钱塘江海塘疏于修护，多处坍溃成缺，咸潮侵入杭嘉湖平原，情况危急。抗日战争胜利后，经冯旦等积极向水利部反映实情，请得抢修经费。1946 年 4 月 17 日，浙江省政府成立浙江省海塘工程紧急抢修委员会；同年 5 月 5 日，成立浙江省海塘工程紧急抢修工程处，由水利部驻赣闽浙区视察工程师冯旦任总工程师（简称"总工"），主持抢修钱塘江两岸海塘工程。同年 5 月

---

① 汪胡桢，浙江嘉兴人，水利专家，中国科学院学部委员（院士）。
② 须恺，字君悌，江苏无锡人，中国水利学会的创始人之一。
③ 许心武，安徽歙县许村人，当代著名水利专家和教育家。1915 年考入河海工程专门学校特科班。
④ 即许介尘，时任河海工程专门学校教授。

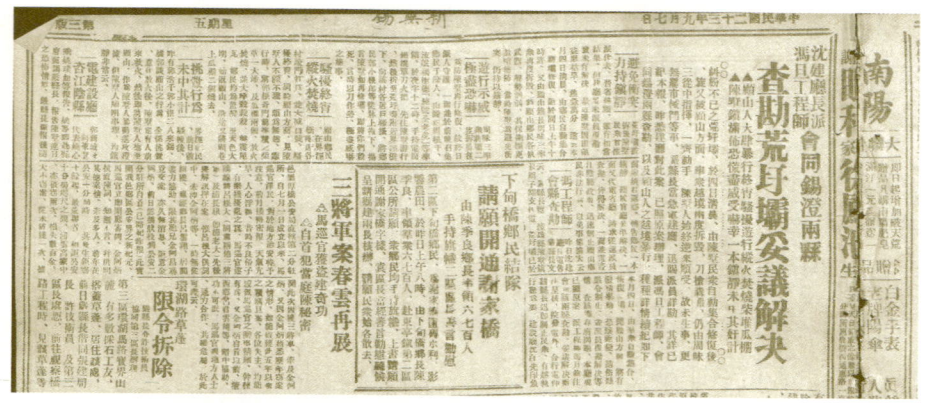

图 1-3　1934 年冯旦应江苏省建设厅厅长之命处理江阴市顾山镇荒圩塌墒所引发的地方械斗纠纷

图 1-4　20 世纪 40 年代修缮中的钱塘江古海塘
（图片由戴泽蘅提供）

10 日开工，8 月 10 日完工。南京国民政府水利部以其抢修海塘功绩卓著，特颁给冯旦金质水利勋章。

坍损的钱塘江海塘引起南京国民政府的关注，1946 年 8 月，命令浙江省政府成立钱塘江海塘工程局，任命茅以升为局长，汪胡桢为副局长兼总工程师，吴寿彭、邵福旿、冯旦、唐镇绪等四人为副总工程师，下设四处一室，冯旦兼任工程处处长至 1947 年。1948 年 2 月 28 日，冯旦被江苏省政府任命为江苏省北运河工程局副局长。1949 年后，冯旦历任华东军政委员会水利部农田水利处处长、中央水利部技术专员等职，自此搬至北京工作生活。在北京工作生活期间，致力于将所学服务社会。20 世纪 50 年代，国家大规模开展小型、中型水库建设，根据多年水利工作经验，他撰写了《小型水库的技术知识》一书，以满足技术人员不足情况下地方水库建设的现实需求，为地方水库建设提供技术指导。该书很薄，但非常实用，介绍了什么是小型水库、小型水库如何选址、水库建筑物（蓄水坝、溢洪道、放水建筑物）

等具体技术问题，同时指出小型水库建设应注意的事项。书中内容均为实践经验的总结，通俗易懂，易于非水利专业的建设者学习和使用。

在江苏工作期间，冯旦曾发表《修理洪湖大堤施工概况》《一年来工作之检讨》，登载于《江苏建设月刊》。在浙江工作期间，曾与孙寿培合撰《对于修复浙江海塘工程之研讨》一文，刊于《水利》月刊；《浙江水利视察报告》，发表于国民政府行政院水利委员会月刊 1944 年 1 卷 1 期。1956 年撰写出版《小型水库的技术知识》。

冯先生家人回忆 [①]

我是冯旦的长孙，小时候因患伤寒，爷爷把我接到上海治疗。5 岁时，爷爷调往北京工作，我就跟随爷爷奶奶去了北京。爷爷慈祥、和蔼但少言寡语，老人家平时在家里话也不多，只有大姑父来时说话才多些。记得有一次，爸爸到北京出差，抽空来看我们，奶奶为了让他和爷爷好好聊聊，就把我们带到另一间屋里。那天二姑也来了，进去和他们打招呼，出来后笑着对奶奶说："瞧这爷俩，在屋里相对而坐，一言不发，可真有点意思。"从记事起，爷爷就谆谆教导我要诚实做人、认真做事、专心学习。老人家对自己的往事则很少提起。

1967 年底，爷爷病逝。当时正值"大联合"时期，社会获得了短暂的平静，部里"支左"的军代表也参加了追悼会。爷爷不在了，我仿佛感觉身后参天大树轰然倒下。果然，没过多久爸爸和大姑各自从家里被抓走关进了"牛棚"，随后众亲友也相继受到冲击。这时奶奶才和我说起家里的陈年往事。

如皋本是鱼米之乡，早年在长江以北有"金如皋"之称。20 世纪 90 年代以前，祖宅位于如皋县（现今如皋市）钱家桥东河边 22 号。听奶奶说，我们的太爷爷是教书先生，家中没有田产，有的只是满屋子的书。除了古书外，我们的爷爷更感兴趣的是"声、光、电、化"，老人家对新知

---

① 说明：本部分内容由冯旦先生的长孙、冯世京之子冯平提供，以冯平先生第一人称的视角叙述。

识的求索有着强烈的愿望。如皋大多数人满足于生活的安逸，爷爷家境贫寒，又很想看看外面的世界，就跟随太爷爷一个做工程的朋友出去闯生活。因为年纪小，当时才14岁，就在测量队扶测量杆，边打工边自学。就这样学完了中学课程并有了些积蓄，为后来到河海工程专门学校读书做好了准备。

在爷爷治理北京永定河时，奶奶也跟去了，爸爸就出生在永定河畔的三家店。从事水利事业的人多数需要在野外工作，风餐露宿，不仅辛苦，而且危险，受伤是经常的事。每次看到爷爷负伤回家，奶奶很是心疼。为了让家人有一个稳定的生活环境，爷爷让奶奶带爸爸回了如皋。

爷爷有两个姐姐和一个弟弟，姐姐们分别嫁到了钱家和张家，弟弟后来跟随爷爷也从事了水利工作。我见过钱图南[①]，他是爷爷的表外孙，在协和医学院学了七年，后来曾在北京肿瘤医院工作。爷爷肿瘤晚期时他经常来家照顾。住在无锡和上海的张仕龙、张仕一是爷爷的外甥，张仕龙是爸爸的表兄，张仕一是表弟。听仕龙伯伯说，小时候他们每天要来向奶奶讨"早茶"（早点）钱，一大家子很是热闹。日本鬼子打到如皋，奶奶就带着一大家子逃难。听到鬼子还没进城，爸爸就潜回家中拿了些细软和必需品。看到大锅里的馒头和蹄髈，就每个都咬了一口，心里说："小鬼子，让你们吃！"为了维持生计，奶奶还摆过小摊。爷爷在外地工作很少在家，回来后总要了解孩子们的学习情况，爸爸功课最好，仕龙伯伯喜欢古文，不喜欢数学，因此经常会惹爷爷发怒。冯世新叔叔是爷爷的侄子，他参军以前一直住在我们家。

爷爷当时的薪水应该不低，奶奶说河上（镇）的一座水泥桥还是爷爷捐资修的。曾有人为还赌债，有200亩（一亩约为666.667平方米）沙田想请奶奶买下。奶奶问了爷爷，爷爷说："大笔财产留给子孙不一定是好事，还是供孩子读书为好，让他们自己长本事。"

爷爷有三子三女，爸爸和大姑读了大学，其他人上了高中。大姑当年参加了中国共产党组织的"学生运动"，为躲避国民党追捕去大别山参了

---

① 钱图南，主任医师，教授，1964年毕业于中国协和医学院。

军，并经常给二姑三姑和小叔叔写信，在她的影响下，他们也去参了军，后来都是以离休方式退出工作岗位。二叔叔早年因患肺病亡故。听他女儿懿德姐姐说，1980年后她得知二叔在抗战时期就参加了地下党。懿德姐姐长我三岁，她读到高中一直是爷爷供养的，后来她"支边"去了新疆。

图1-5　冯旦与家人合影（中间左起：冯旦、冯夫人；后排抱小孩者左起：冯世京、冯平）

爷爷的情况我大略知道的就是这些。

子承父业——冯世京的水利人生

访谈时间：2016年10月13日

访谈地点：冯世京家中

访谈人：李海静、王淼

访谈时长：120分钟

受访人：冯世京（1921—2019），男，江苏如皋人，高级工程师（简称"高工"），水利专家。1939年考入国立中央大学水利系，与戴泽蘅同班级，亦是连襟。1943年毕业后，先后在四川綦江水道工程局、江苏镇江运河复堤工程局、浙江省海塘紧急抢修工程处、浙江省钱塘江海塘工程局工作。中华人民共和国成立后，先后在浙江省水利厅、浙江省水利水电勘测设计院、浙江省水利厅科技处、水利厅科学技术委员会等单位任职。1956年加入中国共产党，历任浙江省水利水电勘测设计院第一届党委委员、副总工程师、副院长（主持工作）、浙江省水利厅科技处处长、水利厅科学

图 1-6　冯世京与儿媳任方合影
（2016 年 10 月 13 日访谈冯世京留影）

技术委员会副主任等职。1989 年退休后，仍在浙江省水利厅老龄委、省水利水电勘测设计事务所担任副主任和技术顾问。曾担任浙江省水力发电工程学会第一届理事会常任理事，第三届浙江省水利学会秘书长。冯世京为浙江水利事业奋斗了近 60 年，为水利事业发展作出了重要贡献。

访谈人（以下简称"访"）： 冯老先生您好！非常感谢您接受我们的访谈！想请您谈谈您几十年来从事水利工作经历。您现在身体不错，精神状态也很好。

冯世京（以下简称"冯"）： 我这么大年纪身体还这么好，是因为做水利工作。年轻时我们要到处走，全靠两条腿在跑路，身体得到了很好的锻炼，不像现在大家都有小汽车。我们施工的工地在临海、仙居等地，都是要靠走路过去。那时，觉得很正常，无所谓的。

访： 冯先生您能跟我们谈谈您的家庭情况吗？

冯： 我出生在北京，所以叫世京。自小我就跟着父亲、母亲到处跑。我的父亲毕业于河海工程专门学校，是首届学生。祖父母重视教育，父亲和姑姑们都读过书，都有文化。我的母亲邹绿宜出生在苏州的大家族，接受过教育。邹家出了两位比较知名的人物，分别是邹树文[1] 和邹秉文[2]。

我家有兄弟姐妹 6 人，前面 3 个是男孩，后面 3 个是妹妹。我们兄弟 6 人先后都加入了中国共产党。我是家中的长子，二弟去世较早，三弟和

---

[1] 邹树文，江苏省吴县人，昆虫学家。

[2] 邹秉文，字应崧，江苏省吴县人，我国杰出的近代农业教育家，中国早期高等农业教育奠基人，是周恩来口中的"东南三杰"之一。

3个妹妹成人后都选择了参军。大妹妹在浙江大学（简称"浙大"）毕业前夕就到革命根据地参加了革命。

小学时，母亲带我们回到如皋老家，我在如皋读书，直至初中一年级。我自小调皮。初中二、三年级，父亲将我送到了南通学习，学习成绩开始变好，并以第二名的成绩考取了南通中学。高中读了半年，抗日战争就爆发了。我随家人逃难回到如皋的乡下。一年后，我跟随几位生意人，通过封锁线来到上海阿姨家。在上海，进入已搬迁至上海的南通中学读高中三年级。1939年参加统考，考取了国立中央大学水利系。我独自走了近一年的时间，才来到位于重庆的中央大学柏溪分校。到校时，第一学期的课程都快要结束啦！此时，大一的新生都在这里学习，大二以后再转到沙坪坝总校区继续学习。

大一的课程主要是基础课程和复习课程。大二时，我到沙坪坝校区学习。当时学校有各种运动，我参与并组织了"学生自治会"，学习也就受到了影响，直到大学二年级之后我才开始认真读书。

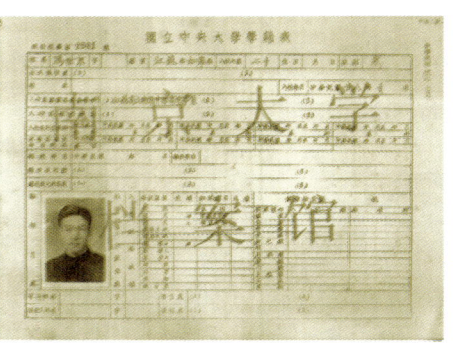

图1-7　冯世京大学档案

访：您当时考大学为什么选择水利专业？

冯：我的父亲是学水利的，所以选择了这个专业。

我们的老师有黄文熙、谢家泽、李二豪等，学校老师很优秀。当时，中央大学的校长是蒋介石，教务长是顾孟余。我毕业论文题目是有关渗漏问题，指导老师是李士豪[1]。

毕业后，需要我们自己找工作。我前往水利部，找到总工程师须恺进行自荐。须恺与父亲是同学，彼此之间很熟悉。这样我得到了一个机会，被派到导淮委员会下属的工程处工作，负责人是须先生的弟弟须田。随

---

① 李士豪，水利工程专家、教育家，大连理工大学土木工程系的创建者，高速水流问题研究的开拓者之一。

后，我被具体安排到位于綦江的工程现场工作。开始我在工地搞施工，工作一年多以后，我被调到导淮委员会总部的设计室工作。我向室主任提出参与现场测量工作的请求，在测量工作中提高了我的实践工作能力，对我的成长非常有益处。这次的测量实践为我 20 世纪 70 年代赴多哥共和国的援外水利建设工作奠定了坚实的基础，发挥了重要作用。

1945 年，抗日战争胜利后，我回到导淮委员会。单位派我到扬州运河工程局从事运河工程的相关工作，不过当时运河上没有实际工程项目在开展。1946 年，我回到杭州。当时，父亲正在负责海塘修筑工程，这里非常需要人，我就留下来工作。同时，我又介绍我的同学张克健、戴泽蘅来到这里工作，另一位同学黄蒲宪自己找到了水文站工作。这样我们四位同学都来到了钱塘江工作。

访：刚到杭州时，您主要做哪些工作？

冯：初到杭州，我被派到钱塘江海塘抢修工程处工程组工作，负责工程组的管理工作。那时，海塘的状况很差，三堡、四堡都是土塘，出现了很多缺口，抢修工程主要是在柴塘。

图 1-8　20 世纪 50 年代的柴塘
（图片由戴泽蘅提供）

当时，钱塘江工程属于国家工程，政府对此很重视，同时还获得了大量美援物资。在海塘修筑工程中我们使用了大批来自美国的木桩和大型机械设备。

一年后，抢修工程结束，父亲就离开了杭州，回到了原单位（江苏省）北运河工程局。因在海塘抢修工程中出色的表现，父亲获得了国民政府水利部颁发的水利金质奖章。1950 年 3 月，华东军政委员会成立水利部，地址位于上海愚园路 238 号，父亲被调到农田处任处长。1952 年华东军政委员会水利部被撤销后，父亲被派到北京的水利部工作。到北京后不久，父亲就病了。

1946 年，钱塘江海塘工程局成立，我仍留在工程组参与海塘工程抢修设计和施工工作。钱塘江海塘工程局成立时，茅以升任局长，汪胡桢任副局长兼总工程师。我与汪胡桢接触较多，他与父亲是同班同学。

1949 年 4 月，钱塘江海塘工程局被裁撤。1951—1952 年，我被派到新成立的钱塘江水利工程局盐平段工务处主持挑水坝修筑和块石斜坡塘修建工程。修建挑水坝是为了更好地保护海塘的安全。1953 年，我被调到浙江省水利局（厅）农水处做农田水利技术指导工作，当时钟世杰是处长。在农水处时，主要是深入地方察看水利建设情况。记得当时到绍兴调查，绍兴市水利局局长陪我一起看周边的海塘，他还会随身带枪防身。绍兴地处钱塘江南岸，当时沿线海塘保存状况还不错。其间，还做了温州温瑞平原的查勘和规划工作，以及车龙湖和白塔湖的排涝工程建设。这些工程在建成后都取得了良好的效果。

1956 年，浙江省水利厅成立浙江省水利水电勘测设计院，我被调到设计院担任规划室主任工程师，成为首任规划室主任，负责具体技术工作。1958 年，我参与编制全省水资源综合利用规划，这是一项涵盖全省水利、水电和航运的全面远景规划。1959—1963 年，作为规划室负责人，我参与了省重点大型水利建设项目，如长潭、横锦、石壁、青山等水库建设的设计施工和技术指导工作，使水库顺利建成并发挥效益。其间的 1961—1962 年，我又参与了全省水库防洪保安全工作，主编了浙江省分区暴雨数值表，并据此制定水库施工标准，使全省 30 余座大中型水库全部对标施工，从而避免了险情。1964—1965 年主持了百丈际电站的前期勘探工作，此后，又相继完成了甬江流域勘查规划和浦阳江治滩改田工程建设。

在"文革"期间，我和徐老（徐洽时）一起被关入设计院老楼的三角形楼梯间，那里当时被称为"牛棚"，我们在这个狭窄的空间里待了两年多，吃、住都在这里。

任方[①]：父亲很豁达。事实上，"文革"期间，父亲作为"反动学术权威"吃了很多苦，家庭也遭遇了很多磨难，但他从不记仇，也从不将这些事放在心上，始终保持豁达的生活态度。"一切都会好起来的"，这是父

---

① 任方，冯世京三子冯欣之妻，其父任奕岭，也是一位老水利人。

图1-9 20世纪90年代，与徐洽时一起考察河流（左起：冯世京、徐洽时）

亲常宽慰家人的话。父亲在平反后，又将全部热情投入水利事业。他一直告诉我们，水利工作是关系百姓生活的大事，不能出丝毫差错。

访：您在20世纪70年代主要从事哪些工作？

冯：因为浙江省有援外项目，缺一个总工程师，我从"牛棚"被解放出来。1971—1973年，我被任命为浙江省第一个援外水利工程——多哥共和国水利考察组的总工程师。我与同行的沈工程师到一线测量，克服重重艰险和困难，出色完成了当地水利工程选线工作，为中非友谊做出了重要贡献。

20世纪70年代，杭嘉湖排涝问题一直困扰着江苏、上海、浙江三地，每年召开的协调会议上，三方都会为此事而争吵。江苏、上海希望将涝水引入浙江，然后通过钱塘江排入外海。事实上为了防止咸水①入侵，20世纪70年代之前钱塘江北岸从未开过口子（即排水口）。因此，三方为此事一直争吵不休。我在海盐工作过很久，熟悉沿线情况，对沿线海塘也曾逐一走过、考察过，觉得澉浦附近可以开口子。这是因为澉浦附近前后有山，这样风浪不会打过来，不会存在咸水倒灌的现象，所以这里是一个较为合适的地点。这个想法得到了浙江水利厅的认可，省里向中央打报告申请资金支持。1977年7月，杭嘉湖南排工程澉浦长山闸动工兴建。这是几百年来钱塘江北岸首次在澉浦段开口子。1979年，长山闸建成，它有7孔，最大过水流量为871米³/秒。1980年8月，长山闸投入试运行，1984年1月通过验收，正式交付使用。建成后的长山闸效益显著，并荣获了国家优质工程银奖，特别是在1998年的特大洪水中，它充分发挥了泄洪作用。

---

① 指溶解有较多氯化钠和其他盐类物质的水，与淡水的概念相对。由于其口感咸涩，不适宜直接饮用或用于农业灌溉等。

1986 年，我在国际水资源协会举办的跨流域引水技术讨论会上，用英文宣读了自己撰写并发表的论文《钱塘江引水——宁绍平原水源的独特解决方案》，提出"浙江宁绍平原缺水只有从钱塘江引水来解决"的观点，受到国内外与会专家的好评。

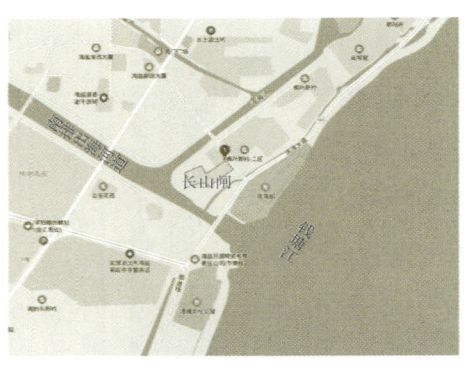

图 1-10　杭嘉湖南排工程长山闸出口
（图片由李海静制作）

任方：父亲在工作上敬业爱岗、清正廉洁、严于律己、勇于担当、甘于奉献，他两次获得省部级劳模称号，职称改革前被评为国家四级专家。在生活上，父亲更是安贫乐贱、朴素无求，与先去的母亲感情深厚，尤其是在母亲生病后，他衣不解带，尽心尽力日夜照顾。在儿女教育上，他言传身教，要求我们做事要以德为先，做人要以善为本。他们兄弟姐妹也秉承父志，在各自的工作岗位中都有所建树，取得了一定的成绩。

总结经验　多方参与探寻防治方案
——记马席庆工程师

前辈及同行评价

徐洽时先生评价 [1]

1906 年 10 月马席庆同志出生于河北省定县佛店东阜财村，1995 年 6 月 26 日因病逝世，终年 90 岁。1931 年马席庆同志毕业于天津国立北洋大

---

[1]　徐洽时. 序［C］// 钱塘江志编纂委员会. 马席庆文存——治理钱塘江［A］. 1995：1-2.

图 1-11 马席庆遗照

学土木系，在此后的近 60 年里长期从事水利工程技术工作。1948 年来浙江后，先后在钱塘江海塘工程局和浙江省水利水电勘测设计院担任设计科长、总工程师等技术领导职务。1988 年 1 月从浙江省水利水电勘测设计院退休。1993 年 10 月起享受政府特殊津贴。马席庆同志还担任过两届浙江省人大代表，两届浙江省政协委员，浙江省水利厅科学技术委员会委员，浙江省水利学会第二、三届副理事长。

马席庆同志在水利水电工程规划设计和施工技术方面经验丰富，造诣很深，尤其对海河、钱塘江等潮汐河流的整治有独特的见解。1950 年他在总结以往兴建挑水坝的经验教训基础上，倡导采用短坝密距挑水坝群的设计。这一构思被应用于钱塘江两岸的西兴、鲇鱼咀、七堡、七格、翁家埠、老盐仓、赭山湾等地，对钱塘江下游海塘和沪杭公路的保护发挥了重要作用。1952 年，他提出了钱塘江下游稳定江槽的初

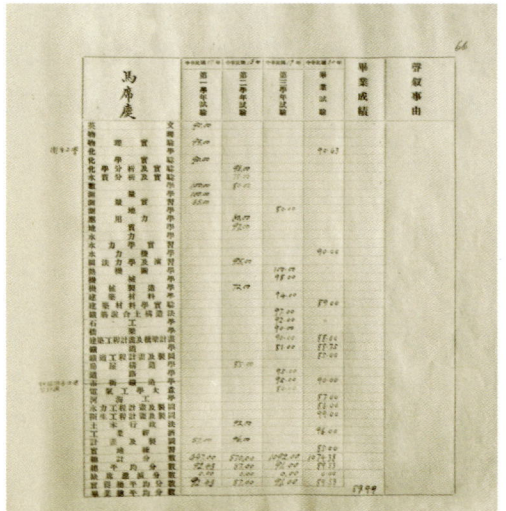

图 1-12 马席庆北洋大学成绩单

步设计，在该设计中明确提出必须改变过去"保塘不保滩、听任江流迂回冲荡于两岸海塘间"的治理策略。在当时水文和江道地形资料有限的条件下，他周密制定了杭州闸口至蜀山河段的稳定江槽设计。在规划原则上精辟地论述了治理钱塘江与治理普通潮汐河流的不同：一般潮汐河流如黄浦江和海河之治理，要求消减进潮阻力，加大潮量，以利航运；而治理钱塘

江的主要目的在于稳定江槽，制止坍岸，防止洪潮灾害，因而必须减少潮量；而减少潮量可以立即实施并见效的方式，唯有缩狭河床。他将治理钱塘江下游的方策，归纳为"保滩以保海塘，生滩以固坦水，缩狭江流，稳定江槽，减少潮量，进占围垦，并附带解决航运问题"。他在 40 多年前提出的这些规划思想，经过工程实践检验，被证明是完全正确的，并已取得巨大成效。

马席庆同志工作严谨，精益求精，诚恳直率，谆谆育人，深受广大工程技术人员的尊敬和爱戴。《钱塘江志》编纂委员会收集了他对治理钱塘江下游的 7 篇论述，选编了他审阅《钱塘江志》送审稿时撰写的若干回忆史料，汇集成册，拟作为一份珍贵的史料永久保存，便于后人查考。感编委会诚挚之心，应约乐为之序。

戴泽蘅、周潮生评价 [①]

马席庆同志是我省（浙江）水利科技界的老前辈、老专家，从事水利工作近 60 年。马老（马席庆）自 1948 年到浙江后，长期担任我省水利系统勘测设计部门的技术领导职务，为擘划我省各条江河与重大水利建设项目，献出了毕生的精力和智慧。他对钱塘江河口的治理有独到精辟的见解，早在 20 世纪 50 年代初期，他就从分析钱塘江潮汐动力、江岸崩坍、江流变迁等自然条件和总结过去海塘和挑水坝建设的经验教训入手，明确指出了钱塘江下游治理的主要目标在于固定泥沙、稳定江槽，这样才能有效地防止

图 1-13　1948 年陈文港海塘工地合影（前排左一：戴泽蘅；左二：吴又新；左三：陈昌龄；左四：马席庆）

---

① 戴泽蘅，周潮生. 后记［C］// 钱塘江志编纂委员会. 马席庆文存——治理钱塘江［A］. 1995：190-191.

洪患，附带地达到淤地和改善航运的目的。他又进而论述，治理钱塘江下游的主要目的在于稳定江槽，而稳定江槽在于缩狭河床，减少容潮量。他指出，潮量愈小则冲刷愈微，江岸越易保持，所以江槽断面应当尽量缩小，但必须足以排泄山洪；而低水流量时的航运，必须依赖于潮水的帮助，因而也应照顾一般潮汐河流治理的原则，向下游适当放宽。至于在制定江槽线路时，他主张在不影响将来航运的原则下，尽量任其弯曲，依赖其弯曲阻潮之力，消杀潮势，减少工程量。对于江槽具体线路的选择，主张尽量利用已有的丁坝、护岸工程设施和赭山、白虎山、蜀山等据点，这样不仅易于巩固，而且可节省工费。对于施工程序，他主张原则上自上游向下游延伸，先保住据点防止坍塌；但因水流变化不定，也应灵活掌握，不能拘泥不变。回顾钱塘江河口段缩狭江道工程的实施过程，已从杭州闸口推进到海宁新仓附近 60 余千米的河段，取得了显著成效。对照马老 40 多年前提出的这些规划原则和实施步骤，我们倍感亲切，对他早期的精辟论述和周密部署由衷钦佩。

马老在工作中一贯严谨认真，踏实细致，一丝不苟，经过他审阅的文件，自思想结构至每个数据、用词、标点符号，均细加推敲，予以核对改正。他去世一个月前，还仔细审阅了《钱塘江志》等稿件，写成了 4 万余字的咨询意见和建议。他个人的治学态度更是精益求精，直到耄耋之年仍然不断查阅科技文献，跟踪国内外最新的科技动态。他为人诚恳直率，刚正不阿，对晚辈谆谆教导，诲人不倦。马老的这些优良品德，留给了晚辈科技工作者一份宝贵的精神财富，是我们永远学习的榜样。我们怀着崇敬和怀念的心情，收集了马老关于钱塘江下游治理的论述、报告 6 份和若干回忆的史料，汇编成册供后人查考，并存档珍藏。谨以此告慰马老在天之灵。

马席庆所撰写的工程报告

关于湖南镇水库防洪要求问题

在乌溪江湖南镇水电站规划期间，关于其水库防洪要求方面，曾有过多次的争议。争议的结果对整个金衢平原、富春江以上干支流的水利开发产生了巨大深远的影响。

浙江省水利厅认为衢县附近，常山港、江山港、乌溪江三大水流汇集，衢县以下又有多条支流左右汇聚，对于金衢平原的洪水威胁实在太大；而衢县以下直到富春江的七里泷峡谷，衢江干流上没有适合修建蓄滞洪水水库的地址。所有沿衢江和大支流的两岸，几乎全是深厚的卵砾石，裸露或仅有浅薄砂质土铺盖。若完全依赖修筑堤防防洪，堤防的工程浩大艰巨，所费不赀。因此，在各支流修建水库工程时，要求各库能够拦蓄其控制流域面积内 20 年一遇的洪水，不使洪水下泄，以减轻金衢平原的洪水危害，降低平原堤防修筑的高度和困难。出于这个考虑，要求湖南镇水库要有停蓄其控制流域面积内 20 年一遇的防洪库容。上海华东水电设计院从水力发电的经济性角度出发，认为那样增加水电站的造价太多，不肯承担，但又找不到理由拒绝省水利厅的要求。于是，设计院采取纠缠的策略，要水利厅降低要求标准，一再向上级汇报请示，而省水利厅坚持原要求，不肯放松。当时，双方都无法拿出金衢平原以上河段全流域水利规划方案，而湖南镇水电站的建造亟待上马，不能等待流域综合规划方案的完成。在杭州会议上双方发生了多次争论。1958 年，新安江水力发电工程党委书记兼局长王醒召集省水利厅、省交通厅的部分技术人员在新安江水电站工地开会，这次会议由时任新安江工程局总工程师徐洽时主持，主要议题是讨论浙江省未来可能开展的大型水利工程项目。省水利厅厅长沈石如、省交通厅厅长张志飞参会，上海华东水电设计院再次争取到在会上讨论"湖南镇水电站建设"议题的机会。徐洽时表示同意省水利厅的意见。然而，在后续召开的"富春江水电站选坝会议"期间，设计院不顾新安江现场会议上徐总（徐洽时）所作的结论，利用参会人员均为水力发电人员的优势，再次挑起湖南镇水库防洪标准的争论。浙江省电力工业厅（简称"电力厅"）与会工程师大力附和，故意曲解省水利厅所提出的论据。现场争论相当激烈，最后此次会议主持人王醒以玩笑的口吻结束会议，没有给出正面结论。

再往后，省水利厅与省电力厅合并为省水利电力厅，王醒同志以省委委员的身份兼任厅长。湖南镇水库防洪要求问题就未再被提及。从此在衢江流域内，其他大中型水库的设计里，再也没有考虑到容纳其各自控制流域内 20 年一遇洪水的要求。

七堡枢纽工程计划始末回忆

江苏、浙江和上海作为全国经济最为发达的地区，电力需求尤为迫切，但缺乏原油、煤炭资源。浙江山地较多，水力资源比较丰富，因此开发水力发电，以充实动力，自占优先。新安江水电站成为最先兴建的大型水电站，也是形势发展的必然结果。新安江水电站开工后，汇集了当时来自全国各地的技术人员和设备，并购置了一大批新的施工装备。作为国家指定的第一个重点水力发电工程，它聚集了全国最强的水利施工力量。这份施工力量十分珍贵，浙江省愿意把这份施工力量留在省内，其施工人员也愿意留在"人间天堂"。于是在新安江水电站施工进行期间，人们就开始寻求可以留住这批施工力量继续工作的第二个重大水利工程。1958 年，王醒在新安江工地现场召集浙江省水利厅、浙江省交通厅部分技术人员开会，讨论浙江省内未来可能开展的大型水利工程项目。最初王醒是否接见过这些人员，我已记不清楚。关于这次集聚，当时是否有特定名称，我也不记得了。为了便于叙述，我现在就假定它为"省内可能大型水利工程设想组"吧。省水利厅派去参加会议的有冯世京、胡继贤、王鲁璠和马席庆四人，省交通厅也派去四人。新安江工程局派吴元猷一人参加会议并向王醒汇报了情况。王醒作出了指示，要求只凭五万分之一比例的陆军图，大胆设想，无须计算论证，只需绘出一张位置图，标出各个设想项目地点，并写上项目名称、目的等内容即可。

在这个设想工作中，我提出了一个杭州钱塘江水利枢纽工程的概念，该工程的主要目的是截引钱塘江清流，以灌溉下游两岸平原的大片土地。南岸的姚北平原灌溉水量严重缺乏；萧绍平原一直引钱塘江作为其水网的水源补充；而南沙地区没有水源。如果姚北平原河网蓄水后，南沙和萧绍平原缺水问题将更为严重。北岸的杭嘉湖平原向来只仰赖水网蓄水进行灌溉，虽然涝灾的影响远超过旱灾，但也有 1934 年的大旱导致河网枯竭，甚至渠底开设了茶肆的纪录。此外上塘河区常年水量不足，而北沙地区更没有灌溉水源。当时马席庆设想通过在雨季之前预降水网蓄水、预留滞涝库容的办法来解决杭嘉湖平原的涝灾问题。但为了预降水网水位，必须先有补充灌溉用水的保证。因此，保证灌溉补水成为解决涝灾的前提条件。钱塘江在闻家堰已近潮区的末端，潮汐的影响已较弱，而闻家堰江道最狭窄，其对岸上泗区一侧有适合施工的场地。因而我设想在闻家堰建一个水利枢纽工程，以解决两岸灌溉的问题，并实现与运河的沟通。

也许正是这个设想得到了浙江省领导和新安江工程局的注意，他们向中央领导进行了陈述，得到了中央领导的赞同。1959 年下半年，我被派去北京煤炭工业学院学习。总结考试期间，吴又新副厅长写信给我，要我放弃总结考试，立即返回杭州。他在信中提到，中央已经同意钱塘江杭州枢纽工程上马，让我立刻回杭州参加工作。我因考虑到学习的总结考试已在进行，再有几天就可圆满完成，直到学习结束我才回杭州。到杭州次日，刚到设计院报到，吴又新就带我到华侨饭店搞杭州枢纽工程工作。

当时，新安江工程局张先辰、交通厅副厅长张志飞、水利厅副厅长吴又新在华侨饭店各包下一个房间，会商工作在其中展开。我和随后调入的几位技术人员，包括张克健、戴泽蘅、李光炳等，就在吴又新的房间里工作。

张志飞提出枢纽位置改在七堡的方案，并与闻家堰方案进行了比较。计算结果是，在布局方便合理、经济以及交通连接等方面，七堡方案都优于闻家堰方案。然而，在对潮汐影响方面，七堡肯定大于闻家堰，因此在这方面闻家堰方案要优于七堡方案。但两地的影响性质相同，而在数量上当时难以拿出明显有说服力的数据来支持任何一方。最后决定将地址选在七堡，枢纽定名为"钱塘江七堡枢纽工程"。

枢纽工程排洪宽度参照大桥总跨度，增加了 100 米，以策安全；该工程包括船闸和一个小的水电试验站。对下游江道的治理参照 1952 年草绘的稳定江槽治导线方案。在华侨饭店房间内地板上，由马、吴、戴、李四人草绘了一张新的治导线图，延伸到澉浦。新治导线的扩展范围仍如 1952 年草绘的治导线，暂时采用天津海河规划的数据。新治导线错误地过分利用了老盐仓以至尖山的北岸已建海塘，致使长段老塘仍遭受潮水危害。那段江道直线过长，不利于江槽稳定。虽一再指出这一问题，但直到今天尚不能改正，深为歉疚。

就在进行枢纽位置比较、草拟设计大纲、绘制江道草图期间，新安江工程局人员已陆续调集杭州，在沈塘桥地区修建办公和生活房屋。枢纽决定改建在七堡以后，就在七堡对岸建造了大量的工棚、施工辅助工厂等。又调集水利厅、交通厅、新安江一批技术人员赶制初步设计图，华东水利学院教师带领一批学生也来参与。

这时，中央水利科学研究院（简称"中研院"）的方宗岱同志提出异议，主张在钱塘江下游封堵江口以代替七堡的方案。水利部刘澜波、张含英两位副部长协同中研院院长和方宗岱来杭州开会讨论，周建人省长也参加了这次会议。我们指出方宗岱的封堵江口方案有三大缺点：封堵枢纽下游淤沙堵塞严重；封堵枢纽上游将形成一广大浅滩，涂地无法淤成，不能开发种植；封堵工程艰巨，其设计施工没有经验，工程费用浩大，难以估算。部长们给出最后的结论，仍然采用七堡枢纽工程方案。1960年冬，张先辰局长去北京呈送初步设计方案，电召吴又新立即去京，说水利部钱正英副部长对工程又有异议。吴又新带我到北京后，钱部长和一位司长接见了张先辰、吴又新和我（马席庆）三人。钱部长认为：杭嘉湖平原涝灾是主要问题。她不认为预降水网水位、存滞涝水、解决灌溉水源等是预留涝水库容以解决涝灾的前提，坚持要先作出解除杭嘉湖平原涝灾的完整规划，指定吴又新负责。再对枢纽基础和相连新江道的大量土方需借水力冲刷的问题制订计划，先行确定"冲到哪里，怎样保证实施"，指定由张先辰负责。在这两个问题文件呈送审定以前，七堡枢纽工程停止进行。于是七堡枢纽完全停工。实际上，最主要的原因是时逢国家三年困难时期，经济困难，中央首长既已同意修建，钱部长只好借这两个实际难题收回成命。

这个时候，七堡工程局在华家池修建的房屋已经完成，办公室已有人搬去住，设计工作集中在研究杭嘉湖平原排涝问题上；七堡工地正在做收尾工作。又过了几个月，七堡工程局改为钱塘江治理工程局，接管了钱塘江河口的几个工程处；省水利厅、省交通厅调去人员则全调回原单位。

以上就是七堡枢纽工程上马、下马的概略经过。

从七堡枢纽兴办的目的、经过和计划内容来看，对钱塘江本身治理来说，它虽然也截堵了潮区尾梢一部分，但它没有像黄湾枢纽工程那样以封堵江口为目的，仍然在治江范畴之内。

七堡枢纽工程的兴办采用了边设计、边施工的方式，由此造成了损失，是一个惨痛的教训。我们应该详细写出其上马施工、下马实际过程及其造成的经济损失等情况，以供后人借鉴和反思。

对于乍浦筑坝工程，似乎在七堡枢纽工程设计里并没有专列此项，更没有"为乍浦建造潮汐电站创造条件"的意图。七堡枢纽工程设计中，确实有在枢纽拦江建筑中设一小型试验发电站，为以后较大规模潮汐水力发电站摸索经验的安排，但没有说以后潮汐电站就一定设在乍浦；其计划整治江道的部分是到澉浦为止。

七堡枢纽以下江道整治工作需要较长时间，枢纽本体的修建将较早完成，那样"闸下可能发生严重淤积，妨碍泄洪、排涝和通航"。但是七堡枢纽工程下马主要是时值三年经济困难时期，为了贯彻中央国民经济建设八字方针，其初步设计并未得到批复。以上为我（马席庆）所了解的情况。

关于 1952 年稳定江槽计划

对于 1952 年稳定江槽计划，当时印制数量很少，我个人留存的一本在"文化大革命（简称'文革'）"时遗失。就记忆所及，其整治原则除了"减少潮量"之外，似乎还有"减弱潮力"四字。

"在不影响航运的原则下，尽量任其弯曲"，这是杀减潮力的一个主要办法；"审慎规定治导线，不使其扩展度过大"，也是杀减潮力的一个主要措施。再者，保持河道适当弯曲是治理河道的一个基本原则。河流天性趋向弯曲，使河道适当弯曲是稳定河道所必需的，未有长直河段能够保持稳定。河道愈直，潮流阻力愈小，上溯的里程愈长，淤积愈重，涌潮愈为凶猛，涌潮危害愈大。

1952 年稳定江槽计划是在几段保滩护岸取得较好成果的基础上发展出来的。只要固住凹岸，不使其继续坍塌，则凹岸必将刷深，凸岸必将按照水流所需断面自行调整，不再需人为筑坝而自然淤涨。过早地围垦凸岸，将丧失利用江流自行调整的动力和机会。所谓"进占围垦"，是指在江道过宽、水无定槽地段（如当时七格以下的赭山湾一带）要采取的措施。在七格以上的凸岸当时并未筑坝，也未提倡围垦。

对于 1952 年稳定江槽计划，曾在华东水利部刘宠光部长来杭州时，经沈石如局长鼓动，由我在四堡工地当面呈递。浙江省水利局从没有正式批准过该计划，更没有正式向上级领导机关呈报过。据我所知，除"文化大革命"时期的黄湾枢纽和七堡枢纽初步设计被报送过以外，浙江省水利最高机关都没有正式批准过任何关于钱塘江治理的计划，因而也就从来都没有正式呈报过上级或中央领导机构。中央水利部某高级技术领导曾私下对浙江省水利技术领导吴又新说过："钱塘江河口问题特别复杂，研究还未达到让人足以信赖、满意的程度，中央水利技术人员无人敢正式批准其治理计划；只有在海塘岁修项目下，挤出费用逐步试作整治工程，取得有说服力的经验、把握，为人们理解后，才能作为专项工程得到中央的正式批准。"几十年来，钱塘江的整治工程正是在上述思想指引下，每年从海塘岁修经费中划拨费用，以不同项目的名义逐步摸索并开展实施。

翁家埠海塘坍倒的经过

当翁家埠以东滩地坍陷、老盐仓及其沿线多处海塘临水，坍塌还未十分凶猛之时，我们曾设计一组 5~7 条丁坝这些丁坝自临水的塘身处起，沿沙滩东边布置，坝头连成一条顺适海塘的曲线，希望能以此制止北沙东面继续坍塌。其中最下游的一丁坝已动工兴建，由田喜亭工程师负责进行。1953 年 3 月 16 日，我协同马培德同志乘吉普车去海盐视察（主要是考察敕海庙护塘丁坝群工程，但具体已记不清楚），归来时已晚，我们顺道去看田喜亭负责的工程，询问该处以西坍塌情况，田喜亭对于此并不了解。于是沿塘步行向上游查看，见长段海塘业已临水，原设计已失效用。忽有农民仓皇奔告，称其所住的草房内坍一大坑。当时该地大塘上建有不少农民草房，遂急奔而去，燃火查看。果然坑径约 1.5 米，下陷最深处约 1 米，我们知道情况已危急，连夜回杭向领导汇报。沈石如和吴又新全不在家，吴去了诸暨。于是向几个党员科长汇报，17 日上午由各党员科长召集技术人员前去查看，其坑已变得更大更深，草舍已拆去，甚至有个别梅花基桩漂出了塘外。胡继贤同志去塘顶下查看，见条石已经有新裂纹出现。运石船太少，又不愿赶来，知该处坍毁已不可避免，乃当场紧急布置，在险塘上下各修一土堤，连接大塘和备塘。当晚石塘[①]坍落，宽10余米，而潮水未淹没大片农田。18日省长谭启龙及省政府秘书长等前往现场视察，责问：为什么不早挖北沙？石塘前是否筑有坦水？有没有及早修补？接着召开紧急会议，组成翁家埠海塘抢修委员会，制订抢修计划，废止了防止北沙坍塌原设计，另行设计两组丁坝，全采取短坝密距原则，一组沿塘布置，自翁家埠至"积"字号，共29座丁坝挑流促淤，保护塘基，将田喜亭已抛部分丁坝列入其中；另一组丁坝9座，自下沙始坍点向下布置，坝长向下游依次增长，坝头连成一条曲线，和沿塘一组相接；期望通过挑流改变流势，制止北沙东面的坍塌。不久，河势变化，北沙东面坍塌重点下移到桶盘村以下，于是我们废去原定的9座丁坝计划，改在桶盘村抢筑1~3座丁坝。

在实施抢修期间，运石赶不上坍塌的速度，潮水愈大，坍塌愈速。沿塘丁坝来不及修筑，紧急时工人沿塘先抛块石以抢护塘基，稍后再修丁坝。而在北沙东面抢修桶盘三坝期间，在桶盘村以下至大塘之间发生了迅猛的坍塌，形成一个曲折的大湾。一大股潮流沿塘自东而西，再折向东南，与其他潮流相撞，因此，一连几个大潮在翁家埠涌高，超过塘顶，侵入翁家埠市区。翁家埠施工人员住所院内被潮水涌入，深及数寸。通常施工者住在草棚，大潮来时潮水涨至床上，工人们不得不将铺盖卷（被褥）吊在屋梁上；抢险所备的柴草、堆垛漂浮移动，施工人员有时不得不攀登到柴垛顶上，随柴漂动，危险至极，但幸运的是无人员伤亡。丁坝坝根下游一侧，工人们随坍进随铺设柴草，压抛块石，抢救延长。3号坝坝根抢救延长赶不上坍进速度，因而坝根和沙岸脱离，全坝陷入江中，完全失败。1号和2号坝经过艰苦坚持，勉强挺住。但是当年大潮中，赭山、七格以上潮势因受翁家埠大湾水位抬高、潮流顶撞之故，大为减弱；这一现象更加证明弯曲可以削减潮流的力量。随后，在翁家埠大湾之中，逐渐生

---

① 翁家埠海塘的结构类型主要为鱼鳞大石塘和重力式大石塘，且都是使用条石进行砌筑。

成一个靴形的沙洲，入湾的潮水主流沿沙洲转流。沙洲随时间而渐高渐大，最后填满坍塌大湾处，翁家埠大湾也随之消失。

当时驻桶盘村工地的有徐良德、翁华强等数人，驻翁家埠工地的则前后有周承濂、陈昌龄、马席庆等多人。

当翁家埠形成大湾时，高潮水位明显抬高，先到潮流会压减后续的潮流，方宗岱同志曾到现场观察并建议：修建同样大弯形河槽，作为整治钱塘江的一项措施。可惜大湾迅速淤没，不能维持，长期作用和效果不佳。

以上是我（马席庆）大致回忆起来的翁家埠海塘抢险工程前后的事实。

关于杭州四堡保滩护岸工程

1948年四堡就已坍塌严重，危及沪杭公路（同时又是大塘），曾采用多种方法抢救，勉强度过当年大潮汛。当时主持抢险工作的可能是黄河堤防专家华冠时。1949年秋，该处坍塌严重情况重现，又经大力抢救才度过大潮汛。

四堡保滩护岸工程是在吸取1946年建LL4等坝的经验教训后，提出来的新设计思想和方法。1946年，浙江省钱塘江海塘工程局（茅以升为局长）设计的丁坝，每条都为1000米长，相邻两坝间的距离也为1000米，坝距与坝长的比例为1∶1。但单纯以建坝强行改变河势，而不是因循河势，那就违背了治河原则，强化了水流的抵抗力量，这是一个错误。同时，对施工力量考虑不够，其采石、运石、抛石力量小，抛下的石方无法抵御冲失的石方，当丁坝伸入江中稍长以后，就只见抛石不见坝体增长。因而实际坝距与坝长比例达到10∶1左右时，起不了止坍的作用。这又是一个错误。新计划一反原先的做法，包括以下几点：1.遵循治河原则，迁就河道的现实情况，只在凹岸坍塌地段施作工程，制止其继续坍塌，而不强行以人力逼江远离，避免招致强大水流冲刷力量。2.丁坝成组建设，各坝坝头连成一顺势的曲线，而不使单坝突出。3.坝身设计较短，成坝快速。4.确定新的坝距，在观察先前已建丁坝有效影响距离的基础上，在大溜顶冲地点，于先前已建两坝之间，增建三条新坝；随上下游距大溜顶冲地点的远近，逐渐在先前已建两坝之间增建新坝两座或一座，或不加新坝，注意水的流势变化，再决定增加新坝的数量。5.坝身高程和断面与先前已建丁坝相同，不作重大变更。6. 在河道内弯道凸岸处不建人工建筑物，利用水流自行调整河槽断面；也不过早地提倡围涂，以避免失去水流自行淤高、自行调整的动力。7. 在增建新坝的同时，在岸坡实施块石护坡。

这就是四堡保滩护岸工程设计的思想和原则。工程施工不久，坝间已淤积起来，坍塌得以制止，取得了预期的效果。但护坡最初采用的是干砌块石，每当潮头冲过，就发出嗡嗡的声音，并有1~2块石块脱落，必须立即修复以应对下次涨潮。这种情况令人不胜其烦，于是我们将干砌块石改为浆砌块石，但坝面也常被涨潮冲坏，发生上游坡石块滚跌现象。为此，采用过竹笼装石、铅丝笼装石等保护措施。然而，竹笼易碎裂，铅丝笼易锈蚀，仍然也有滚跌现象发生，终未得到满意的效果。后来随着江道整治工作的不断延伸，滚跌现象逐渐消失，坝面冲毁不再严重，乃将坝面一层块石改为浆砌。筑坝后，水流自行调整，凹岸刷深，坝头虽然冲失一些块石，但坝头沉陷原在预期之中；每年只需要补抛一些块石即可，一般没有发生严重问题。

四堡保滩护岸工程丁坝布置设计方式取得了成功，由此衍生出一个"短坝密距"的名词。直至今日，钱塘江的上保滩、保塘、保护围涂堤防等工程仍然采用此种方式。这是钱塘江丁坝设计上的一个重大改革。

关于闸下淤积

钱塘江河口段的排灌闸站，初建时不可能都紧邻深槽；建造后不久，闸外淤泥堆积现象更加严重。经过不长时日，闸外沟槽便会淤塞，导致多处闸门不能开启。就算勉强开启也难以排水，或出现不能及时排灌的情况。这是一个既普遍又特殊的问题。人民群众曾采取过不少的临时应急补救措施，如开挖疏浚，使用多台抽水机抽水接力冲刷等，但都不能及时彻底地解决问题。有的地方随淤积向江面改建新闸，而老闸则被废弃。曾有人将闸设计为拼装式，希望拆卸后容易重建。经过实践，发现这并不简单。因为基桩无法拔出，如果易地再打桩，基础工程占全闸工程的比例很大，所以拼装式闸设计未能得到推广。但只要不把闸门关死，滴水不漏，而使闸外水道常有小水流淌，则可维持一条不淤满的小沟。这样一来，开闸排水就较为容易。老三江闸旁汤公祠内有一石碑，记述了闸外淤积问题。这块石碑上的文字写得简略而深刻，可以一读作为参考。在珊瑚沙新闸上游，中华人民共和国成立后曾修建过两座排涝闸，一座由王焕德同志设计（骆尧臣校核指导），设在最上游的位置。因为闸下淤积，排水道加长，淤积问题变得更加严重，于是在 1961—1962 年又建一闸，老闸作废。另一座闸（第二闸）在杭州通往新安江水电站公路旁边，属于杭州近郊或市区范围内。该闸在设计时注意了美观性，由张克健同志负责设计。

1978 年，在相同的地方又建了一座新闸，第二闸变为老闸并被废弃。不足三十年间，这个地方的闸已修建三次，由此也可看出该地淤积的速度之快。

谈家埭试验闸

1961 年，七堡枢纽工程完全停止，七堡枢纽工程局的设计力量开始集中研究杭嘉湖平原的排涝问题，经过勘查测算他们得出结论：杭嘉湖平原仅仅依赖原有水道，将涝水排向东北，绝对无法达到计划要求的排涝标准，必须同时打开海塘，向东和向南排水。并且他们还勘定了盐官、南台头、澉浦等筹建排水闸站的地址。这一结论，在会议上得到了嘉兴地区和省水利厅领导的赞同和支持。但省级领导（特别是王醒）还有顾虑，担心海塘开口造成危险，于是决定先在盐官上游谈家埭建一个排水小闸做试验，这就是谈家埭试验闸。谈家埭试验闸设计施工都特别谨慎，未发生任何问题，这是打开大塘修建的第一座闸。

科研与实践并行　摸索中前行
——戴泽蘅访谈录

访谈时间：2014 年 6 月 19 日，2014 年 9 月 2 日

访谈地点：浙江省水利河口研究院六堡实验基地

访谈人：李海静、王淼

访谈时长：130 分钟

受访人：戴泽蘅，教授级高级工程师（简称"教高"），水利河口专家。1921年8月生于湖南常德，1943年毕业于中央大学水利工程系。曾任修文河水力发电工程处工务员，中央水利实验处助理工程师，浙江省钱塘江海塘工程局工程师。1949年后历任浙江省钱塘江海塘

图1-14 戴泽蘅

工程局陈汶港段、盐平段工程处处长，浙江省钱塘江河口研究站副站长，浙江省水利科学研究所（简称"水科所"）副总工程师等职；1978—1983年，任浙江省钱塘江工程管理局副局长兼总工程师；1983—1992年，任钱塘江工程管理局、浙江省河口海岸研究所（简称"河口所"）总工程师。戴泽蘅在学术领域也有广泛的涉猎，曾任中国水利学会泥沙专业委员会副主任，浙江省水利学会常务理事，中国海洋湖沼学会水文气象学会常务理事，中国海洋学会理事，浙江省海洋学会副理事长，浙江省国土经济研究会常务理事等职务。他长期从事钱塘江河口治理开发工作，曾负责《浙江省海岸带和海涂资源综合调查》，该项目在1986年获浙江省科技进步奖一等奖，1992年获国家科学技术进步奖一等奖。2008年，浙江省钱塘江管理局（简称"钱管局"）授予其"钱塘功臣"荣誉称号。

家庭成长背景

访：戴先生您好！非常感谢您接受我们的访谈！想请您聊聊您个人的成长过程，以及您所亲历的钱塘江治理工程。让我们先从您的家庭谈起，能简单介绍一下吗？

戴泽蘅（以下简称"戴"）：我的祖父考过秀才，但没有考中，家里

算是小知识分子家庭。我老家在湖南常德，那里有两个戴家，一个是柳叶湖戴家，这一家规模很大，清朝时出过一个进士；另一个是德山戴家，也就是我家，规模要小很多。常德柳叶湖戴家与我家是远房亲戚，民国时出了一位有名的大律师戴修瓒①。他曾任国民政府的立法委员，我偶尔见到过他。

访： 家庭环境对您个人的成长影响大吗？

戴： 我 11 岁以前，父亲将我托付给叔祖母家里寄养，11 岁时父亲工作稳定后将我接到南京，此前我一直都是与叔祖母生活。

访： 为什么会这样？

戴： 我的祖父还在，祖母已去世。1924 年，因父亲在家乡画裸体人物像，被驱逐出常德，父亲只能出去讨生活，先到了福建，后又去了南京。家庭对我的影响，基本就是 11 岁之前与一位老太太生活，11 岁之后才是跟父亲一起生活。我的生母在我一两岁时因肺结核而去世。

访： 您的家庭应该很重视教育吧？您曾谈到父亲回乡时很洋派，曾接受过高等教育？

戴： 我父亲从小就爱画画，毕业于上海美专②，他曾在家乡做过多年教员。1930 年前后，家乡演文明戏，也就是现在的话剧，他负责画布景。

访： 您的名字取得很儒化，其中的"蘋"字来自屈原的著作，"泽"字则与水有着密切的联系。

戴： "泽"字是根据族谱而来，没想到会与水打一辈子交道。

访： 您还有个号叫小飘？您这个号是怎么来的？

戴： 我父亲叫谪凡，谪是"仙人犯了错误被贬下凡的意思"。后来父亲自己将名字改为"仄飘"，我也随之有了"小飘"的称呼。

访： 您还有一个号叫"小斋公"，能给我们讲讲来历吗？

戴： 我小的时候不吃肉，只吃素，因此常被戏称为"小斋公"，直到去了南京之后，父亲骗我"这是牛肉，牛肉不是肉"，我才开始慢慢吃肉。

---

① 戴修瓒（1887—1957），字君亮，著名法学教授。

② 上海美术专科学校，简称上海美专，由刘海粟与友人于 1912 年 11 月 23 日创建于上海乍浦路 7 号，是南京艺术学院的前身。

人也一直因为营养不良而比较瘦弱。

访：您的书法和文学功底很好。

戴：我小的时候练习过毛笔字，当时的一位邻居见我一个小孩子可怜，就教我练习毛笔字，根据我的字体帮我选了郑孝胥[①]的字帖来临摹。后来，父亲也要求我每周都要安排时间练习。

图 1-15　1930 年戴泽蘅的父亲戴仄飘留影

中小学生活

访：您上过私塾吗？学过八股文吗？

戴：没有读过，也没有学过八股文，那时候有文言文和语体文。我们那时候先读初小[②]，然后读高小[③]，继而初中和高中。我小时候读的是回民小学。当时，初小是在回民学校学习，高小就要换学校了。

访：回民小学与普通学校一样吗？对那时的事情还有记忆吗？

戴：与普通学校是一样的，只是饮食的不同。我们那时候小学是免费的。当时用的教材是民国时期商务印书馆的课本。至今印象最深的就是：当时老师问我们商务印书馆的标志是两个麦穗中间有一本书，问我们这个是什么意思。我说中国是一个以农立国的国家。

我在回民学校学习 1 年半，又转到普通学校读了半年，1932 年，我 11 岁时，父亲要我到南京与他一起生活，于是委托戴修瓒的家人将我带到南京。

访：在南京您读的是正式的小学？

戴：刚到南京时有半年时间没有读书，后来进入了南京的大行宫小学读 6 年级。

---

① 郑孝胥（1860—1938），近代著名政治家、书法家。
② 初小，相当于现在 1~4 年级。
③ 高小，相当于现在的 5~6 年级。

访：这个时候您的父亲（戴仄骤）在做什么工作？

戴：1924 年前后，父亲离开家乡与同乡到福建谋生，在那里的一个县政府做文书。后因南京国民政府准备召开中国国民党二届四中全会，需要临时筹备人员，由老乡介绍父亲去了南京参与会议的筹备事务处工作。会议结束后，根据父亲个人的意愿，父亲被安排在教育部总务司工作，给当时的司长雷震做秘书。雷震这个人很活跃，去了台湾后，因政治原因被关入监狱。

图 1-16 1934 年戴泽蘅与父亲、妹妹在南京留影

我的父亲思想很开明，他在老家做过多年的图画教员，在母亲去世后离开家乡前往福建谋生，此后就再也没有回过老家。母亲去世后，父亲很快建立了新的家庭。他们在南京生活安定之后将我接到南京。此时，我家租住在南京的成贤街①，就在国民政府教育部的对面。父亲的工资是每月 100 块大洋，收入不错。我的继母名叫陈俶，为人精明能干。当我来到南京时，妹妹已经 6 岁，继母对我和妹妹非常严厉，我很怕继母，倒是不怕父亲。

在我小学毕业时（到南京两年后），父亲开始"羊癫疯"发作。初中，我就读于江苏省立南京中学。初中二年级之后父亲的病日益严重，父亲在南京、上海都医治过，均没有效果。后来，继母与我的三叔带父亲到北京的协和医院医治，此次治疗不但没有效果，反而更加严重，我觉得父亲可能被作为实验者进行了头部钻孔手术。

父亲生病后，家里经济很紧张。父亲希望我报考当时的扬州高职，当

---

① 成贤街，位于南京市玄武区，明初在这里设置了最高学府——国子监。成贤街是条很有文化底蕴的街，占尽了金陵的"文气"，街上分布有东南大学（国立中央大学旧址）、谭延闿故居、杨廷宝故居、南京图书馆（国立中央图书馆旧址）、中华民国临时政府教育部等。

时扬州高职是一所非常有名的学校，从这所学校毕业后可以更早地工作养家，结果我没有考中。于是，我报考了贵阳中央大学附属实验中学，运气很好，被录取了。当年，我们学校只有 2 人考进中央大学附属实验中学。

图 1-17　1939 年夏，戴泽蘅与贵阳中央大学附属实验中学足球队成员合影（前排左一：戴泽蘅）

教育部为了照顾我家，让继母顶替父亲到教育部工作，但继母只能做一些抄写的简单工作，工资自然也就低一些。

访：作为一个小孩子，您刚到南京看到父亲、继母和妹妹一家会是怎样的感受？

戴：叔祖母觉得我的生母是八抬大轿抬进戴家的，在乡下老人观念里，生母才是名正言顺的，继母是没有名分而被看低的。

初到南京时，我感觉那里的马路很宽很大。周末，父亲会带我到玄武湖、中山陵游玩。继母为人精明，也很节俭，掌握着家中的财政大权。父亲生病后，她也很辛苦，一边照顾父亲，一边要到教育部工作。继母很会经营，她出资到娘家亲戚家里入股做木材生意，由湘西购买木材，然后扎成排，随水流下行经过洞庭湖到达武汉，再由武汉顺长江运到上海、南京，通过这种方式赚些钱贴补家用。她对我和妹妹一视同仁，这一点我是认同的。

访：您很谦虚。您一定学习成绩很好，才能考进实验中学。您小学、中学阶段有没有印象特别深的老师？

戴：基本记不清了。高中时，有位老师，我记得名字叫常任侠[①]，但我从没有上过他的课。

当时学校初、高中部是分开的。战乱时期，高中的同学会去参加游

---

① 常任侠（1904—1996），别名季青，生于安徽省阜阳市颍上县黄桥镇新庙村。著名艺术考古学家、东方艺术史研究专家、诗人，中国艺术史学会创办人之一。

行，这时初中部的同学就会放假，但整体的教学是正常进行的。我读到高一时，发生了"七七事变"。事变发生后，全家人（这时父亲已经病重不能起床）为避难回到了常德老家，也因此躲过了随后发生的"南京大屠杀"。1938年，我在报纸上看到学校刊登搬迁至长沙的通告，欢迎同学们返校。我跟随一位在邮局工作的亲戚，搭邮政车经过很多天来到长沙，找到学校继续高中阶段的学习。半年后，学校又搬到贵阳。1939年，我是在贵阳参加的高考。当年，中央大学水利系是我的第一志愿。那时中央大学已经搬到了重庆。我们当时是先填报志愿，然后高考。当时考大学是相当困难的，每10~20个人中才有1个能够进入大学。因为战争，我们那一届实行全国统一高考，招生名额略有增加，班级里20多个人全部都考上了自己的第一志愿。学校还有一些高二的同学以同等学力报考，也考取了理想学校。

访：这说明您的学校很厉害。您当初报考大学是有自己的目标，还是盲目地选择？

图1-18　1947年春，戴泽蘅与中央大学水利系同学相聚西子湖畔（后排左一：戴泽蘅）

戴：考大学的时候我主要在土木、水利、机械、机电、化工等专业中选择，当时就觉得水利比较新鲜。中央大学的水利系成立时间很短，我是第三届学生。土木系是搞房子建设的，我觉得太土气了，水利系则让我有机会游山玩水。

大学生活

访：您读大学时，国内水利教育状况是怎样的？

戴：最早的水利学校是河海工程专门学校，民国四年（1915年）由张誉创立。比当时的中央大学早了十几年①，我当时的老师就有一些是这里毕业的。浙江省水利厅曾经有一位比我大 20 岁的老厅长吴又新就毕业于河海工程专门学校。当时，国内设置水利系的学校很少，大部分都包含在土木专业里。

在我这一届，学生大概有 20 多人，只有一个班级。毕业时，有个别同学转到了其他专业。之前两届都差不多有 20 人左右。

访：您那时上哪些课程还记得吗？

戴：那时大一上基础课，大二学习专业基础课。大三、大四开始上专业课。像制图这些课程属于基础课程，在大一就开始学习，专业课程有灌溉、防洪、排涝、水利学、高级水利学、水文学、水力发电等，大概学了 20 多门课程。

访：大学时，有哪些特别的事情您还记得？有哪些大学的老师或同学对您的影响较大？

戴：当时正值抗战时期，需要翻译官。比我高一届的同学有机会可以去做翻译，国民政府在大学中选取优秀的大学生去做翻译官。②

我所在的系当时有 3 位老师最有名气：严恺老师，他曾经在荷兰留过学，在中央大学教我们灌溉、防洪、排涝等课程；黄文熙老师，他的书教得最好，上课条理很清晰，没有废话。因为他是留美的博士，基础非常扎实，可以自己编写讲义给我们上课，主要讲水利学、高级水利学、土力学等课程；谢家泽老师，给我们上水文学、水力发电的课程，曾担任过中央水文局的局长。

同学中有几个对我的影响非常大，他们几个在学习上很冒尖，给我的印象很深。我高中毕业之前，一直没有摆脱家庭环境对我的影响，学习很死板，离开家读大学后才慢慢开始改变，学习变得灵活起来。大学生活对我一生的影响很大。在这里遇到了几位同学，我的学习环境发生了改变，

---

① 民国十六年（1927 年），河海工程专门学校并入国立中央大学。

② 抗日战争爆发后，国民党政府一直在寻求美国的援助。1940 年中国获得美国两项借款，滇锡借款和平准基金借款，之后不断获得美国的资助。美国对中国的资助包括贷款、军用物资等方面。随着美国对中国的援助，也因此需要大批的翻译人才。

交到的朋友对我产生了很大的影响。一个是李法西，他的化学很好，后来转到了化学系；另一个是马良，数学很突出，从初中开始他的数学就很好，大学三年级转到了数学系。一、二年级时我们在一起学习，他们的学习方法很活络，我深受影响。

访：您读大学时，英语很受重视吗？专业课程的教材如何？

戴：大一时我们上英语课，学习的难度也不大，但与专业不相干，所以也没有发挥很大作用。英语专业同学学习的英语很难。当时，中央大学英语系有两个留过洋的女教授非常有名——俞大絪[1]、俞大綵[2]，她们的哥哥俞大维是当时中华民国的"国防部"部长。

我的英文主要是通过自学英文版的物理课程提高的，这门课程与专业

图1-19　1943年戴泽蘅大学毕业证照片

课关系密切。记得上基础课程时，有一位翁文波[3]老师教我们物理，他是翁文灏[4]的堂弟，翁文灏很有名，比翁文波大十多岁。翁老师自小在英国长大，最初他用中文给大家讲物理课，中文说得不好，课也就讲不灵清（杭州话，就是讲不清楚的意思）。后来征求同学们的意见后，他开始用英文授课。我们当时的专业课程多数都是英文版教材，只有个别中文辅助教材。

访：您读大学时，其他学术活动多吗？

戴：有一些，但不是很多。这要看教授的情况，个别老师会请一些外面的专家来做讲座，但并不多。

---

① 俞大絪，1905年生于浙江山阴，幼年在长沙、上海等地生活。1927年与后来的著名化学家、中国科学院院士曾昭抡结婚。

② 俞大綵，俞大维的妹妹，排行老七，毕业于上海沪江大学外语系，1934年8月嫁给了国学家、历史学家傅斯年。

③ 翁文波，中国科学院院士，地球物理学家，石油地质学家，中国石油地球物理勘探、测井和石油地球化学技术的创始人。

④ 翁文灏，中华民国时期的政治人物，著名学者，辅仁大学教授，中国最早期的地质学家之一。

访：好像蒋介石当过中央大学的校长？

戴：我的大学毕业证是蒋中正（即蒋介石）签发的，只有我们这一届是这样的。后来"文革"时期，毕业证被烧掉了。时任中央大学校长顾孟余提出辞职，此人为人很正直，深受大家喜欢。顾校长提出辞职后，政府准备派一位CC派[1]的人士来担任校长一职，引起同学们的不满，为此大家游行挽留顾校长。在这样的情况下，蒋介石担任了一届中央大学的校长。

图1-20　1947年1月戴泽蘅在南京中央水利实验处水工试验大厅前与同事合影
（左三：戴泽蘅）

访：1943年，您毕业后到哪里工作？是统一分配的工作还是自己找的？

戴：当时是统一分配。我被分配到中央资源委员会下属的水力发电勘测总队，当时贵州省修文县正在建设小水电项目，我被分配到修文县工作，主要从事前期的勘测。在这里，我与林秉南结识，我们一起工作。在修文工作1年后我辞职了，黄文熙老师将我介绍到中央水利实验处[2]工作。1946年，我报考公费留学，但没有考中。这时，继母和妹妹也回到南京。妹妹戴歆珠考取了中央大学的预备生，我的收入用来供养家庭。

结缘钱塘江

访：您是如何来到钱塘江工作的？

戴：因公费出国没有考中，为了避开家庭束缚，自己能够获得更多的自由，所以想到一个离家相对较远的地方工作。当时正值战后，联合国为

----

[1]　CC派（Central Club，"中央俱乐部"的简称），当时国民党的党务是由陈果夫和陈立夫把持的，他们成立了"中央俱乐部"帮助蒋介石拉帮结派。

[2]　中央水利实验处的前身是1934年9月13日创设的中央水工试验所。经行政院批准，中央水工试验所于1942年改名为"中央水利实验处"，当时全国水文测验业务由中央水利实验处主持。

中国提供了善后救济物资，钱塘江工程获得了这笔资金和施工需要的机械设备，这在当时是很少见的。另外，当时钱塘江还汇集了国内最优秀的水利专家：茅以升为钱塘江海塘工程局的局长，汪胡桢为副局长兼总工程师，事实上汪局长负责全面工作。这里有当时全国最好的人、财、物条件，所以我想到钱塘江工作。

我的大学同学冯世京的父亲冯旦先生是位老水利专家，此时正在负责钱塘江海塘抢修工程。我请同学帮忙引荐，冯先生介绍我来到钱塘江海塘工程管理局工作。

访：那时钱塘江状况如何？

图 1-21　1948 年钱塘江南岸萧山地区条石海塘

图 1-22　1948 年钱塘江北岸破损严重的鱼鳞海塘

图 1-23　1947 年戴泽蘅坐小船沿钱塘江两岸开展测量工作（左：戴泽蘅）

戴：那时谈到钱塘江就用"年久失修，千疮百孔"来形容。因多年的内战，钱塘江两岸海塘严重失修。钱塘江海塘工程管理局主要负责海塘的加固工作。当时的老海塘由翁家埠到尖山、海盐独山有一段是鱼鳞石塘，以五纵五横为主。其他地方基本是条石塘和土塘，南岸都是条石塘，也称"丁由石塘"；另一方面就是修筑丁坝，以减少塘前的冲刷来保护海塘的塘脚。

因为联合国提供了资金，他们安

排了一个监理在钱塘江做总负责人，叫梅安诺（Arnold May）。那时钱塘江海塘工程局还下辖三个处：海盐工程处、萧绍工程处和尖山采石场工程处。前两个都有一个美国人在这里负责管理，主要是管理修筑海塘的经费。事实上，他们在美国只是普通的工人。后来，钱塘江海塘工程局又成立了一个海塘养护总队，负责海塘日常维护工作。

我到这里工作不久，被梅安诺调到钱塘江边取水样，观察记录江水的含沙量。我带一个工人每天到陈汶港新仓江边取

图 1-24　2016 年 3 月戴泽蘅于陈汶港斜坡塘留影

样，在初涨潮时，每隔 1 分钟、3 分钟、5 分钟、10 分钟、15 分钟取样一次，以后每 30 分钟取样一次，每天约 8 时至 16 时取样。取来的水样放在岸边，静置过夜，然后记录含沙量的多少。我再将这些数据按照潮前、潮中、潮后进行分类和数据整理，然后上报建档。这是首次对岸边悬移质含沙量涨落潮变化的量测分析。汪胡副局长[1] 将这份稿件送给黄文熙教授一份，并交给我的同班同学何子峰译成中文。当时已经有将滩地促淤的想法，但没有系统的治江规划。

访：此后，您又负责哪些工作？

戴：汪胡桢副局长翻译捷克人阿明·旭克列许（Armin Schoklitsch）撰写的《水利工程学》（*Hydraulic Structures*），让我负责校对工作。此书原文是德文著作，有英译本，我是按照英译本进行校对。校对时，我发现有一句话没有翻译被漏掉，将其补充进去，汪胡副局长觉得我工作很仔细。后来，因为与梅安诺意见不统一，汪胡副局长便被调走去从事淮河治理工作。我们一起工作了大概 1 年时间。继任的局长是徐世大[2]，但仍与梅安诺

---

① 汪胡桢，实际上汪胡为复姓，后文中戴泽蘅多次谈到"汪胡副局长"皆源于此。

② 徐世大，字行健，绍兴人。1917 年毕业于北洋大学，后赴美深造，1937 又赴欧洲考察水利。1948 年 9 月至 1949 年 3 月任浙江省钱塘江海塘工程局局长。

意见不同。事实上，梅安诺是一位建筑工程师，对水利并不精通。不久杭州就解放了，也就不存在这些问题了。

解放前夕，我参加了科协组织。受同班同学地下党员何子峰委托，负责保护机关财产档案。我们三五个要好的年轻人组成"应变队"，日夜轮班站岗。解放后才知道，除了我们几个之外，还有其他资历老一些的人（比戴泽蘅年长10多岁）也在负责保护这些资料，他们将所有资料都已打包整理好，防止国民党带走。解放后，当时杭州市的领导陈伟达和谭震林做演讲，科协派我和谷超豪[①]去听，演讲的主题是有关解放后的形势。这时（1949年8月），我刚被调到陈汶港工程处任处长，以前的处长是薛次莘，此人曾担任过国民党政府南京市市长。我在这里负责该段1891米的干砌预制混凝土块斜坡塘续建工程，直到工程结束。

访：南京国民政府时期，有没有想过要对钱塘江进行治理？

戴：抗日战争期间，海塘因长期遭受损毁破坏，已是千疮百孔。抗战胜利后，钱塘江海塘的修筑，便成为当时浙江省政府与中央行政机构的紧急任务。据《申报》1946年12月8日刊载该报记者访问钱塘江海塘工程局茅以升局长时的报道说："有清一代，不惜以国库中的大部分耗费在兴建石塘上，便是要保全锦绣的江南！而今中央以整治钱塘江与整治黄河并重，也正是一种明睿政策之表现。"足见当时钱塘江海塘在国家建设中的重要位置。先是沈鸿烈主政浙江省府后，于1946年4月成立了浙江省海塘抢修临时工程处，由冯旦先生任总工程师，在海宁陈汶港等险要地段抢修柴塘、土塘、石塘，为安度当年秋汛打下基础。1946年8月1日又改组成立钱塘江海塘工程局（简称"塘工局"），由茅以升任局长，汪胡桢任副局长兼总工程师并主持日常工作。

访：中华人民共和国成立初期的治江工程是如何提出的？

戴：当时国家很重视钱塘江的治理开发问题，中华人民共和国成立后，就不断邀请国外的水利专家（主要是苏联专家）来钱塘江调研，为钱塘江的治理出谋划策。在海塘修筑方面继续开展民国时期未完成工程。直

---

① 谷超豪，浙江温州人，数学家，教育家，中国科学院院士。

至组建钱塘江河口研究站，才正式开始钱塘江的治理工作。

访：20世纪50年代，中国开始了"三反""五反"运动①，这对钱塘江治理工程有影响吗？

戴："三反"时，我因为担任过陈汶港工程处的处长，被当成了"大老虎"上了浙江日报的头条。事后知道，是因为我经常搭乘承包商的车子往返于杭州和陈汶港之间，

图1-25 《浙江日报》关于独山贪污案的报道

有同事举报我贪污。举报我的人是当时独山工务段的所长，在"镇反"运动时，他涉及一些问题需要交代，他都已交代过，但还要追查他，也就随之有了举报的事情。我被隔离审查4个月，查清真相后返回局里工作。

1952年8月，我被派到华东水利部钱塘江海潮实验站，负责当年秋季组织突击测验的具体技术和资料整理工作。当年，以马席庆为主编制了《钱塘江下游治理的初步计划》。

新中国成立初及特殊历史时期的治江工程

访：1957年，为开展钱塘江治理工程，特别成立了钱塘江河口研究站，它的主要职能和工作内容是什么？主要做了哪些工作？

戴：1957年，钱正英副部长带领苏联专家组及国内的水利专家严恺等来到钱塘江，召开座谈会，确定要开展钱塘江治理工作。同年7月，成立

---

① "三反""五反"运动，是1951年底至1952年10月，中华人民共和国在党政机关工作人员中开展的"反贪污、反浪费、反官僚主义"（简称"三反"）和在私营工商业者中开展的"反行贿、反偷税漏税、反偷工减料、反盗骗国家财产、反盗窃国家经济情报"（简称"五反"）斗争的统称。

图 1-26　1958 年苏联专家考察钱塘江，于海宁镇海铁牛前合影（左起：余广明、黄胜、奥菲采洛夫、吴又新、章绍英、戴泽蘅）

钱塘江河口研究站，由南京水科所和浙江省水利厅联合领导，我任副站长，南京水科所的黄胜兼任站长。

这时我们主要做基础数据的收集工作，着手制订以减少进潮量为原则的全线缩窄方案。1957 年夏，我和余大进同志查勘浙江沿海潮汐水力资源，并编制了相关报告。1958 年，钱塘江河口研究站划归浙江省水科所，专注于钱塘江河口研究工作，我开始全面负责所内技术。李光炳是规划室的主任，我们一起进行钱塘江河口治理的研究工作。

访：当时，基础的科研工作是如何开展的？会需要国外资料吗？

戴：不同的单位负责不同的研究领域，南京水科所派了两三个人，与浙江省水利厅共同负责潮汐水文部分的研究；中国科学院地理所、华东师范大学（简称"华师大"）也短期派人过来，这两个单位主要负责地貌、地质部分，陈吉余教授也来到钱塘江。这一时期主要工作是收集基础资料，主要涉及水文、地形、潮汐、气象、地质资料的分析整理。同时我们也积极获取国外类似流域的治理资料，这为我们提供了很好的治理经验。

访：1960 年 5 月，在杭州召开钱塘江河口综合治理开发科学技术工作会议，参会涉及政府、勘察设计、科研机构、高校等 77 家单位，为什么会召开如此大规模的会议？主要

图 1-27　1957 年戴泽蘅与同事在浙江省水科所办公楼前合影（左一：戴泽蘅；右五：李光炳）

的议题和目的是什么？

戴：这时，新安江水电站的工程将要结束，浙江省考虑将员工和设备转移到钱塘江下游的治理工作中来。1959 年 11 月，浙江省委向中央报告钱塘江下游综合治理工程的初步规划方案。同年，周总理批示：同意这个计划。继而，浙江省委通过决议成立钱塘江治理工程委员会，省长周建人担任主任委员。1960 年 1 月，中华人民共和国水利电力部[①]（简称"水电部"）就发出了治理工程的意见。据此，钱塘江治理工程委员会于当年 2 月编成《钱塘江下游近期治理工程初步规划》，提出了闻堰和七堡两个拦江枢纽工程方案，后确定为七堡方案，包括要建低水头电站一座。1960 年 3 月，国务院副总理谭震林又指示要积极加强对钱塘江潮汐电站的科学研究工作。同月，浙江省委成立了钱塘江治理工程局，5 月中旬邀请华东水利学院、南京水科所、浙江大学等单位参加，完成以灌溉、围垦、航运、交通为中心的钱塘江近期治理工程初步设计，并上报国务院。因此，也就有了 1960 年召开的"钱塘江河口综合治理开发科学技术工作会议"，会议涉及 77 家单位，203 名代表，省长周建人致开幕词。在会议期间，还另行组织了潮汐电站水轮机的科技问题座谈会。

这次会议的规格高、规模大，主要是因为钱塘江河口综合治理开发的巨大潜力，尤其是乍浦巨型潮汐电站。当初估计，该电站年发电量可以达到 130 亿千瓦时，这样的远期目标吸引了各方广泛的关注。

访：这些项目后来都实施了吗？

戴：并没有完全实施。当时正处于"大跃进"时期，大家的积极性很高。但在 1959—1961 年，国家经济面临困难，中央提出"调整、巩固、充实、提高"的方针，紧接着这些项目大部分下马了，只有河口水文及地质地貌专业小组开展了钱塘江河口河床演变及整治问题的研究。

钱塘江的水文观测工作从来没有停止过，这与当时的厅领导也有关系。当时负责技术的吴又新副厅长非常支持基础科研工作，所以这项工作得以持续开展。在这次会议后，中国水利水电科学研究院（简称"水科

① 该部门的历史沿革较为复杂，经历多次合并与拆分。

院")也参与到钱塘江治理工作。我的大学同学钱宁也加入到钱塘江河口治理的研究工作中。从 1961—1965 年，他每年都会有一段时间来杭州指导工作，为钱塘江的治理提出了很多有价值的意见。[①] 同时，我们还请来曾一起在修文水电站工作的同事林秉南[②]。他们两位在国内外都是知名的水利专家，虽然两个人研究方向不一样，但都认为钱塘江是一条值得研究的河流，是有工作可做的。那时，他们带着助手来到这里，承担任务也不讲价钱，只是出于科研人员之间的互助精神，尽一份义务而已。

钱塘江相关研究工作全面展开：南京水科所派人员来杭州，建造乍浦以上全河口的定床潮汐河口模型，并开始试验；华东水利学院的师生也被邀请来，首次对初拟的规划江道作潮汐水力计算（手算）；1963 年，派人前往北京运用我国第一代计算机进行杭州湾潮波计算，这标志着我国潮汐河口运用比尺模型与数学模型相结合的河口研究工作正式开启。

访：最早开展的工程为赭山湾工程，是这样吗？

戴：是的，当时赭山湾工程在初期主要是抛筑长坝，后来我们发现钱塘江的江道摆动厉害，水流会绕过长坝，这使得长丁坝变成了顺坝。继而我们改变策略，提出利用江道摆动特性，在形成高滩时集中力量围堤。萧山地区开展大规模围堤工程，这也就是后来大家所说的"以围代坝"。1961 年，李光炳和我合写《赭山湾整治围涂工程技术座谈发言》，其中首次提出"根据钱塘江河口江道摆动特性和在围涂范围内出现高滩的有利时机，乘淤围涂（即以围代坝）"的工程实施新途径。实践表明，"乘淤围涂"成为钱塘江防治"多、快、好、省"的工程措施，大大加速了治江围涂进程。

访：1963 年 11 月召开中国水利学会第二次会议，其中一个主要议题就是"关于潮汐河口河床演变及整治的综合意见"，您和李工（李光炳）就此议题做了报告。我们查到的资料[③]显示，当时主要涉及三个问题：潮

---

① 钱宁，谢汉详，周志德，等. 钱塘江河口沙坎的近代过程 [J]. 地理学报，1964（2）：124-141.

② 林秉南（1920—2014），中国科学院院士，长期从事水力学及河流动力学研究。

③ 中国水利学会第二次全国会员代表大会及综合性学术讨论会汇刊 [R]. 北京：中国水利学会，1963.

汐河口分类分段问题及河床形态问题；钱塘江河口整治规划原则问题；河口建闸及防淤措施问题。您能为我们介绍一下具体情况吗？

戴：钱塘江治理是一个大问题。当时能够引起会议的重视，钱宁起到了很大的作用，他认为钱塘江的问题是值得研究的。[①] 在他的指导和参与下，制定了减少进潮量的治理原则与局部地段整治围垦的实施步骤。

钱宁对国内的水利事业贡献很大，他不仅自己学问好，而且培养了很多水利人才，曾开办全国范围的水利培训班。他是杭州人，是吴越王钱镠的后代。

当时，另一个问题就是：潮汐河口的建闸方案。大家对钱塘江建闸方案都很感兴趣，但对建闸带来的危害还考虑得不够清楚。

访：当时，厅领导很支持建闸，你们作为技术人员如何能够顶住压力？

戴：最初，我们也是支持建闸的，但问题没有搞清楚，不能轻易下结论。后来通过计算研究发现：大坝可以建成，但淤积问题无法解决。最终我们得出结论，此处建闸会造成下游淤积，因此上游不适宜建闸。后来宁波干旱，又提出在上游的闻家堰和渔山埠建闸的方案。"文革"开始后，这些工作都基本陷入停滞。

访："文革"期间，您是否还可以正常工作？钱塘江治理工程是否正常开展？

戴："文革"时期，我被关进"牛棚"。当时只有测量队还在工作，他们在每年枯水期末期（3-4月）、梅汛中期（6-7月）、大潮末期（10-11月）各进行一次测量。

在此期间，我家曾经被抄过两次，很多书籍和资料被烧毁或卖到废品站。当时浙江水利系统能讲英文的人稀少，我可以与外国水利专家对话交流。那段时间，国家很重视钱塘江的治理问题，经常请外国的水利专家来这里考察，每次都由我负责接待工作，因此被当成"苏修特务"。

至于"反动学术权威"的帽子，我是不怕的。因为当时周总理说过"反动学术权威是要追究来龙去脉的"，所以我并不担心。当时的领导也被

---

① 钱宁，张仁，周志德. 河床演变学［M］. 北京：科学出版社，1989.

称作"走资本主义道路的当权派"。

1968—1971年期间，工作基本陷入停滞。从1970年开始，我慢慢地重新参与工作，主要进行了钱塘江河口各种治理方案的论证比较，并对河口全线缩窄方案进行修订和完善。在钱塘江上游七堡建闸方案被取消后，上面又提出在下游黄湾建闸的方案。1970年，我参与组织黄湾枢纽方案试验研究工作。1973年以后，钱塘江治理工程主要围绕着治江围涂和黄湾枢纽工程展开。由于对淤积问题认识不清，黄湾建闸方案研究了20多年。直到改革开放初期，杭州湾解除了军事禁区的限制，钱塘江的治理工程开始考虑对杭州湾的影响，最终确定黄湾建闸将造成杭州湾淤积，此方案才被彻底放弃。为此，1985年各相关单位一起召开了一次会议，决定取消建闸方案。

访：戴总，改革开放后，在钱塘江河口治理开发研究国际学术交流方面的相关工作，能否简单介绍一下？

戴：好的。改革开放后，国际学术交流日益活跃，我们从事的水利河口领域也不例外。比如，1980年，我和李光炳一起参加在北京举行的第一届国际河流泥沙学术讨论会，提交了共同撰写的文章《钱塘江河口河床演变及治理》，并放映《钱江潮》资料片，用英文对其进行了介绍。1982年，我们赴荷兰参观有名的三角洲工程。1985年1月，美国衣阿华大学教授肯尼迪（J. F. Kennedy）前来参观考察钱塘江治江围涂工程，我与林秉南一起陪同考察。此外，1986年3月，我们前往美国参加了第三届国际泥沙会议。这些国际学术交流和考察工作对于做好钱塘江河口治理开发工作有着十分重要的意义，同时也让国外同行更好地了解了钱塘江河口治理开发状况。

图1-28　1985年1月美国衣阿华大学肯尼迪教授参观考察钱塘江治江工程（左起：戴泽蘅、林秉南、肯尼迪教授）

访：退休后，您在钱塘江河口治理开发方面还做了哪些事情？

戴：1994 年退休后，我专职参与写志的工作，《钱塘江志》于 1998 年出版发行。值得一提的是，老局长茅以升、汪胡桢二老十分关心《钱塘江志》的编撰工作。1986 年 3 月我和同事一起专程到北京拜谒二老，他们还专门为《钱塘江志》题了词并收录书中。除《钱塘江志》外，我还参加了《中国围海工程》[①]和《钱塘江河口治理开发》的编写。《钱塘江河口治理开发》一书是我与李光炳、韩曾萃合作完成。这本书的撰写源于我们对钱塘江河口治理开发工作的深入研究和实践经验的总结。

图 1-29　1986 年戴泽蘅在北京拜谒汪胡桢（左起：戴泽蘅、汪胡桢）

图 1-30　1986 年戴泽蘅与同事在北京拜谒茅以升（左起：戴泽蘅、茅以升、王一凡、陶存焕）

访：戴总，您除了参加钱塘江河口治理开发工作外，还做过其他哪些流域的治理工作？

戴：1973 年，我曾参加以严恺院长为组长的珠江河口的调研工作，为珠江河口的治理规划研究工作提供咨询。1978 年，我又带队勘察瓯江、飞云江、敖江三个河口，撰写治理开发报告。1980 年，我参与了全国开展的沿海海岸线调查工作，当时浙江省由浙江省科学技术委员会（简称"省科委"）和浙江省农业委员会（简称"省农委"）牵头，会同十个厅局三十多个单位，前后组织 1700 多人参加浙江省海岸带和海涂资源综合调查，我担任调查队队长并主编综合报告，这项工作 1986 年才完成。这项工作获

---

① 中国水利学会围涂开发专业委员会. 中国围海工程［M］. 北京：中国水利水电出版社，2000.

图 1-31　1985 年戴泽蘅向浙江省海岸带资源综合调查领导小组汇报工作

得了 1992 年的国家科学技术奖。后来我又担任过 1989—1994 年浙江省海岛资源综合调查的技术顾问。因为这些调研工作，1995 年被授予有突出贡献的专家称号。20 世纪 90 年代之后，我多次参加了长江口深水航道治理工程的有关论证、评审工作和会议。

改革开放后，国内外的交流活动也多了，我也多次参加国际会议，向国外介绍钱塘江河口治理的情况。经过这么多年对钱塘江的治理，浙江省水科院的研究实力也增强了，开始承接外面的项目。虽然当时被一些人认为"不务正业"，但今天看来是对的，为拓展水科院的研究领域打开了局面。

访：现在治江工程基本完成，可以说钱塘江河口的治理工程是成功的。作为你们一生的事业，戴总如何看待水利工程建设？作为长期的系统工程，如何才能建设一个好的、真正造福于后世的水利工程？

戴：做水利工作最重要的是要有一个方向和目标，当时的厅领导吴又新非常支持开展关于钱塘江的基础资料的收集和调研，这为钱塘江治理工作打下了很好的基础。国家也很重视钱塘江的治理工作，而且把握很准确，虽有过错误的想法，但大方向把握住了。当然，上层领导的把关也是非常重要的。

访：作为新中国最早的一批水利专家，戴总您认为从事水利工作最应该遵循的原则是什么？对年轻一代的水利工作者有些什么建议？

戴：我认为做事前要有一个大体的方向，按照这个方向做基础工作，工作的过程中"边做边看，逐步实施，随时修正"，这样就不会出大错。在还没有看准时就采取大动作，就会出大问题。在一个问题还没有研究清楚之前，不轻易下结论，一定要拿出有科学依据的可靠的结论。

访：戴总您对钱塘江河口未来的治理开发有哪些思考和建议？

戴：钱塘江河口逐步缩窄的方案是要遵循的，但进一步再缩窄的话还需要做更深入的研究。

访：钱塘江海塘的历史悠久，我想从文化遗产的角度来研究和探讨海塘问题，您觉得可行吗？

戴：将海塘作为历史文物来研究是非常有意义的。作为工程师，我们的首要责任是修好海塘，保障两岸居民的生活，保护大片的土地。我们的想法很简单。

钱塘江防治参与者、研究者
——李光炳访谈录

访谈时间：2014 年 9 月 2 日

访谈地点：浙江省水利河口研究院六堡实验基地

访谈人：李海静、王淼

访谈时长：130 分钟

受访人：李光炳，原名李荣昌，教授级高级工程师，水利河口专家。1922 年生于浙江丽水，1948 年毕业于北洋大学水利系，长期从事水利河口科研工作。1950 年后，历任浙江省钱塘江水利工程局助理工程师、浙江省水文总站工程师、钱塘江河口研究站工程师、浙江省水利科学研究所工程师、河口室主任、浙江省河口海岸研究所工程师、规划室主任，以及浙江省海洋学会第三、四届副理事长。

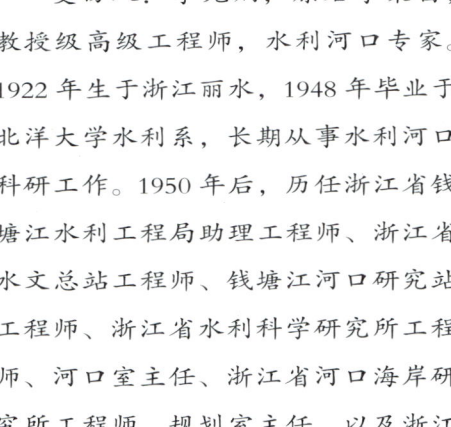

图 1-32　2016 年李光炳留影

年少时的成长背景

访：李先生您好！首先感谢您接受我们的访谈！您能先简要介绍一下您的家庭情况吗？

李光炳（以下简称"李"）：我出生在浙江丽水的普通农家，家中有些田产。父母将一部分土地自己种植，小部分出租，供我们读书。我是家中长子，下面还有两个弟弟。二弟李华昌，曾在空军高级机械学校学习，1949年前往台湾；三弟高小毕业后，在老家务农。

小学时，我就读于丽水北乡季岭根初级小学和立方平小学高级部，初中时进入了浙江省处州中学。初中毕业后，我要到瑞安读高中，入读了浙东第三临时中学（后并入温州中学）高中部。高中毕业后，曾做过极短时间的学校教员。此时正处于战乱时期，国内各大学纷纷西迁。1942年，国立英士大学迁往云和县。同年12月29日，国民政府行政院第606次会议决定：东南联合大学归并英士大学，而将英士大学改为国立。英士大学工学院被划出，独立为国立北洋工学院。此时，学校校址在浙江泰顺百丈口镇，故历史上又称"泰顺北洋工学院"。1944年，我进入了设立在浙江的北洋工学院。1946年5月，北洋大学在天津西沽原址复校[①]，随之，我前往天津继续完成学业。1948年，我从北洋大学毕业。

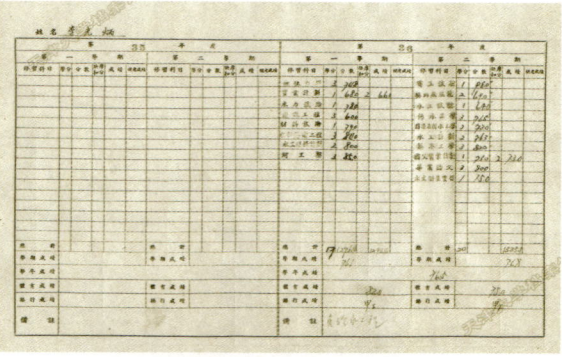

图 1-33　李光炳北洋大学成绩单

---

① 天津大学历史沿革，来源：www.tju.edu.cn/tdgk/lsyg.htm.

投身钱塘江治理

访：您是什么时候来到钱塘江工作的？

李：1948 年，我从北洋大学毕业后，被水利部统一分配到钱塘江海塘工程局，我首先被派到四堡工地搞测量工作，当时是实习员。杭州解放前，由于一些特殊的情况，我作为实习生在此工作，并没有编制，工资还是由国民政府水利部发。因为内战，水利部搬到了广州，我们这些人可以选择去广州。如果不去的话，我们就自谋生路。1950 年上半年，为了生计，我回到浙江省立处州中学担任教员。戴总（戴泽蘅）是有编制的，不涉及这个问题。中华人民共和国成立后，我们这些学习过的人被组织到干部学校学习培训，一年后重新被分配工作。我又回到了浙江省水利厅工作。1950—1951 年，主要从事宁波甬江的测量工作。

访：当时，浙江水利系统内具有水利专业背景的技术人员多吗？

李：当时，钱塘江海塘工程局因有美援支持，工作条件好，吸引了一批资深的工程师来此工作。比如 1931 年毕业于北洋大学的马席庆；1920 年毕业于南京河海工程专科学校水利系的董开章等。

访：50 年代，中国开始了"三反""五反"运动，对钱塘江治理工程有影响吗？

李：1952 年"三反"运动结束后，我来到钱塘江海潮实验站工作。这个实验站隶属于华东水利部，委托钱塘江海塘工程局代管。从这时开始我与戴总一起工作。海潮实验站主要负责水文资料的收集。1953 年 4 月，华东水利部被撤销，海潮实验站也随之被撤销。此

图 1-34　1957 年李光炳陪同南京水利科学研究所同志视察海宁海塘（左一：戴泽蘅，右二：李光炳）

时，单位派我到南京水科所参加钱塘江潮汐模型试验，这个试验也是南科所做的第一个潮汐模型试验。1954 年底，我到钱塘江水利工程局测验科海潮实验组做组长，负责钱塘江河口水文资料的收集。1956 年，我来到水文总站（浙江省水文局前身）海潮实验组任组长。

访：1957 年，为了开展钱塘江治理工程，特别成立钱塘江河口研究站，它的主要职能和工作内容是什么？主要做了哪些工作？

李：为了治理钱塘江河口，1957 年 4 月，水利部钱正英副部长在杭州主持召开钱塘江下游（河口）治理座谈会。以苏联水利专家为组长，汇集河口、泥沙、水文、水工等方面知名中外水利专家近 30 人，对钱塘江进行现场勘查后召开了座谈会。会上一致认为：钱塘江河口情况十分复杂，在未进行基础科研前难以确定治理方案。目前，应先建立专业测验队伍和科研机构，建议成立钱塘江河口研究站，由浙江省水利厅和南京水科所共同领导。同年 5 月，钱塘江海潮测验队成立。7 月，钱塘江河口研究站成立，由戴总任副站长，站长由南京水科所河港室主任黄胜兼任。其主要任务是：整理分析钱塘江河口河床、地形和水文实测资料，以探明钱塘江河口水文、泥沙运行规律和河床演变规律。在此基础上，进一步研究治理方案。在研究站成立之初，浙江省派戴总、我、李鸿涛等 5 位同志到研究站工作，南京水科所也派人过来。李鸿涛来了没多久就去了水电设计院，而我们两个一直在这里。

访：当时，基础科研工作是如何开展的？需要国外资料吗？

李：我们了解到英国隆河（Lune）河口，河槽有往复摆动的现象，为解决航运问题，他们对低水河床进行了全线缩窄整治。然而，人工缩窄江道后，却致使束窄河段及其下游滩槽淤积。当时，我国尚未与欧美国家建交，很难获得相关资料。最终，在北京图书馆找到该资料。这份资料对我们预测钱塘江河口全线缩窄后，缩窄段下游河床的变化很有参考价值。后来，单位专门派人在北京图书馆负责收集国外资料。我们将需要的资料写信告诉他，他收集好后寄回单位。

访：1958 年，您与戴总合写了《钱塘江河口河槽冲淤变化及悬移质泥沙的运行》一文，发表在《泥沙研究》上。写这篇文章的背景是怎样的？

这是有关钱塘江河口研究的最早文章吗?

李:我们当时收集了很多资料,对这些资料进行整理。钱塘江主要问题就是潮汐、河床演变情况。这是关于研究钱塘江涨落潮含沙量问题的最早文章,是我们在实际工作中慢慢摸索出来的。由于我们的研究来自实践经验,钱宁先生认为此文还是不错的,它为河口研究工作深入展开掀起了一个好的开端。

访:1960 年 5 月,在杭州召开钱塘江河口综合治理开发科学技术工作会议,参会涉及政府、勘察设计、科研机构、高校等 77 家单位,为什么会召开如此大规模的会议?主要的议题和目的是什么?

李:这次会议的规模确实非常大。此次会议源于 1958 年由中科院与水电部联合在上海召开的全国潮汐发电会议,当时钱塘江潮汐电站是会议的中心议题。我们提交了有关钱塘江河口潮汐发电的文章。会议分了 5 个专业组讨论,修订了钱塘江河口综合开发问题项目表:项目分为 9 大类,41 个研究方向,168 个研究项目,并组织协调签订了 163 份协议书。戴总在会上作了"关于钱塘江河口自然环境与治理开发潜力的报告",并参与具体技术事务筹备联系和部分文件起草工作。会议建议在国家科学技术委员会(简称"国家科委",1998 年更名为中华人民共和国科学技术部)水利组下设钱塘江分组,组长由冯仲云副部长担任。会上大家认为,钱塘江河口有希望建设大容量潮汐电站。会议的总结报告建议,钱塘江河口治理方针由治江改为综合治理开发利用资源,尤其是潮汐资源。

访:这些项目后来都实施了吗?

李:这些项目基本没有实施。1961 年,中央政策进行了调整,这些项目要么停滞,要么下马,只有水文和地质测量工作持续开展。

与此同时,钱塘江江道多次发生变迁,坍江严重,尤其是南岸最甚。治江和抢险工程一直在进行中。

访:赭山湾工程是最早开展的治江工程吗?当时江道的宽度、河道走势是如何确定的?

李:是的。1961 年,我和戴总合写《赭山湾整治围涂工程技术座谈发言》。实践表明,这项江治江围涂的工程措施,大大加速了治江围涂进程。

河道走势是按照适应河流自然特性，在原有河势基础上，因势利导，尽量利用天然山体和原有海塘建筑物，并参照高滩保存概率等值线分布图 ① 来确定。

访：1963 年 11 月召开中国水利学会第二次全国会员代表大会及综合性学术讨论会，其中一个主要议题就是"关于潮汐河口河床演变及整治的综合意见"，两位先生就此议题做了报告。我们查到的资料显示，当时主要涉及三个问题：潮汐河口分类分段问题及河床形态问题、钱塘江河口整治规划原则问题、河口建闸及防淤措施问题 ②。您能为我们介绍一下具体情况吗？

李：这次会议是一次综合性的学术讨论会，着重探讨与当时生产建设密切相关的重大问题，按专业分为七个讨论小组。钱塘江治理是个大问题。在钱宁的指导和参与下，我们制定了减少进潮量的治理原则与局部地段整治围垦的实施步骤。在会上，我和戴总合写的《钱塘江河口江道整治与围涂问题》在潮汐河口组进行了介绍，得到与会者的认同，确定了钱塘江河口整治"减少进潮量，增大山潮水比值和单宽落潮量"的整治原则和"全线缩窄"的整治方案。这篇文章为钱塘江河口整治规划奠定了基础。这次会议得到国家的高度重视，在京的国家领导人都来了。

图 1-35　1963 年 11 月中国水利学会第二次全国会员代表大会及综合性学术讨论会代表合影

当时，制定全线缩窄方案有两个顾虑：一是潮水对塘基的冲刷问题，二是洪水位逼得很高的问题。我们的报告主要依据钱塘江河口河床演变研

---

① 高滩保存概率等值线分布图，是根据历年实测江道地形图，对其进行统计而获得。

② 中国水利学会第二次全国会员代表大会及综合性学术讨论会汇刊［R］. 北京：中国水利学会，1963.

究成果，对这两个问题进行了详细的分析。

20 世纪 80 年代的治江工程

访：当时，还曾提出过钱塘江上建闸的方案，并得到普遍认可。您可以介绍一下当时的情况吗？

李：我们技术人员和厅里领导都认为建闸是可行的，也提出了多个方案。但时任水利部部长的钱正英提出了两个质疑：一是如何修建大坝，技术是否成熟？二是闸下淤积问题如何解决？后来通过计算研究，大坝是可以建起来的，但淤积问题无法解决。1985 年，各相关单位一起召开了一次会议，确定不再建闸。

访：1982 年，您与戴总合写的《钱塘江河口河床演变及其治理》获得自然科学优秀论文奖，两位先生不仅是同事，还是密切的合作者。两位先生写文章是如何分工的？

李：我们基本是事先达成一致的想法，然后分工各自写，最后再统稿和沟通修改。

访：您曾与戴泽蘅、韩曾萃先生合作写过一本书《钱塘江河口治理开发》，这本书是在什么情况下写成的？退休后，您在钱塘江河口治理开发方面还做了哪些事情？

李：这是韩曾萃提议写的专著。钱塘江河口治理已开展近半个世纪，通过持续观测研究、科学规划和工程实践，杭州至澉浦河段江道缩窄了 1/2 至 3/4，江道得以稳定。这一变化增强了该区域的防潮、排涝和航运功能，并围垦土地 110 余万亩，取得巨大的综合效益。我们将以往河口治理开发的科研工作进行系统梳理总结，于是完成了这本专著以供参考。退休后，我们主要就做了两件事情：撰写《钱塘江志》与《钱塘江河口治理开发》。

访：如今，治江工程已经基本完成，钱塘江河口的治理工程可以说取得了巨大的成功。对于您和您的同事来说，这是一生的事业。那么，您如何看待水利工程建设呢？

李：是的，钱塘江河口澉浦以上河段治理工程已基本完成，我们能够参加这份工作还是很幸运的。钱塘江河口是一个多灾的河口，数代人都想过要治理它，但由于方方面面的原因没能做成。而我们这代人将这件事情做成，而且没有留下问题，还是很幸运的。

访：作为新中国最早的一批水利专家，您认为从事水利工作最应该遵循的原则是什么？

李：我认为从事水利工作的科研工作者要实事求是，有科学态度、敢于说真话，做事情要留有余地。一定要根据实际情况来处理问题，水利工程更是要坚持"科学治江"的原则，不能盲目地为领导意志所转移。现在，我经常跟韩曾萃说，以后的围垦要留有余地。现在地方对围垦积极性很高，我们一定要考虑下游乍浦港口、核电站的问题，不能因过度围垦而导致淤积。

访：您对钱塘江河口未来的治理开发有哪些思考和建议？

李：钱塘江河口的问题很复杂，戴总曾提出过在杭州湾建一个人工岛的方案，后来发现这样会严重改变自然生态，是不合理的。现在，杭州湾进行大的工程可能性似乎不太大，不过，南岸还有一部分可以围垦利用，但不能过多，不可影响北仑港水深。现在地方上对围垦很感兴趣，但科研工作一定要注意考虑下游的淤积问题，我们要保障秦山核电站、乍浦港和北仑港的安全，一旦被淤积，就是大问题。

第二章
防治结合　开拓创新

钱塘江防治接棒人、咸水入侵研究者
——韩曾萃访谈录

访谈时间：2016 年 5 月 6 日、5 月 17 日、6 月 17 日

访谈地点：杭州市凤起路浙江省水利河口研究院会议室

访谈人：李海静、王淼

访谈时长：380 分钟

受访人：韩曾萃，教授级高级工程师，1936 年生于湖北武汉，1958 年毕业于清华大学水利工程系。曾任浙江省电力厅乌溪江水力发电工程局技术处、工业设计院和水电勘测设计院水电室及规划室、水利科学研究所江道室技术员。1978 年后历任钱塘江工程管理局（河口海岸研究所）工程

图 2-1　韩曾萃

师、高级工程师。1983 年后历任钱塘江工程管理局、浙江省河口海岸研究所副总工程师，钱塘江管理局局长、省河口海岸研究所所长兼总工程师，钱塘江管理局、省河口海岸研究所总工程师、省水利河口研究院技术顾问。

韩曾萃长期从事水利河口，特别是钱塘江河口治理开发的研究与实践，在盐水入侵及水污染防治、水流和泥沙及河床变形、河口河相关及水资源等研究领域取得一系列科研成果，公开发表中英文学术论文 90 余篇，主编和参编中英文学术著作 6 本，主持完成工程设计图纸及工程规划研究报告 40 余篇（份）。曾获浙江省科技进步奖一等奖 1 项、二等奖 2 项、三等奖 4 项，国家环保局科学技术进步二等奖 1 项，国家教育委员会科技进步奖一等奖 1 项，2012 年荣获第一届钱宁泥沙科学技术荣誉奖。享受国务院政府特殊津贴的专家，第八届全国人大代表，先后获水电部劳动模范和全国先进工作者荣誉称号。

教育背景

访：韩总，能否请您简单介绍一下您的家庭出身和教育背景？

韩曾萃（以下简称"韩"）：我的祖籍是湖北红安 [1]，1936 年 3 月 10 日我出生于湖北武汉。母亲邬学昭是中学教员；父亲韩仲琦毕业于北京大学，在湖北省教育厅工作。我的祖父是读书人，曾考取清朝的拔贡 [2]，还曾在东北办过报纸。可以说，我出生于书香世家。

受战乱影响，我小学一到四年级由母亲在家授课学习。1948 年进入初中，上学时我比较贪玩。初二以后，有了一个突变，开始好好读书。升入高中后，学习更加主动和自觉。我家读书环境很好，各人都有自己的书房。父母结交的一些朋友都是高级知识分子，有医生、大学教授、总工程师等，可谓"谈笑有鸿儒，往来无白丁"。受到这种环境和氛围的影响，

---

① 红安，原名黄安，隶属于湖北黄冈市。

② 拔贡是清代科举制度中贡入国子监生员的一种，由各省学政通过学校从生员中考选报送入京。这一制度为生员提供了乡试和会试之外的新入仕途径。拔贡介于生员和举人之间，在清代政治地位较高。

耳濡目染，启发了我追求知识，学有专长，学有所成的志向。

访： 您是如何选择大学所学专业？

韩： 高中毕业时，我本想学医，认为治病救人是个很崇高的职业。但是，大家普遍认为医学是累积经验的学科，对数学没有那么高的要求。而我数理成绩较好，数学老师劝我学工科。又受到哥哥和堂兄韩巨先的影响[1]，高考第一志愿报考了清华大学水力发电专业，第二志愿是医学专业，还报了北京大学的历史专业。1953年，我考取了清华大学动力类的水力发电专业所在的水利系。

访： 进入清华学习后，有哪些特别的地方？

韩： 刚读大学时，作息时间都学苏联，每天早上7点上课，一直上到中午1点，直到三年级才改过来。

清华大学比较注重学生的全面发展，功课要好，身体也要好。我记得每天下午5点全校师生都要去锻炼身体。当时，北京市开运动会，清华大学总是拿男女总分第一名。另外，清华的文艺活动比较多。我在清华正规学了三年二胡，我还与蒋南翔[2]校长师从同一个老师，最后一年又学了小提琴。清华鼓励学生要兴趣广泛、全面发展，"要为祖国健康工作五十年"。清华的人文教育在当时还是不错的。曹禺、赵树理等作家都来清华做过讲座。我在这里接受了全面的人文社会教育熏陶。

访： 您对清华大学水利工程系有怎样的印象？

韩： 清华有一个传统，刚入学就考试，出的题目特别难，有的同学考得分数很低甚至不及格，以后就得老老实实地学习。我印象最为深刻的是，当时都是名教授为我们上课。教数学的是孙念增教授、程紫明教授，他们备课和上课都非常认真，对内容有深入理解；教材料力学的是黄克智教授，后来他曾到苏联进修塑性力学，他是清华的王牌院士；教结构力学的是龙驭球教授，也是院士。专业课教师有黄万里讲水文学，施嘉炀讲水能利用，等等。小班辅导由讲师和助教承担。那时国家进入第一个五年计

---

[1] 两个哥哥均就读于清华大学。

[2] 蒋南翔（1913—1988），江苏宜兴人。1952年11月至1966年6月任清华大学校长，1956年5月至1966年6月兼任清华大学党委书记。

划，提出"向科学进军"的口号，大家学习的热情都很高，考试也很严格，考试采用的是五分制。

我们读书时，教育方针也有不足，当时过于强调争做先进集体，不鼓励个人冒尖。这种理念有利有弊，弊端主要是没能培养出真正拔尖的学生，没有培养出诺贝尔科学奖获得者。

访： 您本科毕业设计做的是什么题目？

韩： 在大学期间我同时学习两套系统，一套是固体力学，它侧重于结构问题，比如建大坝、修桥梁、建厂房；另一套是流体力学，涉及水流流动、泥沙的沉淀、污染物质扩散等问题。我的毕业设计是研究结构问题，题目是"三家店电厂厂房水下结构的设计"。水电站的厂房通常分两部分，水上部分是工业建筑，属于土木结构；水下结构部分则是我们研究的重点。我们要解决水下结构的设计问题，首先是机墩。水轮机旋转时要有支架支撑，我们要计算机墩在水轮机旋转时振动的应力；其次是水进来推动水轮机旋转的蜗壳；最后是尾水管。这三个部分都是大体积混凝土结构，涉及弹性力学、温度应力的应用。我的指导教师是张仁教授，他曾任清华大学水利工程系主任，后来他和钱宁合作搞泥沙研究，现在仍是水利部科技委员会委员和三峡泥沙组成员。

服从工作分配

访： 您大学毕业时，除了工作是否还有其他选择，例如继续学习？

韩： 当我大学毕业时，中国跟苏联以外的其他国家完全隔绝，我们这代人没有出国深造的社会基础。另外，当时没有读研究生的教育体系，大家毕业以后服从学校的统一分配，为祖国服务，没有个人选择的余地。

大家填报毕业志愿都是要去最艰苦的地方，如西藏、内蒙古、黑龙江。我有幸被分配到浙江。实际上，我希望能够分配到武汉，这样可以照看母亲，家里还有房子。但是当时我们要服从分配，不能提自己的条件。

我刚到杭州时，先到省委组织部报到，然后到电力厅。电力厅将我分配到杭州水力发电学校（后来合并到浙江大学）教书。我表示希望到基层锻炼，因此就到了乌溪江水力发电工程局做实习技术员。当时，党委书记还担心我受不了这里的艰苦生活，会"逃跑"。我说我不会逃，我是主动要求来这里的。所以，他们很重用我。

访：您又是如何来到设计院工作的？

韩：1959 年 6 月，我接到电力厅电报，通知我到杭州报到，说有工作需要支援。当时，3 万千瓦以下的小型水电站由省里自建，浙江没有专业技术人员能够设计电站水下部分。浙江省电力厅设计院领导陆子奇看到了我的档案资料，了解到我的毕业设计是关于水电站厂房设计的，便将我调到工业设计院第三设计室（水电室）支援这项工作。我马上投入设计，利用弹性力学的方法来计算结构应力，还要考虑温度应力和温差的影响。工业设计院的人感到很新奇，觉得刚毕业的大学生就这么有"学问"。当时我又计算又画图，全部手画 A1 图纸，然后上墨。上墨以后就不能改了。每天要画两张，还要做计算。这段时间，我每天住在办公室，一直工作到凌晨三点，大约一个月的时间就完成了金兰汤水电站的设计。这是省里第一个比较大型的电站。这个电站中有一个创新的东西，就是蜗壳。蜗壳原来都是用钢材做的，但我认为不需要用钢材做，可以用钢筋混凝土做，这是有所创新的。

1959 年底，水利厅和电力厅合并了，我的组织关系也已经转到新成立的水电设计院。我的第一个专业是施工，第二个专业是厂房设计。接下来让我搞水文（这又是另外一个专业了）。后来，全省八大水库是否上马需要重新规划，所以我又去搞规划。工作两三年内，我就转了四个专业。我觉得清华给我的财富，就是基础理论打得比较好，需要转专业马上就可以转，能适应工作的需要。而且不死读书，还要身体好。

我感到，中学主要接受的是人文和基础教育，大学接受的是专业教育，毕业以后就能立即把工作担子挑起来。

访：您在"四清"和"文革"中有没有受到冲击和影响？

韩："四清"运动开始后，我、陈绍沂、闵龙佑三人成为被批判的对象，主要是因为从 1960 年开始的政治学习中，我们说过的一些话被认为是不合时宜的。当时国家阶级斗争的弦绷得很紧，开始清算一些非主流的思想和言论。我说了"形势有时是大好，有时不一定是大好。任何情况下都说形势大好，永远大好，这不是实事求是"。这些话被认为是反党、反社会主义，因此受到了批判。后来党委讨论后认为，韩曾萃并不存在反党反社会主义的行为，而是思想认识问题，认为我应当下去劳动，跟劳动人民在一起。闵龙佑也被下放劳动，且只保留最低生活费用。陈绍沂没有受到处分，但不再被重用。

自 1964 年 9 月起，我的工作被停止。1965 年 4 月被下放到安吉县老石坎水库，与知识青年一起参加劳动锻炼。1965 年 10 月开始，我又被派到农村参加社会主义教育运动，和农民同吃、同住、同劳动。"文革"开始后，省里开始撤回工作队。1966 年 8 月，我返回设计院。此时，单位贴满了群众大字报，说韩曾萃、陈绍沂、闵龙佑是浙江省水利界的小"三家村"[①]。在"文革"期间没有事情可做，我就将自己关在房间里看业务书，包括英文书。

从"黄湾枢纽工程"到钱塘江河口科研

访：您是如何介入到钱塘江河口治理工程的？

韩：20 世纪 60 年代末，原舟山东海舰队司令谢正浩任浙江省革命委员会（简称"革委会"）副主任，他希望能够将东海舰队直接开到杭州富阳。此想法通过浙江省副省长王起传达至浙江省水利厅负责人钟世杰。钟世杰向浙江省水科院和钱塘江海塘工程局的几位技术专家询问此事。他们认为，在钱塘江上的黄湾建坝，将上游水位抬高，再在秦山打个隧洞，舰船就可以行驶至闸的上游了。这是很大的一个工程，就是我们通常所说的"黄湾枢纽工程"。钟世杰很赞同这个想法。于是，省水利厅组建钱塘江规划组，由钟世杰直接领导。规划组从水科所江道室、设计院、交通厅等单位调来技术人员五六十人，我是其中之一。

---

① "三家村"本义是指居户稀少的村落。后来，在"文革"中"三家村"成了"反党反社会主义黑线"的代名词，并流行一时。即便与文化无关的小单位，也要揪个"三家村"出来，否则就是"不抓阶级斗争"。

黄湾枢纽工程的效益是很大的，它可以拦住钱塘江所有的淡水，还可以解决航运问题和减轻闸上区域因台风灾害可能带来的负面影响。工程的效益也是明显的，一直到现在还有人主张这个方案，国内其他河口地区也有人主张建闸。

访："黄湾枢纽工程"为什么最终没有上马？

韩：原因是多方面的，最主要的是建闸存在许多负面的效应，尤其是闸的下游会有大量泥沙淤积。浙江省河口的泥沙主要来自东海，这是长期以来长江、黄河携带泥沙入海所形成的结果，造成中国沿海一带累积泥沙量较大。如果在黄湾建闸，海域运动的泥沙会受到闸的阻挡，泥沙就在闸的下游沉淀下来，所以闸下淤积是一个普遍的现象。

钟世杰认为，黄湾建闸是可行的。于是，省水利厅写报告到水利部，正在接受审查的钱正英副部长出面处理此事，她提出两个大问题：一是长达20千米的大坝怎么做，二是如何解决闸下淤积问题。她认为，这两个问题无法完善解决，因此最后报告被否决了。

实际上，当时施工队伍都已经派到工地，还在那里开过一个全国性的会议。会议请来了国内的专家、工农兵代表，还有当地的渔民、船工代表参加会议。当时有一种观点认为，在技术上也要"走工农兵道路"，专家不能起决定性作用。在会议上，没有人说这项工程一定不行，也没有人说一定行。最终，还是水利部钱正英副部长明确讲：这两个问题没有搞清楚，这项工程不能上马。

访：钱塘江规划组解散后，您为什么会选择留下？

韩：我调到钱塘江规划组以后，还是被领导信任的，领导能够放手让我开展工作，我也是全心全意投入到工作中，特别愿意解决一些有挑战性的难题。在选择去留问题上，我的态度很明确，不回设计院。原因有三：第一是工作兴趣所向，我的兴趣是搞研究工作，喜欢有创新性和挑战性的工作。钱塘江有很多未知的东西，如泥沙问题、水流问题、污染问题都没有解决。第二是政治方面的因素，我在设计院工作10年左右，因政治原因，成绩不被认可，心情不舒畅。第三是领导因素，这边的领导无论是在政治方面还是业务方面都比较开明，特别是戴总（戴泽蘅）。

工作以后我慢慢知道，一个人的成功与多方面因素相关：一是自己的勤奋；二是天资，人确实是有聪明和欠聪明的差别的；三是机遇，我的机遇还是比较好的，遇到了戴总这样的好领导。戴总心胸宽广，真心诚意地关心、培养和帮助年轻人，他希望别人比他还要强。人有这样的精神面貌，真的不容易。我到钱塘江工程管理局以后，在戴总的领导下，充分发挥了我的才能，才有了一定的成绩。当然，在政治上我有一段时间还是受压抑的。

访：20世纪70年代钱塘江主要开展了哪些方面的研究工作？

韩：到了1973年，黄湾工程基本确定下马。大家开始静下心来，比较系统地研究钱塘江河口的基本演变规律和科学治理方案。

戴总说过，黄湾枢纽有好的一面，也有不好的一面。不好的一面是指这项工程折腾了一段时间；而好的一面是因为这项工程，水科所调入了一批人才，这些人素质比较好，受过一些系统的科学训练，加强了研究力量。同时，水利厅也因为这项工程更加重视钱塘江河口治理的问题。

20世纪70年代我们主要研究泥沙问题。1971年到1975年期间，钱宁和林秉南两位院士受戴总的邀请，再次来研究钱塘江河口，指导我们的研究工作。林先生的贡献是开展了一维泥沙动床计算以及二维水流数学模型的研究，这些工作当时在全国是处于领先地位的。

图2-2 1979年韩曾萃参加泥沙培训班的学习笔记

钱宁发觉中国与世界的差距太大，中国的泥沙问题在世界上也是最严重的，在这方面的教训很多。1978年10月到1979年6月，钱宁在清华大学举办了第二届全国泥沙研究培训班，并通知了水科所参加。戴总就派了包括我在内的三个同事去学习。在培训班上，钱宁讲了两门课，分别是"泥沙运动理论"和"河床演变"；林秉南讲了波动理论；许协庆讲了流体力学。我在培训班上再次接受了一次系统的泥沙基础理论科学研究的训练。

访：钱塘江管理局可以说是一个从事钱塘江防治工程的百年老店，它的机构发展与演变又经历了怎样的过程？

韩：钱塘江管理局最早于1908年成立，直属于省巡抚（即省政府），当时名称为海塘工程总局。钱塘江河口的治理和海塘维修一直是全省的重点水利工程。在1958年之前，钱塘江海塘的维修资金投入占全省水利总经费的大部分。1958年以后，全省开始六规模修建中小型水库，海塘的投资比重才逐渐减少。而钱塘江河口的科研工作则先后由钱塘江河口研究站、省水科所、省河口所及水利河口研究院等持续不断地在进行。

1960年3月，浙江省政府为了把新安江约2000名人员的施工队伍留在浙江，成立钱塘江治理工程局，负责钱塘江河口下游的治理及七堡枢纽工程。然而，由于全国形势的变化，七堡工程处很快被撤销，该局主力转入全省"八大水库"建设，仅有少部分力量继续从事钱塘江下游的海塘维修及治理工程。到1970年，省革委会决定将海宁、海盐、杭州工务所下放到地方，仅有少数技术人员留在1965年成立的浙江省水利水电工程局。

回溯至1958年，中央计划在钱塘江河口搞潮汐电站，提出两个方案：一是建在七堡，二是建在乍浦。潮汐电站需建设挡潮闸等枢纽工程，这些枢纽工程除了能用于潮汐发电外，还可以在挡潮闸上增加大量的淡水，闸下会淤涨大量的土地可以开发利用。但有一个要害问题是，闸下大量的淤积会影响防洪和航运。国家科委组织了机械部、水利部、农业部等多部门的专家，在杭州开了一个潮汐发电专题研究会，确定了多项研究题目。水利部副部长冯仲云为水利组组长。水利组邀请了北京水科院的钱宁院士、林秉南院士，华东师范大学的陈吉余院士等，与省水科院的戴泽蘅、李光炳等一起研究钱塘江的河口演变、潮汐计算等基础问题。机械部则负责研究潮汐发电的机型，因为水头差不大但是流量很大，要用卧式水轮机，而当时我们国内还不会造这种机组。此外，也请了河海大学的教授来参加讨论枢纽布置等问题，制订了一项很庞大的计划。会上还确定了钱塘江河口的科研工作由省水科所负责。

1959年，当时全国经济形势很困难，很多建设项目都被迫下马，所以这个潮汐发电的计划就没有实施，但是新安江约有2000人留在钱塘江治理工程局。钱塘江工程管理局的机构和下属的几个工务所都属于工程局管理，工程局除了管理全省水利建设外，也负责管理钱塘江的施工及维护。

水科所于 1957 年成立，它的前身——钱塘江河口研究站于 1956 年成立，且早在 1952 年河水研究站就开展了钱塘江河口的水文地形观测工作。那时我们还没有认识到钱塘江河口变化的规律，感觉钱塘江太复杂。1956 年有一批苏联专家（其中最有名的河口专家叫萨莫伊莫夫）来中国访问讲学，钱正英带他们到钱塘江来考察，考察后决定成立钱塘江河口研究站，行政上受省水利厅主管（当时主管钱塘江的厅领导为吴又新）。技术上由南京水利科学研究所（简称"南科所"，后更名为南京水利科学研究院）指导，黄胜任所长，戴泽蘅任副所长，南科所和水科所共有约 20 人从事科研工作。20 世纪 50 年代初，浙江省水利厅有 8 个测验队，其中 3 个测验队负责钱塘江水文和水下地形的测量工作。1953—1958 年期间不断收集水文和地形资料，以河口站为主开展科研工作。1958 年潮汐电站会议后，更明确了钱塘江科研工作由水科所戴泽蘅和李光炳负责。虽然治理工程一定程度上受到了全国形势的影响而停止，但是南科所与水科所和上海师范大学的合作研究还是在继续正常进行。水文、地形观测工作也每年都在不断积累资料，在"文革"期间也未中断。

1970 年浙江省革命委员会发文，将工程局中管钱塘江海塘的几个工务所都下放到地方，只剩下少数的几个人管理钱塘江海塘维修工程，如陈惠涵、杨永楚、海宁工务所的余宗佑以及萧绍工务所的吕文德、梁宝祥等人。此时钱塘江施工管理的力量很分散、薄弱，虽然科研工作一直在进行，但是受到"文革"的影响，没有"大的动作"和成效。

钟世杰厅长跟我讲，1967 年左右，省革命委员会主要负责人之一、东海舰队司令谢正浩提出一个建议，即东海舰队的船只如能开到杭州、富阳，这样对战备有好处。当时的副省长王起找到钟厅长，钟厅长就和陈惠涵、杨永楚，还有水科所的钟修成等人商量，想在黄湾建枢纽工程，他们考虑从秦山打隧洞开明渠到黄湾，长约 20 千米，以便让舰队的船开到杭州来。钟厅长在水科所的江道室原有的 20 多人基础上，又抽调了设计院二十几个人（我是其中的一个）、交通厅 8~10 人，共约 50 人，成立了一个钱塘江规划组。该组领导力量很强，由抽调自水利电力厅的张传铭任组长，陆子奇、车友良、陈知星任副组长，直接由钟厅长领导。这 50 多人从 1968 到 1971 年一起工作了三年多，内部又分了几个小组，如工程组（负责闸、坝、航道等施工及布置）、闸下淤积组、水文组、大坝组（研究拦江大坝的抛坝技术问题）等。钟厅长很重视这个工程，因为黄湾枢纽有几个优点：一是可以得到大量土地，二是可以得到大量的淡水，三是杭州将拥有出海航道。但我们这些搞技术研究的人心中没有十足的把握，最让我们担忧的是闸下淤积问题。从鸭绿江一直到广西的防城港，全国所有的河口建闸都要淤积，北方淤积达到 80%，江苏浙江一带淤积 50%~60%，福建、广东为 30%。如果黄湾枢纽下游汇道淤积了，以后的秦山核电厂、嘉兴电厂、嘉兴港都会受到淤积的影响。1970 年时任省革命委员会主任的钟世杰向中央写了建设黄湾枢纽的报告，水利部钱正英部长提出这两个关键性技术问题：闸下淤积和 18 千米长的拦河大坝如何抛筑。这两个问题必须得到充分的技术论证方能实施。1969 年夏天，在黄湾基地还召开过一次全国性会议，请了当地的渔民、船工及全国的专家到黄湾工地论证黄湾枢纽的建设可行性问题，论证结果是：抛坝需要花费较大代价但可能实现，然而闸下淤积的问题还是没办法解决，故黄湾枢纽工程未能实施。

1972 年 9—10 月份，浙江省农委的李主任（具体名字忘记了）提出要看看钱塘江的海塘。陆子奇带我一起陪同，我们坐着当时局里唯一的吉普车去看海塘。当车开到四堡、五堡附近时，李主任问当时海塘管理的专业队伍情况，陆子奇就说海塘的施工队伍都下放到地方了，杭州段下放到杭州市管理，南边的萧山、绍兴、上虞海塘下放到萧山管理，北岸下游的海宁、海盐下放到嘉兴市管理。李主任说这样恐怕不行，钱塘江的海塘这么重要，放到地方管存在很多问题。因为平常钱塘江水位比两岸的土地要高 2 米，遇到风暴潮和天文大潮时，水位可以高出 5 米，全靠海塘挡住。一旦海塘出了问题，灾害将会很大。历史资料记载，每次潮灾中的死亡人数都是上万人。很多地方政府只有局部观念，不会从流域的角度出发考虑问题，这样是治理不好的。另一个主要的原因是当时钱塘江已经开始缩窄治理，萧山从 1968 年起就开始围垦了，地方政府各自为政，谁都想多围一点土地。李主任指出，还是要恢复原来的钱塘江工程管理局，统筹规划、施工设计、科研和管理。他要求水利厅赶快打报告，争取省里批复和正式编制。李主任的意见可能正好是林彪事件发生后，国家开始要治理整顿，要恢复一些被撤销的机构。在这种大的形势下，水利厅马上打报告恢复成立钱塘江工程管理局，又因水利部不同意黄湾枢纽的项目，这样钱塘江规划组的摊子就该散了。交通厅的人回去了，设计院有 12 个人回到设计院（我愿意留下来），剩下四十几个人作为基础，将测验队、四个工务所设为下属单位，规划组的领导班子留下陆子奇任局长，陈知星为副书记，抽调林志（海盐工务所负责人），刘宏坤（萧绍工务所负责人）任副局长，组成新的领导班子。正式文件于 1973 年 4 月下达，恢复成立钱塘江工程管理局，办公地点设在现在三桥服装市场地块。同时为了做实体模型实验基地，又把现在所在的清江路 185 号地皮征用（共 41 亩土地）。当时科研人员 50 多人，加上局机关的行政人员共 80 多人。此时科研都直接归钱塘江工程管理局管理。原水科所 20 多人，加上水利厅、设计院、工程局调入的技术人员，还有从下属工务所调入的人员，也集中由钱塘江工程管理局管理。工务所也受该局的直接领导，由钱塘江工程管理局直接拨款保障集中抢险。1973 年 4 月至 2000 年这段时间是钱塘江技术力量最集中的时候。当时技术和行政统一管理，为了在省科委争取一席之地，1978 年成立了浙江省河口海岸研究所，该所与钱塘江工程管理局采用"一套班子、两块牌子"的组织架构。我认为此时的机制对治理、管理钱塘江最好，科研结合生产，科研为生产服务，生产有问题科研就直接解决。工作效率最高，力量也最强。在这个时期已办成了几件大事，同时也促进了科技进步。

黄湾枢纽虽未能上马，但在相关方面集中加强了科研力量。省农委李主任的意见，促使钱塘江工程管理局的恢复。这两件事对此后钱塘江治理工作起到了重要的作用。1965 年 8 月 9 日，钱塘江治理工程局撤消，改组成立浙江省水利水电工程局，但是工程局并未将钱塘江治理作为重要的工作。钱塘江的科研工作可以追溯到 1953 年、1956 年、1957 年，当时分别成立了测验队、河口研究站、水科所，一直在开展钱塘江河口的测验、科研工作，虽然在此期间跟北京、上海有合作，但是科研还是主要靠自己的力量。然而，科研人员太少、素质不高，再加上和钱塘江工程管理局在体制上是分开的，对双方都不利。"文化大革命"期间，工务所都下放到地方了，就更削弱了统一管理的力量。但是随着黄湾枢纽的提出，更多的力量被集中起来开展科研工作（1968—1972年）。1973年钱塘江工程管理局恢复，这样科研力量和设计、施工、管理力量都合成了一股力，近三十年时间（1973—2000年），我认为这是局里工作效率最高的时候。1992年10月钱塘江工程管理局改名为钱塘江管理局，这不仅是单位职能的拓展，也是加强管理的体现。它不再限于钱塘江的工程管理，而是将水政管理等方面也纳入其职责范围。其成果是有目共睹的，我就不多讲了。

拓展研究领域，技术服务社会

访：您能谈谈1978年钱塘江咸水入侵计算研究方面的工作吗？

韩：杭州市自来水厂85%的淡水来自钱塘江。但是，每年7—11月份，每15天就有3~6天取水口外江会出现咸水，这就是咸水入侵问题。实际上，这个问题早就存在。到了20世纪70年代，随着杭州市日用水量增加，钱塘江江道被冲深且在平面上偏直，大潮期造成咸水上溯的问题也进一步加剧。1978年又遇到了"空梅"，新安江的水位极低。到了7月中旬，梅雨季节即将结束，新安江水库的水位接近死水位，面临着将无法放水的威胁。

1978年杭州面临的情况是：上游水库没水，下游潮汐很大，咸水入侵严重，杭州市市民正常供水出现危机。当时浙江省计划经济委员会（简称"计经委"）找到水利厅、自来水厂和电力局，一起研究解决这个问题。他们问我有没有预报的方法，能把新安江水库有限的水用好。我说国外有这方面的理论，但却是针对恒定流的，而针对变化流量的计算，国外尚没有现成的理论，更没有将这些理论用到解决生产实践问题中。

访：您是如何解决这个难题的？

韩：当时我提出来，解决咸水入侵计算问题，需要使用计算机。河口沿程的瞬时含盐度分布可以通过联立求解水流连续、动量守恒、盐分守恒及状态方程而得到，这需要将偏微分方程离散化。如果用手来算，计算量极大，几乎不可能完成。如果用计算机来算，可能半小时甚至更短时间就够了。最重要的是，我们在钱塘江有六个水文站，积累了丰富的盐度变化实测资料，对每天盐度最高值和最低值都有详细记录。这样，在计算方法和观测资料方面的条件都具备了，因此我敢接这个任务。

我与同事程杭平两人，日夜推导公式、编排程序，然后调试、计算盐度的变化。当我们模拟出主要取水口的计算与实测过程一致以后，继续研究怎样的放水方法最好。计算结果显示，大潮时多放水，小潮时少放水，基本上可以节水 20%。

当时工作条件非常艰苦，全省只有两台计算机，一个星期我们只能排到两次机时，每次两小时，且常排在半夜。我们边计算，边分析，边修改，大概花了 15 天时间完成了验证工作。

国际上就盐水入侵的问题有所研究和关注，但尚未应用于生产、生活实际，我们的研究成果做到了。[①] 我们的盐水入侵的实测预报走在了世界的前列。20 世纪 80 年代至 90 年代，长江、珠江等流域也相继开展了这方面的研究工作。

访：计算机在钱塘江治理工程中起到了怎样的作用？

韩：钱塘江的研究在我这一代很幸运地有了质的变化，主要得益于计算机技术的应用。如果没有计算机，很多水力学的计算很难实现。盐水入侵问题就是一个很典型的例子。另外，潮汐、洪水预报等也是如此。我们在构建数学模型的基础上，通过计算机实现模拟计算。早在 1964 年，戴总就派水科所的有关人员到北京中科院计算所去学习使用计算机，中科院数学所金旦华与我们有较多的合作。计算机这种强大计算手段的应用，使我们对钱塘江河口海岸的研究由定性描述进入定量研究的新阶段，可以展开各种治理方案的定量比较研究。

访：钱塘江下游的秦山核电站放射性废水排放的研究引起了较大反

---

① 韩曾萃，程杭平. 钱塘江江水含盐度计算的研究［J］. 水利学报，1981（6）：46-50.

响，这个问题是如何解决的呢？

韩：秦山核电站是中国第一个核电站。核电站与水利有关的问题主要有3个，一是厂坪高程的确定，就是厂址放在什么高程上才能防洪超保安全；二是冷却水的排放位置和取水问题；三是有放射性物质的浓度，以及其影响范围会有多大。对于这三个问题，核工业部的环保研究部门和省环保所没有相关资料，他们不清楚，因此请我们介入此项研究。开始时，我所在的单位及个人对此也有担心和犹豫，毕竟如果计算不准确的话，会损害单位和个人名声，而我敢接这个任务，因为我们已经掌握了该水域的多次实测流场数据。我们模拟流场，温度场、放射性物

图 2-3　1984 年韩曾萃与核电专家踏勘秦山核电厂
厂址（右一：韩曾萃）

质的浓度场就可以保证计算的准确性，这样就可以建立数学模型。本来他们还要我们做物理模型，本单位负责人有顾虑不敢接。我负责数学模型，北京水利水电科学研究院（简称"北科院"，现为中国水利水电科学研究院）负责物理模型，最终我们的结论完全是一样的。我计算出来的温度场是 0.36℃，他们计算出来的是 0.40℃。规范限定的安全温度为 2℃，所以结果是符合安全标准的。核工业部审查我们的结论后，表示很满意。

此后的二期工程中还有涉及取水口的淤积问题。我们同时做数学和物理模型，回答了他们所关心的放射性物质的影响范围等问题。这件事也是很关键的。浙江省是第一个建核电站的省份，并专门成立了核电站安全委员会，负责包括水安全、大气安全等方面的工作。他们也请我去做专家。他们知道我做了秦山核电厂相关问题的研究，解决了一些问题，所以后来省环保局在与上海就杭州湾排污问题打官司时，他们就找到了我们寻求帮助。

访：刚才您提到"到上海打官司"，是不是指那场保护杭州湾和舟山

渔场生态环境的论战？

韩：是的，这件事发生在 1986 年。当时上海打算把闵行和浦东约 70万吨／日的污水不经过二级处理直接排到杭州湾里。他们的项目评审没有邀请浙江方面参加，就准备开工建设了。时任浙江省省长沈祖伦、副省长吴敏达对这件事表示反对，省政府一方面向国务院递交报告，表明上海污水排放对杭州湾和舟山渔场生态环境有影响，另一方面则要求省环保局做好与上海方面交涉的准备。浙江省的报告引起了中央的重视。

1987 年 5 月，国务院决定由国家环保局牵头，邀请中央各部委、上海市、浙江省各派出五名专家，重新组织召开项目论证会。浙江省方面确定由省环保局总工程师吴宏美、省河口海岸研究所总工程师戴泽蘅和我、省水产厅副厅长吴家锥以及杭州市规划院院长吴兆申参加，上海方面参会专家有陈吉余院士等。会前，我们仔细看了上海同济大学的报告，为论证做准备工作。看到第三天时，发现他们的报告中存在一个要害性的问题，就是计算的边界设置得太近。

1987 年 7 月 16 日，论证会在上海召开。我在会上提出了这个问题，并直接质问负责这项具体计算的青岛海洋学院陈育俊教授，为什么把计算的下边界设置在距排放口仅 12 千米的芦潮港处。他解释说，根据上海方面的意图而把计算的边界设在杭州湾口，并且他们所拿到的项目经费太少，所以无法扩大计算边界。我指出，如果计算的边界设在更远的位置，那么所排污水质点需要经过 20 个甚至 40 个潮的周期才能排出杭州湾。所以，将计算边界设定得太近是一个原则性的错误。这样一讲，再加上浙江省其他几位专家从不同角度的质疑和辨析，形势发生了转变。会上，中央的专家表示，既要给上海的污水找出路，又要确保杭州湾、舟山渔场不能受到影响。这次论证会最终达成三点共识：一是污水要经过二级处理后才能排放；二是排放口位置需要进行多方案比较研究，需要在更大范围内重新论证污水排放对舟山渔场和杭州湾生态环境可能产生的影响；三是在没有得出重新论证结论以前，上海方面要停止后续工作。

浙江省省长、省环保局对会议结果非常满意。省水利厅也认识到钱塘江工程管理局、河口所参与的关于水环境方面的研究是有必要的，应该开展水环境方面的研究工作。当时，我参与环境领域的科研工作又是一次违背主管领导意愿的"叛逆"行为。对我来说，参加上海的这次论证会，是在技术上是否敢于与权威们进行争议的一次重大考验。实践表明，我的观点是能经受住考验的。

访： 从前面我们谈到的几个案例来看，改革开放后，您在钱塘江河口科研服务于社会实际需要方面身体力行，做出了实实在在的、富有影响力的工作。您是基于怎样的考虑开始从事这方面科研工作的呢？

韩： 把工程技术应用于社会，并

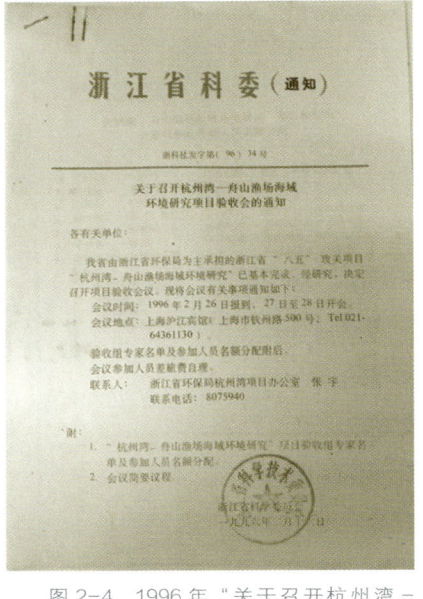

图2-4　1996年"关于召开杭州湾－舟山渔场环境研究项目验收会的通知"

且为实际生产生活服务，这是我们国家一直比较强调和重视的。钱塘江工程管理局、河口海岸研究所属于工程应用型的科研单位，其工作就是要跟国家建设、地方经济社会发展和老百姓生活实际密切结合。当然，在这方面，人们的认识并不一致，甚至存在很大的分歧。20世纪80年代后，水环境问题越来越突出，而省环保部门决策人员和工作人员缺少水动力学方面的专家。这样，他们就需要水利部门专家参与水环境方面项目的研究和咨询工作。在此情况下，研究所逐渐地形成了一种新的研究格局，即60%的力量集中在研究钱塘江治理工程，40%的力量在做能源、交通、环保等领域的横向研究项目。初期，省水利厅的个别领导明确表态不同意，认为水利河口研究所和钱塘江工程管理局就是为钱塘江的水利工程研究服务的，并提出不认可这方面的工作业绩，不能用于评职称。

我个人完全理解厅领导对钱塘江治理开发工作的重视，但也坚持认为，我们的科研力量、长期积累的数据资料以及卓有成效的研究手段和方法，可以为国民经济发展和社会进步做出我们独特的贡献。事实证明，人们的观念也逐步地发生了改变。正因为我们的工作为社会服务，单位、水利厅及外界认识到科研的实际价值，所以 1989 年推荐我做全国先进工作者，这也是对单位和我个人从事钱塘江河口研究所做工作的认可和肯定。

20 世纪 90 年代以来钱塘江科研和管理的实践与思考

访：戴总、李工（李光炳）这一代治理钱塘江，搞清楚了一些最基本的问题。作为技术接班人，到了您这一代，主要从哪些方面着手开展工作，在技术上有哪些突破，采用了哪些新的方法和手段？

韩：钱塘江河口治理的第一代有汪胡桢、茅以升、张书农等人；第二代有戴总、马席庆、钱宁、林秉南、李光炳等；到我这里是第三代，还有潘总（潘存鸿）等。我参加钱塘江治理工作所面临的问题是如何具体制定江道缩窄的规划线，也就是治导线。第一，因为有了计算机，我们可以快速地定量比较各种方案在防洪、排涝、抗咸、涌潮等方面的优缺点，这是在研究手段方面的不同。第二，戴总他们这一代研究钱塘江河口时，已经积累了十几年的基础资料，包括每年水文的变化、地形的变化等。到我们这一代的研究工作，积累的基础资料更多了，因此所暴露的问题和需要保护的对象更具体和更全面了。第三，随着学科的发展，社会上提出的问题和需求更多。这几个方面是客观存在的因素。此外，我们这一代科研环境和条件比他们也更好一些。中华人民共和国成立初期由于政治运动多，科研人员参加政治学习活动多，每个星期有三天真正研究问题就不错了。而我们就比较专注了，特别是在 20 世纪七八十年代，国家鼓励年轻人积极投入工作，有成绩就能得到肯定和认可，工作环境比较安定，生活条件和待遇也比较好。

与戴总这一代相比，我们这一代在技术上对钱塘江河口的认识有了显著的提升，已开始从定性的感知和描述进入了定量预测的新阶段。我们掌握了确切数据来论证相关问题，这更具有说服力和有利于统一认知。另外，我们也增加了专业研究人员。戴总对人员素质有相当高的要求，特别重视人才的引进和培养。技术主力除了我之外，还有北大毕业的赵雪华、浙大毕业的黄菊卿、施麟宝、余祈文。改革开放后我们又引进了林炳尧、熊绍隆、耿兆铨等人才，以及"文革"后毕业的潘存鸿，这些人使得研究队伍的技术实力大增。

随着新技术的应用、新理论的产生以及资料的积累，国家对知识分子的重视等诸多因素的影响，使研究人员更安心地从事科研工作，工作成效也更显著。这些成果不仅较快地体现在钱塘江防治工程上，还体现在其他诸多方面。所以，河口所从改革开放以后，就从单一的钱塘江治理转向为全社会服务，但钱塘江治理开发仍是主体工作。

访：您能谈谈历史上钱塘江海塘修筑经费情况以及 20 世纪 90 年代钱塘江标准海塘工程立项和实施的情况吗？

韩：这些有历史档案可查，明清时期全国水利岁修经费从国库直接拨款的主要有：黄河、长江的荆江和钱塘江。因为黄河河床比两岸的地面高出很多，荆江也是如此，所以洪水灾害频发。比如，1931 年、1932 年、1954 年、1998 年长江的洪水都造成了极大的损失，导致几十万人的死亡。钱塘江的管理从清朝政府一直到民国都很受重视。抗日战争胜利后，美国援助的一部分钱就拿来修复钱塘江海塘。当时的钱塘江海塘工程局局长是茅以升，总工程师是汪胡桢，足见国家对钱塘江海塘的重视，中华人民共和国成立后又投入大量资金修复海塘。但是自 1958 年以后，省水利资金重点就转移至兴修中小型水库上，中央或华东水利部也很少有资金补助。

钱塘江河口的海塘是否危险，主要取决于两个条件：一个是江道河势变化，另一个是天文大潮是否与台风风暴潮相遭遇。如果连续丰水年，江道就会顺直走北。1962 年以前、1971 年至 1978 年、1988 年至 1998 年，这些年份江道都是顺直走北，江道冲得比较深，低潮位降低了很多，高潮位变化较少，此时尖山以上的潮差大、进潮量大。我做过一个统计，当江道比较顺直，盐官的潮差可达 4 米，而江道比较弯曲走南时，盐官的潮差仅 1 米，潮差相差 4 倍，潮量可以差 7 倍，潮汐动力、流速、含沙量、咸水入侵都大不一样。1967 年、1968 年是连续干旱年，海宁盐官上游的谭家埭闸在小潮时可引淡水。潮差大的时候，如 20 世纪 70 年代、90 年代，杭州闸口、南星桥秋季大潮都是咸水。1988—1997 年每年秋季，每 15 天中都有 3~4 天是咸水。每当江道顺直走北时，钱塘江沿线海塘和附属建筑物都承受巨大压力，靠大量的抛石来抢险，长年累月如此，所以有人说钱塘江就是用钱堆起来的江。清朝时期每年用于钱塘江的岁修费是 10 万两白银，相当于现在的 4000 万元人民币。因为当时技术上缺少系统科学理论，涌潮的压力多大、历史最高潮位多高、设计标准多少等问题都不知道，没有观测记录和科学理论，因此导致海塘累修累毁，累毁累修的恶性循环。到了 1932 年左右，一批留学外国学习工程的人才回国，国内大学也设立了水利工程学，此后才有了水文、水力学、潮汐学等水利方面的专业知识，他们想把这些科学知识用来根治江道，把海塘修得更为坚固。抗日战争胜利以后，1946 年，经申请国民政府拨了部分美元和美国援助物资用于钱塘江，茅以升局长再通过地方和省政府的支持筹集资金，修建海塘，但因时间太短，成效不大。杭州解放以后钱塘江海塘仍然千疮百孔，虽然当时国力很困难，政府仍拿出钱来抢修海塘。由于老海塘没有设计标准，没有设计理论，没有观测数据，所以都未能从根本上解决问题，那些年一直都是通过抛石、做护坦等方式维修和加固海塘。到了 1988 年钱塘江江道又走北了，海塘的破坏很厉害，江道冲刷也很严重。1992 年底，由于"历史的误会"和各种偶然因素，我在多次说明"本人乃一介书生，决不胜任行政领导工作"的情况下，最终厅领导仍然任命我为钱塘江管理局局长，于是我请党委书记抓人事，另一位副局长抓财务，我专心抓海塘建设和治江工作。当年地方的抢险报告每年都有三四十份，都是要求资金支持，各工务所也忙于抢修破损的省管海塘。我看到这种情况，感到这种临时被动抢险方式绝非长久之计，它涉及很多技术关键难点和建设经费问题，如海塘高度不够，堤脚抗冲能力不够，一旦大台风遇到天文大潮，海塘溃决的风险极大，而建设经费的筹措更加困难。1993 年 2 月份，我当选全国人大代表，这一身份为我提供了一个便利，可以到全国任何一个机关反映问题并寻求支持。我先去省水利厅，与计划处高志瑞处长进行了沟通，处长表示省里资金也有限，要省里拿出大量资金修海塘不太可能。后来我分别找了水利部的计划司司长、国家计划委员会（简称"国家计委"）的相关领导，向他们反映钱塘江海塘急需修复的困境，但是水利部和国家计委的回答都是：你们浙江省富裕，可以自筹资金，国家大部分资金要去支持西部建设。当时只有水利厅的陈绍沂厅长支持我，让我以人大代表的身份继续向中央部门申请呼吁。你叫喊一百次，只要一次成功，就成了。

1994年，17号台风登陆温州，当时造成了1400多人死亡，中央对此高度重视，派代表团到了浙江。水利厅领导借此机会向中央代表团反映，强调如果这个强台风在象山或宁波登陆，钱塘江海塘一些主塘很可能就要垮，那就要死上万人，所以中央应拿钱修钱塘江海塘。省政府随即列了十几个重大工程，省长万学远与陈绍沂厅长一起到北京向朱镕基副总理汇报。朱副总理只表示修钱塘江海塘这个项目可以考虑，因为风暴潮对钱塘江两岸潜在风险实在太大，且今日的钱塘江两岸已有很多国家基础建设，一旦遭受破坏，对国民经济影响很大。总理同意浙江按程序上报，最终是按中央40%和省里60%的比例出资，这样资金问题有望解决了。当时全国形势是邓小平1992年南方谈话后，全国许多工程上马，国家经费很紧张，通货膨胀严重，很多工程同时要下马，新批一项工程非常难。1995年，章猛进当省水利厅厅长，他极高明地想到把钱正英（时任全国政协副主席，原水利部部长）请来视察钱塘江海塘，钱副主席总结道，"钱塘江还在吃乾隆皇帝的老本"。她建议，由浙江省发函邀请全国24位专家（名单由她亲定），来浙江杭州汪庄开会。会上，钱管局做了两个报告：我汇报了钱塘江存在问题和治理的方案，陈希海汇报了北岸险段海塘的加固方案。在经过讨论后，专家们一致同意钱塘江全线缩窄的治理方案。因为钱塘江治理原则一直有争议，这在大江大河的治理中并不稀奇。钱塘江最主要的争议就是建闸与不建闸之争，关于建闸的方案其闸址先后考虑过渔山、七堡、黄湾、乍浦等地点。另外，还有一个是建潜坝的方案（坝顶设在平均水位，坝址在尖山，可以减少一半的潮动力）。这些方案各有优缺点。

这次开会的收获，主要体现在以下几个方面：

第一，所有的专家都一致认为江道缩窄的方案是正确的。当时钱塘江已按缩窄方案实施围垦了100万亩土地了，经济效益很大，得到了两岸地方政府及群众的拥护。

第二，确定了一个重要决议，即立即加固北岸险段的海塘。此前我在陪刘锡荣、柴松岳、万学远等省领导视察钱塘江时，用碎石敲打堤面，都是"空空"的声音，下面的土都被掏空了，有的地方甚至手都能伸进去。省长们表示一定要立即抢修，经费一定会到位的。但是省里的资金支持还是十分有限的，往往不能及时到位。因为"小洞不补，大洞吃苦"，这次会上专家们一致呼吁，钱塘江海塘是该彻底地用近代科学理论进行系统加固、翻修了，不能再长期被动抢险，应立即立项，以"钱塘江北岸险段加固工程"项目报批，国家予以支持。会议召开后，标准塘工程开始逐步展开审查，由于我们的科研基础工作做得比较扎实，省计委、水利部、国家计委、国际咨询公司等各项审查都顺利通过。

第三，是维修费的问题得到了解决。标准塘的基建费总共 5.36 亿元，国家拨款 2 亿元到省里，省里自己出 3.36 亿元，但这只是基建费，每年还需 2000 万元的维修费，并且维修费还会随物价上涨而增加。事先我已对岁修费有三种算法，一是用历史上的每年十万两白银的国际价值换算成国际黄金价格，再换算成美元和人民币。二是按照现在岁修每年花费的资金，每年需要 4000 万元，其中省管海塘 2000 万元、地方 2000 万元。三是按照当时修一米海塘要多少木工、泥水工、多少方石头等进行计算。三种方法换算的结果其实差不多。1996 年，在国家计委的协调下省里被要求每年保证给钱塘江 2000 万元维修费，否则国家计委不给两亿元的基建费。而且这 2000 万元要正式向国家计委打报告，有凭证。就这样，基建费用和维修费用得到了保障。到 1997 年 5 月份，钱塘江北岸险段标准塘正式开工。钱塘江标准塘的立项，在某种程度上也推动了浙江省领导下决心开展千里海塘项目的建设。

以上就是标准塘立项的过程，我认为起到关键作用的第一步是抓住了 1994 年 17 号台风这个机遇，并推测如台风北移会有更多人死亡，引起了中央的高度重视。第二是章猛进厅长，选中了钱正英来关心钱塘江的安危，以她的声望成功地召开了"钱塘江河口北岸险段标准塘建设论证会"，为此后各级审批开了绿灯。

以上所述的全部基建费共计 5.36 亿元，主要做三段海塘的建设，第一段是杭州段的 10.38 千米海塘，按照三百年一遇标准进行建设，第二段是从老盐仓坝到尖山 26 千米的海塘，第三段就是海盐 8.2 千米的海塘，三段海塘总共约为 44.6 千米。其中最大的技术难点就是钱塘江的海塘是明清老海塘，那时无设计标准，所以我们要用现代的水利技术来论证老海塘是否可靠，哪些地方需要加固，怎么加固。加固工程中最难的是塘脚的保护。技术人员中蒋纬同志一直在研究老海塘堤脚保护，提出了一个很好的提议。前期抢险时，我们在塘脚抛了很多石头保护堤脚，所以在堤脚打桩变得极为困难。蒋纬就提出，把原有的 4 米长的老木桩拔出来，重新打入一根 10 米长的钢筋砼桩。但是在打桩的过程中还是存在一些难点，如海塘堤顶到堤脚有 4 米的高差，这使得桩难以对准孔位并连续打入。我们使用了湖南长沙一个专业的打桩设计院的相关设备，但进度还是很慢，一天最多打一个桩。后来我们将重力式打桩改为连续式振动打桩，利用粉砂土液化颗粒间的间歇水，效率一下提高了。从一天打 8 根桩，最终提高到每天打 16 根，使这项工程按期完成。

访：钱塘江治理工程都有哪些防治方案？

韩：钱塘江地理条件险要。一是钱塘江的最高潮位比两岸的地面高出 4~6 米，一旦出事，死亡人数就非常庞大。二是动力强、潮差大，这使得治理难度极高。全世界平均潮差为 0.7 米，珠江的河口潮差为 0.5 米，长江河口潮差是 2 米，黄河的潮差大概也只有 0.4 米。然而钱塘江河口澉浦站的年平均潮差是 5.7 米，最大潮差是 9 米，这是有记录的数据，实际有些地方更大。潮差大，流速就大，长江的流速是 1~1.5 米 / 秒，钱塘江的流速是 5 米 / 秒，甚至是 9 米 / 秒。钱塘江的河床又是由粉砂构成，只要 0.5 米 / 秒的流速就可以把泥沙冲起来。动力强、潮差大，再加上江槽摆动幅度达到 2~10 千米，这些因素都使得钱塘江治理极具挑战性。自古以来因钱塘江一带是赋税重地（有夸张的说法称，全国 90% 的税由江浙一带缴纳），因此各个朝代都花大力气修筑钱塘江海塘。但在 300 年前，因为技术有限，只能在岸边打桩，实行"以宽治猛"的策略，这一策略是明朝的陈让提出来的。当时钱塘江海塘是用糯米浆（糯米加石灰）砌条石建造的，下面再打木桩，在当时世界上也是很先进的（波特兰水泥于 1824 年发明，混凝土的发明到现在也只有 190 多年的历史），但还是"累修累毁，累毁累修"。一直到 1932 年，治理钱塘江的技术人员开始意识到在加固海塘的同时必须进行治江，只修海塘不行。如果能将河道限制在一个合理的范围内情况就会好多了。但治江怎么治，这就有很多的争议了，不过这是很正常的现象。我有幸参与了这些争论和讨论的过程，故在此对其进行简要介绍。

钱塘江河口治理宏观上讲有三个方案：一是建闸，二是缩窄，三是潜坝。北京水利科学研究院方宗岱提出了建潜坝方案，可以把潮量削减一半。另一个方案是建闸，闸址的选择有上游的渔山、七堡、黄湾，甚至有更下游的一些地方。我参与了所有这些方案的研究和论证，知道各方案的优点和存在的问题，但对有些问题我们还拿不出定量的、确切的数据来。其中最困难的问题是泥沙运动预测，即如何预测江道的变化。一种方法是利用数学模型或物理模型，但是到目前为止，该科学水平仍然不能满足生产所需。水流的计算问题相对成熟些，但泥沙的问题至今仍不能准确地应用于预测。另一种方法是统计方法，根据实际的河道断面大小、形态，与上游的来水、来沙和下游的潮汐的动力条件相互作用达到一个相对平衡的状态，那么河道就平衡了。我们用浙江省多条河口、多个断面的资料进行了统计，建立起这个"河相关系"，以此来证明如果在黄湾建闸，其下游断面面积将大幅度缩小，可能无法维持秦山核电厂以及火电厂的运行，同时对码头航运也会带来淤积影响。单用数学模型的计算也是不完全可靠的，这与泥沙计算还缺乏公认的理论有很大关系。在1973年我提出了一个半经验、半理论的公式来尝试解决这一问题，后来赵雪华又写了一份总结报告。戴总则明确表态，否定了黄湾方案。随着钱塘江治理工程不断向下游推进，该工程与海洋、交通、环境、生态等领域的关联性愈发紧密，已不再仅仅局限于水利专业范畴。

我从钱管局局长岗位上退下来以后，把以前做的一些工作写成了专著和论文，其中对钱塘江河口的各种治理方案，逐一作出回答。我们以数据为基础，讨论断面大小对水流、洪水位的影响，以及对航运、基础设施的影响，进而统一各方的认识。所谓统一认识，是指获得水利厅及水利界同仁的认可，水利厅个别人不同意也可以。最终，在1995年的会议上水利部专家认可全线缩窄方案。也就是说，截至1995年，水利部、省水利厅以及钱塘江管理局明确达成共识，采用全线缩窄方案治理钱塘江河口。所以，时任水利厅总工的言隽达说："这次会议的最大收获，就是肯定了我们治理钱塘江河口的思想和方案。"这一过程是漫长且艰难的，但结果是正确的，效益是巨大的。

访：在钱塘江河口科研的国际交流中，主要帮助我们解决了哪些问题？

韩：1980 年 10 月 25 日，美国陆军工程兵团（美国最有名的水利工程研究设计施工单位）一行 9 人，受上海航道局的邀请来研究上海港的航道治理。他们提出要来钱塘江看涌潮，我和余大进陪他们去的。座谈期间他们提出建议，认为现代工程技术完全可以建设能够承受涌潮打击且仍然安全的海堤，所以千万不要消灭涌潮，因为涌潮的资源是珍贵的，是世界的遗产。不久后一群中国台湾学者也来考察，并提出了这个相同的意见。印度恒河、英国塞文河、法国的塞纳河，以及著名的巴西亚马孙河等都有涌潮现象，但是没有钱塘江这么壮观和多样。我们也走出了国门，了解世界水工建设，对涌潮的观念有了大的转变。以前我们只看到了涌潮破坏性的一面，实际上它还有文化、景观、旅游等价值。我认识一位美国生物学家，他对涌潮非常感兴趣，自费到钱塘江来看了四次涌潮，其中第三、四次是我接待的。他写了一本关于水的历史的英文书。我们的观念转变后，动员不少力量来研究涌潮。以前我们和清华大学、复旦大学以及南京水文所的谭维炎、胡四一合作过，对涌潮进行了计算，但是结果都不尽如人意。最后还是以潘存鸿总工程师为主导，与香港大学的许为厚、徐琨教授等合作，解决了涌潮的数值模拟问题。林炳

图 2-5 1982 年戴泽蘅、韩曾萃考察荷兰三角洲工程留影（左起：戴泽蘅、韩曾萃）

尧同志对涌潮的波动特性也有创新的研究成果。现在我们能算出交叉潮、涌潮高度和涌潮形成、消失的时间，所以保护和研究涌潮是一个重大的思想转变。

杭州湾大桥建设前，朱镕基总理批示，要求大桥的建设对钱塘江涌潮和乍浦港不要产生影响。我们做了模型实验，结果显示大桥对涌潮的影响在 4 厘米内，肉眼基本无法辨识。但是对乍浦港的影响我们把握不够充分，有一些教训，这个问题直到 2012 年后，国家环保局验收大桥时才被发现。主要原因是，有 500 米的非通航孔被布置在北岸深槽，占北岸深槽 2 千米宽度的 25%，相比之下，主通航孔跨度是 500 米，副通航孔跨度是 250 米，而非通航孔是 70 米。此外，施工栈桥完工后又没有彻底拆掉。2002 年 11 月到 2003 年 4 月，地形图上 −10 米的等深线不贯通，这一时期正好是其施工期。如果当时我们把这里当成主副通航孔影响就很小。最终，乍浦港出现了约 2 米的淤积，其中一半左右是因为杭州湾大桥通航孔的位置没有布置好而产生的。治导线规定的原则是北岸不允许围垦，南岸可以围垦，但是有些桥梁还是要建设的，关键是如何使副作用降至最低。

除了这些基本建设外，还有土地的需求问题。各个县都要土地，有些县市并不完全严格按照规划线去开发，总想多围些土地，萧山、绍兴、海宁、上虞等地都曾有过超出治导线的例子。治导线在实施的时候遇到了很大难度，最后经厅领导协调，总体上还是按治导线实施的。以前钱塘江治理主要靠建丁坝，劳民又伤财。戴总等老同志当时也认识到当高滩符合规划线时，可以先围涂后加固。钟厅长总结萧山围涂经验，将其提升为一个口号——"治江结合围垦，围垦服从治江。"这个口号产生了很大的推动力，大大地加快了治江的进程，我们只用了 40 多年就达到了治导线的要求，而国外可能要百年以上，且未必能用这么少的经费治好。

所以规划治导线首先是要取得水利厅的同意和支持。章猛进厅长就很清楚，这条线是经过科学论证的，并经由省里面批准的，为维护它的严肃性，县市不可以随便突破这条线。海塘有三百到五百年的历史，是文物古迹。原来的海塘是不安全也未达到设计标准，如何在保持原貌的基础上进行修复，这些都是在制订规划治导线时要考虑的。我们也保留了 33 千米的明清老海塘原貌。规划线的几次修订，既要遵循自然的规律，也要满足社会经济、文物景观的需要，同时还要易于施工，技术上也要进步。在施工方面，膜袋填充技术"功不可没"，它最早是荷兰开始采用，此后绍兴、上虞、海宁等地的围垦都采用了这种技术。

治导线的成功实施有两大功劳，一是通过治江提高了防灾能力，二是开发了大量土地资源。钟厅长总结的"治江结合围垦，围垦服从治江"的原则，在治江上省里的投入资金极少，大部分都是地方政府出资和老百姓出力，通过围垦达到治导线的要求。土地是钱塘江治江过程中的副产品，不是为了土地而治江。

在 100 周年局庆时，钱塘江管理局请浙江省水利河口研究院和清华大学做一个钱塘江治理成效的客观评估。除了治江的各种效果，如防洪、排涝、江道稳定等我们已经清楚的，评估还包括经济价值的评估，这是按照国家规范进行计算的。经济评估中有几个很严格的指标，其一是利率的正确选用。我国经历了计划经济、市场经济两个不同的历史时期，工程投资的利率应比我们日常存款要高，在这么长的历史阶段，确定一个合适准确的利率是比较难的。第二是效益的分摊。土地产生的价值还包括资金、技术进步、人力、原料等，因此土地的产值只能算一部分，即按经济学中的边际效益来计算。第三个比较严格的是按照增加值来计算治江的效益。治江有防洪防台、排涝和水资源等的效益，最后投入产出的结果是 1∶11。而土地利用是按照现状分配，其中 20% 用在养殖业，30% 用在农业，20% 用在工业，5% 用在房地产。我们又按照农业土地当时的土地挂牌价和卖出价（5 万～40 万元一亩）来估算。其实未来工业用地肯定是会大幅增加，所以1∶11 的比例实际上是保守的。评估结果显示，钱塘江的治理在经济上是绝对站得住脚的。经全国专家和省内专家二次评审，都完全同意这个结论。

访：据了解，直到 2000 年保护涌潮才被写进了钱塘江管理局的工作报告。

韩：我们的思想转变是一步一步进行的。国家对环境保护、文物保护的认识也是一步一步深入的。20 世纪 90 年代末，朱镕基总理就杭州湾大桥建设做出"建桥不能对涌潮有影响"的批示。在治江过程中，涌潮景观始终得到了保护。如果用建闸方案，涌潮就没有了。

钱塘江到底为什么要治理呢？因为钱塘江的自然条件太恶劣了，台风暴潮的风险太大。根据志书统计，每五年一次小灾，每四十年一次大灾。治江的目的第一是减灾保平安；第二是钱塘江江道各种河势、潮汐洪水位、咸水入侵等极不稳定；第三是两岸的基础设施运行无法保证安全，且水土资源未能开发利用；第四，涌潮景观是变化的，因江道不稳定，海宁曾有过看不到涌潮的年份；第五，在经济上是非常有利的。所以我曾斗胆对钱正英部长讲：钱塘江的治理没有犯重大的错误。

访：1993—1998 年期间，您作为全国人大代表，有怎样的感受？对实际工作有怎样的帮助？

图 2-6　第八届全国人民代表大会投票留影

韩：作为第八届全国人大代表，我是不太称职的。因为我是衢州地区的代表，但我没有到衢州去了解当地人民的诉求，只关心了钱塘江河口的问题。当时钱塘江的江道很直，所以海塘破坏得很厉害，经常有抢险紧急情况。时值邓小平南方谈话不久，全国各个地方都要建设，所以国家推行财政紧缩政策，这时向上级申请经费非常困难。

我作为全国人大代表，最大的一个好处，就是每年开会期间能够和省里主要领导有接触。我有一个特别通行证，可以到任何单位去反映问题。利用这个条件，我跑了省计经委、水利部、国家计委等部门，反映钱塘江治理中存在的困难和问题。当时水利部认为，浙江省比较富裕，国家要将水利建设重点放到西部。这时刚刚有一个机缘，就是 1994 年台风在温州登陆，造成浙江省 1400 余人死亡，经济损失达 195 亿元。中央代表团到浙江省来检查防汛工作的得失，省里除汇报灾情外，还谈到假设台风登陆地点北移一两个纬度，到宁波、舟山登陆，那么钱塘江海塘就要垮掉，造成人员伤亡数量还要多。这样，浙江省带着十几个项目向中央反映。朱镕基做出批示：钱塘江的问题，中央要管；原则上确定，中央出 40% 的经费，地方解决 60% 的经费。

我在全国人大的提案是关于钱塘江海塘修建问题，我找其他代表签名，因为要有 30 个代表正式签名才能立案。作为全国人大代表，为促成海塘修筑早日成功，省里、水利厅都要求我在大会上发言，扩大和加强与中央的联系，我起到了一定的作用。起关键作用的还是水利厅章猛进厅长，他把钱正英部长请来，在杭州筹备并召开了"钱塘江北岸海塘险段加固工程论证"会议。

访：您就任钱塘江管理局局长以后，人生角色发生了很大转变。此前您主要做工程技术工作，而当局长以后，做技术工作的时间就少了，可能更多地要考虑钱管局在系统内的定位以及未来的发展等问题，是这样吗？

韩：1992 年，我 56 岁时做钱管局局长，可以说是"历史的误会"，我真的不想当局长。我是一介书生，只想在科研上做点事情，而且"文革"前我在政治上也受到过冲击，哪里会想到去做局长。

担任这个职位后，我在指导思想上有了一些转变。第一，为职工考虑多了。当时工资很低，我想改善大家的生活，于是就向社会开放，到处接课题，解决一些实际问题。这样既可以增长大家的知识和才能，又可以改善生活。第二，更加有效地解决钱塘江存在的重大问题。我以人大代表身份到处跑，争取钱塘江海塘工程立项。从清朝以后，到民国初期、抗日战争，一直到杭州解放后，海塘修筑方法都没有发生根本性的变化。传统的做法就是抛石头，我觉得这样不行，一定要有一个根本性的变化，钱塘江要上马一个大的项目。我们要用近代科学技术思想来改变钱塘江海塘工程建设问题，修筑具有一定防御洪潮标准的

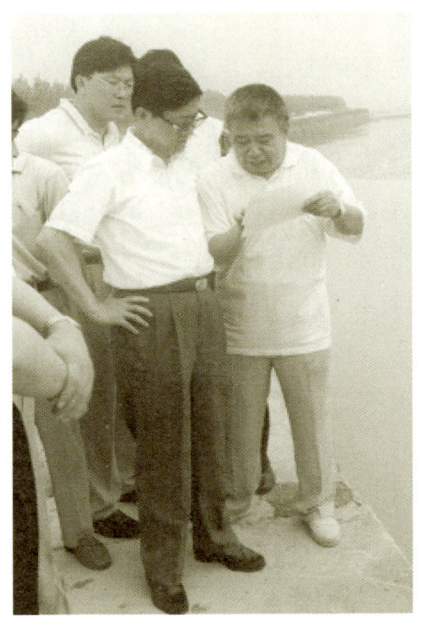

图 2-7　1996 年韩曾萃陪同水利部钮茂生部长视察钱塘江海塘（前排左一：钮茂生部长；左二：韩曾萃）

海塘，引进现代科技理论改进原明清古海塘的结构和面貌。同时，钱塘江标准海塘工程对全省"千里海塘"的成功修建起到了一定的促进作用。例如在钱塘江管理方面，我强调加强法治建设，通过 4 年的上下努力，1997年《钱塘江管理条例》在省人大会议上通过并正式立法。这是钱塘江管理上，从人治到法治的转变。

在我们局里的分工中，党委书记管人事，副局长管财务，我主抓生产技术，拓展业务。我认为这样的分工还是适合我的。

访：民国时期，担任钱塘江管理机构的局长的全部是有名望、有地位的专家学者。中华人民共和国成立后可能有几任行政领导干部担任这个职务，到您这里又是专家型领导。您如何看待在一个技术单位里，行政领导和技术主管来担任主要领导的不同？

韩：这要取决于单位和个人的具体情况。钱塘江管理机构是技术型单位，最好要由具有长远眼光和懂技术的专家来做主要行政领导。中华人民共和国成立后，为了加强党的领导，很多部长、大学校长，都是由行政领导来担任的，这是比较普遍的。这种做法有弊也有利：弊在于，有时可能抓不到要害，缺乏长远的观点；但也有利的一面，体现在贯彻落实党的方针政策方面，行政领导的效率往往很高。

中华人民共和国成立后，钱塘江管理机构的局长大部分是行政领导，主要是打消耗战，结果造成投资越来越少。懂技术的领导，往往能看到更长远的问题，能够推动一个根本性的改变。但是，这些行政人员也确实做了不少工作，只是精力、学历、眼光有一定局限性。党一直提倡又红又专，即专业也懂，行政也强，但是这样的人太少了。总的来说，方向应该是又红又专的为好。

访：今天我们看来，您的人生充满了波动和不确定性，年少时家境优渥，少年学有所成，壮年遭受不公，中年迎接机遇与挑战，老年发挥余热。在这样的人生历程中，您有着怎样的体悟和认识？

韩：我们个人的命运，一定是和国家的命运相连的。国家政策开明，政治清明，路线正确，我们的日子就好过了。我家庭出身还是比较优越的，接受了比较完整的教育，所以有能力在工作中解决一些问题。当然，国家大环境还是决定我们命运的关键。我从 1958 年毕业到 1980 年，这 22 年间，既没有发表一篇文章，政治上也受压抑，不被重用，心情也不好，这是当时全国的形势所决定。当然，业务工作还是让我做的。20 世纪 80 年代开始，国家对知识分子的政策发生了改变，此后我发表了 60 多篇文章。退休以后，我又写了 30 多篇论文，写论文当然不是为了评职

图 2-8　韩曾萃"全国先进工作者"奖章

称，而是我认为有些问题值得写，写出来要传给后人知道，让后人不要再走弯路，让他们得到知识。

访：钱塘江治理工程已经阶段性地完成，您认为未来研究重点在哪里？

韩：杨振宁曾说，目前中国的科学技术正处于爬坡的阶段。在基础科学领域，国外有 300 年的积累，而我们中国还不到 100 年，所以存在一些差距。钱塘江的治理虽然已经取得了很大成就，但是我们的研究工作还差得很远，还有许多的问题值得研究。我觉得未来的研究方向应当是环境问题，因为过去我们重视的是工程建设问题。但是，任何事情都有正的方面和负的方面。中国前些年在一定程度上以牺牲环境和消耗自然资源为代价取得了国内生产总值（GDP）的高速增长。水环境、大气环境、生态环境方面的问题，愈来愈显得突出。今后，我国对环境问题的研究需要加强。

科研单位最根本的问题是人才。我从 2000 年到水利河口研究院，已经 15 年了，我们引进了不少博士、硕士，换了大约一半的人，确实取得了进步。但是，非常冒尖的人才较少。稍微好一点的人才，就被提拔去当官了，不同程度地脱离了业务工作。当年戴总跟我们经常谈的就是人才培养的问题。现在，人们对经济效益看得重一些，而对人才这些软的东西相对重视还不够，真正热爱科学技术和学术的人员比较少。我经常参加一些课题鉴定会，有本单位的，也有外单位的，总体感觉现在令人非常满意的

成果比较少。我希望今后能看到更多、更好的科研成果出现，不负国家、人民对我们科技人员的寄托和期望。

关注涌潮　探寻涌潮之美——林炳尧访谈录

访谈时间：2016 年 4 月 14 日，2016 年 5 月 23 日

访谈地点：杭州市中北花园林炳尧家中，浙江省水利河口研究院四楼办公室

访谈人：李海静

受访人：林炳尧（1942—2022），教授级高级工程师，涌潮研究专家。1964年毕业于复旦大学数学系，之后被分配到长江流域规划办公室（简称"长办"）工作。1970 年，参加葛洲坝水利枢纽工程建设。1978 年，考入清华大学水利系，跟随许协庆先生攻读硕士研究生，研究方向为高速水流。1981 年，进入中国水利水电科学研究院机电所工作。1984年，调入钱塘江工程管理局从事钱塘江涌潮研究工作，曾任钱塘江工程管理局、

图 2-9　2016 年林炳尧于家中访谈时留影

浙江省水利河口研究院副总工程师。著有《钱塘江涌潮的特性》《涌潮随笔——一种神奇的力学现象》。

早期教育和工作情况

访：林炳尧先生您好！感谢您接受我们的访谈！请您先简要介绍一下您个人的成长情况。

林炳尧（以下简称"林"）：我父亲林建英，1935 年毕业于上海交通大学，与张光斗[①]是同学。父亲曾受马歇尔计划资助赴美考察，回国后一直在铁路系统工作。母亲姓杨，海南文昌人，受家族祠堂供养，接受过教育，曾在成渝铁路担任会计。

图 2-10　林建英大学毕业照
资料来源：上海交通大学档案馆
（图片由姜玉平教授提供）

在我的儿时记忆中最深刻的一部分是家庭多次搬迁，这是父亲工作性质所决定的。1942 年 1 月，我出生在四川乐山。此后，父亲调到江苏镇江担任铁路工务段的负责人。父亲命运多舛，在镇江工潮中因保护工人而触犯国民政府高层，被捕入狱。在 1951 年"镇反"运动中，又因此事被关进监狱，直至 1982 年才得以平反。

父亲被捕后的 1950 年，母亲带家人来到上海，我进入广肇公学[②]读书。1953 年，我考入华东师范大学附属中学（简称"华东师大附中"），迎来了人生的转折点。华东师大附中的三年对我而言，我经历了一个顽皮儿童"从善"的过程，这里的教育使我脱胎换骨，并有幸遇到了很多好老师。

高中时期，我考入上海复兴中学。高中生活中，我最深刻的印象就是有很好的图书馆，老师鼓励我们多读书。在这里我获得了良好的人文教育，阅读书籍，拓宽视野，同时也激发了我对自然科学的兴趣。

因为兴趣，我报考了上海复旦大学数学系，在这里同样遇到了优秀的老师，接受了良好的数学教育。总结大学生活，主要有几点收获：第一，学习了数学和力学知识。第二，大量的数学训练培养了逻辑思维能力。第

①　张光斗，水利水电工程专家和工程教育家，中国水利水电事业的主要开拓者之一，清华大学原副校长，中国科学院和中国工程院资深院士。

②　广肇公学由广东籍教育家卢颂虔创办于 1913 年，曾更名为上海私立粤东中学、六十六中学、四川中学。

三，训练了提出问题的能力。苏步青先生[1]经常在学校大会上讲："看一本书，看了一半，仍不能发现问题，这本书就白看了。"第四，培养了自学能力。读书从不是从头读到尾，而是用自己的话、自己的方式去表达出来，这是学数学最基本的能力。第五，结识了一批热心能干的师长，始终得到他们的关心和帮助。这些获得的知识和能力、结交的优秀师长和室友成为我一生的宝贵财富，为未来应对工作中的不确定性奠定了坚实基础。

访：1964 年大学毕业后，您被分配到三峡工作吗？

林：大学毕业后，我被分配到长江流域规划办公室[2]，先被安排到工地实习，成为位于蒲圻县（现为赤壁市）的三峡试验电站——陆水枢纽的一名土石工人。一年的实习期结束后，正赶上"四清运动"的高潮，有段时间我被抽调到四清工作队去从事文书工作。此后，我又相继被安排到办公室、科学院河流室水库组担任技术员，参与三峡枢纽水库的淤积分析工作。最初我主要参与整编水文资料，如一些控制性水文站的多年平均流量、平均含沙量等数据，后来主要研究三峡卵石推移规律问题。

访：当时围绕三峡工程主要做哪些工作？

林：孙中山在《建国大纲》中提出建设三峡工程的设想。民国时期，美国水利专家萨凡奇考察三峡地区，对长江流域治理制定了初步规划设计方案。中华人民共和国成立后，苏联专家又提出高坝大库的建设设想。如果按照苏联专家的设想，修建三峡工程将导致整个四川被淹没，他们认为这是"中国独享的地中海"。但这与中国国情显然不符，苏联地广人稀，淹没土地

图 2-11　1944 年美国水利专家萨凡奇考察三峡（前排右二为萨凡奇）

---

① 苏步青，浙江温州平阳人，中国科学院院士，中国著名的数学家、教育家，中国微分几何学派创始人，被誉为"东方国度上灿烂的数学明星""东方第一几何学家""数学之王"。

② 1988 年，长江流域规划办公室改名为长江水利委员会，为水利部派出机构。

没有关系，大库容可以发挥最大的发电效力。我们人多地少，淹没四川损失太大。当时，我们还没有预料到外部泥沙会进入库区的问题。

史无前例的工程必然会遇到许多困难，遇到许多以前不曾想到的问题。当年的对策是，每遇到一个问题，就组织一套班子专门研究这个问题，逐个解决，以求万无一失。现在看来，这种办法还是比较有效的。

我当时主要从事泥沙研究，第一次出差是到重庆收卵石。长江的川江一带卵石很多，一到三峡出口的南津关就很少了。这就需要研究卵石是否会通过峡谷的问题。为此，我们在卵石内放入放射性同位素，将这些卵石投到四川黄草峡上游，然后再到下游寻找。在几十千米的河床上找卵石实在困难，我们背着放射性探测仪在卵石滩上找了很久，但从未找到过。这段工作结束后，我被安排到灌县①，在韩其为②的领导下进行卵石实验。

图 2-12　1968 年四川灌县都江堰柏条河一干渠上开展的三峡卵石推移质试验（前排左二为韩其为，左三为林炳尧）

访：通过您的实地勘查，三峡卵石是否会移动？

林：当然会移动，否则卵石从何而来？只是动得很少，因此输移量很小。当年，黄万里谈到长江卵石移动的问题。在我导师韩其为主持下，20 世纪 60 年代初我们开始研究这个问题，当年调查研究的结果是：卵石每年移动量为 11 万吨。此后，有几批人继续研究此问题，并发现卵石数量在不断增加，有人认为最多的达到了 60 万吨。

川江和三峡有一个特点：最大的洪水决定了河床的"涨冲淤落"。别看河滩上有着大量卵石，但是绝大多数时间里卵石并不移动，河流主要输

---

① 灌县，现在的都江堰市。
② 韩其为，湖北省松滋县人，泥沙（运动）与河床演变（水库淤积）专家，中国工程院院士。

运的是大量细泥沙。长江卵石输移量之所以小，大致有两个原因：一是卵石个体特性；二是山区性河道的水流特点。卵石体积大，分量重，不易被冲起，且它们容易形成鱼鳞状排列，使其更加稳定。只有当水流流速特别大，足以破坏排列结构时，卵石才会移动一批，这种现象被称为"阵发性移动"。

另一方面，山区河流，包括三峡和钱塘江，因为受到地质构造的影响，常常是峡谷、宽谷相间，河道忽宽忽窄，河床时浅时深。因此，洪水期有洪水滩，枯水期则有枯水滩，不论洪枯，河段都是一段急来一段缓。

在洪水期间，峡谷内水流很急，峡谷内的卵石被输运到下游宽谷。这时峡谷上游则在壅水，大量泥沙淤积在峡谷进口的上游段。这时，卵石无法飞越壅水段进入峡谷。也就是说，在大洪水期间，卵石在宽谷中流动一段距离后，就歇在峡谷出口处；而在枯水季节，峡谷内的水流变缓，这时，峡谷进口的上游却形成了滩，水浅流急，于是这里（例如瞿塘峡上游奉节的臭盐碛）的卵石有时被冲进峡谷并停留下来。它们就是这样一段一段移动，绝不可能像细颗粒泥沙那样"一泻千里"。

由于上述原因，虽然卵石不是完全静止不动，但是输移量确实很小。即便每年有 60 万吨卵石被输移，但对于长江这条巨大的河流来说算得了什么。长江每年的输沙量有好几亿吨，两者之间差了三个量级。

结缘业内名师

访：您还曾在葛洲坝水利枢纽工程工作过？

林：是的。在长江规划中，葛洲坝枢纽是三峡枢纽下游的一个梯级。三峡负责年调节，葛洲坝负责日调节。1970 年秋，葛洲坝工程[①] 开工前，我到了这里。葛洲坝是毛主席批示的全国重点工程，各路人马齐聚于此。

---

① 葛洲坝水利枢纽位于湖北省宜昌市境内的长江三峡末端河段上，距离长江三峡出口南津关下游 2.3 千米。它是长江上第一座大型水电站，也是世界上最大的低水头大流量、径流式水电站。该工程于 1971 年 5 月开工兴建，1988 年 12 月全部竣工。

当时处于备战备荒的时期，除长江流域规划办公室以外，其他水利研究、设计单位都被解散了，不少人来到宜昌参加大会战。单位太多，其间的争斗很厉害，争夺地盘和话语权。工地非常混乱，工作无法开展，因此 1971 年底开始整顿。周总理当时讲，"如果葛洲坝出了问题，是要记入党史的，必须如履薄冰，如临深渊"。1972 年，钱正英部长和 9 位副部长组织了泥沙专家来到葛洲坝。

我当时是设计团试验连泥沙班的战士，参加泥沙研究工作，主要从事整体模型试验及其他相关试验，例如电站防沙试验等。泥沙班成员来自不同单位，有长办、武汉水利电力学院[①]、水利部长沙设计院、湖北设计院等。一起在葛洲坝工作的同事都骄傲自称"芦席棚战友"，大家在艰苦中建立了深厚情谊。

在这里，我遇到了诸多国内知名的水利专家，如张瑞瑾、谢鉴衡两位先生就长期在泥沙班，钱宁、窦国仁、李浩麟、黄胜等则时常过来，还有陈椿庭、谢家泽、张光斗等。其中，李浩麟、谢葆玲两位专家则成了我一生的挚友。

访：当时，您与这些专家是否有工作上的接触？

林：有。我们在他们指导下工作。当年，这些专家经常遭受批斗，处境艰难，只有参加实际业务工作才能得到些许安慰。大多数技术干部惺惺相惜，如果在政治上没有过多、过高的追求，一般都对专家相当尊重，在力所能及的条件下，尽力减轻他们生活和精神压力。

我那时年轻体壮，常被下派到一线开展现场勘查工作。第一次是参加中国地质水文七大队的三峡河道考察，后来又参加了几次库区的实地测量工作，野外作业基本上都会派我去。这种"流放"式的工作使我因祸得福。对河道实际情况的了解和掌握是河流研究很重要的基础，常年的外业工作使我对三峡情况非常熟悉，从而有机会经常向各位专家汇报情况。

访：这些先生中，最令您敬佩的是哪位？

林：我受过许多大师的教导，最令我敬佩的师长是许协庆和钱宁两

---

① 武汉水利电力学院，创建于 1954 年，2000 年并入武汉大学。

位。两位先生性情不同。许先生功课非常好，他喜欢解难题，越难越来劲。钱先生格局很高，一直考虑整个泥沙界的发展问题。

图 2-13　1985 年林炳尧与导师许协庆合影（左：林炳尧）

1978 年，我考取清华大学水利系的研究生，跟随许协庆先生研究高速水流问题，我的论文题目是《重力场中二维空腔流动分析》。在先生精心指导下，我深入学习了可变域变分原理，分析、理清了自由面重力流动的各类变分原理。

科研最关键是"提准问题"，即问题既要有学术和现实意义，又要能够完成。先生给我出了一个好题目，在研究过程中，使我得到了锻炼，科研能力上了一个新台阶。

许先生非常重视学问，他要求学生，也包括他自己，必须经常复习基本知识，反复思考基本问题。硕士毕业后，我来到中国水科院工作，与他在同一间办公室。每年的招录研究生考试，我负责批阅考卷。在批卷之前，他要求我按照考试要求先做一遍试卷，他自己用新的方法也做一遍。第一年，我勉强过关。第二年，我就想尽办法用两种方法做题，许先生却能用第三种方法再做一遍。曾有一次，他因一道题目没有想出新的解题方法而生气，并折断了手中的铅笔。

我第一次见到钱宁先生，还是他被下放到山西省忻县专区期间，他总把"咱忻县"挂在嘴上。钱先生虚怀若谷，直言不讳，真诚待人，致力于泥沙研究领域的开拓性研究。他心里放的是泥沙研究的全局，从不计较个人得失。他千方百计拉人做泥沙研究，不论是哪个单位的人都可以参与。在清华时，钱先生特地为我们四个非泥沙专业的学生开设泥沙课程，那时他已经病重，仍坚持亲自授课，直至无法再上讲台。钱先生从不看重分数，重视兴趣和实际科研能力。初次见面时，他就教导我不要紧抠数学不放，还经常教导我要好好学物理，送给我英国风沙专家拜格诺的《风沙物理学》和美国地理学会的《河流调查报告》。钱先生很有情趣，喜读英文小说《双城记》，还喜欢杭州知味观的小笼汤包。先生著述甚丰，字字都是他的心血。每当看到这些书就想起先生的勤奋。当年开学术会议时，墙上都挂满图表，一到休息时间，先生总会走到大字报前，一份一份地抄在练习本上。他的练习本很多，我少不更事，曾跟先生说笑：应该再加一个本子，用来记录哪个本子记了哪些东西。先生听完只笑了笑。

我钦佩窦国仁。他身体壮实，为人豪爽，在泥沙方面做出了很大的贡献。他首先发现薄膜水对细颗粒泥沙运动有很大影响，在苏联获得了正博士学位。回国后，当时水利部钱正英副部长找他谈话，亲自安排他到南京水科院工作。老窦特爱喝酒，每次喝多了，总要回忆一遍当年在苏联和泥沙权威列维辩论的"英雄事迹"。我第一次见到他是在葛洲坝，他是交通部派来的专家，当时他不幸被批判为"资产阶级学术权威"。后来，他主持了在武汉开展的葛洲坝泥沙变态模型，这个模型和宜昌工地的正态模型互相对比论证。他曾把一本厚厚的笔记让我读，这是他十五年潜心研究紊流理论的心得。我非常感动，这成为此后出版的《紊流力学》的核心内容。

2000年我出差南京，李浩麟先生说："快打电话给老窦，芦席棚战友喝一杯！"不料老窦在电话里说："我已经出不来了。"此时，他已处在癌症晚期，全身疼痛。即便如此，仍不忘泥沙研究，支着脑袋跟我讲工作计划。壮志未酬泪沾襟！两个月后，接到李浩麟电话，告知我老窦去世了。自相识以来，老窦就是我榜样、我的兄长、我们的旗帜。

戴定忠[①]，原水利部科教司司长。他很了解我，并曾给我三个建议：第一，研究问题不要去研究细小的事情，研究大的、跟国民经济有关系的问题；第二，不要那么拘泥于细节，研究河床演变，只要说出哪里发生了淤积，就很有意义了，不需要过分计较淤积的具体厘米数；第三，要学会组织人一起去做研究。

张瑞瑾先生比我大二十余岁，早年曾患肺结核病，人很虚弱。在葛洲

---

① 戴定忠，教授级高级工程师，著名泥沙专家，首届钱宁泥沙科学技术奖获得者。

坝他也住在芦席棚里，我和先生头对头睡在一起。先生所著《河流动力学》对我影响深远。这本书结构严密，取材精到，叙述严谨，成为优秀教材，并多次重版。先生研究问题，总从全局出发，从工程出发。为了解决葛洲坝三江航道问题，先生苦思冥索，深入研究，提出"静水行船，动水冲沙"的办法，堪称经典。我与张先生相识之时，"文化大革命"高潮虽过，但余震仍剧烈，先生处境不好，心情也差，我们几个"战友"总帮先生打饭、打开水、到池塘提洗脸水，尽量减轻他的负担。晚饭后我们经常陪着他一起散步，谈天论地，一丝不苟、满脸严肃的先生此时才见笑容。他跟我说他这一生钻了三个牛角尖，都没有钻通，教导我别钻牛角尖。他对水利、对人生、对事物的认识成为我们交谈的话题。

我见到张瑞瑾先生两次，他特别高兴。一次是听到恢复高考时，先生一时满脸笑容；另一次是钱正英率几位泥沙专家前来拜访，为此先生高兴地穿上了中山装。

韩其为先生是我的水利启蒙老师。我在长办跟他工作近十年。韩先生后来调到中国水科院，2001年成了工程院院士。他是位传奇式人物，初中毕业参加工作，在只有他一人的松滋水文站自学微积分，并用微积分分析积分式流量计。后来被长办河流室的唐日常主任看中，把他调到长办的荆江河床试验站，开始做河床演变和观测。他很有想法，把航空流向仪器用于水文研究工作。因表现优秀，成为社会主义建设积极分子，受到毛主席接见。后来又不断学习，奠定了研究基础。先生在推移质泥沙运动理论、水库泥沙淤积研究上有很深造诣，这都是围绕三峡工程建设积累的成果。此后，先生研究黄河泥沙问题，采用水库调节的办法解决黄河泥沙淤积。我曾跟随他做卵石和水库淤积试验。他教导我注意总结，比如利用气体力学的办法解决涌潮的问题、该如何创造一些新的办法。《钱塘江涌潮的特性》这本书就是他动议我撰写的。

我的大学同班同学大多从事国防方面的工作，搞水利的极少，我接触频繁的是忻孝康、戴世强两位师长。因为我们都是《水动力学研究与进展》的执行编委，十多年间，几乎每个季度会见一次。

我非常感谢这些师友。

钱塘江涉水建筑物研究

访：您当时留在北京水科院工作，那里的平台和机会都会更好，您为何会转而来到浙江？

林：因为两地分居问题，北京无法解决我爱人的工作。我与国家海洋局第二海洋研究所（简称"海洋二所"）的苏纪兰熟识，他有意引荐我到海洋二所工作。后因那里也无法解决我爱人的工作问题，故将我介绍给戴总（戴泽蘅）。戴总经多方考察后，认为我还可以，便多方奔走帮我解决家人工作和户口问题，就这样我来到了钱塘江海塘工程局，开始了新的工作。

钱塘江海塘工程局工作的特点是多而杂，我参加的项目主要有：浦阳江高湖水库改建工程论证，永宁江大闸工程论证，赭山湾整治工程研究，秦山核电厂的水文调查与分析，三门湾海域的调查，钱塘江三桥、五桥、四桥的水文分析，钱塘江洪水预报方法研究，浙江省河道治理研究等。

初来之时，我对海塘、涌潮、波浪完全不懂，之前没有任何接触和研究。在同事和一线技术工人的帮助下，我熟悉和了解了钱塘江的情况。印象深刻的是钱塘江北岸标准海塘建设的水文分析、钱塘江护塘丁坝研究，以及钱塘江涌潮分析这三项工作。

20世纪70年代至80年代，丁坝遭涌潮冲刷得非常厉害，经常被冲毁，需要处理。我对此完全不懂，非常被动，还出过丑。当年海宁围垦区是丁坝损毁高发区，那里高坝和低坝相间，高坝护塘的效果好，低坝防护起来容易。我提出一个问题：为何不做出高低坝？靠近海塘的坝段做高些，外面做低些，呈阶梯状。大家一听觉得也对，还没等做试验，就立刻开始修建，大刀阔斧干了起来。结果，在高低坝交接处一下就被涌潮冲垮了。此次信口开河的教训颇深，使我想起了钱宁先生的教导："老老实实学习，扩大知识面才行。"

韩总（韩曾萃）他们做钱塘江整治和海塘修筑的整体性研究，我多次参与研究局部问题，例如：提高海塘稳定性等。海塘的整体稳定性取决于海塘塘脚外面滩地的高程，滩地越高就越稳当。如果滩地过低，低到一定程度就容易引起海塘整体滑动。而丁坝的任务和作用就是促淤，以保证滩地不至于过低。

我们针对丁坝做了很多试验研究，大致有三方面内容：一是明确丁坝功能要求；二是研究护塘丁坝；三是分析丁坝水损原因。

为了保护丁坝，就需要了解毁坏的原因，采取针对性的措施。我们在这个问题上做得很细，可以说细到钻牛角尖的程度。丁坝破坏有两方面原因，一是坝体头部、上游根部被涌潮淘刷引起坝体坍塌；二是涌潮掀翻护面。原有的丁坝全部是堆石坝，表面浇灌一层素混凝土作为护面。这护面经常被掀掉，露出下面的堆石体，由于石块松散，极易被冲毁。

我们分成几组，分别做了详细的试验，黄世昌仔细测量了涌潮翻越丁坝过程中坝内、坝外的压力变化，还请上海应用数学和力学研究所做了数值模拟。我则沉迷于机理研究。有时机理可能很复杂，但是防御措施却非常简单：只要在坝面适当的位置开些排气孔，就能有效降低扬压力[1]。最后我们取得了重大的突破——把堆石丁坝进化为排桩式丁坝。这个想法最早是由林斌炎局长提出来的，他搞过工程设计，并不细致研究现有丁坝破坏的机理，而是设法改进丁坝本身。他当时主张在丁坝上下游都打入密密麻麻的木桩。后来赵渭军通过试验证明，保持一定程度漏空的丁坝有很好的效果，严胜设计了很好的排桩丁坝，并申请了发明专利，这种丁坝在钱塘江江道上被广泛使用。

访：据我了解，九号坝是最难修的一段坝，民国时期就已开始修筑。

林：九号坝早在 1928 年就开始修筑。钱塘江有一个特点：游荡（即江道摆动），沙坎顶端游荡得尤其厉害。从明代至光绪末年，江道在现今浦阳江口附近游荡。钱塘江江道在赭山湾一带南北摆动频繁，史称"三门变迁"。江道摆动位置的改变反映了江底沙坎顶端的移动。为了解决江道摆动问题，清康熙年间首次尝试开挖中小门引导水流，雍正、乾隆年间工

---

① 扬压力（uplift pressure），因上、下游水位差而产生的渗流作用，它作用于建筑物基底截面或其他截面，这种力等于浮托力与渗透压力之和。扬压力是一个竖直向上的力，它减小了结构作用在地基上的有效压力，从而降低结构的抗滑力。

程持续开展，江道稳流 10 余年，但后来江流还是向北摆动。

　　钱塘江江道的游荡带来了很大问题。钱塘江江宽水浅，江道稳定之时所形成的大片滩地被开发利用，当地百姓在这些地方建成了农田、村庄，乃至城市建筑。然而，一旦江流改道，江岸坍塌，已有田庄顷刻间就会被冲没。以前黄河有"三十年河东，三十年河西"的说法，但钱塘江比它还严重。我统计过，钱塘江一年可以游荡 21 千米。乾隆后期，钱塘江走北大门，主溜一直游荡到盐官。当时海宁县城关镇设在盐官，到 20 世纪 50 年代才搬到硖石[①]。钱塘江主溜走北大门，一直逼近到海宁城下，乾隆不得不花大力气来修海塘，以控制钱塘江不继续北进。到了光绪末年，钱塘江突然又往南走了，到 1926 年南岸坍塌了约 38 万亩熟地，威胁了南岸的安全。这时候提出了赭山湾整治任务，不能让它再这样继续走下去。事实上走南门并没什么坏处，但已经建成的村庄、土地、县城都被冲毁了。当地有一个说法："火烧一半，坍江全完。"意思是坍江之害甚至大于火灾，顷刻间一切全被冲毁。1928 年，人们开始修筑丁坝，借鉴了欧洲用丁坝治理河道的思想，但过程相当艰苦，屡冲屡修[②]；到了 1932 年，修了 5 条丁坝，现在我们还可以看到美女山坝和九号坝。但在修建后，九号坝中的一段（现位于钱塘江南岸顺坝村附近）一直不能合龙。这一段（顺坝村江段）面临着潮流的强烈顶冲，人们试图通过修建九号坝来逐步促淤，中华人民共和国成立后此段的围垦也非常困难，因为这里水深最深可达 −21 米，给围垦带来极大的挑战。直至 20 世纪 90 年代江堤才成功合龙。

　　我刚来的时候，徐有成、楼越平带着我到处察看。跑到九号坝时，吕文德就给我介绍工程情况。那时候还没有合龙，是最艰苦的一段工程，他说他在那儿工作了 20 年，花了 3000 万元。我回来后向当时的局长汇报，建议做模型试验，认为可以少一些费用，用不了 3000 万元，不料却被他训了一顿，说现场是最好的 1∶1 模型！

---

　　① 硖石，曾又名峡石、峡谷，境内因有东、西两山，取"两山夹一水"之意。唐朝始，峡石更名为硖石。现为浙江省海宁市辖街道，地处杭嘉湖平原。

　　② 1928 年 8 月，钱塘江工程局改组扩充为浙江省水利局，全面负责全省水利建设。水利局聘请戴恩基为局长，奥地利水利工程师白朗都（Ludwig Brandl）为总工程师，着力开展钱塘江治理工程。

就这样，我慢慢懂了一点工程知识。韩总曾说过的一句话让我很感动，他说："您的理论和实际联系得比较好。"这是对我最高的褒奖。

钱塘江涌潮研究

访：您当时除了做排桩式丁坝、赭山湾整治以外，涌潮方面有研究吗？

林：我在涌潮研究方面大致分为三部分：第一部分是涌潮防御，像丁坝、赭山湾整治都是针对涌潮的；第二是数学模型方面，从水动力学角度分析涌潮；第三部分是钱塘江涌潮的美学分析。

我到钱塘江后有很长一段时间，不知道从哪入手研究涌潮，找不到突破点。最初，我曾用空气动力学的方法分析涌潮的形成原因，发表了一篇文章。除了这个以外，我就不知道再继续研究什么了。没有一个合适的物理数学模型，我很难联系实际下手，一直在原地徘徊。后来，波状涌潮的研究为我打开了新的窗口。

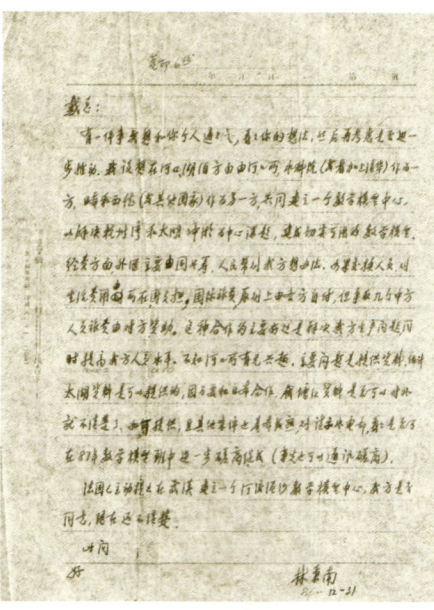

图2-14　1986年12月31日林秉南院士致信戴泽蘅谈关于开展数学模式研究事宜（图片由戴泽蘅提供）

我在现场见到涌潮有时像波浪一样，一列一列的，在力学中这被称为"波列"。我当时一想，这应该是涌潮的初级形态。后来，我回清华大学参加一个研究生的答辩，知道张涵信院士在数值模拟空气中激波时，发现存在一种色散波，这是由于在数值化过程中，流动方程增添了三阶项引起的。这一项如果是正的，附加的波动就在激波的上游，如果是负的，则出现在下游。激波是没有高频振荡的，必须设法消除这个影响，即想方设法消除数值色散的影响。然而涌潮是物理性的色散，是客观存在的。波状涌潮就是典型的色散波。回来后我花了半年的时间，把涌潮的形态搞清楚了。那时戴总讲："这波状的（东西）到底是不是涌潮呀？"后来很多人也问过我同样的问题，我就用了一个比喻来说明："狼崽子很可爱，但是它也是狼啊！"

图2-15 1918年钱塘江涌潮

我钦佩戴总，他在我写的论文中很认真地做了不少批注，分别给这两种涌潮取了名字：波状涌潮和旋滚涌潮。这样一下子我就把涌潮的形态搞清楚了。一开始是波状涌潮，当它的表面斜率达到1/2的时候，就会破碎形成旋滚涌潮。我们看到的浪花飞溅是由它表面破碎所引起的。后来戴总鼓励我去汉城（现在的韩国首尔）作报告，在那儿人们对我的评价还是挺高的。

访：您把波的形态研究清楚是不是为建立数学模型打基础？还是有其他用意？

林：其实水动力学分析基本上没有什么工程实际用途，更多的只是一种理论层面上的认识。为什么会这样呢？因为建筑物是按照既定的设计标准设计的。例如，在20世纪60年代至70年代，人们测量到钱塘江涌潮最大压力为74千帕，根据这个数设计，再考虑安全系数，钱塘江涉水建筑按一般规定应该能够承受每平方米1吨左右的压力。因此我们没有必要了解在什么时候、什么情况下涌潮会产生那么大的压力。

后来在我写《涌潮随笔》这本小书时，唯恐脱离实际。我曾写道，在清朝时"海塘建设对涌潮认识有很大推进作用"等。戴总把这句话划掉了，因为他认为设计不需要知道大多关于涌潮的知识，工程建设对涌潮研究的推动作用也颇为有限。

在我看来，科学和技术其实是两个概念。科学研究的是不随人的意志为转移的客观事物的规律，一般说来，不要求科学必须"有用"。技术研究的是人与客观环境的关系，因此它必须"有用"。实施技术之前要认识客观规律，但是认识客观规律未必一定要、也未必能用于技术实施。波状涌潮这篇文章作为一个切入点，在我日后的研究中起了很大的作用。退休后，在林斌焱、徐有成两位局长的支持下我写了两本书，对一些基本现象进行了解释。

当时在局、所的支持下，由黄世昌协调组织了一次为时半个月的钱塘江涌潮大测量，将涌潮最基本的情况搞清楚，主要工作有：一是记录9个水文站的潮位，每半小时记录1次，涌潮来前提高到每秒1次；二是观测澉浦的潮流量，即了解一个断面的潮流量；三是观测富春江电站的过闸流量，即上游的流量状况。

通过这次观测，我们对涌潮的宏观情况有了更清楚的认识。在涌潮形成之前，澉浦的流量过程线首先开始变化，之后在澉浦上游不远处形成涌潮，之后逐步增大，到距盐官约10千米处达到最大；然后逐渐减小，小到一定程度后，突然有另一个涌潮跟上，呈现先涨后落的态势。到了七堡一带，涌潮过后马上落潮，但是这个临界点我还是没抓住；再之后会有两个高潮，直到现在我还是没有搞清楚为什么会有这种现象。从数学模型中无法分析出来为什么会出现两个波。此后，在涌潮到达距离闻家堰不远处，两个潮波就消失了，波状涌潮会一直上溯到桐庐一带。

根据工作需要，戴总说："波浪交给黄世昌去研究，你就专心研究涌潮。"我们习惯把海洋的波浪研究简称为"波浪"，涌潮当然也是一种水波，但它是潮汐波变形产生的，属于一种潮汐现象，和海洋中因风产生的波很不一样。相比之下，海洋的情况要复杂得多，特别是风暴潮方面造成的增水，对两岸影响极大。

据我了解，河口所最早从事涌潮数值模拟研究的是赵雪华，他已经去世了。赵雪华是北京大学力学专业毕业的，到中国水科院研究水轮机一段时间后，调到河口所研究涌潮。他研究涌潮概括起来涉及两个方面：首先，他是第一个用数值方法来研究涌潮的科学家；其次，他特别做了丁坝上游冲刷坑的试验，并进行了非常仔细的研究。

访： 您曾经观测过涌潮的马赫反射[①]，为什么要观测这些？

林： 马赫反射是一种重要的物理现象，它指的是激波的反射。20 世纪初，一位名叫马赫的人发现了一种特殊的反射，其特点是反射波与地面有一段是垂直的，因此被称为马赫反射。还有一种反射被称为规则反射的现象，它在涌潮强的时候表现为马赫反射，弱的时候表现为规则反射。我观潮的时候看到马赫反射形成马赫结。后来我又说服所里拨钱造了 3 个 30 多米高的观测架，站在上面对涌潮的各种细节看得非常清楚。其中一个观测架设置在美女山坝附近。

钱塘江南岸的美女山坝一带涌潮很大，但是潮来之前水位很低，一幅平和景象，潮来后则非常汹涌，这就是因为马赫反射的作用。马赫结生成以后会不断扩大，甚至扩大到比美女山坝还要长的长度，所以它始终处于马赫结最强的部分。这有助于我们来解释为什么那里涌潮如此凶猛，以及七号坝、八号坝为什么总是被冲毁。

访： 我看到一部分关于戴总的资料，有一段时间他和国内外专家通过信件交往频繁，林秉南先生也建议能够开展钱塘江数学模型的研究工作，好像此项工作难度较大，开展得并不是十分顺利。

林： 我们花了不少力气，希望得到"外援"。先是在国内，我们最早请了复旦大学的忻孝康教授，他是我的老师。之后我们又找清华大学苏铭德教授、上海应用数学和力学研究所戴世强教授前来指导，他们的流体力学造诣很深，还有一批博士、硕士生帮忙，他们的加入使研究得到很不错的结果。但是在这个过程中存在一个问题，我们无人能够完全掌握和使用专家们已编好的程序，无法将其应用到工程实践中去。后来，香港理工大学的石济民教授来观潮时了解了这件事情，介绍了香港科技大学许为厚教授给我们认识，许教授在香港申请到了项目。我们派潘存鸿到香港科技大学访问一年，在许为厚先生的指导帮助下，潘存鸿完成了程序的编写。我

[①] 马赫反射是一个超声速流体动力学中的现象，以恩斯特·马赫命名，包含三种不同模式的反射激波。当入射角大于某个临界值（称为极值角）时，理论上就不可能发生规则反射了。在这种情况下，观察到的是马赫反射。这种类型的反射由交于一点的三道激波组成，同时在这个交点会产生密度不连续线或滑线。

们终于掌握了"先进武器"。

访： 您怎么会去搞钱塘江涌潮美学分析？这似乎跟您的专业相差太远。

林： 这其实是一件很偶然的事。1998 年，中央电视台一套想要直播钱塘江潮，因为我口齿比较清晰，便找到了我。但由于与 1998 年大洪水时间发生冲突，这个计划被延期至 2 年后才启动。这些直播给我打开了窗口，让我知道除了水动力学之外，还有更广阔的天地。我读了一些美学的书，认识了另外一个世界。当时，好友戴世强正在编辑一套力学丛书，叫我写钱塘江涌潮的内容，要求尽量用大家都能懂的语言描述涌潮的力学机理，说清楚涌潮的前世今生。另外，我也在考虑涌潮到底有什么"用途"，通过归纳涌潮的特点，从而了解它的价值，并把这些内容整理成《涌潮随笔》。

徐有成局长非常重视青年职工的业务学习，叫我给青年职工讲解涌潮，这正是我整理美学知识的机会。我也在其他单位、学校讲过涌潮。互教互学，启发和督促我思考有关问题。我也希望年轻人有兴趣研究涌潮，毕竟涌潮不仅是我们的，也是世界的。

访： 您觉得涌潮还有哪些方面没有研究深透，需要再深入研究吗？

林： 从力学角度来看，局部结构基本上没有研究透，流速分布也是一个很大的问题；还有涌潮河段的阻力特性也没有充分研究。至于涌潮美学分析，我仅仅开了个头，以后研究必定会更加宽阔和深入。

访： 您如何看待未来的涌潮研究？

林： 我觉得涌潮今后的研究不太乐观，一个很基本的原因是，涌潮的强度越来越弱。我看到一张 1918 年的照片，那时涌潮高 4 米，而如今的涌潮绝对不到 3.5 米。现在任何工程都做评估，但是都有一个很致命的弱点，那就是把本底作为 0，认为每一个建筑的影响都不大。但是，所有建筑综合起来，恐怕就是个不小的数目。第二个原因是现在的海塘受到的威胁越来越小，而且下移了，我觉得今后的涌潮不会再大起来，大家的注意力不会再集中到防御方法研究上来，仅仅把它当成一种力学现象或一种景观来研究。

访： 那您对一些消灭涌潮的说法是怎样看待的呢？

林：我有两点看法。第一，如果杭州市真成了一个海港，海船即便到不了杭州市区，也会到下游不远的地方，这将是一件不得了的事。有人问我，用一个海港换涌潮换不换，我说当然换。第二，省事。现在从宏观方面来讲，现今海塘坚固，已经没有被冲毁的危险了。从某种程度上来说，消灭涌潮也许并不是一个完全不可接受的想法。但是，我们仍然需要深入研究涌潮的各个方面，以更好地了解和保护这一自然奇观。

访：感谢您接受我们的访谈！

钱塘江防治沉井技术研究者——蒋纬访谈录

访谈时间：2017 年 4 月，2017 年 9 月

访谈地点：蒋纬先生家

访谈人：李海静

访谈整理：介玠

访谈时长：230 分钟

受访人：蒋纬（1926—2020），1926 年 9 月出生于浙江奉化，1952 年毕业于上海交通大学水利系。大学毕业后，曾任水电部长春勘察设计院技术员、副科长、工程师。1956 年调至北京国家建设委员会下属燃料局工作。1958 年调任浙江，先后担任浙江省水利厅工程师、浙江省钱塘江工程管理局以及浙江省河口海岸研究所工程师和科室副主任。1984 年调任浙江省水利水电专科学校，历任教务处处长、校长。1988 年退休后，返聘至浙江省钱塘江管理局继续从事丁坝研究。翻译《房屋的许可沉降量》一书，发表《钱塘江浮运沉井试验》等多篇论文。

图 2-16 2017 年 4 月访谈蒋纬（左起：蒋纬、李海静）

志之所趋，无远弗届

访：蒋老，您好！感谢您接受我们的访谈！首先想请您介绍一下您个人的家庭背景及少年时期的成长经历。

蒋纬（以下简称"蒋"）：1926 年，我出生在宁波市奉化县孔峙村的农民家庭，与蒋介石的老家奉化溪口村同属一个县。我的父亲是雇农出身，他勤劳能干又节俭，置办田产成为自耕农。但父亲婚姻不幸，先后娶了 3 个妻子都因病过世。我的母亲是上海人，为躲避战乱来到村子。经人介绍，年轻的母亲嫁给了我父亲，成为他的第四任妻子。父亲老来得子，在他 61 岁时，母亲生育了我，因而得名"六一"。我还有 2 个同父异母的姐姐，作为家中老小又是唯一的男孩，家人都特别宝贝（宠爱）我。

1936 年，我在本村读完初小。此时正值战乱，农村兵荒马乱，土匪很多。因为家境较好，又是独子，父母担心我成为绑匪绑架的对象，想送我进城学习，但又担心城里遭到日军轰炸。于是，在我 11 岁那年，父母送我到离家不远的集镇上一家棉布百货商店当学徒，既可学手艺，又可避匪祸。1939 年，3 年学徒期满，老板很信任我让我留下，并成为我的干爹。此后，我开始协助他管理这家商店，负责上海与宁波乡下间的一些民间汇兑业务。我在店里是伙计，又是半个老板，这样又干了 1 年。1940 年，父亲因病去世，农民家没有男孩支撑是不行的，于是我回家务农，与家里的雇工一起经营家中 20 多亩薄田。

1941 年，宁波沦陷，伪政府随之组建。1944 年，伪政府奉日军的命令在各地强征民工为日军服劳役，要求每家出一名男劳力，18 岁的我被抓去当了劳工。到了日军的营地，发现他们已经抓来了几百名农民。他们要求大家排成单行长队，脱掉上衣，每人拿 1 斤大米，由持枪的日本兵押送，队伍中间每隔 20 人就有 1 个日本兵看管。大家不知道要被押送到哪里，要去做什么。我感觉这不是短时间可以结束的，心里很纠结也很害怕，脑子里产生了逃跑的想法。当时我所在的位置正在日本兵的前面，不方便逃跑。自己本身胆子小，有些小动作很容易被发现。当时想，万一被发现了，应该也不会出什么大事情，他们不会为了一个民夫而使整个队伍变乱。我就慢慢地移动，退到日本兵的后面。当队伍经过一个叫方庄的、我熟悉的大村庄时，我利用队伍拐 90° 大弯、前面的日本兵已经转弯而后面的兵尚未跟上来的时机，潜入旁边的一条小巷，一直向小巷的深处跑去，逃出方门镇，回到家里。回家后，家里很热闹，村子里的人都说："这个小鬼很聪明。"直到现在，我都不知道其他民夫去了哪里。

访： 您又是如何走出农村，开始新的学习生活的？

蒋： 当时伪政府有明确的规定：凡是在校读书的学生均可以免除为日本人服劳役。于是，我产生了离家读书的想法。另一方面，我想摆脱封建婚姻。在我 17 岁时，母亲为我包办了婚姻，我心中万分不愿。不过，有了被抓壮丁的遭遇，母亲倒是同意了我外出求学。

1946 年，我离家到奉化县里就读初中二年级，1 年后，便到宁波市读高中。起初，我选择了入学门槛较低、学费较高的私立学校——浙东中学学习。1948 年，我转学进入了一所较好的公立中学——宁波中学，在这里我认识了现在的爱人包澄璐。

当时，高中班级发生了同学与共产党地下组织有联系的事件，有同学被抓。我被认定与此事有关，但学校又没有实据，学校劝我退学。为此，我转入了另一所私立高中——宁波三一中学，在这里完成高中课程，并准备报考大学。此事对我的婚姻产生了很大影响，女方对我们的婚姻彻底失望，委托一位市里负责政治工作的干部来与我谈离婚的事情。我家付给女方 3000 斤谷子，我们于 1949 年离婚。

同年，我先后参加了北洋大学、西南联大、浙江大学、上海交通大学 4 所学校的考试（当时高考由各个高校自行单独组织）。结果，我同时被私立南开大学经济系（私立南开大学为当时西南联大里的一所学校）、浙江大学机电系、上海交通大学（简称"上海交大"）水利系录取。

我出生在农家，老家地处鄞奉平原，水旱灾害频繁，经常是"大雨大灾，小雨小灾，无雨旱灾"。农民靠天吃饭，日子过得很苦。因此，最终我选择了上海交大水利系。

访： 能简单谈谈您的大学生活吗？

图 2-17　20 世纪 40 年代上海交通大学"饮水思源"校徽

蒋：因为我较早接触社会并参加工作，社会经验比较丰富，所以进入大学后承担了很多额外的学生工作。当时学校党派很多，共产党支部要帮助民主党派的支部发展党员。我被吸收进共青团，成为团员，又担任学生会主席。我经常参加帮助民主党派发展新成员的活动。另外，因为我有社会工作经历，学校要我参加学校附近大中织造厂创办厂校的工作。同时，我还参加系里老师的思想改造学习，老师们每周有半天时间参加"知识分子思想改造"学习，我作为学生代表组组长帮助老师们改造思想，参与老师的政治学习讨论。

我自身学习基础不扎实，又加上承担了过多社团工作，导致学习精力分散，后来在工作中深感由此造成的制约和影响，很多理论问题需要依靠其他同志的帮助才能解决。

访：您对大学里的老师还有印象吗？上海交通大学师资配备应该是很不错的吧？

蒋：学校师资很好。有知名水利专家严恺、徐芝纶 [1] 等。学校之所以好，就好在老师。我与老师们关系也很好。当时，老师们每周有半天要政治讨论学习，我都会参加，这在当时称为"掺沙子" [2]。事实上，这些老师都很优秀，他们可以说是中国水利事业的奠基人。

磨砺人生，结缘浙江

访：大学毕业后您被分配到哪里工作？

蒋：1952 年毕业后，我被分配到水电部长春勘察设计院当技术员。我

---

[1]　徐芝纶（1911—1999），江苏江都人，一级教授，中国科学院院士。

[2]　一种民间建筑工艺和农业耕作中的土壤改良技巧，曾被毛泽东借用来喻指治理党内和军内"山头"割据的政治策略、管理技巧。"文革"中派军宣队、工宣队、农宣队到学校、科研院所、文化部门进行领导，他们甚至走上讲台，同时实行工农兵上大学的政策，这一系列举措被形象地称作"掺沙子"。

在长春工作了 3 年，参与了测量制图等基础工作，因为表现突出，3 年后就升职为副工程师及土建设计室技术副主任，并成为预备党员。

工作期间，我和爱人结婚了，她毕业于浙江大学化工专业，1956 年调入化工部北京设计院工作。我向单位提出申请解决两地分居问题，同年，我被调到北京，在国家建设委员会下属的燃料局工作。

访：您的家庭问题已经解决，后来是什么原因来到浙江工作的？

蒋：1957 年，全国范围内正在开展党内整风运动，后来又是反右倾运动，我讲的一些话被认为是严重右倾主义错误言论。运动结束时，组织决定取消我预备党员的资格。1958 年，我被下调到浙江省水利厅基建处从事管理工作，主要是审查全省的水利基建项目。当时，钟世杰是浙江省水利局（现为浙江省水利厅）局长，我们办公地点都在一个大院里。我的爱人被调入浙江省化工厅下属的化工设计院工作。

在省水利厅工作两三年后，我被调到浙江省水利科学研究所工作。那时我完全服从上级安排，被调到哪里就在哪里。在水科所我从事管理工作，主要是审核一些设计项目、制定资金管理规划等。后期我还负责工程验收和处理工程过程中出现的问题。

访：特殊历史时期，您被取消党员资格，又被下放，是否还受到其他冲击和影响？

蒋：政治运动对我产生了一定的影响，我因出身地主家庭，被定了性，抄家、挂牌、游街、扣工资、让房子等事情都有发生，也曾被下放到绍兴农村参加劳动。现在我仍记得：一只手臂的袖套上写着"漏划地主分子蒋纬"，另一只写着"漏划右派分子蒋纬"。当时，水利厅沈石如厅长也被打成了"走资派"，我和沈厅长一起被关在牛棚里。

潜心专研，技术创新

访：您一直从事管理工作，后来是如何参与钱塘江治理工作，并开始相关研究的？

蒋：我当时是什么都搞，领导分配我做什么我就做什么。我与戴总

（戴泽蘅）、韩总（韩曾萃）不同，他们是做整体规划的。我负责具体工作，出现什么问题，我就解决什么问题。我的工作很具体，虽然在整个治理工作中所占比重比较小，但也很重要。比如海塘不牢固怎么办，桩基打不下去怎么办，丁坝不牢固怎么办，海塘出现问题如何处理，沉井沉不下去怎么办，老海塘怎么维修，新的海塘怎么修筑才牢固，哪里要修海塘，怎么修，这些都是我的工作范畴。

访： *我常听戴总、韩总提到您，说您肯动脑筋会想办法，不固守传统抛石头的办法，而是不断寻求新的方法。*

蒋： 当时钱塘江的涌潮问题特别突出，很难解决，所以我们的任务重点就是如何在涌潮冲刷的前提下保护好老海塘，建设起新海塘。当时，海塘受涌潮破坏力影响，破损严重，需要修筑，国家每年下拨海塘维护经费。而"累修累毁"的状况始终无法解决，于是我们就尝试着在传统修筑的基础上采取一些新办法，幸运的是，我们取得了一些成绩。

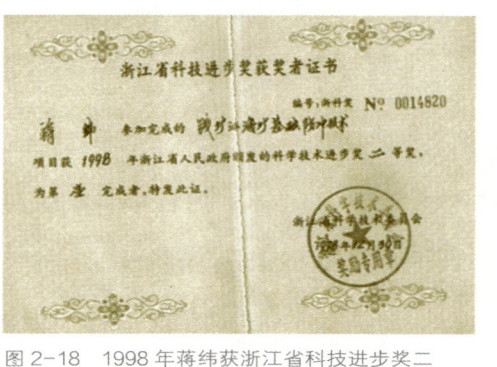

图 2-18　1998 年蒋纬获浙江省科技进步奖二等奖证书

我刚进省水科院的时候，还是沿用传统的海塘修筑方式。事实上，很多技术问题归根到底是要解决涌潮冲刷问题。海塘修筑工程中最困难的部分是坝头，因为钱塘江冲刷得厉害，所有的力量都集中在坝头部分，所以坝一定要筑牢。坝垮了，海塘就没有了保护措施。

访： *修建丁坝是根据不同的潮流大小来设计长度和宽度的吗？是在枯水期直接垒砌上去，还是采取堆石的方式？*

蒋： 丁坝的宽度是根据丁坝本身的稳定性来设计的，主要依靠传统的经验以及具体试验来确定。而其长度要根据流速，同时也要在实验室进行具体的物理实验来确定。

在枯水期我们就直接把石头抛上去，在涌潮冲刷很严重的江段，一般采取两种办法：一种是直接利用稳定性好的块石进行抛筑；另一种是通过丁坝本身减缓过坝水流流速，利用减缓期来抛石。

访：如何确保抛出的块石都在丁坝的区域范围内呢？

蒋：这是需要定位的。当我们把块石抛下去后，到了枯水期石头会显露出来，这时我们再把混凝土浇筑上去，以增强其稳定性。钱塘江冲刷得厉害，且所有的冲刷力量都集中在坝的位置，因此重点在于保护起始段的丁坝，也就是坝头。不然一旦坝头被冲毁，就很容易产生多米诺骨牌效应，导致整个丁坝被冲毁。

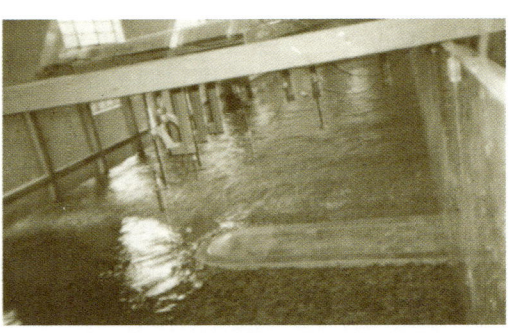

图 2-19　实验大厅内开展冲刷实验（图片由蒋纬提供）

访：您当时是采取什么措施保护坝头的呢？

蒋：当时，钟世杰厅长提出要保护丁坝的坝头。完工的丁坝经常被潮水冲毁，这是迫切需要解决的问题。有人提出做沉井的方案，即采取工程措施让水绕过坝头向下流，这就是沉井的作用，国外也有用这种方式保护丁坝的案例。但钱塘江做沉井与其他地方不同，这里是强涌潮河口，水流能量很集中，动力很强，如果丁坝不牢固，将直接危及海塘安全。

访：您能介绍一下您所做的沉井研究吗？

蒋：沉井是一种预制的混凝土井圈，深入到江底，通常放置在河床下 5~8 米深处，且位于丁坝坝头前，高度高于丁坝。沉井可以将很强的涌潮动力挑开，潮浪冲过来后它会绕过沉井，这样可以使潮浪远离丁坝坝身，避免对丁坝的冲刷，保护了丁坝。同时，沉井还能发挥挑流的作用。

关于钱塘江海塘加固工程经历简介
(一) 当时海塘工程中存在的主要问题：
1. 明清时建的老海塘（多为条块石塘）塘前护塘坦水的排桩太短，入土深度太浅，在涌潮长远冲刷下失稳，引起坦水被冲，主塘基桩外露，发生险情，影响杭嘉湖平原的安全。
2. 为保护海塘安全，后期先后建了大量保滩护塘丁坝，但丁坝本身的稳定安全问题没有解决。特别是丁坝坝头的保护问题，一直是一个老大难问题。
(二) 工作内容和进展：
1. 关于明清老海塘护坦排桩太短失稳问题，鉴于坦水前滩面上存有很多护塘抛的块石，考虑到重新加打一排排桩将有困难，建议采用接桩办法，即将原短的排桩拔起后，即[illegible]桩位打入新的长桩。经试验模拟[illegible]来用换桩办法可行。但在以后实际施工中，发现保存旧排桩打入新桩也可行，所以后来在工程实践中均用保存老桩，插入新桩的办法。（桩均加长2米）？

图 2-20　蒋纬关于海塘加固建议书

我们根据不同江段的实际受力情况来

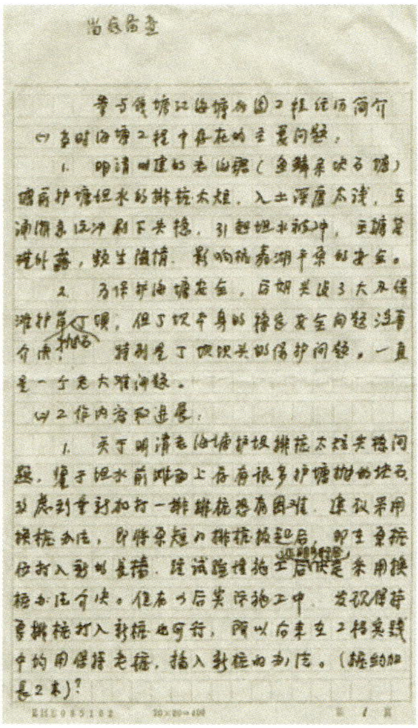

设计沉井的大小。如果流速大、溅得远，那么沉井的深度就要设计得深一些，相应沉井本身的厚度也要更厚些，做得更大。但是万变不离其宗，总体的设计方法还是一样的。我之前写过一篇关于沉井的文章，有中文版和戴总翻译的英文版，南京大学水科所的期刊也刊登过这篇文章。

访：沉井施工问题您是如何解决的？

蒋：这个项目是我投入的时间精力最多、风险最大的一个，主要也是靠大家共同合作努力的结果。

施工难度很大，我们要在潮流小、地形条件好的时候采取保护措施，使用船只下放沉井。试验过程中曾出现过不少始料未及的问题。从重量上讲，沉井制作时越轻越好，因为要考虑做好之后要运出去，但下沉的时候是越重越好。在丁坝没有开工之前，我们将沉井运到江道内，井本身是浮着的，要想让它下沉，会利用空气吸泥机和水力吸泥机在井筒内吸泥，使井底形成一个漏斗，井底与泥面脱离。在沉井自重作用下，靠其自重就可以沉下去[1]。当沉到一定深度以后如果还不够，我们再嫁接一个沉井上去，中间填上石块，靠块石固定沉井，这样基本上就不会垮了。施工很困难，每天都有潮水，一部分需要在水下作业，风险很大。

退而不休，奋斗不止

访：您后来曾担任浙江水利水电专科学校校长，是什么原因让您改行从事教育工作？

蒋：1977 年，国家恢复高考，我的两个女儿在她们浙大工科毕业的妈妈的辅导下，投入到高考复习之中。通过努力，两人后来分别考入杭州大学外语系和同济大学建筑系。这件事情在水利系统内部引起轰动，认为我教育孩子很有方法和要领，厅领导就想将我调到省水利厅系统下属的学校负责教学管理。事实上，孩子的教育全部都是依靠我爱人，她一直给孩子搜罗教材，帮助她们学习。

---

[1] 蒋纬. 钱塘江浮运沉井试验［J］. 浙江水利科技，1986（1）：8–19.

1980 年，省水利厅决定让我去担任浙江省水利水电专科学校的校长，但我所在单位领导不希望我调离，并向省农委反映，希望将我留下。省水利厅领导改变决定，将我调到浙江省水利水电专科学校担任教务主任，科级干部的调动不需要省农委审批。从 1980 年起，我当

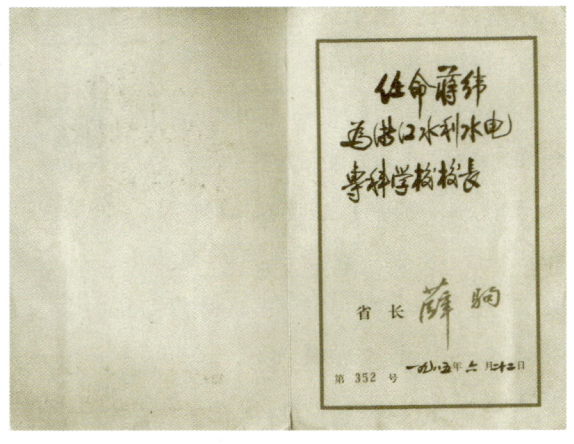

图 2-21　1985 年蒋纬被任命为浙江水利水电专科学校校长

了 4 年教务主任，后来又当了 4 年校长。1988 年，我从校长岗位上退休。

退休后，戴总希望我回钱塘江工程管理局工作，继续研究丁坝，我有幸再次参与了钱塘江的治理工作，直到 1996 年我 70 岁才正式办理退休手续。我是有需要就有兴趣，与几个朋友一起做事情，工作很愉快，做事很开心。

致谢：本次访谈，得到蒋纬先生及其家人的大力支持，为我们的采访提供了宝贵的信息，在此谨致谢意！

钱塘江防治科研攻关中坚力量
——熊绍隆访谈录 ①

访谈时间：2018 年 4 月 16 日，2018 年 5 月 22 日
访谈地点：浙江省水利河口研究院 2 号楼 301 室

---

① 2022 年 5 月 5 日，李海静再次访谈熊绍隆并补充部分内容。

访谈人：王申

访谈时长：160 分钟

受访人：熊绍隆（1942—），湖北省汉川人。1967 年本科毕业于武汉水利电力学院治河系；1967—1978 年，在青海省水电勘测设计院工作；1978—1981 年，在武汉水利电力学院河流与海岸

图 2-22　熊绍隆

动力学专业研究生学习，1982 年获工学硕士学位；1982—1984 年，在水电部西北勘测设计院规划处工作；1984 年，调任浙江省河口海岸研究所工作。熊绍隆长期从事水利一线的科研与实践工作，对水利工程拥有丰富的实践经验。

书香世家　服务边陲

访：熊教授您好！非常感谢您接受我的访谈！想与您聊聊您的成长过程，尤其是来到杭州从事钱塘江系列科研、工程建设项目的情况。首先，请您谈谈您幼年成长和家庭情况。

熊绍隆（以下简称"熊"）：我出生在湖北省汉川县一个没落的书香之家。我的曾祖父是清朝举人，祖父熊毓常（字重五）曾担任汉川县中（现为汉川县第一高级中学）首任校长，父亲受过良好的教育，曾在国民党县政府里做过会计、会计组长。我家的孩子比较多，兄弟姐妹共 8 人，我排行老六，上面有 4 个姐姐、1 个哥哥，还有 2 个妹妹。因家里孩子多，仅靠父亲一人支撑，家庭经济很紧张。在我的记忆中，每年假期我们会做小贩，到街上叫卖一些商品来赚取学费。父母重视教育，也很辛苦。我们 8 个孩子都有读书，家里出了 4 个大学本科生、2 个大专生和 2 个中专生。

我读大学时，学校会发一些助学金，虽然不多，但对我还是很有帮助的，略微减轻了一些家庭负担。

访： 您报考大学的过程是怎样的？选择水利专业是出于怎样的考虑？

熊： 当时国家提出了一个关于长江三峡的规划，那时候看到这个宏伟规划之后，就想报考治河系。三峡作为高坝大库，从防洪、发电、通航方面来说，它是个宏伟的工程，我就想将来能参与三峡的工程建设。

访： 请介绍一下您读大学时候的情况。

熊： 我们武汉水利电力学院的学制是 5 年。因为我之前工作过 3 年，再次回到校园便十分珍惜这次上学的机会，学习上也就很努力。当时同学都比较勤奋，工作责任感也很强，具有实干精神，大家的成绩也都很好。

图 2-23　熊绍隆本科毕业证书

我所在的治河专业就只有一个班级，共有 30 个人。学校名师很多，教育教学质量也很好。

访： 您分配（工作）的时候，是自己选择去青海，还是有别的原因？

熊： 我毕业时填了五个志愿，第一是服从分配，第二是到艰苦的地方去，第三、四、五个志愿都是青海。当时青海是条件最差的，我这样填，是有特殊的原因的。"文革"初期，我在学校是"保守派"，后来成"折中派"，我的毕业鉴定被写为"一贯调和折中"，我最终被分配到青海工作。到了西宁以后，我给同学写信说：原以为会被分到哪个山沟里面，没想到安排在了青海省水利厅。工作单位在西宁市，我已经非常满意了。

访： 谈谈您在青海工作期间的收获与体会。

熊： 在青海工作期间，我最大的体会是虽然青海比较艰苦，但年轻的时候在这里经受锻炼，对我来说很有意义，而且留下了难以忘怀的记忆。对于那一段经历，我非常珍惜。我走的时候，是既想离开，又舍不得离开，很矛盾。我是 1967 年毕业，因为"文革"延迟一年分配，1968 年分配到青海，到 1978 年才离开，实际上在这里工作了 10 年。我毕业后最初的 10 年是在这里度过的。

访：资料显示，您以大学毕业生的身份，工作后便直接担任多个项目的负责人①。

熊：这是机遇造就的。我去的时候，政治运动不断，那时候要"早请示，晚汇报"，但我没有做过，因为我基本上在基层工作。"文革"前期，我们都是跟着别人跑；"文革"后期，我开始动脑筋思考，基本上是关心国家大事，但不参与政治。我想，你们抓革命，我来促生产。那时候我们对林彪、江青有一些看法，对他们的一些做法也越来越不理解，但也只能随波逐流。为了逃避政治运动，我干脆就主动申请下到一线工作。因此我这个毕业时间不长、经验不是很多的人，也就有机会担任工程的设计负责人。

访：当时，青海作为边远地区，像您这样的大学生应该很稀缺吧？

熊：当时的青海省水利厅其实也有不少大学生，还有清华过来的（因被打成右派）下放到这里。按照能力、资历来说，我担任项目负责人算是比较快的。之所以这样，是因为当时有些人要搞运动，有些人被打成右派，我正好又是一个人，没什么牵挂。我们当时搞设计必须到工地现场，我具备这个条件。那时凡是要去施工现场的工作，我都愿意去。从某种意义上，我是逃避政治运动，也想趁这个时间在业务上有所进步。这也与我们后来的设计二队队长陈俊林有关，他毕业于西安交通大学（简称"西交大"），是西交大分配到青海水利厅的唯一党员。当时流传着一句话："一杆红旗带着一帮白旗去青海"，形象地描述了他作为党员中的佼佼者，引领众人前往青海的情景。他比较重视实际工作，为人正派，对政治运动不太积极，也很器重我。因为有这样的领导，我才有更多机会在工作时间不长的情况下担任设计负责人。

访：您毕业后虽然遭遇"文革"，但业务上并没有太多影响。能否分享一些您当时的工作经历？

熊：我们那时候条件比较艰苦，出行都是坐卡车。有一次，冬天从工地返回西宁，我就坐在后面的车斗里，从一大早到晚上，十几个小时都在

---

① 1969年10月至1978年9月，熊绍隆在青海省水电勘测设计院担任了9年的项目负责人，先后主持完成了贵德瓦家电站、同德巴沟电站、巴音河三级电站、化隆后沟水库的设计，还曾负责瓦家电站的施工工作。

车上吹风，到达目的地时，我已完全冻僵了。我们都会把汽车的驾驶室留给女同志或年纪大的老同志坐。

访：您在青海的工作很顺利，为什么想要读研究生？

熊：主要有两个原因。一个是1978年国家迎来了科学的春天。我们在青海，因为是地方院所，只能做一些中小型的水利水电工程设计。大型工程，特别是黄河上的工程都是西北院在做，轮不到我们。我从事水利水电设计，也希望能够有机会从事大型工程的设计工作。第二个原因，从事科研工作是我中学时的理想；同时，我的家人希望我回到老家，让孩子们能够回去。考研对我来说，等于是为孩子们争取户口，这是很重要的原因。我们对外讲的时候，往往把这个"现实"原因排在第一位，但实际上两个原因都很重要。我当时想，我毕业以后，孩子们至少可以回到武汉或者杭州，因为我妻子的老家在杭州。

访：当时您是第一届研究生，报考经过是怎么样的？

熊：1978年全国第一次招研究生，有一定的招生比例。当时有个说法：内地考不过边疆的；校内考不过校外的；年纪轻的考不过年纪大的。因为当时内地考生在北京、上海工作的条件一般比较好，考研改变命运的需求不是那么迫切，而我们在青海条件艰苦，利用一切时间复习看书，动力很大。校内的考生一般都是工农兵大学生，他们知识基础不行。过去学校留校的都是学业中等或中上，但政治上必须过硬的学生，所以留在校内的人，学业本身都不是太拔尖的。而年纪大的考生，很多人都是"文革"前的毕业生，基础学得比较扎实。因此当时青海的考生录取比例是很高的。

1978年，我重新回到母校，跟随谢鉴衡 ① 先生攻读硕士学位。

访：您能谈谈您的导师谢（鉴衡）院士吗？

熊：谢院士的学术态度很严谨，综合分析能力特别强。我是"文革"后谢院士的首批研究生之一，当年招了两位学生，我们都从事泥沙研究。"文革"前，谢院士也带过一位学生。

---

① 谢鉴衡（1925—2011），湖北洪湖人，泥沙专家，中国工程院院士。曾主持长江葛洲坝枢纽泥沙问题的研究，用"静水过船、动水冲沙"的方案成功地解决了该枢纽河势规划及引航道的泥沙问题。他关于黄河演变的理论研究及治理思路，在几十年的黄河治理工作中起到了指导作用。

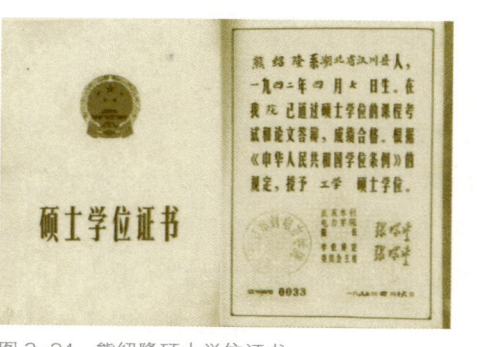

图 2-24　熊绍隆硕士学位证书

访： 报考时有没有遇到一些障碍，比如单位不同意？

熊： 我原来工作上是很卖力的，可以说是拼命在干活。我报考研究生的时候，我们设计队的陈俊林队长没有阻拦我，他是支持我的。

访： 作为恢复招生后的第一届研究生，您可以介绍一下学校教育的情况和特点以及您是如何结合实际情况选择研究课题的吗？

熊： 我的研究生论文答辩是比较顺利的，除了英语以外，其他课程成绩都是全优。我们当时是自己选课题，老师给参考意见。在青海工作期间，我接触过一些水库积沙问题，所以就选择这个做研究课题①。

访： 研究生毕业后，您再次面临就业分配问题，当时的情况如何？

熊： 研究生毕业后，在填报毕业分配志愿时，我的第一志愿是浙江省河口海岸研究所，第二志愿是杭州大学。当时武汉水利电力学院隶属于电力部，电力部管我们的工作分配，但不允许我们离开电力系统。我填的两个志愿都非电力部所属，我知道很可能无法如愿。电力部在分配工作时，对家属的随迁问题也会考虑，根据亲属所属的大区分配到大区内的电力部单位。同时，谢老师希望我留校工作，当知道我的分配志愿没有填报母校时，为此还非常生气。我读研的目的之一就是解决家人的工作和户口问题，武汉水利电力学院不能帮我解决这个难题，我也就没有选择留下。最终，我被分到了西北勘测设计院（简称"西北院"），但我不想去，为此拖了一段时间。

毕业分配前，我曾来杭州直接找到浙江省水利厅时任厅长徐洽时，他当时在开会，没能见到他，我就给他写了封信。后来他给我回复了一封长

---

① 熊绍隆的硕士论文题目是《深水孔口前冲刷漏斗形态研究》，指导教师为谢鉴衡。答辩委员会的评审意见是：该论文研究的课题，对合理设计排沙底孔的尺寸和位置具有现实意义，能够有效减少水库淤积，延长水库寿命，减轻泥沙对水轮机的磨损和拦污栅前水草的堵塞。

信，他是爱才的。他在信中说，我如果来河口所，可以给我解决家属的户口问题。

青海水利厅也希望我回去，这时西北院准备调我的档案过去。时任青海水利厅副厅长李志刚说，先别忙着转我的档案，要做我的工作。他对我说："如果你能回杭州，我不拦着；如果去西安，还不如留在西宁。"我的老队长陈俊林也跟我说："如果你留在西宁，可能会安排设计院副院长兼总工程师的职位，很快还会再提到省水利厅去。"这是因为当时边疆地区出去读研究生再回来的人才稀少，加上我原来基础就不错，被视为难得的人才。陈俊林后来又跟我说："如果你要搞业务，就去西北院，如果要走仕途，就留在青海。"我最终选择到西北院，在那里只工作了两年，但跟大家的关系都比较好。我当时不是党员，但规划处党支部讨论的时候，说规划处最合格的党员是熊绍隆。实际上，我就是努力工作，其他也没什么特别的。为了家人，我们还是希望回到杭州。西北院试图挽留我，一方面让我写入党申请，另一方面是想把我派到国外考察，要重点培养我。我想如果我写了入党申请，就走不了了，所以就没写。

访：您在西北院负责的工作，与之前相比，级别和工程类型是否有改变？

熊：在西北院我主要做黄河上游的大中型水电站的设计和研究，包括龙羊峡水电站的设计和研究。其中，龙羊峡水库试验站的设计是我做的；此外还有刘家峡、盐锅峡、八盘峡、青铜峡水电站，这四个梯级电站的排沙设施研究都是我负责的。我研究生阶段所受的专业训练在这些项目上发挥了作用。我来自青海，拥有十年的设计工作实践经验，这些工程对我来说不构成挑战，努力完成就可以了。另外，在一些政治运动中，我不讲假话，但实话也不全讲，他们对我还好，不对我"扣帽子"。在西北院尽管只工作了两年，却给我留下了很好的印象。特别是我们规划处的团体氛围很好，处长万景文、泥沙室副主任苏凤玉都是实干家，我非常欣赏。他们对我都很器重。我调动的时候，苏凤玉不想让我调走，甚至不给签字。她的先生就跟她说，人家想搞科研，你不要阻拦别人。她的先生林景铭是西北院的副总工程师，是国家第一批教授级高级工程师，曾留学苏联。我回到杭州后，也经常和他们联系。

调任杭州　结缘钱塘江

访：谈一谈您到浙江省河口海岸研究所以后开展的科研工作。

熊：来到河口所①以后，我主要从事工程科研方面的工作，基础研究相对还是比较少的。我做的工程科研项目中比较满意的有：杭州湾大桥、金塘大桥、嘉兴电厂、曹娥江五甲渡裁弯、尖山北岸围涂等工程。

先讲讲尖山北岸围涂工程，我们一开始想在钱塘江的鼠尾山修建丁坝，后来我们做了泥沙淤积模型试验。经过试验分析后发现，在小尖山修建顺坝的围涂效果会特别好。能够实现"围到哪就淤到哪"的效果，后来就采取了这个方案。

截至 2018 年以前，杭州湾跨海大桥是已经通车运营的最长的跨海公路桥，青岛有座海湾大桥，但它不是跨海大桥，而是与海岸线平行修建的。他们曾让交通运输部将它写成跨海桥梁，但交通运输部没有采纳。等港珠澳大桥通车后，杭州湾大桥就不是最长的了。当时杭州湾大桥得了国家科技进步奖二等奖。在杭州湾大桥前期立项论证阶段，据说朱镕基总理曾指出，杭州湾大桥的建设要解决三个问题：一是对钱塘江涌潮的影响，二是对乍浦港淤积的影响，三是强潮河口的施工技术。前面两个都是我们研究的专题，杭州湾大桥河工模型与局部冲刷试验研究是我们这个课题组来负责的。我曾经陪宁波市常务副市长邵占维和当时的省计委第一副主任刘亭，到北京给国家计委进行汇报。另外宁波市市长曾在国务院会议上汇报杭州湾大桥的立项论证，当时他的秘书通过电话和我沟通，让我用比较简单通俗的话，把问题讲清楚。我就按要求写了个材料，这成为他汇报的主要内容之一。他汇报的核心内容就是要回应朱镕基总理提出的那几个问题。

金塘大桥也比较长，将近 20 千米，是舟山五座桥梁中最长的，但其影响就比杭州湾大桥要小了。

---

① 浙江省河口海岸研究所在历经几次更名后，于 2002 年正式更名为浙江省水利河口研究院，因此熊绍隆在本访谈录中，他每次提及"我们院"时，均是指代浙江省水利河口研究院。

嘉兴电厂的总装机量是500万千瓦。在五甲渡裁弯工程上，我提出一种新的方法，叫基本成型法，这一方法在《水利学报》和SCI期刊上也发表过。关于尖山北岸的工程前面已经讲过了。我主要的工作还是集中在一些工程研究方面，基础研究做得不多。河口分类可能带有一些基础研究的性质，这种分类方法要被大家广泛接受还要一个过程，不过有越来越多的人开始接受它。比如交通运输部天津水运工程科学研究院最近写了一本书，就大量引用了我这本书的内容。

访： 当时是出于什么样的考虑，采用这种新的河口分类方法？①

熊： 我的导师谢鉴衡院士曾跟我说，在河口研究方面，从地貌学角度来看，陈吉余院士等人已做了不少工作，但在工程方面对河口的研究好像还没有一本完整的书籍。他希望我来到杭州后，也能够在这方面搜集资料，做一些工作。2011年，我完成了《潮汐河口河床演变与治理》一书的出版。这本书的写作过程中得到了戴总（戴泽蘅）和李工（李光炳）的大力支持，我非常感谢他们！

访： 泥沙动床模型试验，这种方法是开创性的吗？它有什么优势？

熊： 不，在我之前，我们院有余大进做过河口泥沙模型的研究，南京水利科学研究院（简称"南科院"）也有人做过类似的工作。我们只是有所改进和完善，在河口过渡段和潮流段同时考虑泥沙问题。

就优势而言，大型工程在预可行阶段，使用数学模型就可以了，但到了工程可行性阶段和初步设计阶段，对于泥沙运动的

图2-25　熊绍隆编著《潮汐河口河床演变与治理》

①　熊绍隆在其编著的《潮汐河口河床演变与治理》一书中提出了一种新的河口分类方法。该方法根据国内外26条河口的资料，以影响河口形态及其演变的最重要且相互独立的因素——即径、潮流比值 α 和径、潮流含沙量比值 β 的合理组合 α β 1/2 作为核心分类指标，将潮汐河口划分为河口湾型、过渡型和三角洲型三大类（其中 II、III 类又各分为三个亚类），较好地归纳出不同类型河口的形成条件和河床演变的主要特征。

研究就需要用物理模型进行研究，因为它具有更大的参考意义。在中国的现状是，大型工程在预可行阶段以数学模型为主，在工程可行性研究阶段以物理模型为主。潮汐河口是典型的非恒定流环境，泥沙运动很复杂，国外在这方面的研究并不多见，一般不搞动床模型，他们现代工程不是很多。他们要搞工程建设时，就依靠大量的野外观测数据来建立数学模型，但其数学模型的通用性不高，即便通过了验证，对于河口泥沙的运动，比如水的挟沙力，推移质输沙率等问题，还是用单向河流公式的延伸来研究，其精度不高。我的物理模型不是这样，它是通过合理的水沙模型设计，在模型里控制好试验条件，模拟实际水沙运动，得到的结果也更加准确。由于数学模型计算从河流延伸到河口，准确性不高，所以在潮汐河口的研究中，物理模型的参考价值就更大一些。

访：请您逐一谈一谈这些工程，包括工程的背景、您所承担的科研内容、解决的科研问题，尤其想听您谈一谈论文和项目背后的故事。

熊：好的，那我就先从杭州湾大桥开始吧。这个项目当时是招标的，以南科院和我们院为主。我们之所以能够中标，是因为我们有长期积累的实测观测资料。这个项目的科研目的主要有四个方面。一是对桥位和桥跨布置进行优化，比如在什么地方建通航孔，跨度是多少，如何使建桥影响最小等，这些都要进行合理布置；二是研究建桥的影响，首先是研究建桥对涌潮、乍浦港以及行洪的影响；三是为将来的大桥设计提供一些参数，如在不同潮流情况下桥梁可能受到的影响幅度和范围等。四是解决桥墩局部冲刷的问题，如研究涌潮和径流冲刷深度是多少，冲刷范围大致是什么形态等。为了解决这四个问题，我们采取的手段包括：1. 长期的实测资料分析。2. 建立平面二维数学模型，其下边界是南汇、镇海，上边界是富春江电站。3. 建立物理模型，整体用定床模型，局部用动床模型，模型的下边界是金山，上边界也是富春江电站。模型的平面比尺是1：1000，垂直比尺是1：100；4. 进行了水槽正态模型实验，以研究不同类型桥墩的局部冲刷深度与相应的床面高程，并给出不同类型桥墩在设计条件下的大致冲刷形态。在立项阶段，朱镕基总理提出杭州湾大桥需要解决三个问题：第一个是建桥对涌潮不能有太大影响；第二个是对乍浦港没有大的影响，因为乍浦港是当年孙中山先生提出的东方大港；第三个是强潮河口的施工技术问题要解决。前面两个问题由我们负责解决，后面一个问题由设计和施工单位负责解决。

访： 在杭州湾大桥的项目中，您具体开展的科研工作有哪些？

熊： 我们主要开展了关于桥轴线和桥跨布设的优化工作。这一过程以数学模型为主。我们构建的数学模型提供了涨落潮急时段的流场数据，并要求每一个桥梁段能与涨落潮主流方向保持正交，所以杭州湾大桥不是直的，而是 S 形的。

访： 当时的物理模型实验是如何开展的？

熊： 当时模型在现在的钱塘江管理局，不在六堡基地。我们以原来临时的老实验室为基础，修建了一个轻钢结构的半露天的模型，周围墙壁都没有封闭。至于建桥的影响，我们用数学模型提供边界，与物理模型共同回答，但还是以物理模型为主。关于建桥对涌潮的影响，就纯粹以物理模型来回答。我们做这个物理模型试验时，采用了定床模型试验，而不用动床模型试验，因为动床里水流波动的影响太大。我们考察的是大桥对百年一遇的涌潮的影响，主要看的是盐官观测点的涌潮高度变化。试验的结果表明，在建桥以后遭遇百年一遇大潮的情况下，盐官涌潮的潮头高度减少不到 2 厘米。盐官百年一遇的潮头高度是 2.5 米，也就是说减少的幅度不到 1%。我们进行这项论证的主要目的是想保护涌潮，涌潮如果遭破坏，工程将面临被一票否决的风险。杭州湾大桥在涌潮起潮点的下游，大约相距 32 千米，建桥后进潮量会有所减小，从而影响到涌潮强度[①]。但我们经过论证得出的结论是，建桥对涌潮基本没有影响。后来在评审鉴定的时候，大桥工程指挥部提出，能否把结论中的"基本"两个字删去。我说最好不要删去，因为这是我们经过多次试验得出的结果，它代表涌潮减小量的平均值，并且这个减小量很小。如果结论是"没有影响"，就与试验数据自相矛盾，人家反而更加怀疑，后来他们也就没有再坚持。

对于乍浦港可能受到的影响，我们采取的是局部动床模型进行研究。

---

① 20世纪90年代，保护涌潮的意识日益增强，人们做研究时都要论证钱塘江河口段所建涉水建筑物对涌潮的影响。

在澉浦到乍浦河段中，除了庵东滩地因为单向型淤积而采用了定床模型外，其他区域都是使用动床模型，并用模型沙铺好。乍浦港附近会有一定的淤积，但淤积幅度小于0.4米。虽然对于主航道部分地段的流速和淤积会有一定影响，但我们的结论是其对航道和码头没有明显不良影响。

对于行洪能力的影响，我们以大缺口断面为研究对象进行了分析，结论是建桥对行洪基本没有影响。

最后一个问题是关于桥墩局部冲刷。我们在宽4米的水槽内，按1∶100平面比尺做了正态模型，对不同类型桥墩做试验，得到了包括主墩、过渡墩等各类桥墩的最大冲刷深度与相应的不利床面高程。在桥墩局部冲刷问题上，我曾经向交通运输部三任总工——懋运、曹佑安、邹觉新、杨盛富专门汇报了半天。对杭州湾大桥桥墩局部冲刷的主要是潮流，而洪水的影响就比较小了。他们问我，冲刷试验结果可信度如何。我回答说：通过试验得出的结果与初设的水流条件相比，最大误差在1~2米，且不会超过3米。为什么我有这个把握呢？因为我在做冲刷研究时，特地跟大桥副指挥长兼总工程师说，请他们在试桩试验时测一下流速和高程，以便用于验证。以往建桥时都没有开展验证试验，但因为杭州湾大桥在当时是我国最长的跨海公路桥，所以在这个问题上我们很谨慎。后来他们试桩试验的结果和我们模型试验的误差小于5%。尽管如此，我当时认为我们模型试验的误差最大可能达到10%~15%。从2008年建桥到现在已经过去10年了，这10年的跟踪观测结果表明，我们的结论是可靠的，所有桥墩的局部冲刷处于安全范围内。

访：后来，《杭州湾跨海大桥河工模型与桥墩冲刷试验研究》是不是获得了浙江省科技进步奖二等奖？

熊：评奖讨论时，我们的成果在大组里第一轮、第二轮都获得了一等奖，但最后一轮被评为二等奖。专家提出的最重要的意见是，这个成果尚未得到实测资料检验。后来指挥部的负责人跟我说，如果我们能够晚两年，等有了实测资料检验再申报奖项，那么得一等奖也是没问题的。我们对桥墩与桥跨桥孔布置的优化以及建桥所产生的影响进行了详细的研究，包括对行洪、潮位、流速的影响，特别是对涌潮和乍浦港的影响，给出了供设计参考的关键参数。此外，我们还回答了不同类型桥墩局部冲刷深度的问题。

科研攻关　服务工程实践

访： 当时有没有感觉哪个是比较困难的科研难点？

熊： 一是涌潮强度模拟的困难，模型的强度比值是 1∶100，这代表原型中的 1 厘米在模型中要精确到 0.1 毫米。我们当时采用的是北京水利水电科学研究院的浪高仪，尽管它宣称的灵敏度可以达到 0.02 毫米，但加上水面波动的影响，精度降低了一个量级，只能达到 0.2 毫米。我们只好通过多次试验，取平均值来提高测量的准确性。二是对桥墩局部冲刷的研究。以往是没有验证资料的，我们就利用试桩试验，测量它的流速、水位、床面高程等参数，经过初步验证和调试，使我们的研究结果更加可靠。第三个难点是动床模型的选择和制作，其中模型选沙比较困难，好在我们之前做过若干次动床模型，有丰富的经验。

访： 您现在来看，杭州湾大桥科研工作成功的保障是什么？

熊： 首先是我们院有几十年长期实测资料，我们对尖山河段、乍浦港、大桥所在河段冲淤变化有基本把握。没有实测资料是不行的。其次我们做过不少其他工程的科研工作，有积累。第三是参加这项工作的人都很努力。整体模型，也就是物理模型，是现在的河口院总工曾剑做的；桥墩局部冲刷是韩海骞负责；做演变的是河口所的曹颖；做数学模型的是朱军政。他们都非常卖力，非常认真。还有就是当时整个院里都很关心支持这项工作。举个例子，我们做水槽试验要到钱管局去用他们的试验厅，我跟方五庆院长上午说过之后，他下午就去找钱管局林炳炎局长谈这个事，第二天我们就开工了。这是我们河口院建院以来最大的项目，所以全院都很支持。杭州湾大桥项目时间紧，又是市里的重点项目，大家格外关注。大桥项目的一位副指挥要求我制订日计划，每天做什么都要清楚，还打算每周来检查一次。我就跟他们讲，你们要是经常来检查，反而会拖延我的进度，因为我要拿出时间和精力来应付你们。后来，他们就不经常来了。我直接跟他们说，让我制订日计划是没有意义的，那是不可能办到的事情，如果硬让我订计划，那就是鼓励我造假。

当时，在做桥墩局部冲刷研究时，指挥长王勇亲自过来督促，要求我们加快进度，并提出了一个具体完成时间。

在 2002 年和 2003 年，我们全年基本没有休息，大家都很辛苦。我就跟王勇说，大家本来已经没有休息时间，再加快进度会更辛苦。他当即提出，有什么困难尽管提。我就说，希望给大家发一些加班费。当时方院长也在场，我就提出，这笔钱应该直接发到大家手上，不必经过院里。他后来给了多少钱我不记得，但确实是直接发到个人手上，没有经过院里。这件事极大地鼓舞了大家的士气，也说明各级领导对这个项目都比较支持。大家都很珍惜这个机会，每个人工作更加卖力。没有大家的共同努力，我们是无法完成这项艰巨任务的。

访：金塘大桥的科研工作，与杭州湾大桥有什么不同的地方？

熊：金塘大桥整体长度比杭州湾大桥短很多，当时我们拿这个项目时也没经过投标。他们的常务副指挥先过来，后来我们的潘存鸿总工、我和姜影院长过去谈判。我就直接问姜院长："人家既然不招标，直接委托我们做，那么在价格方面，你的底线是多少？"她就给出了一个价格。后来业主方提了一个价格，潘总也提了一个价格，我折中又说了一个价格，项目就这样定了下来。这可能是金塘大桥的科研项目比较简单，或者是业主方对我们的团队有充分的信任。在做金塘大桥的项目时，他们就来过院里一次。无论是金塘大桥还是杭州湾大桥的轴线，都是采用我们提出的方案。金塘大桥的项目不足之处是，我们在做这项研究时，没有预料到杭州湾南岸围涂进展会这么快。围涂的实施影响了涌潮，增加了对桥墩的冲刷。金塘大桥的科研工作包括桥轴线优化问题，以及建桥对航道、北仑港的影响等方面。在这个课题中，我是总负责人，黄世昌是第二负责人。整体模型和水沙试验都是由韩海骞负责，数学模型由娄海峰负责，他们也都比较认真。但与杭州湾大桥相比，金塘大桥的工作压力要小很多，它本身的复杂程度也没法跟杭州湾大桥比。

访：曹娥江五甲渡裁弯工程是您主持的另一个重要工程。这个工程的背景是什么？技术论证的关键在哪里？

熊：曹娥江五甲渡段是一个 Ω 形弯道，所以政府提出采取人工裁直的方案，把弯道裁成直道。过去的大型河道裁弯都是以物理模型的试验结果作为主要依据，我们当时也做了物理模型。我们在这个工程里提出的最重要的一个理念是"基本成型法"。所谓基本成型法，就是在需要裁直的地方，把轴线定好，优先把凹岸一侧工程做好，然后利用水流自然冲刷作用对凸岸一侧进行冲刷，等到冲刷到预设位置后，再做工程防护。这样既节省了工程量，又缩短了工期。我在《水利学报》上发表了这种方法。当时新河开通时，我跟指挥部说，我到工地上和你们一起决定何时开通。如果他们自行开挖，出了问题我不负责任。我当时也说，如果出了技术问题，责任则由我个人承担。因为当时采取这个方法是存在一定风险的，并不是所有人都支持。尤其是我做凹岸防护时，有些人担心安全问题，提出要用板桩等工程措施。可如果那样做的话，工程投入是一笔巨大开支。因为我们现场试验过，觉得不必那样做，这样就节省了很多经费投入。我做了很多扎实的研究和试验，对这个方法我心里是有底气的。

访：第四个工程是尖山围涂，请您也谈一谈。

熊：在尖山围涂工程中，我主要想讲北岸的围涂情况。我曾经和围垦局副局长徐承强一起在尖山湾上待了大半天，坐在那里看潮涨落的情况。我们在做定床试验时，原先想在鼠尾山建丁坝，但后来用动床模型一试验，就改为在塔山坝附近做斜顺坝。斜顺坝建成以后，很快就出现涨潮淤积的现象。如果不做动床试验，只从水流来看，是看不出来塔山顺坝的作用的，因此，结合泥沙来源分析很重要。这一点给我留下了很深的印象。尖山本身位于凸岸，就容易淤积，如果筑顺坝形成口袋状的地形，泥沙都进去了，更容易淤积。

访：第五个工程是嘉兴电厂，上次也只是简单谈了一下，这次能否详细介绍？

熊：嘉兴电厂的建设分为三期。一期是 2 台 30 万千瓦的机组，二期是 4 台 60 万千瓦的机组，三期是 2 台 100 万千瓦的机组，总装机容量一共是 500 万千瓦。做三期时，我们做了一些大的模型试验，一是三期码头的布置，二是取水口的布置。这些工作业主也比较满意。现在面临的问题是它的规模很大，未必适合当地环境。将来随着电厂的不断发展，二期取水口的问题也需要解决，这反映了当初在整体规划上可能不够完善。

访：秦山核电的二、三期工程取排水口淤积问题也是您负责的吗？

熊：整个秦山核电站的水利方面科研工作是韩曾萃主持，我负责了其中一部分。在秦山核电和杭州湾北岸深槽研究上，我们最大的收获是动床模型的构建经验。做动床模型调试和验证花了近半年时间，其间也走了很多弯路。当时甚至有人提出来，这个模型根本就不行。我坚持认为，还是因为我们对模型沙和潮流的特点认识不清楚。经过钻研，我们最后还是成功了。这里主要解决的一个关键问题是选沙问题，当时选了塑料沙，让泥沙运动的起动相似性和悬移相似性达到较好的程度。后来项目验收时，南科院的专家刘家驹问，杭州湾北岸深槽的冲淤变化研究做了，横向分布研究怎么没做？我回答说，我对深泓的变化有把握，至于横向分布我们也做了许多研究，但对于结果没有把握，因此没法拿出来展示。

对水利工作的思考

访：您是怎么看待基础研究与应用研究两者之间的关系的？

熊：我觉得作为地方研究院，我们应该以工程科研为主，如果有条件可以搞基础研究。但现在基础研究与职称评定"挂钩"太紧密，导致一些论文虽然发表了，但推广应用前景并不是很好。这个问题不光存在于我们单位，而是一个普遍现象。这个考评体制导致论文数量增加，但可能使质量有所下降。总的来说，我们不适宜以基础研究为主。我虽然做泥沙研究，但都是为工程建设服务的应用型研究，纯粹基础研究做得比较少。

访：您的科研团队是什么组建模式？

熊：对于我们院的科研团队组建模式，南科院河港所老所长刘家驹就特别欣赏，认为我们可以集中优势力量做事。但我们管理得太死（板）了，应该适当吸收课题负责制的优点，给予课题负责人一定的责任和收益。现在我们不是课题负责制，实际上课题负责人的权力太小了，团队缺乏灵活性。南科院的模式就是课题负责制，一切由课题负责人说了算，包括经费使用、酬劳发放等。虽然这种模式未必完全适合我们，但我们可以吸收一些他们的长处。

访：您认为钱塘江河口治理有哪些值得注意的事项？

熊：有一些无用功应该少做。曾经有领导提出，澉浦段现在的河宽是16.5千米，可不可以进一步缩窄到12千米？我认为再缩窄的话，负面影响太显著了。现在的某些领导更看重的是政绩，至于说对子孙后代产生的负面影响，他们可能也不太在乎。我认为提出一个大政方针时，要听取不同意见，特别是反对意见。但往往是有不同意见时，就不让你参加会议了。还有的领导特别强势，别人也不愿意说。对于这种情况，如果让我讲，我肯定会讲，但我不愿意说第二遍。我认为在钱塘江河口治理中，我们需要更加注重科学决策和民主决策的过程和结果。

访：关于数学模型和物理模型您是怎么选用的？

熊：在选用数学模型和物理模型时，我们要根据具体的问题和需求来进行选择。比如杭州湾大桥，要解决桥位和桥跨布置的问题就应以数学模型为主。数学模型对非恒定流的模拟是比较好的。然后在数学模型的涨落急流场图中，我们可以得出一个大致的线型，提交给设计方确认，最后再用物理模型试验来检验它的影响是不是最小。这就要我们抓取主要问题，发挥数学模型、物理模型的各自优势。比如做涌潮研究时，精度要求本来就很高，只能用定床模型。研究建桥对乍浦港的影响时，很多领导说，花了那么多钱做动床模型，也始终都没"动"起来。我跟他们讲，对于动床模型试验效果，研究的范围越小越好，但对于工程而言，探讨的范围越大越好，所以要定一个合理的范围，太大了或太小了都不行。当时，他们的意思是把整个杭州湾纳入动床试验的范围，那肯定不行的。数学模型和物理模型各有所长，所以要发挥各自优势，合理利用。有时候我给学生讲课，有的人提出，数学模型是"自己相信，别人不相信"，物理模型是"自己不相信，别人相信"，问我怎么看。我说这个看法不太准确，但这个也是可以理解的。因为数学模型没有重复性问题，但在参数的选取上，未必都可靠。物理模型也不能说什么问题都能解决，因为试验有随机性、重复性的问题。这时就要把影响数据的外在问题都解决，比如仪器问题。最后得到的数据，不能轻易修改。一旦形成修改数据的习惯，将来会砸了自己饭碗，没人敢让你做研究了。只有根据要求解决的问题，发挥数学模型和物理模型各自的优势，才会有好的效果。

访： 杭州湾北岸深槽研究提出的背景是什么？

熊： 杭州湾北岸深槽，是从澉浦到金山这一段航道的深槽。孙中山先生当年提出的东方大港的设想，就是乍浦港。围垦以后，深槽出现了淤积，由于杭州湾深槽附近布局了一系列大工程，包括嘉兴电厂、秦山核电站以及上海的一些石化基地，所以我们就要看看它的稳定性和发展方向。后来随着长江上游来沙减少，深槽下段开始出现冲刷现象。我当时是负责物理模型研究，数学模型的研究是由耿兆铨负责的。

访： 您后来是不是还做了钱塘江河口水沙资料的整编工作呢？

熊： 是的。过去水沙资料没有人整理，而且河流和海洋的整理方法还不一样，海洋是相隔 5 米做一个趋数点，河流是按相对水深取数。我就把这些资料进行规范整理，按水沙要素逐年做统一归档，方便后续的利用。

访： 下面请您重点谈一谈六堡试验基地的建设。

熊： 2002 年和 2003 年，这两年我感到非常累，主要原因是负责了六堡试验大厅的建设工作。当时，我们作为主办方组织召开一个国际学术会议，要赶在会议前完成六堡试验大厅的建设。六堡试验大厅的设计方是浙江大学，施工方是东南网架厂，我们主要负责提出供水水槽的尺寸和水下布置方案。一号大厅供水系统有 4 套，这些都要我们提供方案。模型的长度是 165 米，加上外面的波浪水槽，一共是 175 米。在宽度上，靠杭州湾这边是 105 米，上游是 130 米。这样的规模在当时是国内最大的。整个试验大厅占地 2 1700 平方米，是国内第二大模型试验基地。最大的试验基地在浦东，是交通运输部长江口的试验大厅。现在长江水利委员会、河海大学、交通运输部天津水利科学研究院、南京水利科学研究院的试验大厅面积都比我们大得多。为了赶工期，上下同时施工，上面还没封顶，下面就开始做模型试验了，这样做是有很大风险的。在建设这个试验基地时，我们也在做杭州湾模型试验，所以那两年我基本上没有休息。六堡试验基地建成后，除了杭州湾大桥之外，其他包括金塘大桥、嘉兴电厂、欧飞围涂等大型工程的物理模型都在这里完成试验，甚至省里的工程都选择到这里来做试验。像华东勘测设计院、海洋二所这样的单位，都没有自己的模型试验大厅。

访： 最后，对于您自己的科研生涯，您有哪些可以总结的经验？

熊： 首先，我是以搞物理模型为主的，但我认为搞大型工程时数学模型、物理模型应该同时进行，要发挥它们各自的优势。第二点，我觉得我们这一代人在工作上的责任心方面，是现代年轻人要学习的。我们接了任务以后，就会全力以赴，必须保证不出问题。第三点，有些人的确是我的榜样，比如戴总。他德高望重，在院内院外威信都很高，大家都很尊重他。他的一大特点是宽以待人，严于律己。在事业心上，我跟他有很大差距。河口所是他一手创办的，所以他感情很深。他的事业心强，一直是我的榜样，但我达不到他那样的高度。他所起到的表率作用对单位的影响是极大的。当时只要是戴总交办的任务，我们就放下其他活来优先做。我们达不到他的境界，这个话不是谦虚。举个例子，有一年，我们去参加大亚湾二期评估，戴总作为评审专家，因事无法到会，但他写了书面评审意见让我带到会上。我临行前，他和我说，他没有到会，人家若给专家费是不能拿的。我说，你的意见我会转达，但人家若执意要给，我也没办法。毕竟他写了书面意见，更何况前几次评审时他都是专家组组长。他严于律己的这种精神跟林秉南也是一样的。我出版《潮汐河口河床演变与治理》的时候，出版社是不给稿费的，因为我跟他们签订合同的时候，如果我要稿费，他们会提高出版费用，这个钱最终还是要单位出，所以我没要稿费。我拿了书稿去给林秉南先生看，见他当时身体状态不太好，就没有提出让他作序的事。但不久后，他还是写了序言交给我。我给他寄了专家费，但他把钱退回来了。后来我又趁出差的机会，再把钱给他，他说我这本书本身也没有稿费，所以他也不能收。我跟他说，这钱是我们单位出的，已经走账了，这样他才收下。从这一点来说，林先生和戴总是一样的。还有李光炳先生，他们都是我学习的榜样。

访： 20 世纪 80 年代，全国开启科研体制改革，作为当时的科技人员，您的工作和生活有没有受到影响，尤其是在收入方面？

熊：我对收入方面的要求一向不是很高。现在有些年轻人谈到这个，心情就很不愉快。我就讲，争取高收入无可非议，但如果无能为力时，也别忘了提高业务，毕竟将来还是要靠真本领。我们这一代人吃的苦多，我从来没做过发财梦，但如果穷困潦倒的话，我也不太愿意。我在家里不买菜，所以对收入方面不是太关心，只要不影响正常生活就行了。

钱塘江防治科研攻关中坚力量
——余祈文访谈录 ①

访谈时间：2017 年 6 月 26 日

访谈地点：浙江省水利河口研究院 2 号楼 205 室

访谈人：王申

访谈整理：王申

访谈时长：70 分钟

受访人：余祈文（1938—　　），浙江衢州人，水利工程师。毕业于浙江大学土木工程系，先后在浙江省水电设计院、浙江省河口海岸研究所、浙江省水利河口研究院工作，长期从事钱塘江河口治理开发研究。

图 2-26　2017 年 6 月 26 日访谈余祈文留影（图片由王申拍摄）

求学之路

王申（以下简称"访"）：余教授您好，感谢您接受访谈。您是一位水

---

①　本部分内容由王申博士完成。

利专家和科技工作者，请先谈一谈您的求学之路。

余祈文（以下简称"余"）：我出生在浙江衢州的一个农村家庭，有两个哥哥和三个姐姐，我排行第六。由于家里儿女多，不被重视，似乎处在一个"被遗忘的角落"里。我的大哥小学毕业后考上了当时读书不要钱的师范学校，毕业后做了一名小学教师，其余哥哥姐姐均在家务农。我小时读书主要是为识字，根本没有要改变前途命运之类的想法。小学前四年在村办私塾就读，到五年级才转入公办小学。初中毕业后幸运地考入衢州一中高中部。当时国家提出"向科学进军"的口号，我脑子里开始有了理想，并和班里一些志同道合的同学议论着高中毕业后要考大学，当一名工程师，可以穿皮鞋；如果考不上大学，只能回家务农，继续穿草鞋。所以"穿皮鞋"还是"穿草鞋"，成为当时激励我们学习的动力。

为了能考取大学，我平时除完成课堂作业外，还会额外做一些全国数学竞赛的难题，也看一些数学题解等书籍。1957年高考数学卷中有一道平面解析几何题难度很大，但分数很高。大部分考生都解答不出，我因平时复习看过类似的题目，得到了满分。这是我人生中第一次碰到的好运。

访：当初什么原因报考浙大，且选择了河川专业？

余：1956年国家提出"向科学进军"口号后，大学开始扩大招生，录取率较高。然而，到了1957年，全国处在"反右"运动中，大学又压缩招生规模，高考难度增大，对考生的政治条件要求很高。我家庭成分是富农，虽然家庭成员历史清白，但我仍不敢报考名校和热门的专业。为了能实现自己成为工程师的愿望，就报考了浙大土木系。

当年土木系只有"工业与民用建筑"和"河川枢纽及水电站建筑"两个专业。列宁曾经说过，"苏维埃政权加上全国电气化就是共产主义"。当时浙江正在大力兴建大、中型水电站，我觉得河川专业大有前途，与国家的电气化建设有关。受这些感召，我就填报了河川专业，而且被第一志愿录取。进浙大以后，有些同学戏称"土木土木，又土又木"，好像没有本领的才考土木系。班里有位同学，从苏州航空学院转到浙大河川专业，我问他为什么选择河川专业，他说是被"水电站建筑"这个名称吸引，感觉建水电站很了不起，是属于国家大型建设工程。当时我们脑子里根本没有考虑"苦"与"乐"的问题，只是单纯地对这个专业充满了热情和向往。

访：您是"文革"前的大学生，当时在浙大的学习与生活是怎样的？

余： 我们这届学生是在"反右"斗争后被录取进校的，且大部分来自农村，肯吃苦，生活也比较朴素。大学五年虽然课程较多，政治运动也多，但是教学任务还是按计划、系统完成的。当然，学习还是难免受到一些干扰，尤其是后期，有"下放""拔白旗""除四害"等各种运动。到了四年级时，有个别同学反映农村生活艰苦、吃不饱饭等问题，而遭到"下放"处理。后来学校纠正了这种做法，就把他们召回来重读，只是他们比我们毕业晚一些。

访：大学期间您到哪些地方实习过？

余： 大学五年，我先后共有三次实习。进校第二年是认识实习，我跑遍了浙江省内的大小水电站和水库。中途还有生产实习，根据"教育与劳动生产相结合"的原则，为瓯江电站测量库区地形。最后一次的毕业实习，我到安徽省参观了响洪甸水库、佛子岭水库等著名水利工程。总而言之，教学计划如期完成，我们的实习机会也是比较多的。

在省水电设计院工作的岁月

访：毕业后，您是怎样被分进浙江省水电设计院的？

余： 1962年，浙大土木系河川专业有2个毕业班，学生约60人。当时毕业生分配分三种情况：第一种由水利部直接分配，主要分到全国大型水利工程从事管理工作，或者满足外省的人才需求；第二种是分到省内市、县水利局；第三种是作为技术储备暂时先分到商业部门，比如当营业员。

1962年，时任浙江省水电设计院院长徐洽时，根据中央"调整、巩固、充实、提高"的八字方针，对"大跃进"时期采取"边设计、边施工"的大、中型水利工程拟开展补充扩大设计。另外，当时宁、绍地区因遭受台风袭击，甬江支流奉化江和姚江，以及曹娥江等，急需要开展流域水利规划工作。为增加水电设计院的技术力量，徐院长将第三批待分配的

18名毕业生全部安排到省水电设计院工作。我被分到院里的规划室，这是我人生中第二次遇到的好运气。

访：请谈谈您在省水电设计院工作的情况。

余：我在省水电设计院工作时间不长，约3年时间，主要参与甬江支流奉化江、姚江以及曹娥江的水利规划工作。1966年开始"文化大革命"，工作基本停顿，至1968年开始进入"斗批改"阶段，工作才有所恢复。当时省军事管制委员会（简称"军管会"）下属的生产指挥组农业办公室提出，要调查全省可围垦的海涂资源，这一任务以水利厅为主，由有关单位抽调人员组成临时规划小组，在农业厅①办公。省水电设计院临时派我参加，所以我比较早就脱离了省水电设计院的工作，参加调查全省可围垦的海涂资源。我们的工作重点集中在钱塘江河口及杭州湾，因为这里面的滩涂资源很丰富，但必须与治江结合，还要考虑其他资源开发利用。

钱塘江河口治理开发方案的研究

访：请您简述钱塘江河口治理开发方案的研究过程。

余：钱塘江河口潮强流急，含沙量高，江道宽浅，主槽摆动频繁，河床冲淤幅度大，是典型的游荡型河口，且自然灾害频发。因此，防灾减灾是该区域治理的第一要务，其次才是结合开发河口内丰富的滩涂、水资源等。20世纪60年代初，戴泽蘅、李光炳等人编制的治江规划提出，萧山蜀山以上江道分别按1952年的《钱塘江下游稳定江槽初步设计》和1958年的《钱塘江赭山湾整治工程初步设计》实施；蜀山以下的江段为了尽量减少该方案实施后对江道泄洪的影响，并充分利用盐官上下游北岸坚固的明清老海塘及尖山河段北岸山体作为岸线，治江规划决定让江道紧靠北岸。曹娥江出口江道规划为"出东北"方向。由于多方面的原因，没有考虑规划实施后杭州湾的淤积变化，因此澉浦断面宽度定得较窄，约为11.5千米。在治江围涂工程措施上，我们采取抛筑长、短丁坝相结合的方式。

---

① 在那个特殊的历史时期，人们称其为"浙江省农业厅革命领导小组"。

1960年新安江电站建成后，有人提出在大力整治钱塘江河口江道的同时，应该开发丰富的淡水资源，以满足河口区南、北岸工农业生产的需求。因而我们提出了兴建七堡枢纽工程的方案，旨在挡潮引淡，这是中华人民共和国成立后第一个开发水资源的方案。初步研究表明，由于闸下江道淤积严重，影响泄洪，加上国家处在三年困难时期，该方案被搁浅，而后放弃。

20世纪70年代初，临时组建的围垦小组讨论钱塘江河口治理方案时，有人提出，当钱塘江河口按"全线缩窄"方案实施到一定程度时，在尖山河段北岸海宁黄湾鼠尾山建闸，再由南向北抛筑拦江大坝与大闸连接，达到挡潮引淡的目的，满足南、北岸平原工农业生产对水资源的需求。同时，再在大闸的一侧兴建船闸和电站，还可以通航、发电。该枢纽建成后，涌潮随之消失，消除了对两岸海塘的破坏。这是一个以治江为主，结合开发滩涂和水资源的治理方案。由于综合效益较高，得到当时省水利厅分管生产的钟世杰的赞赏，他征求省军管会同意后，赴京向水利部进行了汇报。水利部钱正英等人对此提出两大关键性技术问题：一是枢纽工程建成后，下游江道淤积面貌及解决措施；二是抛筑拦江大坝施工技术及基础防冲等问题。至于枢纽工程建成后对杭州湾淤积影响尚未考虑，这其实也是一个很关键的问题。为了研究水利部提出的上述两大关键技术难题，省水利厅从正在开展"斗批改"的浙江省水电设计院临时抽调了一批技术力量，组成临时机构开展相应的研究。经过两年多研究，因未得出明确结论，从省水电设计院临时抽调来的人员中，有一部分要求回原单位，而韩总（韩曾萃）及其他一部分人，也包括我在内，愿意继续留下，从此一直参与钱塘江河口治理开发的研究工作。

1967年和1971年，宁波地区遭遇大旱。特别是1971年的大旱，宁波市区理发店甚至贴出"理发不洗头"告示，可见当时缺水之严重。为解决严重的缺水问题，当时提出在钱塘江河口潮流段末端的富春江渔山建闸挡潮引淡、开发水资源的方案。后经动床模型试验表明，闸下江道仍然会严重淤积，因此该方案被放弃。

从上述研究情况可见，钱塘江河口治理开发方案更适宜通过"全线缩窄"来治江，并结合促淤后围涂的方式，简称"治江围涂"。新安江水库建成后，虽然对河口内水资源开发研究一直没有停止过，但因潮强流急、含沙量高的特点，在河口上、中、下不同位置兴建枢纽工程挡潮引淡均不可行。后来为满足杭州市工农业生产用水需求，当地在闸口上下沿岸逐渐采取分散兴建引提水工程的方式进行开发水资源，简称"无坝引水"。

钱塘江河口治理开发专题研究

访：您做了很多钱塘江河口专题研究工作，请您详细说一说。

余：所谓"专题研究"，我的理解就是在钱塘江河口确定采取"全线缩窄"治江围涂方案的前提下，针对某些局部区域考虑不周、治理过程中出现新的变化或超出原规划范围等情况，进行更深入地分析研究，对原规划进行修改补充或扩大规划范围等。简述如下：

一、从钱塘江尖山河段治导线初步研究到尖山河段整治规划。

20 世纪 80 年代初，萧山的治江围涂工程向下推进至海宁八堡附近，从该处至澉浦断面称为尖山河段，这是一个承上启下的水域，下接杭州湾。在该水域兴建整治工程对上下游水域内的水文和河床面冲淤影响很大，因此制定治导线要特别谨慎。1985 年完成的治导线初步研究，与 20 世纪 60 年代初提出的《钱塘江河口江道整治规划》比较，具有以下亮点：首先，在基本满足泄洪的前提下，为减轻咸潮入侵，有利于杭州闸口沿岸水资源的开发利用，同时也可以适当削弱涌潮对两岸海塘的破坏，又鉴于尖山河段主槽演变以"走中"概率居多，为符合"因势利导"的治理原则，我们初步选定了尖山河段"走中弯曲"的治导线。其次，为了尽量减轻尖山河段治江围涂对杭州湾的淤积影响，我们特别要注意保护北岸深槽的水深条件，澉浦断面宽度初定得较宽，约 18 千米。同时，北岸尖山沿岸的治江围涂面积应控制在 10 万亩以内。再次，从有利于萧绍平原排涝要求出发，曹娥江出口江道以"出东北"方向汇入尖山河段为宜。为了满足绍兴市水利、交通部门对口门建闸的迫切要求，我们在曹娥江出口与钱塘江相连的江道口门附近规划建造曹娥江大闸。鉴于尖山河段整治后将形成微弯有利河势和曹娥江流域有较丰富径流量的独特条件，我们估计闸下淤积是可以解决的。根据以上认识，我们于 1985 年编写了《钱塘江尖山河段治导线初步研究》报告，该报告对推动和指导后一段时期尖山河段治江围涂发挥了很重要的作用。

《钱塘江尖山河段治导线初步研究》编制完成后，尖山河段主槽出现由南摆向北的趋势，后又遭遇钱塘江流域 1988—1995 年连续偏丰水年，致使主槽长时间维持靠北岸的河势。尖山以上江道刷深，潮差增大，涌潮增强，沿江两岸海塘遭受严重损坏，也严重影响到杭州闸口附近淡水资源开发利用，急需通过工程措施将当时"走北"河势改变为"走中弯曲"河势。但是尖山河段出现主槽靠北河势后，南岸滩涂呈淤涨趋势，有利于南岸治江围涂工程，符合先南凹岸、后北凸岸围涂步骤。此外，处在尖山河段南岸的曹娥江出口江道淤积抬高，并出现向西摆动而延长，致使三江闸、马山闸等闸下水位抬高，失去排水能力，萧绍平原面临严重内涝威胁。为了应对这一局势，绍兴县积极抛坝促淤围涂，以阻止出口江道主槽向西摆动；而位于出口江道另一侧的上虞市（现已撤市设区）为阻止江道主槽"出东"，加重新围堤的防险工作，同时又在出口江道东侧开展抛坝促淤围涂。在此期间，由于两县市共同努力，终于在 20 世纪 90 年代中期，整治后的钱塘江出江道口门按规划方向率先推进到尖山河段南岸治江规划线附近。

鉴于尖山河段治江围涂进展较快，特别是曹娥江出口江道整治后，口门建闸的闸址已初步形成，各方面对建闸的呼声很高。同时，尖山以上江道又迫切要求改变潮势增强、涌潮增大带来的弊端。除此以外，原以《钱塘江尖山河段治导线初步研究》为依据编写的《钱塘江海塘堤线规划报告》在报请省政府批复时，其中尖山河段规划堤被暂定为初步规划线，还有几个技术问题需作补充分析。基于上述情况，省水利厅下达了《钱塘江尖山河段及曹娥江河口整治规划》的任务，其中前一项规划要求解决尖山以上江道潮汐增强、涌潮增大对海塘的破坏及咸潮上溯对杭州闸口一带水资源开发利用的影响。同时，要控制尖山河段主槽摆动，并尽量相对稳定地紧靠曹娥江江道口门附近，为口门建闸进一步创造有利条件。另外，还要确保尖山河段治江规划与下一步杭州湾南岸围涂有较好衔接，并尽量减轻尖山河段治江围涂对杭州湾北岸深槽淤积的影响，要达到上述规划要求，北岸尖山治江围涂规划工程是关键。

1996年，钱塘江流域出现了偏枯水文年，北岸尖山岸边出现淤涨趋势，为满足海宁市对治江围涂迫切要求，同时也考虑到为兴建曹娥江大闸进一步创造条件的需要，省水利厅和钱塘江管理局主要领导同意和支持海宁市在尖山一带按规划并通过试验研究后开展治江围涂。第一期工程先从小尖山抛筑挑水丁坝促淤，围涂2.0万亩。实测资料表明，效果很好，江道向规划要求方向演变。后来，对北岸尖山治江围涂工程作如下调整：将鼠尾山以上的原规划堤线再向南突出1.1千米，鼠尾山以下与澉浦间基本上以直线连接，形状类似"火腿"，其围涂面积基本保持不变。前者主要考虑的是更有效遏制和削弱尖山以上江道内涌潮增大的压力。另外，也可把尖山河段主槽引导至曹娥江出口江道口门附近，限制拟建的曹娥江大闸建成后闸下淤积的区域长度，为解决闸下淤积问题创造更有利的条件。后者旨在减轻对杭州湾北岸深槽淤积的影响，并使上溯涨潮流保持顺畅。为此，整治规划把北岸尖山治江围涂由原来的"半圆形"规划堤线修改为"火腿形"。为了使尖山河段南岸治江围涂规划线与下一步杭州湾南岸围堤线能较好衔接，澉浦断面宽度由南向北缩窄为16.5千米；然后向上与上虞九四丘东北角之间以曲率较小平滑曲线连接。实施后该岸段形成微弯形凹岸，使规划的曹娥江大闸的闸址位于凹岸顶点附近，为建闸创造了更有利的条件。据此，于2001年编写了《钱塘江河口尖山河段整治规划》，由浙江省水利厅和省发展和改革委员会（简称"发改委"）报省政府批准同意。该规划编制完成和批准后，加快了尖山河段治江围涂进展和曹娥江大闸的立项建设。

二、杭州湾北岸深槽的形成及维护研究。

杭州湾北岸深槽，上起海盐澉浦，下至上海金山，长约65千米，水深5~10米。民国七年（1918年），孙中山先生在《建国大纲》中提出要建"东方大港"的设想，但一直未能实现。直到20世纪70年代，乍浦港仍是一个搁浅装卸、年吞吐量仅 10 万吨的小型港口。1974 年，上海石化在乍浦建成 2 个 2.5 万吨原油码头，运行情况良好。为进一步开发北岸深槽深水岸线，相关部门开展"杭州湾北岸深槽形成机理及其维护研究"课题，该课题被列入浙江省重点研究项目。其中"演变分析"专题基于杭州湾喇叭口形平面形态形成后的历史资料和现代水文泥沙实测资料进行了深入的研究，分析结果显示，外海潮波从不同方向传入湾口，至王盘山附近得到加强。当潮波再向湾内传播时，又受到喇叭口漏斗效应的影响和柯氏力的作用，致使涨潮主流偏北。这使得潮差及流速沿程增大，北岸水域形成涨潮流的冲刷区。因此，在历史上北岸线坍塌后退，直到 14 世纪北岸修筑起坚固的海塘，加上沿岸山体的阻挡作用，岸线的坍塌才逐步停止。此后，涨潮流以冲刷床面下切为主，而逐步形成北岸深槽。

澉浦断面以上沙坎区动力强，含沙量较高，落潮主流偏南，并沿程逐渐减小，导致落潮流泥沙淤积区，从而形成了庵东滩面。这一区域滩涂资源丰富。在过去的几百年间，先辈们不断地进行围垦，到中华人民共和国成立初期，已围涂 7 条塘线，面积达到了 90 多万亩。而在中华人民共和国成立后的 60 年里，又进一步围涂了 60 余万亩。

维护北岸深槽水深条件的工程措施，首先要减小澉浦断面以上水域治江围垦面积，特别是尖山河段北岸围垦面积要控制在 10 万亩以内。该课题经专家评审，认为"演变分析有独到之处"，于 1994 年获得浙江省科学技术进步奖三等奖。

三、钱塘江尖山河段南股槽整治研究。

20 世纪 80 年代因澉浦断面的河势发生了变化，导致涨潮流向顶冲余姚、上虞岸段，这一变化引发塘外高滩出现坍塌和后退，直逼新围涂的塘脚。水域外部又淤涨形成了中沙，并不断向岸边延伸，使得南股槽内涨潮流变得潮大流急，南股槽发育不衰。上虞、余姚岸段因高滩围涂，塘外抛石较少，因此抗御能力弱，险情十分严重，这成为当地干部群众的"心腹大患"。另外，这种情况还阻碍了尖山河段南岸治江规划线实施和曹娥江大闸立项建设。韩总在一次大会上讲："省水利厅领导对南股槽整治很重视，有位厅副总工说过，谁能把南股槽整治好了，谁就是英雄。"由此可见，上级领导及当地干部群众对研究和整治南股槽问题十分迫切。当时省河口所受命组织相关单位的科技人员开展该项研究工作，并列入省科委计划项目。经过三年多的研究，我们提出利用中沙相对稳定的特点，采取围垦与截堵南股槽上口相结合的治理方案，以此来促使南股槽的淤积、萎缩，然后通过"自上而下"的围垦方式，最终消灭南股槽，实施该岸段的治江规划线。在整治工程材料的选择上，考虑到整治工程量大、石方运距远、价格高以及难以满足施工强度等因素，我们研究了用泥浆泵充灌土工布袋代替石方作为整治工程材料。在水槽内做过在潮流作用下保沙和袋体稳定试验后，我们选用了合适的土工布料和袋体尺寸。编织袋在本项整治工程中，得到广泛使用，发挥了很重要的作用。陈吉余院士认为这是一项创新技术，对此十分赞赏，并大力推广。我们的相关研究论文发表在了《水利学报》上。

1997 年春，南股槽上口被成功截堵后，随即出现明显淤积和萎缩现象，沿线海塘的压力也随之缓解。即使经过 9711 强台风的袭击，海塘依然安全无恙。专家评审鉴定结果认为，这项研究提出的整治方案和整治材料具有创新性，经济效益显著，研究达到了国内领先水平。1999 年该项目获得浙江省科技进步奖三等奖。

四、曹娥江大闸研究。

曹娥江大闸是《钱塘江河口尖山河段整治规划》中最重要的规划工程之一。其建设目的主要是提高曹娥江百官以下江道防洪、防潮和萧绍平原的排涝标准，以及充分开发流域水资源，并兼顾改善水环境和提升杭甬运河通航条件。能否解决闸下淤积问题是建闸的关键。在规划过程中我们选择了"走中弯曲"的治导线。通过整治南岸，形成了微弯的凹岸。整治完成后曹娥江出口江道在凹岸弯顶附近汇入尖山河段，为口门建闸创造了有利的河势条件。曹娥江是钱塘江下游最大支流之一，流域面积达到 6096 平方千米。我们可以充分利用其径流量较丰富的特点开闸清淤，这是另一个有利条件，因此，闸下淤积问题估计是可以解决的。

曹娥江大闸建在强涌潮河段，水域含沙量较高，特别是其面临强涌潮冲击、闸下泥沙淤积、软基沉降等一系列世界级难题。浙江省水利河口研究院潘存鸿等人受委托，承担了"曹娥江大闸闸下淤积及工程水力学实验研究"课题，为大闸设计、建设及运行提供了科学依据，并获得浙江省科学技术进步奖二等奖。大闸于 2003 年 12 月 30 日开工，时任浙江省委书记习近平参加了开工典礼，并宣布开工。经过三年半施工，大闸于 2008 年胜利建成并投入运行。2009 年和 2010 年的实测资料表明，闸下尖山河段主槽离曹娥江口门 500~600 米，若遇丰水年，尖山附近会出现分汊河道，但是主槽仍然紧靠口门附近。这表明尖山河段治理后，主槽位置已趋于稳定，为大闸的安全运行奠定了基础。实际运行情况表明，开闸放水冲刷闸下淤积泥沙效果很好。曹娥江大闸建设规模宏大，共有 28 个孔，每孔净宽 20 米。尽管所处环境条件复杂，但其经济效益显著，被潘家铮院士誉为"中国第一河口大闸"。

五、钱塘江河口水资源配置规划研究。

这项工作我没有参与，但我认为它很重要，所以在这里也介绍一下。钱塘江是浙江省第一大河，流域面积 55 558 平方千米，其中河口段闸家堰以上流域面积为 41 769 平方千米，多年平均径流量为 347.6 亿立方米。1960 年以来，新安江和富春江等特大型水库相继建成，径流的调节能力提升使得年际、年内的水资源分配更趋均匀。根据潮汐预报，钱塘江还具有顶潮拒咸功能，所以水资源具有较高开发价值。2008 年杭州市的城市供水中有 85% 取自钱塘江河口，此外还有大量的环境用水量，所以河口水资源是第二项有待开发的宝贵资源。为满足杭州市及河口区南北岸平原工农业生产对水资源的需求，20 世纪 60 年代后，对钱塘江河口水资源开发利用研究基本没有停止过。原先我们曾考虑过在河口内上、中、下不同位置建闸挡潮引淡的方案，但经研究发现，闸下江道淤积严重而放弃，最终采用"无坝引水"的方案。为实现河口地区社会经济的可持续发展，2002 年省水利厅组织下属的省水电设计院和省水利河口研究院等单位共同编制《钱塘江河口水资源配置规划报告》，其结论如下：

1. 以闸家堰断面的来水量代表钱塘江河口来水量。省水电设计院采用模拟法推算，得出 2020 水平年多年平均来水量为 341 亿立方米。

2. 钱塘江河口系以海域来沙为主的强潮河口，水资源开发利用必然引起河口的淤积。引水后，河口增加的淤积量必须在防洪可承受的范围内。省水利河口研究院基于多年研究成果，并用多种途径分析，最终认为：当钱塘江河口多年平均可利用水量为20%时，所引起的江道淤积对防洪来说是可承受的。

3. 经规划调查分析，我们得到2020年水平年钱塘江河口多年平均取水量为43亿立方米 [①]，这一数值小于河口水资源可利用水量。

4. 根据分析，按河口目前的取水情况，2020年是水平年，随着公共水厂用水的增长，供水保证率将会下降，不能满足供水要求。因此要将包括萧山闻家堰公共水厂取水口一并上移。杭州市已建成从新安江水库直接取水工程，符合取水口上移的要求。因此可提高一般用水和河网环境用水的保证率，达到设计保证率的要求，且取水量也会相应增加。2005年，水利部和浙江省人民政府批复了《钱塘江河口水资源配置规划报告》。为了实施配置规划并防止无序超量引水，2007年经省主要领导同意，省水利厅又印发了《钱塘江河口水资源配置工程调度办法（试行）》。

六、《钱塘江河口综合规划》的编制。

该规划于2006年由浙江省水利河口研究院编制，重点规划区域在澉浦断面以下的杭州湾水域。其规划目的任务非常明确，澉浦以上与澉浦断面规划面宽16.5千米相衔接，澉浦以下水域采取缩窄方案，仍保留杭州湾喇叭口形的平面形态。北岸规划岸线原则上不动，局部仅作理顺调整，旨在更好地维护深水岸线和为下一步建港开发利用创造有利条件；南岸规划则根据水流、泥沙运动特点和岸滩淤涨特性，在不影响金塘水道北仑港水深前提下，沿南岸 −2 米至 −3 米等高线开展促淤围涂约55万亩，以满足工农业建设用地的迫切要求。该规划与尖山河段治导线初步研究有相似之处，可视为钱塘江河口全线缩窄江道整治规划向澉浦断面以下杭州湾延伸的一个重要补充，规划在2005年完成后，经过省发展计划委员会和省水利厅联合组织全国及省内专家、地市有关部门的审查，此后即按此实施。

---

① 实际已超过45亿立方米。

访： 您还参加了钱塘江河口出海通航的研究。

余： 是的，钱塘江干流通航大致分三段。杭州三堡或八堡以上为内河航运；以下至海盐澉浦为出海通航；澉浦以下杭州湾水域为海上通航。为适应杭州市经济建设需求，交通运输部门十分关注中段出海通航开发。该航道存在三个碍航因素：第一个是江道主槽摆动频繁，航道不稳定，严重影响通航。第二个是水下有沙坎，这影响了通航水深，大船不能通行，运输效益低；第三个是涌潮问题，船只进入航道的时候可能遇到涌潮，而从杭州出海时，经过一个潮出不去，需要过第二个潮，过潮的时候船只需要在深水区顶涌潮，对技术要求很高，也有风险。这三个因素严重制约了钱塘江出海通航的发展。

为了开发钱塘江出海通航，省科委曾立项研究，试图依靠"全线缩窄"治江围涂来解决航道稳定问题，并研制浅吃水肥大型船舶来提高出海运量。实践表明，除航道趋向相对稳定外，涌潮问题仍然存在。沙坎顶点位置有明显下移，但顶点高程变化不大，后两个碍航因素仍然制约着出海通航的发展，甚至导致出海企业出现严重亏损。

20世纪90年代后，随着杭州湾北岸嘉兴港开发建设以及南岸曹娥江大闸的建成，杭州市及钱塘江中、上游以及绍兴地区的货物开始由内河船舶北面通过京杭运河从嘉兴港出海；南面则通过杭甬运河从宁波北仑港出海。这种新的运输格局的出现，致使钱塘江出海通航船只越来越少。这表明钱塘江河口经"全线缩窄"治理后，出海通航仍未达到预期要求。然而，在建的八堡船闸和已建成的三堡船闸、曹娥江大闸都为开发南北岸运河内河航运创造了条件，货物可以通过内河航运与各自的海港进行转运。这种运输线路可能更经济合理、适应广、运量大、风险小。

在尖山河段治理达到规划线后，主槽相对稳定在紧靠南岸边的位置，南岸的县市迫切希望在岸边兴建出海码头，以开发出海航运。初步研究认为，这一带建港确实具有乘潮航线短、水深大、避开了沙坎顶点等优势。但是在南岸水域兴建开敞式码头也面临一些挑战：由于低潮位低，水深较浅，船舶停靠码头装卸作业可能出现搁浅的情况；此外，随之而来的涌潮大、流速急，泊位区水流条件难满足船舶停靠要求。21世纪初，绍兴县华联三鑫公司要求在九七丘岸边兴建液体化工专用码头。经研究，根据泊位区水流特点，提出船舶按"三乘三避"的要求运营："三乘"即船舶"乘潮进，乘潮卸，乘潮出"，"三避"即达到"避涌潮，避快水，避低潮位"的效果。由于船舶不能在泊位区过潮，所以在一个潮周期内装卸作业时间较短（3~4小时），因此要求船舶吨位要小，且运输物资要求易装易卸。由于限制条件较多，一般仅适合作为企业的专用码头，商业开发价值不大。绍兴县出海码头建成后，因企业转产而未投入运营。2010年，萧山在萧围东线十七工段附近建成的临时出海码头，按"三乘三避"的要求营运成功。

为了克服开敞式出海码头泊位区水流条件不能满足船舶停靠要求的问题，曾提出"闭合式港"的建港方案，后因引航道泥沙淤积严重难以解决而放弃。所以，在尖山河段南岸兴建出海码头、开发出海通航时以建设少量企业专用码头为宜，商业用码头因效益较差不宜大力开发。目前应以发展内河运输为主，并与南、北港口相沟通，这样可能有较好的经济效益，且风险也较小。

钱塘江河口治江围涂工程施工技术进展

访：在治江围涂施工技术方面，您觉得有哪些创新？

余：钱塘江河口治江围涂工程自20世纪60年代末开始，一直快速和顺利地进行，这是施工队伍坚持创新探索、不断实践的结果。在技术方面的重要创新主要有以下几点：

首先，"因势利导，乘淤围涂，以围代坝"是一项重大的施工技术进展。中华人民共和国成立后，我们着手开展钱塘江河口整治，其范围仅限于萧山蜀山以上杭州河段和赭山湾等地。这些整治工程虽然也取得一定成效，但投资大，进展慢。戴泽蘅、李光炳等人注意到其弊端，并在1961年5月召开的"赭山湾整治围垦工程技术座谈会"上提出，当出现有利的河势时，如果在治江规划线内出现高滩，可采取"乘淤围涂"。1968年萧山头蓬沿岸江道淤涨了大片滩涂，萧山发动群众开展"乘淤围涂"。第一期治江围涂工程完成后，钱塘江流域出现了连续丰水年，尖山河段主槽由南向北摆动，并持续多年。这使得第一期工程堤外滩涂涨高，面积扩大，随后又继续"乘淤围涂"。经过多次循环，大大加快了萧山头蓬沿岸的治江围涂工程进展。至 20 世纪 80 年代初，工程已向下游推进到海宁八堡附近。萧山干部群众把头蓬沿岸治江围涂的成功经验概括总结为"因势利导，乘淤围涂，以围代坝"。这是钱塘江河口治江围涂工程施工技术重大进展之一。

其次，治江围涂的机械化施工技术也是一项重要的创新。绍兴县根据萧山的经验发动群众，组成"千军万马"开展治江围涂。但劳动强度大，工作条件艰苦，到了 20 世纪 80 年代末，由于沿江县（市）区乡镇企业崛起和农村劳动力短缺，再像过去那样大规模发动群众开展治江围涂已不现实，因此，采用机械化施工是必然选择。为此，绍兴县水利局和围垦指挥部组织科技人员探索治江围涂机械化施工的新路径。经调查发现，围堤土方采用泥浆泵填筑效率较高，围堤外坡抛石采用自卸汽车装运更为便捷。采用机械化施工后，围堤质量提高了，施工速度也更快了。这是钱塘江河口治江围涂工程的重大施工技术进展，1991 年获得了浙江省科技进步奖三等奖。

再次，土工布充泥袋代替石方进行低滩促淤的技术也值得一提。在钱塘江尖山河段南股槽整治研究课题中，使用土工布充泥袋代替石方作为整治工程材料，获得了成功。这一创新方法具有就地取材、便于机械化施工、速度快等诸多优点。之后，这一技术又被应用到尖山河段北岸和慈溪庵东等地低滩促淤围涂工程中，取得较好效果，为钱塘江河口低滩促淤围涂开创出新道路。

最后，深水域抛坝基础防冲技术的引进和应用为抛坎促淤开辟了新途径。2002 年，余姚市在治江规划外深水域抛坝促淤。由于潮强流急，坝头冲刷坑很深而导致工程难以进展，成为抛坝促淤的拦路虎。浙江省水利河口研究院和余姚市水利局的科技人员经调查研究，引进了长江口深水航道治理中使用的土工织物软体排技术，通过对坝体基础开展防冲护底，他们成功地解决了这一难题，为钱塘江河口深水域抛坝基础防冲技术开辟了新途径。

思考与感悟

访： 您对钱塘江河口下一步治理开发有何思考？

余： 钱塘江河口澉浦以上水域治江围涂已基本结束，下一步围涂重点在杭州湾南岸。该水域是落潮流泥沙淤积区，滩涂资源丰富，围涂条件较好，交通方便，社会需求迫切，是不可多得的潜在土地资源。但各方面都十分关注围涂是否对金塘水道的港口航道存在影响。

金塘水道位于杭州湾口外南面，水深 20~50 米。金塘水道内北仑港是深水良港，有"港通天下"之美称，为宁波经济发展提供了基本保障。为此，在 1985 年召开的"杭州湾综合治理开发学术讨论会"上有专家提出，在钱塘江河口治理中，特别是杭州湾南岸围涂要注意保护金塘水道水深条件。此后宁波计划部门也明确提出"围涂多一点，影响少一点"的要求。然而，长期以来，对此没有开展全面系统深入的研究。直到 2002 年开展《钱塘江河口综合规划》时，其中演变分析专题才搜集了其他一些研究成果，初步阐述了该问题，从中得到一些初步看法：

金塘水道内潮流为往复流，狭道水流特性明显，具体表现为底部流速较大，而境外输入泥沙粒径细，易起动，不易沉降。因此金塘水道深槽底沙粒径相对较粗，与从境外输入泥沙粒径不相匹配。境外细粒径泥沙在金塘水道内输移呈"过路沙"特性，即不易沉积，易起动悬浮，随后被潮流带走。所以，杭州湾南岸自建成大沽塘后 600~700 年来虽然围涂一直未停止，围涂面积约 150 万亩，但分析 1888—2002 年的资料表明，除金塘水道西出口部分水域 [①] 有淤积外，其余水域内的淤积不明显。此外，从 1987 年与 2002 年两次实测地形资料分析得出平均淤积约为 0.3 米，对水深在 20~50 米的水道影响很小。以上说明过去杭州湾南岸围涂对金塘水道影响似乎不大。然而，考虑到滩涂资源和金塘水港口航道资源对于今后宁波市乃至浙江省经济发展很重要，2005 年我们建议开展这两个水域水流、泥沙

---

① 即灰鳖洋。

运动特性研究。在此基础上，可以进一步研判杭州湾南岸围涂时金塘水道是否存在淤积影响问题。

访：您在退休前致力于钱塘江河口治理开发研究，对此您有哪些人生感悟？

余：有人说，新安江电站和钱塘江河口治理开发是我省水利建设中两项最成功的工程。我非常同意这个观点。因为新安江水库建成后，防洪效果显著，大大减轻了杭州市区以上城镇及两岸堤防的防洪压力，经调节后下泄的发电尾水又增大了水资源开发量。相比较而言，钱塘江河口治理在技术上更复杂，难度更大，时间跨度更长。但其绩效更显著，影响也更深远。所以，许多知名人士纷纷赞誉钱塘江河口治理开发是成功的。陈吉余院士把钱塘江河口治理誉为"世界上河口治理的典范"。2008年，时任浙江省省长吕祖善题词"钱塘定，浙江兴"，这既是对河口治理的肯定，也是对治理后未来美好的展望。

钱塘江河口治理开发内容十分丰富，我在这里讲到的只是一小部分。对于这些工作，有的是我直接参与的，有的是没有参与但有所了解的。如果想详细了解，我建议去读《钱塘江河口治理开发》和《钱塘江河口保护与治理研究》两本专著。

至于我自己，我于20世纪70年代初因参与黄湾枢纽工程论证而与钱塘江河口治理结缘。之后，在韩总的领导下我有幸一直从事钱塘江河口治理开发的研究工作，其中一些研究成果先后得到上级有关部门和社会的认可，在实际应用中取得了一定效果。我先后获得浙江省科学技术进步奖三等奖2项（作为第一完成者），浙江省科学技术一等奖1项（作为第四完成者）。我的论文《杭州湾北岸深槽形成及演变特性研究》（作为第一作者）还获得浙江省自然科学优秀论文二等奖。1998年我评上正高级工程师，2001年又获得国务院颁发的政府特殊津贴。回顾过去，我的肺腑之言是，"勤奋加机遇"是取得成绩的关键。

访：好的，再次感谢您。

钱塘江防治科研攻关中坚力量
——程杭平访谈录 ①

访谈时间：2018 年 5 月 17 日，2022 年 5 月 12 日

访谈地点：浙江省水利河口研究院凤起院区 3 楼会议室

访谈人：王申、李海静

访谈整理：王申、李海静

访谈时长：230 分钟

受访人：程杭平（1949—2023），浙江衢州人，水利专家，多次获得省部级科技进步奖，并享受国务院政府特殊津贴。1977 年毕业于浙江大学应用数学专业。毕业后，被分配到浙江省钱塘江工程管理局工作，长期从事钱塘江流域涉水工程及水环境研究工作，在钱塘江数学模型构建、盐水入侵、污水处理工程排放口选址、设置等水环境领域研究造诣深厚。

图 2-27　2018 年访谈程杭平留影（图片由王申拍摄）

政治影响下的青年时期

访： 程教授您好！感谢您接受我们的访谈！先请您介绍一下您的家庭和成长背景。

---

① 本部分内容前期由王申博士完成，2022 年 5 月李海静博士再次访谈程杭平并补充完善了部分信息。

程杭平（以下简称"程"）：我是共和国的同龄人，1949 年出生于杭州，我的祖籍地在浙江衢县。父亲在衢县经商，开了一家山货行。母亲出生于衢县的中医世家，外公王一仁在当地非常有名。母亲和舅舅阿姨们都读过书，在家庭的熏陶下也懂些医术。我家有兄妹四人，我排行第二，上面有一个哥哥，还有一个弟弟和妹妹。中华人民共和国成立后，特别是 20 世纪 50 年代中后期，社会生活的各个方面都要讲政治成分，家里的几个孩子受此影响，都没有机会继续深造学习。

事实上，母亲家族是清白的，但因父亲经商时有客户用土地来抵押欠款，这样家里就有了一些土地。成分划定时，父亲的成分是"工商业兼地主"。父亲后来到杭州谋生，进入余杭商业局工作，父亲的成分反倒没有问题，母亲却受了父亲的牵连。在那个极"左"路线影响下的年代，我们这些孩子的家庭出身也就成了"工商业兼地主"。

访：您的父亲是国民党员？

程：是的。据说那时候是集体加入的，中华人民共和国成立之后他就脱离了国民党阵营。衢州出了很多国民党军统的官员，作为蒋介石故乡的浙江，也是国家比较关注的地方，所以派了很多南下干部接管浙江的政府工作。

访：资料显示您母亲 1956 年被"戴帽"，这是怎么回事呢？

程：我的母亲和父亲是 1946 年结婚，外公家是中医世家，由于外婆去世得早，我母亲作为家中长女，要照顾弟弟妹妹，婚后在娘家和丈夫家来回奔波，主要还是在娘家居多。1956 年，在杭州城市划定阶级成分时，当地派出所认为母亲自 1946 年结婚到 1949 年，已经满三年，家庭成分就要改成丈夫一方。在那个极"左"的年代，母亲倒成了"漏划地主分子"。我母亲当然不服气，就向国务院写信申诉，当时国务院也给她复信了，但这个事一直拖着。后来由于生活紧迫，她也没时间一直持续申诉。母亲原来是在公私合营的专门制作生产江式计算尺的工坊工作，后这个工坊并入杭州文教用品厂。母亲当时每月的收入有 70 元。这个厂到了 1962 年机构精简时，因政治问题的影响，母亲失去了重新工作的机会，家庭生活也日益困难。事实上，母亲家族是清白的，我的两个舅舅、阿姨都是党员，我的大舅在部队工作，小舅毕业于哈尔滨工业大学，在外交部下属对外经济贸易局工作。只有母亲受父亲的影响而受到了不公的待遇。一直到1979年，杭州市上城区公安局发文对母亲的政治问题予以彻底平反。

母亲的政治身份影响到了我们几个孩子，我们兄妹四人都没能接受完整系统的高中教育。我在杭州读的小学和初级中学。1965年我从杭州第八中学毕业时，尽管我学习成绩优异，但也没有机会进一步学习，因家庭出身问题，我们早已被"打入另册"。此时，在宣传的"一颗红心，两手准备""好儿女志在四方"的观念影响下，我积极响应党和政府的号召，选择"到农村去，到边疆去，到祖国最需要的地方去"。杭州市组织首批青年到宁夏支边，第一批共有600多人；1966年组织了第二批，有300多人，合计有1000多名杭州青年前往宁夏。这些人的家庭出身或多或少都是有问题的。在当时的历史背景下，只有走"上山下乡"的道路，才能与所谓的"反动阶级"或者"剥削阶级"的家庭划清界限，才能实现"脱胎换骨"的改造，才能有"光明的前途"，他们没有其他的出路。在当时的情况下，我离开家庭还可以帮助家里解决经济困难问题。这样，我的哥哥早两年选择了去农场工作，我报名去了宁夏支边。弟弟和妹妹还小，就留在杭州，弟弟后来进入了邮政局工作。

访： 您在宁夏的支边生活是怎样的？

程： 从1965年开始，先后有1011名初、高中毕业的杭州知青来到宁夏插队，他们落户在宁夏永宁县杨和、胜利、增岗、李俊4个公社的27个生产大队和88个生产小队①，杭州派了专列火车，历经3~4天的车程，将我们送到宁夏。到了这里之后，我们受到了热烈的欢迎。首先，我们到宁

图 2-28　江式计算尺

---

① 永宁县志编审委员会编. 永宁县志［M］，银川：宁夏人民出版社，1995：27.

夏集中学习，各级领导来给我们做报告，对大家进行思想政治教育，媒体也不断地进行报道，非常的隆重。作为青年人，我们当时还是觉得很兴奋的。

宁夏是很艰苦，各方面的条件很差。下派工作按照学校编制来分配，我所在的杭州八中有 16 个人被分在一个生产队，其中初中生 9 个，高中生 7 个。我们插队的地方是宁夏永宁县增岗公社北渠大队第三小队，这里属于黄河河套地区，比较而言还算是相对富裕的地区。

杭州市和宁夏当地政府当时都很重视我们这批支边青年，杭州市委组织慰问团专程到宁夏关心慰问，举行汇报演出等活动。我们所在的生产队道路不通，所以我们要先乘坐马车到乡里，然后再乘坐专门派来的汽车把大家拉到县城接受慰问。

在欢迎大会上，自治区的党委马玉槐书记发表了讲话。他说，我们到农村来劳动锻炼，广大的农村就是课堂，这所学校就是"劳动大学"，他就是我们的校长，有什么事可以直接找他。永宁县委书记史玉林随后也在讲话中宣布自己是"知青劳动大学"的"教导主任"。当地各界对我们这些知青非常友好并给予照顾，所在大队为我们专门安排了新造的房子，还请一位大娘帮我们做饭。我的周边都是熟悉的同学，我也就没有了孤独和寂寞感。我们很快就融入当地生活中，与农民一样干农活，记工分。"文革"开始后，一切都乱套了。杭州市的慰问活动也就停止了，各界的关注也少了，大家情绪变得很消沉，生活变得枯燥乏味，每天到农田从事农业劳作，仅仅为了谋生而已。

访：您在宁夏支边近 10 年的时间，有没有考虑过成家的问题？

程：我支边的时候只有 16 岁，当时根本没有考虑成家的事情，这可能受家庭影响比较大，总觉得要先立业后成家。到宁夏后，户口也随着迁过去，对未来没有太多想法。再后来随着时间的推移，一起的 16 个人陆续做出不同的人生选择，有的选择结婚离开，有的嫁到当地，有的被推荐当教师，也有被推荐到其他单位工作的，到最后只剩下我一个人。返城后，同学中有的人读书，有的人进工厂，后来也有早早下岗失业的。

我那时候在基层干得比较好，也有媒体报道我们。我们跟当地农民相处得很好，他们也听我们的，毕竟我们有知识和文化。我们参加科学种田，经常帮助他们做实事。1973 年，我还被评上了自治区银川市"上山下乡先进积极分子"。

访： 有的人说这段岁月是青春无悔，您怎么看？

程： 对此我是认可的。青春无悔，当时思想比较单纯，也是没有办法的事。现在回想起来在农村插队支边的这段历练，是苦难，同时也是财富。2005 年，宁夏回族自治区和永宁县组织了一次支边青年 40 周年庆典活动，大家都重新回到了第二故乡，去看看曾经奋斗过的地方。当地领导做报告谈到我们这批支边青年，他们表示非常后悔没能将大家留在宁夏。因为这批人都接受过教育，具有一定的文化程度，可以为宁夏后续的发展贡献力量。这么好的资源没有好好地利用，他们觉得错失了相当好的一个机会。现在回过头来看，在当时的历史背景下，大部分知青的出路都不是很好。相比较而言，能够继续读书是我们这批宁夏支边知青中最好的出路了。

访： 1974 年您被推荐到浙大读书，当时程序是怎样的？

程： 1966 年高考被取消，到 1970 年大学才重新招生，实行的是群众推荐、领导批准和学校复审相结合的办法，从工农兵中选拔和推荐大学生，也就是所谓的"工农兵大学生"。当时是以知青所在公社为单位推荐名额，基本上是每个公社一个名额。实际上，当时真正留在生产队务农干活的知青已经不多了。1974 年，浙江大学委托银川师范学校专门招收浙江知青，专业为应用数学和高分子化学。在宁夏一共招 6 个人，其中 2 个名额给了去舟山的知青，4 个名额给了去杭州的知青。招生过程中也有安排考试，但是是针对参加测试获得推荐的同学的定额测试。我们初中时知识学得扎实，简单复习一下就可以去考试。他们的老师招我们时，也知道我们这一批知青文化底子比较好，在这方面也是比较放心的。

访： 来浙大报到后，应用数学专业有多少人？

程： 我们专业汇集了来自全国各地的各行各业的学生，包括部队的学生一共有 30 个人。每个人的家庭背景不尽相同，十分复杂，年龄也相差不少。我所学的专业对外叫应用数学，实际上是学习计算机软件与操作。

20 世纪 70 年代，计算机是新兴学科，资源也有限。我们进机房需要政审。浙大的计算机容量较小，计算速度也比较慢，它们只是被用于满足教学需求。我们学的都是基础知识，上机的机会也不太多。

访： 您可以谈一谈当时学习和学校师资情况吗？

程： 我于 1974 年进入大学，1977 年毕业。在浙江大学紧张地学习了三年，受益匪浅。浙江大学对学业非常重视，我们应用数学这个专业除了半个学期补充基础知识外，就直接进入大学的专业课程教学。主要课程有高等数学、线性代数、概率统计、计算机原理、算法语言、计算机软件与编程、几何分析与偏微分方程、数值分析等。浙江大学的师资力量很强，我们这一届班级有 30 个同学，任课老师差不多就有 20 位。比较有名的老师有董光昌、郭竹瑞、李兆华、管志诚、蔡跃志、易大义、范大茵、姚恩瑜、陈永华、冯树春、陈增武、金挺赞、金连甫等。因为年代久远，有些老师的名字我记不清了。当时，开设的课程非常广泛，且多是基础课程。现在与大学同学相聚时，回想大学的学习生活，感觉计算机专业教育还有试验性探索的性质。虽然这样的

图 2-29　程杭平大学毕业证书

教学方式让大家打下扎实的基础知识，但在深度上很少涉及，未来工作中基本要靠大家自己去摸索体会。

事实上，20 世纪 70 年代刚刚出现集成电路式计算机。1971 年美国英特尔公司制成了一种单片式的中央处理器（CPU），与半导体存储器（RAM 与 ROM）、外围接口（I/O）和时钟发生器及其他部件，组成了微型计算机，这也就是最早的 MCS-4 和 MCS-8 微型计算机。在国内，计算机还是新兴事物，无论是上机操作还是学术动态，了解都比较少。我们

的学习也主要是基础理论学习，很多同学工作以后由于种种原因，并没有从事计算机相关行业的工作。

访：您可以聊一聊您的大学生活吗？

程：浙江大学对学生的学习抓得很紧，这和浙江大学的校风有关。整个大学生活的主旋律就是学习、学习、再学习。对我来说，我深深地感受到大学学习机会的来之不易，所以我非常勤奋，成绩也很好。毕业时，老师们想把我留在学校做助教，帮助他辅导学生。可能还是因为家庭出身或其他原因，最终我没能留在浙江大学。学校按统一分配原则，一般是哪里来回到哪里去，重新参加分配的（一般指知识青年）就由组织统一安排。同班同学有被分配到南京天文台的，也有被分配到工厂、设计院的，我被分配到浙江省钱塘江工程管理局。

访：现在社会上可能对于工农兵大学生有一些观点，认为他们政治上比较红，但业务上不好。您怎么看这个观点？

程：这个主要取决于个人。工农兵大学生由于种种原因，入学时文化水平确实参差不齐，有的基础比较差，学习就跟不上进度，工作后自然没能发挥应有的作用，这是事实。班级同学的学习基础、理解能力等差距也很大，我就曾作为助教负责辅导其他同学，但不少学生也是很优秀的。我的学习一直很好，大学时也很努力地学习弥补知识上的不足。到单位工作后，我就可以给同事们开设课程，讲授计算机知识，单位对我印象很好。这可能和我的知青经历也有关系。

访：当时对计算机学科有什么认识？

程：计算机专业是个新兴学科。当时国内开设该课程的学校不多，浙江大学算是比较早的。通过专业知识的学习和实践，我了解了计算机基本原理，了解了计算技术，这为后来通过数值模拟来解决生产问题奠定了坚实的基础。毕业后我到了新单位，由于社会上计算机没有普及，大家对此也没有什么认识，对如何开展计算工作也没有头绪。因此，我到了单位后为大家开设计算机课程，讲授和普及计算机知识，这样使我所在的单位比国内同行业其他单位更早一步开展相关研究工作。加上有单位老专家前期扎实的专业知识，再辅以最新的计算技术，在计算方法和手段上进行了创新，并将理论研究与工程建设、社会实际生产需求相结合，使得单位在流体力学研究方面以计算技术为手段解决生产实践问题，较全国同行领先了一步。

技术与工程融合　构建数学模型

访：您是 1977 年 9 月到钱塘江工程管理局工作，当时局里主要开展哪些工作？

程：当时单位开展的都是一些常规的水利工作，主要涉及钱塘江的江道观察、围垦的效益分析、涵洞的公式计算、水闸的过闸流量计算、钱塘江两岸江堤的维护等日常工作。初到单位时，我主要补习水利知识，看一些水利方面的书以补充相关知识，没有参与到其他同志的具体工作中去。

访：您到单位后，曾为普及计算机知识，为大家义务开设课程？

程：是的，我开设了计算机算法语言讲座。当时计算机没有普及，大家都对它没有什么认识。我讲的是中国的 BCY 算法语言和当时盛行的 TQ-16 计算机。当时搞计算工作，要用这种编程语言，如果不会这个，就没法编程，也就没法用计算机来计算。我们从数学公式推导出计算公式，再用数学语言将这些计算公式编程，编程完成后就把它们按代码穿孔，制成一卷一卷的纸带，然后拿着这些纸带去上机。首先需要对计算程序的校核、检查、纠错、更改，直到最终通过。如果在某个环节卡住了，就说明出错了，当时就要修改，然而再上机调试。上机工作很紧张。因为这个时段的计算机是你包下的，如果

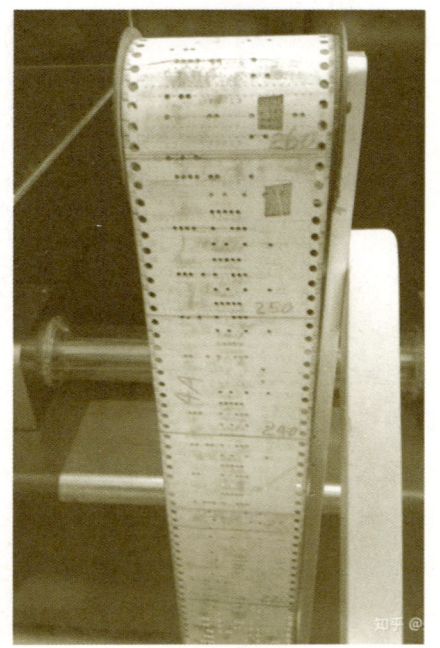

图 2-30　纸质穿孔带

修改不及时或操作不熟练，机时就被浪费了。这个课程是我主动要求开设的，单位也需要这方面的知识普及。大家的学习热情很高，全局的人都来听课，包括戴总（戴泽蘅）也是一堂课都没落下。以前我们就是晚上去上机，把结果拿回来分析，根据计算结果再绘图，看看与实际的差距。有需要修改的地方，修改参数后再去计算。当时计算机还没有普及，一般做法都是使用手摇计算器或计算尺，计算速度很慢。有了计算机，计算速度就大大提高了。比如我白天有一个想法，到了晚上去上机计算验证就知道结果了。我们的工作效率大大地提高了。

访：您到钱塘江工程管理局工作后，最初参与了哪些科研项目？

程：1977 年，我参加了杭州湾二维数学模型计算的项目，做了公式推导、计算程序编制调试、方案计算等工作，主要是做水流计算模拟。1978 年，我开始参加钱塘江江水含盐度预报，这个项目比较重要，它关系到杭州市的饮用水安全问题。当涌潮来临时，杭州市经常要面临吃咸水的问题，工农业经济损失很大。我就跟韩总（韩曾萃）一起搞盐度预报工作，从每年 7 月开始预报下半年每天需要抑制钱塘江盐度上溯的水库下泄流量，保证杭州市的各个取水口能够取到合格的水量，确保工农业和生活的用水。这个工作我做了很多年，一直到退休后多年才彻底移交给其他同志。

访：程教授，您可以谈谈当时做二维数学模型的情况吗？工程建设中应用数学模型计算应该是伴随计算机的发展而逐步发展起来的，当时在国内也属于开创性的工作。

程：我们最早结合生产任务开展二维数学模型的是秦山核电站冷却循环废水放射性及热量的稀释计算，同时要解决排放口和取水口的位置问题。与此同时，其他部门也在开展物理模型试验，物理模型试验由水利部北京冷却水研究所负责。水利科学研究结果的论证与应用，需要物理模型试验结果和数学模型试验结果相互验证，最终方案才会被采纳。这是我们做的比较重要的一项工作，也是单位在相关研究课题方面的一次新的拓展。

访：据我了解，戴总在 20 世纪 80 年代多次与林秉南院士联系，希望开展数学模型工作。

程：戴总对单位的发展规划，我不是很了解，这是领导们的事。但在我来单位工作前后，陆续有数学专业的同事加入，在我之前有毕业于北京大学数学系的赵雪华同志和毕业于浙江大学数学系的黄菊卿同志，之后还有从北京工作调动回来的林炳尧同志。

访： 1981—1984年间，您与韩总合作，发表了关于盐度预报、滩地输水潮汐水流计算等多篇文章，您能介绍一下当时开展研究和写作的背景吗？

程： 当时受政治影响，老韩处于"靠边站"的状态，他也安心于做科研，就找到我一起合作。他懂水利，我懂计算机，刚好相互配合。以往的水利计算工作都要靠计算尺，工作量很大，费时且准确度不高。利用电子计算机，我们就可以扩大参数范围计算更多组次的数据，并对推导公式的适用性进行调整。当时计算机尚属于新鲜事物，在浙江省只有两台，一台在浙江省计算中心，属于省科委；一台在浙江省电力调度所。每次我们都要申请排队上机，经常是整夜不休息，就为了用设备。后来了解到上海设计院的计算机性能更好，速度更快，我们就到上海去搞计算工作。那时真是不知道什么是辛苦，为了离上机的地点近，我们就住在洗澡堂，每天最早去上机，下午别人下班我们就回来休息，整整在上海待了一个多月的时间。计算任务结束后，再借用上海设计院办公室分析数据，选取最优方案。上海设计院的同仁都觉得我们很敬业！

访： 当时您与韩总合作，是如何分工的？

程： 我在韩总的领导下工作，负责计算和结果汇总。当时的计算机后处理工作不成熟，计算机出来的只是纸质结果，我需要手工将计算结果描绘在曲线米厘纸上与实际结果作比较，看看离散的程度。韩总则负责分析工作。在计算方面需要将数学公式推导出来，包括模拟水流运动的水流连续方程、动力方程等，把这些东西进行数字化处理。韩总推导出这些公式，我就需要校核这些公式，进行计算语言编程、调试、修改、再调试，直至完成再上机运行，得出结果。主要是我去上机，然后把结果拿回来分析。

例如，在钱塘江盐度预报工作中，我们先根据钱塘江上一年预报工作的回顾和总结，检验预报参数和实际发生的差距，再根据下半年的江道、水文、气象等要素，修正计算公式，预报下半年每天的下泄水量。每年，省水利厅牵头开盐度预报工作会议，有多个部门参加，包括华东电业管理局。我们提出当年的预报方案，然后水利厅将方案交给华东电业管理局，由他们下调度命令给富春江水库，要求他们严格按照我们的预报方案放水。他们之前也有因为生产的原因，没有完全按照我们的方案放水，后来导致江水盐度超标。我们的方案是经过准确计算，达到最优化的结果，必须严格执行。这项盐度预报工作对杭州市的各个取水口的安全取水发挥了重要作用。

访：在搜索文献时发现，您关于盐度计算的研究已经持续了较长时间，一直持续到现在。在此过程中，您一直在开展此项研究工作吗？其间又做过哪些其他工作？

程：因为这是一个生产任务，每年都必须要做的，所以我们就一直在做研究和预报。就我个人来说，开始是直接在做课题研究，而后是在一直关注，因为每年都要参加盐度预报的调度工作会议。其间通过不断地完善，包括培养年轻同志，逐渐地把这项工作移交给其他人去实际操作，但对于科研报告的年度审查和参加每年的调度会议，我还是要把关的。在此期间，我尽量利用计算机计算技术的优势替代了以前的手工计算工作，包括水闸的过闸流量计算，它涉及的因素很多，河道、河宽、闸宽、闸底高程等多个因素的相互匹配，最终确定合适的水闸工程参数。此外，我们还进行了江堤的稳定性计算分析等工作，这些都是在那个时期开展的。

专注水环境　拓展研究领域

访：您参与或主持的项目非常多，您认为哪些项目最具有创新性？

程：刚才讲的盐度预报有一定创新性。另外，秦山核电站的冷却循环废水的处置也非常有创新性。秦山核电站建在杭州湾边上，它的冷却水里有放射性物质，这就要确定它的取水量，以及对周围生态等方方面面的影响。我们做这项工作，当时在全国是领先的，在数学模型计算方面也走在前列。

访：您做的项目中，关于排污、水环境的比较多。

程： 我们在做盐度分析的时候，慢慢感觉到要多开展一些社会服务，也能为单位提供一些资助。到了 1986 年、1987 年时，我们进一步明确，所里的工作要面向社会，为生产服务。这样对单位有益，个人的收入也会有提高。那时我们会接到一些合同，开展社会服务工作，但金额都不会太高。只要社会上涉水的项目，都有我们需要做的工作。浙江省内的许多水利项目，包括瓯江、飞云江等，以及钱塘江从上游到下游的排污项目我都有参与。当然，这与改革开放后国家经济社会发展的现实需求密切相关。在大环境影响下，各地城市都在不断扩建，工业园区陆续建立，这些都要考虑污水的排放问题。我们在这方面的业务开展较早，具有丰富的工程实践经验，业务拓展起来也相对容易很多。水环境项目甚至扩展到全国范围，海南、广西北海都有项目委托给我们。这些项目包括前期的项目立项、相关研究分析和工程设计等工作，那时清华大学、海洋二所、我们院以及南昌的设计研究院，共同组成了一个公司，来承接这类综合性的项目。

访： 当时是怎么想到要组建公司的？

程： 我参加盐度分析项目后，同时也参加了国家的"六五""七五""八五"科技规划项目，其中"六五"规划项目涉及甬江的纳污能力分析。甬江和外海相连，需要建立一个大模型。我们要建立数学模型，也就是用计算机来建模。

1983 年，在国家计委和国家科委的共同领导下，经国务院批准，国家专门增设了科学技术计划局，具体负责科技计划工作。"六五"攻关计划的宗旨和目标是针对国民经济的需要，解决各行业的重大技术问题。其中浙江省甬江纳污能力分析被纳入"六五"国家科技攻关计划。该项目由我所在的河口所和清华大学合作，清华大学负责宁波市的污水治理和收集，我们所负责数学模型的计算分析。其间，我们参加了国内第一例污水处理厂排海工程（宁波小港经济开发区）和国内第一例排江工程（杭州市四堡污水处理厂项目）；此后，又参加了浙江省重点项目"温州市瓯江潮汐河段及内河河网的环境容量与水质规划"。

20 世纪 80 年代，国家迎来了经济大发展，各省都在建立经济开发区，对污染物排放的研究亟待开展，社会需求很多。甬江项目完成后，我们就想，能不能联合几家成立一个公司专门做污染物排放研究。几家单位商量后，决定各家出资5万元作为启动经费来组建公司，公司名字叫杭州滨海污水处置

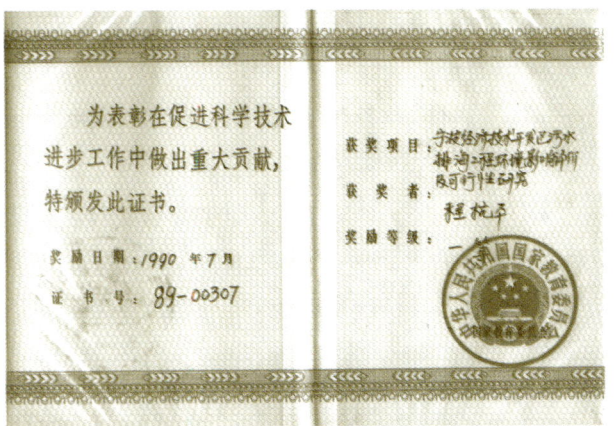

图2-31　1990年程杭平荣获国家科学技术奖

有限公司，隶属于国家海洋局。四家单位，每个单位派出一名副总工程师作为代表，我们单位我就是代表。在当时这个公司里大家既是管理者又是技术参与者，都要参与到具体的工程研究工作中。当时公司搞的规模还是很大的，第一个工程就是宁波小港的污水排海工程，这也是国家挂牌的示范工程。我们的工作在国内属于首创，各地的发展需要相关的科研论证支持，由此来自全国各地的项目都找上门来合作。事实上，公司并没有建立真正的组织架构，就是几个技术人员组合在一起合作开展研究。因组织结构的松散，大家都是兼职在做，也没有进一步扩大规模的想法。折腾了几年后，我们三家单位退出，最后将公司移交给海洋二所了。

访： 当时的意识还是比较超前的。

程： 是的。作为科研单位，如何联系实际服务于社会，我们所是走在前面的。浙江省河口海岸研究所是全国第一家开展海域排污工程研究工作的单位。位于杭州四堡的钱塘江排污工程是全国首个涉江排污项目，这个项目是我们单位和中国船舶工业总公司第九设计研究院合作完成的。

针对不同程度污染物的排放问题，首先要确保污水排放后，水环境能够完成自净。在排污口的设置、排污量等方面的参考变量很多，都要经过严密的数学计算，以确保效益的最大化。以钱塘江为例，自上游到下游沿线城镇都需要排放污水，同时也需要提取生活用水。哪里可以设置取水

口，在哪里设置污水排放口以及如何设置，都要经过严谨的论证和科学研究才能最终确定。

访：当时的软件编程、开展项目所需数学公式的推导都要工程师自行设计选取吗？是否需要自己推导公式？

程：是的，从公式的选取到公式推导都需要技术人员自己来确定。有时计算过程中也会遇到死循环的问题，那就需要思考是不是公式有问题，还是控制的标准精度有待修正，或是计算过程中参数值的设置有问题。一旦出现问题，可能需要推倒重来。打孔、做数学计算很枯燥，工作量也大，需要极大的耐心，否则一处错误就会导致整个计算工作的失败。一个大型的计算程序需要有相当的计算编程和相应的数据支持，光是纸带就是几大盘，如果是出错了，就要根据纸质版的错误处再去纸带上寻找错误并加以补孔修正，循环重复直至计算通过，因此工作量很大。纸带计算机的时代持续了七八年，后来就被磁盘取代。有了磁盘之后，修改程序和数据就非常直观，键盘输入就可以直接修改，方便多了。再后来计算机发展了，内存和计算速度也提升了，计算工作也就上了一个台阶。

访：有人认为现在的商业软件并不可靠，因为给任何一个值，它都能给出结果，但与实际差别可能很大？

程：这就要看经验了。经验在理论计算中很重要。一般大学生都会用相应的软件，但如果输出结果与实际偏离，就要找原因，实际经验能够帮助我们修正计算。

现今，大家都使用现成的商业软件，方便快捷，导入数据就可以出结果。但是，商业软件是面向多个领域，针对性不强。研究中遇到的特殊问题，商业软件是无法解决的。另外，商业软件的使用不利于基础理论的突破，对软件源代码掌握不足，会对出现的新问题无法辨识，也使科研人员理论推导能力减弱，原创性的理论创新就更难了。

访：在这里，多数人都是水利出身，您是数学背景，而且当时戴总引进了多个数学专业背景的人来此工作，这是为什么？您的专业背景做水利工作有哪些优势和不足？

程：我来到钱塘江工程管理局后，所有都是陌生的，一切需要从头开始，学习水利方面的相关知识。单位那么多前辈、同行都是我的老师，尤其是韩总，我有不懂的问题随时可以向他请教，慢慢地就深入行业核心问题的解决中。行业的发展需要交叉学科的共融，这样才能做出创新性的成果。对于我们非水利专业的人来说，就是要多学习和积累专业知识，同时，找到合适的合作伙伴也很关键。起初，我与老韩合作，一个懂水利技术，一个懂计算，这就是我们的优势。随着不断学习，还有同事们的帮助，我能够独立地开展研究工作，而且在水环境方面有了自己的专长。这是一个不断学习和积累的过程。

访： 当时科研团队的组建是什么样的？

程： 当时研究所里不同研究方向的团队已经分开了。这些团队侧重面不同，有搞水工模型的，有搞计算的，也有搞江道观察的，每个团队都是独立开展工作。1992年，老韩到钱塘江管理局当局长，我就自己带团队，主要从事环境、排污方面的研究课题。

访： 材料显示，您在1987—1991年间还指导过清华大学研究生。

程： 通过国家"六五"攻关项目，我们跟清华大学就有接触。我们单位在计算方面实力很强，清华大学就委托我们来具体指导。他们就派学生过来，跟我们结合生产课题一起工作，以实际工程课题作为他们毕业论文的研究内容。这样既带领年轻学生开展了工程实践，又使他们所学的理论知识在实践中得到应用，对年轻人的培养非常有好处。在水利方面、计算方面，甚至是生活方面，我们这边都会给他们提供帮助，包括需要看什么文献资料，修改、补充他们的论文等，相当于扮演了论文指导老师的角色。

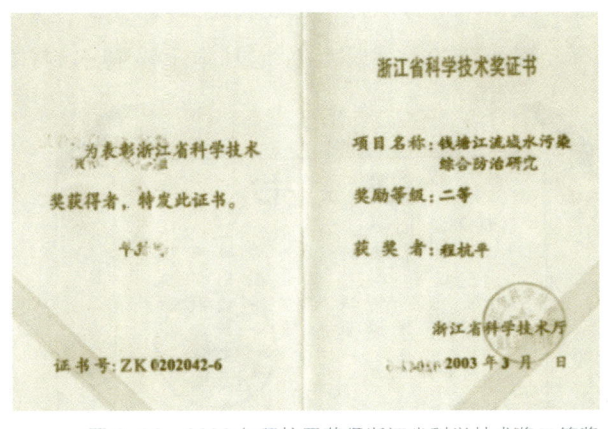

图2-32　2003年程杭平获得浙江省科学技术奖二等奖

访： 您在基础研究方面也做过一些课题，比如非恒定流对悬沙的垂直分布影响。

程：是的，这其实就是简易的三维计算研究。江道在潮水、径流作用下，最终会变化成什么形态，这些都跟含沙量有关，跟泥沙粗细有关。粗沙沉降快，细沙沉降慢。理解这些基础变化机制，需要提前做研究，在一定范围内搞清其规律。比如盐度预报，就需要预测江道形态、淤积量，因此就需要了解江道变化的基本规律。盐度预报背后，牵涉到很多方面因素的研究。

对水利工作的思考

访：20 世纪 80 年代以前，研究院工作更侧重于基础研究吗？

程：是的。那时候水工模型，也就是物理模型，1987 年前都不太多。后来做七格污水处理厂的项目时，我们就做数学模型，也做物理模型。这样一来，各种项目做多了，我们河口所在外界的知名度就更大了。后来我们拿出成果，开鉴定会时，专家们基本上不会提出什么大的质疑。在物理模型研究之后，我们就常与北京水科院进行合作。后来我们还帮助华东师范大学建立物理模型实验室。

访：再问几个您个人问题，您 1977 年是技术员，1982 年任助理工程师，1987 年评为工程师，1995 年评为高级工程师，2002 年评为教授级高级工程师。您的职称评定过程还算顺利吧？

程：我的技术职称评定基本上没有遇到什么问题，算是赶上好时候了。职称评定曾经停了很长一段时间，一批批老大学生的职称问题被积压下来。高工一般五年可以参加评教高，因为当时的停顿，有很多资格老的人没评上教高，所以要把他们的职称问题先解决。我就比正常进度晚了两年评教

图 2-33　程杭平国务院政府特殊津贴证书

高。即便如此，我们院还有很多"文革"前或"文革"期间毕业的老大学生，依然没有评上教高。这不是因为他们水平不够，而是时代造成的，很可惜。我倒没有被耽误。我在1996年还获得了国务院政府特殊津贴，也是在评上高工之后获得的，说明我的工作成绩还是被认可的。

访： 作为一名水利人您是否有特别的光荣感？在几十年的水利工作中，有没有让您觉得特别值得骄傲或是有些遗憾的地方？

程： 没有。水利这个行业是哪个时代都需要的，它只是一个职业而已，我没有觉得有特殊的光荣或使命。

我是学数学、计算机专业的，被分到水利单位，这很正常。人首先是必须要适应环境，然后需要重新学习，接受生产任务，谋生，工作和生活，仅此而已。

访： 对于单位的人才培养，您有哪些建议和意见？

程： 我认为基础知识的学习要扎实，必须要将理论联系实际。年轻人应该到基层去参加实地查勘，多了解实际情况，要能解决实际的生产问题。我是从最基础的工作做起的，比如水尺定位、水位记录、测量、测流、水质测量、地形测量、江道观察等，这些基础水利工作我都做过。参与过这些工作的好处是，我可以很快了解行业特点，在科研工作中可以很快上手。

访： 您这代人承载了与戴总这一代不同的使命，戴总这一代主要就是治理钱塘江，解决钱塘江的问题。到您这里，可以明显感受到业务的转型与发展。不同时期承担不同历史使命。作为老水利人，您如何看待未来水利行业的发展？

程： 水利在不同的时期将赋予不同的生命特征，承担不同历史使命。不管在什么时代，水利都是必须存在的。以前的主要基础工作是开拓和整治，但随着时间的推移以及工农业生产的发展和需要，所有涉水的工程项目都值得我们参与，包括桥梁、隧道、码头、水环境与水质监测等。如何保证中小型水库的安全运行问题，今后还有节水的问题，水环境的修复、生态及自然风景的搭配等，不断地有新问题出现。这些问题都需要一代又一代水利工程师的不断努力和研究来解决。

水利事业始终有旺盛的生命力！

第三章
技术应用始建　一线施工建设

立足一线建设　争创优质工程
——梁保祥访谈录

访谈时间：2020 年 7 月 14 日

访谈地点：浙江省水利河口研究院（浙江省海洋规划设计研究院）图书阅览室

访谈人：李海静、介玠

访谈整理：黄超

访谈时长：170 分钟

受访人：梁保祥（1933— ），祖籍广东中山，出生于河北唐山。20 世纪 50 年代毕业于北京水力发电学校。毕业后，参加官厅水电站修筑工程；1956 年，被调任参加新安江水电站建设。20 世纪 60 年代以后，作为一线技术人员，先后

图 3-1　1997 年梁保祥在乍浦港三期工程留影

参与钱塘江赭山湾治理工程、钱塘江大规模围垦工程、秦山核电站（时称"728 工程"）海堤工程。其中，728 海堤工程分别获得 1988 年度浙江优质工程奖、1990 年度水利系统部级优质工程奖、1990 年度国家优质工程银质奖。

穷苦少年　水利报国

访：梁老先生您好！非常感谢您接受我们的访谈！作为一线技术人员，您亲历了中华人民共和国成立后钱塘江流域治理工程，从新安江电站到钱塘江下游河口段，都留下了您的足迹。作为亲历者，希望您能够谈谈您个人的成长经历，以及所从事一线工程建设的情况。请您先介绍一下您个人的成长背景以及家庭情况。

梁保祥（以下简称梁）：好的。1933 年 5 月，我出生在河北省唐山市，祖籍是广东省中山市南朗镇龙穴头村。1960 年以后，随着工作的调动我落户在浙江萧山。

我父亲 5 岁时，祖父带着家人来到位于河北省唐山市的开滦煤矿，成为一名机械工人，自此，家人定居唐山。父亲成年后，成了一名煤矿工人。我是遗腹子，出生时父亲和祖父都已去世，自小与母亲相依为命。母亲靠打零工养活我，会帮人打毛衣，也会到陶瓷厂做工等。我和母亲的生活难以为继，便搬到外公家生活。外公和两个舅舅都是铁路工人，还有两个小姨，家庭生活仍十分困难。小学三年级时有一件事我记忆最深，因家庭贫苦，经常无米下锅，要饿着肚子去上学。这主要是因为当时国民政府实行金圆券政策，物价暴涨，外公下班背着装有金圆券的面袋回家，马上去购买粮食，生怕物价变化，金圆券成为废纸。1948 年底唐山解放后，母亲经介绍转到唐山华新纺织厂幼儿园做保育员，家庭状况才稍稍稳定。我的幼儿和小学阶段正值抗日战争时期，记忆中最多的是苦难。小学时我们的学校曾被美军征用，我们换到较远的另一所学校去读书，受战争影响，学业也时而中断。

访：您的家庭生活如此困难，却能坚持让您读书，这十分难得。

梁：家里很支持我读书。父亲去世得早，我是家里的独苗，简直拿我当宝贝。母亲思想很保守，坚决不改嫁，带着我过苦日子。当时家人的想法很简单，读书就是为了以后能找个工作养家糊口。1948 年，我到唐山丰滦中学上初中，这是一所英国人办的教会学校，在亲戚的帮助下，免除了学费。1949 年河北解放后，我转到省立河北唐山中学学习。作为公立学校，该校免收学费。为了减轻家庭负担，我读到初三时转学到职业学校学习会计，以方便找工作。后来我又转到铁路上工作，曾在内蒙古包头车站货厂里做实习生，但工作 1 个月后，发现不能适应那里的生活习惯和气候条件，于是以回校读书为由向领导请辞。其间，我回到广东乡下，见到了奶奶和从美国打工 40 余年后回乡养老的祖父的哥哥 ①。半年后，我返回唐山，考取北京水力发电学校继续读书。

访： 您为什么会报考北京水力发电学校？

梁： 我报北京水力发学校主要受 20 世纪 50 年代社会氛围的影响，当时报纸上宣传古比雪夫水电站 ② 建设，口号是"苏维埃加上电气化就是共产主义"。受这种思想的影响，我想学水力发电，母亲也很支持。我考入北京水力发电学校的水利工程建筑专业。3 年的学习以基础课、专业课为主，最后两三个月我们到福建古田水电站 ③ 实习。毕业后，我被分配到官厅水电站工作，主要是参与厂房建筑施工。那时，水电部队所负责的引水隧洞、调压井、水库等部分已基本建好。我同时学习了施工计划、定额预算等工作。项目基本完工后，我被派到北京北海公园建设少年先锋队水电站。这项工程是将什刹海的水引到北海，包括引水渠道、水闸、厂房内装水轮机、发电等设备的建设。这个水电站主要是作为一个青少年科普教育基地。我在那里工作了大约半年。

---

① 广东沿海地区很多人因穷苦和战乱，选择到海外谋生。梁老先生祖父的哥哥早年到美国谋生，他的姑妈也在美国檀香山谋生，并嫁给了一位同乡华侨。

② 古比雪夫水电站，又名伏尔加列宁水电站，位于俄罗斯伏尔加河与支流卡马河汇合口以下的干流上，工程以发电为主，兼有航运和灌溉等综合经济效益，是苏联第五个五年计划期间重点建设项目，被苏联称为当时世界上最大的发电站。工程于 1950 年动工，1955 年第一台机组投入运行，1957 年工程竣工。

③ 福建古田水电站，位于福建省古田县境内古田溪上，是中华人民共和国建设的第一座地下水力发电厂。

夜以继日　建设新安江水电站

访：1956 年 11 月，官厅水电站宣布建成发电。此后，您被调到浙江，参加即将开建的新安江水电站工程。当时，您所在的建设队伍是全部被调任浙江吗？

梁：我所在官厅的建设队伍被分为两部分，一部分被调到浙江，有 200~300 人；另一部分留在河北省。1956 年 11 月，我们奉调来到新安江。当时，新安江工程的建设队伍由多个部分组成：有的来自东北的丰满水电站，有的来自江西的上犹江水电站，还有的是从上海市招来的工人，还有浙江本地派驻的人员以及我们这些从官厅水电站调来的人。

我在新安江电站工作将近 4 年的时间，一直在施工现场，从未回过家。母亲很支持我的工作，要我安心工作，不要惦记家里，我通过信件与母亲联系和交流。刚进去的时候，我被分配到一工区，主要从事水电站整体开挖工作。我清楚地记得，1957 年 4 月 1 日新安江工程正式开挖，我们被分配到电站厂房和大坝基础开挖的任务。首先，要开挖出作业平台，主要涉及左右岸工作平台即 140 平台，还有缆索起重机平台（用于吊装混凝土，容量 6 米³）、115 上坝公路、70 栈桥、40 铁道线、交通线，以及开关站等开挖工作，工作面很广。当时，我们开挖工区有 5000 余人，行政干部、技术人员就有 1400 人左右。工程开展一年多后，遇到了最为复杂的工程项目——基坑开挖，因为所有工程都用挖掘机开挖、汽车运输，每天工作面都有新变化和新进展，这就要每天新修交通线，而交通线修建要求直线坡度不能大于 15°，曲线不能大于 12°。我们一工区的主任工程师叫张汝舫，很精干，对基坑开挖施工经验丰富。他每天到现场察看，看过后马上召集技术人员开会，规划好每天的行车路线。从他身上我学到了很多知识，他的踏实、苦干、巧干的精神一直影响着我。新安江工程结束后，他被任命为浙江省电力设计院院长。

新安江水电站的开挖面是山体，其中 140 平台、115 平台、70 平台、40 平台等几个平台和几个工作面同时开工，因此建设过程中施工安全成为关键，大家要特别注意落石。开工之初，首先要从山顶上的工作面开始，

图 3-2　1960 年梁保祥与新安江水电站施工科同事合影（右三为梁保祥）

当开挖到 5~6 米的宽度时，会在边坡处用塘柴搭一个 1 米多宽、将近 2 米高的挡墙，防止上一作业面的石头滚落下去。每个工作面都用这个办法，使得几个工作面可以同时开工，如左右岸 D140、D115、D70、D40 基地和右岸 D88 平台开关站都同时作业，这样可以缩短工期。每天工程进展和工作量都是规划好的，包括爆破数量、运输土石方量等，大家要在计划工期内保证完成任务。在一工区，我主要负责制订施工计划，计算好材料、人工等，提供给各施工相关方。到月末我做好统计，如工程量完成了多少，占总进度多少，这些都有着明确而详细的记录。

在 5000 多人共同开展的开挖工作完成后，我们这部分人就转而负责浇筑大坝和厂房，我从事厂房部分的工作。新安江厂房净宽为 17 米，长度为 216.1 米，高度为 42.75 米。事实上，坝体的施工更艰苦。为赶进度，实行三班倒的工作制度，即早上 7 点到 15 点、15 点到 23 点、23 点到早上 7 点。交接班之时，技术员一定要到现场参加交接班会议，经过几轮交接班会议，大家都没有充足的睡眠时间。从 1956 年 11 月进入施工现场到 1960 年 5 月的 1200 多个日日夜夜，我没有离开过工地，周末也没有休息过。那时，我年轻、精力充沛，也没有成家，日日夜夜都在工地上。当时的政治口号是"鼓足干劲，力争上游，多快好省地建设社会主义"，在党的感召下，我们青年人一心扑在工作上，其他什么都不想。

新安江水电站的闸门顶高程为 99 米，坝顶高程为 115 米，大坝与厂房差不多同时完工。第一台发电机组——＃4 机组于 1960 年 4 月份发电，此后其他机组也陆续安装完成，一共有 9 台机组，总装机容量达到 66.25 万千瓦。在 20 世纪 60 年代初，这算是我国的一个大型水电站。新安江水电站工程极具代表性，不仅为华东电网供电，还解决了上海用电问题。周恩来总理还去过一次新安江电站并题了词。

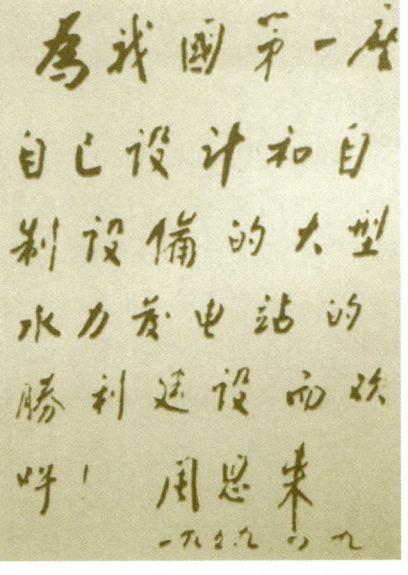

图 3-3　新安江水电站题词

十载治江　灵活创新

访： 新安江工程结束后，您被派到了哪里？从事什么工作？

梁： 1960 年新安江电站主体工程结束以后，参与工程建设的 1000 多人被调到下游的钱塘江，投身于钱塘江治理工程。当时，浙江省想把建设新安江电站的人员与设备留下，以此作为出发点，急忙将这些工程建设人员都调过来，准备在钱塘江的七堡江段建设七堡枢纽工程。我们作为第一批人员负责筹建工作。1960 年刚来的时候条件很苦，正值国家三年困难时期，同时中苏关系破裂，苏联专家撤走，国家被逼着还债。事实上，七堡枢纽工程尚处在规划中，我们一到工地上，就傻眼了，什么都没有。我们住的是江滩边上用毛竹搭的油毡房，夏天又热又闷，冬天又不保温，刚来时太苦了。另一方面，像我们这样的技术干部每人每月只有 28 斤粮食定量，工人定量是四十几斤，领导怕我们把粮食一下吃光到月末饿肚子，所以给我们每餐定量，每天早上 3 两①，晚上、中午各 5 两。这种艰苦的生活持续了两年时间，年轻人肚子虽然饿一点也没关系，只要情绪饱满就行。三年困难时期很快就过去啦！

但是当时七堡枢纽工程的规划都没有做好，工程无法上马，忙了几个月后，决定不上马七堡枢纽工程。我们这批人一部分留在钱塘江管理局，被派到赭山湾工程处，从事江道整治工作；一部分调到浙江省各个水库建

---

① 当时每斤为 16 两。

设现场，就是现在的浙江省水电工程管理局的一处、二处、三处。从新安江工程下来的这批人就分为企业、事业单位、公务员等多个类型，消化在浙江省水利厅的各个单位。

1960 年，我来到赭山湾工程处，在这里工作了近 10 年的时间。钱塘江的主要问题之一是主流的南北摆动、江道不稳定，赭山湾到青龙山这一段尤为严重。自 1899 年起，萧山南沙地区持续发生坍江。1928 年，钱塘江工程局拟定了第一期治标计划，通过分段修筑长、短（又称为甲、乙）丁坝，甲种用以保护老礲，保护长度约为 7.5 千米；乙种用于保护外沙，保护地段长约 4.5 千米。至民国二十三年（1934 年），共修建了 5 号、9号、10 号、J 号、B 号、M 号等 6 座挑水坝。在丁坝和天然河势变化下，江流北移，出现大片江滩，由此展开围涂，形成了南沙支堤。我们建设时，南沙支堤外的原九号坝大部分已被冲毁，低潮位时可以见到部分残存的坝体。

赭山湾江段的江面宽度在 3.5 千米到 7.5 千米间来回摆动，盐官段在 5千米到 12 千米间来回摆动。这与进潮量多少有关，属于季节性变化。每年7 月中旬到 10 月中旬是大潮汛台风季节，潮水较大；10 月份到第二年 3月份属于枯水期，潮水比较小；3 月中旬到 7 月中旬为梅雨季节，以江水为主，上游江水流量大，落潮也大，但涨潮较小，下游泥沙无法上溯；7 月中旬到 10 月中旬的大潮汛期间，潮水大、江水小，大潮将大量长江口泥沙带入，估计每立方水含有十几斤泥沙。这些泥沙进入钱塘江江道使得江道不稳定，时淤时冲。江水与潮水在不同时期的交互作用，致使钱塘江形成了凹岸和凸岸。赭山湾治理就是为了稳定江道，主要是为了促淤防坍，保护江岸。工程中采取抛坝护岸的办法，计划抛筑 4 条主力坝，分别是位于城北闸的一号坝，坝长 1700 米；位于红垦农场的九号坝，坝长 3100 米；位于赭山的美女坝，坝长 1050 米；位于七堡的七下右顺坝，坝长 1750 米。七下右顺坝是七堡枢纽工程规划中的七堡水闸右岸导流顺坝的简称。

赭山湾工程累计工程量为：抛筑长坝 4 座，总长 7600 米，用石料87.57 万立方米；九号坝至乌龟山的短丁坝 6 座，盘头 4 座，用石料 15.68万立方米；顺坝东风角至九号坝上下游顺坝 6422.72 米，用石料 50.7 万立方米。以上三项共计用石料 153.95 万立方米。赭山湾工程共筑围堤 23.983 千米，围涂土地 5.53 万亩。当时，我主要在施工科负责预算和工程进度的总体安排。

访： 抛筑丁、顺坝需要大量的石料，这些石材来自哪里？

梁： 这些石料都是从附近石料场购买，当时 1 立方米石料的价格是 1.85 元左右。我们自己在长山开了一个料场，用 610 机车将石料运到工地。石料来自萧山的坎山、瓜沥、赭山、青龙山、大和山以及虎爪山、钱清等地的石料场，我们跟石料场签好合同，统一价格，按月供料。石料单在施工、生产、运输方各一份，月末结账。开山所用的火工品、炸药、雷管、导火线等由我们来供应。建设所用石料要求石头直径不小于 40 厘米。往江道内抛石要考虑河流的流速、船向，所以船只的定位也很重要，运石船都是事先测定好的。

为了减少石料的损失，提高利用率，我们在一号坝坝头用塘柴做成一个大约 20 米 × 30 米的大柴排，以防止抛石被冲走。在小潮汛的时候我们先把大柴排扎好，大潮汛时用船将其拖到坝头，确定好位置后，马上用装有石料的船只向柴排内抛石，使其下沉。

回忆至此，我不禁想起了我们的老工程师——陶存焕。我把他当老师来看，他为人很中肯，对自己要求也很高。我们一起工作了 6~7 年时间，遇到问题时我就向他请教。当初我从新安江调到这里，对钱塘江一点都不了解，陶工手把手地用心教我，一点一点把我带出来。我非常怀念和感谢他。

访： 请您再给我们讲讲赭山湾治理工程。

梁： 赭山湾工程中的美女坝是在 1958 年开始抛筑，但仅完成了一段；九号坝在民国时期抛筑了 3000 多米，在城北闸门以内的 2800 米坝段是存在的，但闸门以外部分约几百米的坝段被冲毁，后来我们重新进行了抛筑；一号坝是新工程。当时抛坝主要是为了护脚，当围涂面达到一定高度后，才开始围垦。这样对坝的长度有要求，九号坝是 3110 米，一号坝是 1700 米，要与规划的治导线相结合。每个坝段多长，需要多少石料，都有计划，在施工段稳定之后，再向前推进。在抛坝过程中，潮水冲刷是筑坝石料损失的主要原因，我们需要不断地抛石进行补充。为了施工安全，在一号坝施工的时候，我们专门派一名工人去下游三四千米处负责观察潮水，一旦潮水来的时候就提前通知施工队，以便提前撤离人员与车队，并做好预案。

主坝完成后，还有副坝的建设。一号坝到九号坝之间还有 4 条短丁坝，长度 250 米左右，每条坝需要 2 万多方①的石头。美女坝到九号坝也有 2 条短丁坝，4 个盘头。到 1990 年以后，做标准海塘时，原来的工程重新翻建，我们加固了堤身外上部，堤脚用混凝土小方井装石头。方井大概是 1 米见方 10 厘米厚，里面是空心，长度约 4 米，靠着堤脚打入地下，目的是保护堤脚。方井与沉井不一样，方井结构比较简单，堤脚上基本都用这种结构，这是在 1995 年以后实施的。

访：大约 10 年的时间，赭山湾工程才基本结束，您的青春都奉献给了新安江和赭山湾。赭山湾工程结束后，您的新任务又是什么？

梁：从 1968 年开始，我们以固定滩地的方式逐步缩窄江道。最初，怎么保护钱塘江海塘是重点。北京水利科学研究院的工程师周胜等三人来到浙江，杨永楚协助他们，研究怎么保护海塘和治理钱塘江。在我们赭山湾工程处三号盘头前他们做了个沉井，这是椭圆形的钢筋混凝土试验井，下沉了 11.2 米，长 8 米，宽 6 米，高 11 米。刚开始做实验的时候，我们是用空气压缩吸泥，用水枪在井里冲泥，冲完了要压缩空气。我们有一个铁桶，铁桶下有一个空气室，有洞眼，水一冲，气一进去，就能把泥排出来。

自 1968 年起，我们开始做沉井，一直到 1990 年以后，大大小小做了 200 多个井，这些井主要用于坝头的保护、防冲刷以及闸门的基础。围垦的二工段、四工段、六工段、八工段都在用。十工段用浮运沉井的方法，即在岸上制作好，等涨潮的时候把它浮漂出去。第一节有高 5 米，直径 10 米，然后等下个潮水来临时再把第二节套上去，潮水退去后用电焊连接，这个工作由蒋纬、杨永楚负责。施工工作其实也蛮有趣的，但是

---

① 在土木工程、建筑、采矿等领域，"一方"通常指一立方米。

要求人胆子要大、脑子要灵活，能够当机立断，否则就会有危险。例如，有一次与蒋纬一起进行这个浮运沉井的作业时，他们在船上，我在岸上。刚开始潮水涌来，沉井沉入泥沙中，井底被泥沙吸住不能浮起。后来我们灵机一动，把这个压风机的皮管

图 3-4　1991 年 9 月梁保祥在萧山围垦八工段沉井施工现场留影（右起：周胜、梁保祥）

插到井底，结果气一进去，整个井都被弹出来了，正好涨潮将井圈拉到江道内。但是潮水流速达到了 7~8 米 / 秒，速度比较快，我们就用拖船的绳子固定住井体。圆井里面分几格，定位的时候人在里面。潮水一来，井体有一面高一面低，十几个人刚开始没考虑到这个问题，他们看到低的地方就拼命往高处跑，结果高处会聚的人变多，低处就会翘起，人在井里就会转来转去，一高一低，重心不稳，无法工作。为了定位，我们在上游坝面打了一个锚筋，用绳子固定，但是力道太大，固定在地上的锚被拔出。紧急时刻，我看到旁边有个电线杆，马上将绳子缠绕到电线杆上，最终拉牢了沉井。这力量真是大，电线杆都被勒进去了 2~3 厘米。现在回想起来真是后怕，所以做任何工作都要多想一点，预想到多种不良后果，做出充分的预案。

访：我是第一次听到如此生动、惊险的运输沉井的故事。出现了状况，您会根据实际需求做一些技术上的改动吗？

梁：设计做好了之后，如发现施工上有问题，我们一定会与设计团队商讨修改图纸，因为要按照图纸施工，不能随意改。1978 年，绍兴三江闸沉井施工也是我们负责的，总共完成了 114 个沉井。三江闸主体沉井有 5 个，规格为 22.4 米 ×19.3 米 ×6 米（高）。闸室部分包括 2 个岸墙安全沉井和 6 个翼墙沉井。此外，还有 25 个消力池沉井，12 个往通槽沉井，28 个排水井沉井，11 个齿墙沉井，10 个下游的沉井，还有其他类型的沉井。

闸门底下 5 个沉井是重点，且质量要求很高。这些沉井要在地面上预制，然后下沉 10 余米深，我们使用电动吸泥机吸泥的办法放置，放弃了空气压缩的方法。每套设备需要 55 千瓦和 17 千瓦的电动机，每个沉井就要 5 套设备，变压器都要相应升级。根据标高来定位，确保下沉以后要四平八稳，平均每小时下沉不超过 10 厘米。所以，一个沉井下沉到十几米的地方需要 2 天左右。沉井内部是空心的，分成了 9 格，用混凝土连牢。下沉前，我们要先把四角标高定好；下沉时，要有专人测量观测，以确保沉井的水平和垂直位置准确，中线有没有偏移。在下放过程中，我们还摸索出纠偏的办法，即用水枪来纠偏。比如，这边低了十几厘米，那边高了十几厘米，就用水枪在高处扫冲，使其拉平，保证沉井四平八稳到达标高。施工期间，实行三班倒制度，人不能离开现场，防止出纰漏。但施工过程中常会有意外出现，比如基础沉井下沉的过程中，由于井外的土方不均匀，有时会导致高度相差 40~50 厘米。在这种情况下我们就用水枪把它一点点调平，这被称为"针灸疗法"。当时，与我一起工作的还有钟克勤和吕文德。因为工程质量好、施工难度大，三江闸沉井项目荣获 1983 年度浙江省优秀科学技术成果三等奖。

访：沉井的科研、设计、施工也是一项技术创新。对此项技术好像有两种声音，一种认为效果很好，一种认为没有价值。您如何看待这个问题？

梁：在当时沉井技术是起到了实际效用的。而现在放弃沉井也是有原因的。沉井的工程量较大，随着技术的改进和发展，现在用打板桩来代替沉井，更轻便、快捷、成本低。但在 20 世纪 80 年代，沉井技术还是先进的。那时，电子计算机技术还不发达，查资料也很困难。北京水科院的周胜他们甚至花了 1500 块钱请燃料部情报室帮忙查阅资料，了解世界上其他潮汐河口的治理研究，如英国的泰晤士河口、美国的哥伦比亚河口、美国密西西比河口、法国的塞纳河口、德联邦的艾德河口、荷兰的三角洲等。他们发现沉井在世界上还没人用过，这是一项创举。我们通过三号盘头试验成功后，便将这项技术推广到整个钱塘江两岸。这项技术还被推广到其他省，用于修建水闸、桥梁、坝头保护等工程。当时世界上其他国家还没有应用沉井的先例，沉井工程实施完成后专门召开专家鉴定会，并在1991年获得了国家科技进步奖二等奖。

访： 赭山湾工程中的主坝、副坝都完工以后，围垦又是由哪些部门负责的？

梁： 钱塘江两岸围垦工程是由省水利厅、钱塘江管理局及沿线地方政府共同负责。到1968年以后，剩余的大围垦工程都完全按照钱塘江的规划线开展。规划线有过几次调整，分别在20世纪40年代、50年代、60年代、70年代和80年代，每次都制定了新的规划线，也称治导线，用于规划设计某一江段的河宽、高水位值等。我们按照这个规划线来调整，赭山湾工程完成以后就开始围垦。到现在南岸北岸的围垦面积已经超出100万亩，上海也有围垦土地。钱塘江治理是将治江与围垦相结合，两者相互制约、相互服务。

外海来沙淤积在钱塘江江道内，受上游山水影响，部分沙子被冲回大海。每年8—9月份大潮汛时会出现涨滩，这时我们要及时开展测量工作。我们工程队有一个测量组专门负责赭山湾一带的测量工作，当江面宽度在2~3千米时，就用一条小船，一台经纬仪和毛竹制成五六米长的标杆，用这样简陋的仪器开展测量工作。当时，测量条件艰苦且测量设备很落后，我们用经纬仪进行对准，然后将船撑到江道一米一米地观测，预估出大概距离和标高。每个季度我们要完成一幅江道图，以了解江道的冲、淤变化情况。根据实测资料，再进一步制订赭山湾工程下一步工作计划。

围垦要经过省水利厅审批，水利厅经过实地测量，确定好围垦面积、堤线长度，然后才可以开展。20世纪60年代末的围垦工程都采用土办法，组织当地几万农民一起围垦，任务会被分配到公社、生产大队、小队，然后再分摊到每个人。待小潮时，群众乘坐拖拉机、汽车、自行车等不同交通工具赶到工地来进行围垦。每个公社、大队、小队都被分配了具体工作段，围垦要一气呵成，一般在7~10天的小潮汛期内完成，每天的作业土方量要高于潮位，以确保围垦成功。

访： 土方来自哪里？据我了解是就地取材，从围垦堤后面挖出土方，留下河道用于工程运输，是这样吗？

梁：是的，河道的宽度、与堤脚的距离都是预先设计好的。围垦前，我们要先测好线路，分好工区和工段，划定好各个公社、大队、小队的责任区。若责任区范围内有自然潮沟，首先要进行填埋平整，再组织拉、放低压电线，电缆线绝对不允许随地拖拽，以避免安全隐患。一天工程结束时，我们要求将工地平整好，保证坝体无缝隙，或用石渣护住外坡堤身，土方用水密实。这是因为围垦所用的江滩粉砂土本身不密实，易发生管涌，稍微有些潮水就会开口，所以涨潮时要派专人守堤，每隔几米站一个人。粉砂土不易被踩实，我们会在堤坝边坡向内 1 米左右的地方开设宽 40~50 厘米、深 40~50 厘米的水沟，然后往水沟内灌水。灌好水后由群众在堤坝开沟灌水，并在附近一起踩踏，这样可以踏实坝体，避免管涌。蒋纬等工程师曾专门做过这个试验。

优质工程　永保安澜

访：其间，您是否有参与其他工程建设项目？

梁：1982 年，浙江省政府指定秦山核电厂海堤工程由钱塘江工程管理局负责设计与施工。当时，局里由郑祖桢、钟克勤等工程师负责海堤设计，作为一线技术人员我们也参与其中。为什么它又叫 728 工程呢？因为 1970 年 2 月 8 日周恩来总理批示要建秦山核电站项目，由此得名。水利厅要求钱塘江工程管理局工队负责组织施工建设，成立 728 海堤工程处。

项目开始时，海堤设计主要有两个方案，一个是打沙井方案，一个是镇压层方案。当时技术难题是：钱塘江江滩地为软土地基，淤泥质的黏土强度很低，摩擦力小，灵敏性高，很容易发生变形。经过两个方案的反复试验论证后，我们采用了镇压层方案并上报主管单位，获得了批准。728 工程的整个断面长度是 1817 米，围垦内有 850 亩土地，作为核电厂的附属设施。初到工地时，我被任命为副主任，具体负责施工。主任是余宗佑，一个多月后他被调到钱塘江工程管理局当局长，我被任命为主任，主持施工建设。

作为这个项目的主任我感觉担子很重，要做好这项工程，首先要从基础资料开始抓起。我参加过设计，对工程设计基本了解，为了及时掌握土石方上堤填载厚度对软土基的应力变化，我选择了三个试验断面，即桩号为 0+155、0+660、1+450，并在这三个断面埋设了渗压计、沉降板。其中，做十字板剪力试验的预埋钢板筒，是用实测数据指导现场施工的重要工作。我们采取的措施是：1.设置一块 1 米见方、10 厘米厚的木板作为沉降板。在沉降板上面放置一根管子，施工前要做好预埋工作。预埋时，要确定好这根管子测量标准地层的高程是多少，管子顶高程是多少，并做好保护工作。2.测量孔隙水压力要预埋渗压计，利用另一根管子将其埋在 10~20 米深的江滩下。我们用自己做的土设备在江滩上冲孔，造好孔后将电缆线、渗压计放下去，然后再回填好。3.十字板剪力实验。这个实验要先做好直径 40 厘米的铁桶，将其掩埋。也就是说 3 个标准断面上，我们都放置了以上 3 种仪器。待开始抛石、上土方时，我们就要保护好仪器设备，确保它们不能变形、变样。从表面上看，只能见到沉降板，而在施工过程中沉降

图 3-5　1983 年施工人员在秦山核电厂外江滩上埋设十字板铜管

板每天沉降不能超过 10 毫米，超过就要暂停施工，控制施工进度，严格按照施工规范进行。沉降观测由我们施工队的测量人员每天进行，十字板剪力实验和渗压计实验由浙江省水利科学研究院负责。

项目的施工队伍人员来自不同单位。我所在的宁绍管理所抽调了大概 60 人，其他人员则来自钱塘江海塘工程管理局的杭州管理处、宁绍管理处、海宁管理处、海盐管理处等几个下属单位，包括管理人员和施工人员。作为组织者，我要求大家一定要按规矩和施工规范工作。在具体组织工作中，我确定了以下标准：首先，开工前人员分工尽量与原单位所做工作相类似；其次，统一思想，就是要干优质工程，国家重点工程绝对要保证质量，不能马马虎虎，要严格管理；最后，有关的施工措施、技术规范要学透、搞清楚，并制定规章制度。在现场，我最注重的是重型施工机

械、运输道路、交叉作业电线的管理，要确保安全管理。这些准备工作做好以后，我安排好总施工进度，测算出工程的总工期，制定详细的阶段性工程计划和工程内容，以及总承包费用和最后盈利情况。

访：这次的海堤修筑工程与传统的钱塘江沿线海塘修筑有哪些不同？

梁：这次的工程采用了扭工字块、四角方块等新材料和新工艺，四角方块以前在赭山湾工程有用过。还有一种是 20 世纪 80 年代从日本引进的新工艺——土工布，当时在国内用得还不多。土工布的好处是规格比较多，承受力有具体规定。如果不用土工布，百斤左右的石头抛下去后就会下沉 1~1.5 米；用土工布铺底后，石头不会下沉，布又不会碎，这样就可以节省石料。

728 工程经过 4 年的施工，我还是比较满意的。因为大家同心协力，厅里、局里的领导也经常来工地检查和指导工作，甚至国家领导人也曾到现场视察。施工的同志们都是一条心，从做好本职工作的朴素想法出发，认认真真地干好这个工程。这个工程建设是比较成功的，最后拿到了浙江省优质工程质量奖，还在省水利厅、水利部都获了奖，甚至还有"国家银质奖"（现为"国家优质工程奖"）。而且，工程建设后还有利润盈余，这是我最得意的一个工程。我深感广大群众是真正的英雄，个人的能力是有限的，只能起到一个螺丝钉的作用。人一定要活到老、学到老，要不断总结、改进工作，要跟上时代的步伐。

访：728 工程建设的标准是什么？

梁：这个工程是按照"千年一遇"的标准来建设的，也就是说永远不能出问题。1949 年以前的海塘，主要包括明清时期修建的条石塘、块石塘、部分土塘，工程以维护为主。1949 年至 1958 年，基本上就是保滩促淤，抛几个短丁坝，坝距很短，约 100 米。短丁坝的作用就是护堤，比如：海塘堤线长 500 米，100 米长的丁坝可以保 300 米堤线，多设几个丁坝就可以保护好堤坝。自 1958 年起，我们采取主动出击的方式，开展治江工程，包括赭山湾治理和其他江段整治工程。自 1966 年开始我们实施了治江围垦，围垦工程一直持续到 1989 年。我们主要是利用潮水与江水、凸岸与凹岸的关系，自上游到下游，由里向外，围一块巩固一块，基本上都是采取这种方式来进行。20世纪60年代的围垦工程以萧山为主，1980年以后以绍兴、上虞等地的曹娥江口为主。1990年起我们开始实施标准海塘工程。1995年，我们对位于钱塘江南岸的老石条塘做了300米的试验段建设，成功后逐步将其推广至标准塘。

现在，钱塘江南北两岸海塘基本上都是按百年一遇的标准建设的，但在我看来这个标准还不够高。为什么呢？因为日本福岛出事故以后，要引起我们的重视。虽然说现今洪水发生的时间少，但是我们不能掉以轻心。最近我们国家规划有5个城市群，长三角城市圈以上海为中心，包括江苏、浙江、安徽三省一市。上海、杭州的国内生产总值都排在全国前列，杭州市产值能达到1.5万亿元，嘉兴市是5000多亿元，湖州市是3000亿元左右，绍兴市也是5000多亿元，宁波市更是高达11000多亿元，这些城市的产值都挺高。万一在杭州湾的"喇叭口"出事，主要城市群都会受到损失，不仅是经济损失，还有政治损失。2005年在钱塘江管理局座谈时，我也提出这个问题。我认为要根据经济情况、地段的重要程度，逐步逐年提高防御标准，不能总是"100年一遇"的水平，上海早在20世纪90年代就已经达到千年一遇的标准。现在有新安江水库跟富春江水库进行控制，但如果没有这两个水库，最高的流量能达到2.9万立方米／秒，如果再与大潮汛相遇那更不得了。所以认为应该为子孙后代着想，根据国家的经济能力要逐步提高防御标准。

钱塘江治理工程已经围垦了众多土地，效果很明显，原来大喇叭口河宽100多千米，河面在3~5千米之间摆来摆去，现在我们已经将其控制到更窄的宽度：七堡江面1.3千米，仓前1.5千米，盐官2.5千米，八堡3千米，尖山将近7千米，上虞沥海将近11千米，东进闸12~13千米，澉浦18千米。通过治江围垦基本上达到了预期目标，我们也从青壮年干到老年。

访：非常感谢梁老先生接受我们的访谈，让我们了解了很多新安江水电建设、钱塘江治理工程中的一线施工故事，了解了您这代人的青春奉献精神。现今，河海安澜、百姓安居乐业，这一切都离不开你们的努力和付出，再次向您表示感谢和敬意！

坚守一线　管护海塘——朱涤非访谈录

访谈时间：2018 年 12 月 11 日

访谈地点：浙江省钱塘江管理局嘉兴管理处会议室

访谈人：李海静、王申

访谈整理：彭自强

访谈时长：160 分钟

受访人：朱涤非（1958—　），浙江海宁人，高级工程师。1975 年入职浙江省钱塘江管理局海宁管理处（时称"钱塘江工程管理局海宁工务所"），一直从事一线海塘的抢修、维护和管理工作，对钱塘江海塘工程建设管理有着丰富的经验。

图 3-6　朱涤非

生于长于钱江畔

访：朱工您好！非常感谢您接受我们的访谈，今天想请您谈谈您所亲历的海塘修筑工程。您是海宁本地人吗？家里的情况怎样？请您简要介绍一下。

朱涤非（以下简称"朱"）：是的，我出生在海宁盐官，在钱塘江边长大。盐官就是一个集镇，20 世纪 80 年代前是海宁当地五大镇之一。中华人民共和国成立之前，盐官曾是县政府所在地。

虽生于长于钱塘江畔，但儿时的我对海塘、钱塘江并不熟悉，父母不让我们到江边来。我的父亲是这里的中学老师，教语文、历史、地理；我的母亲是小学老师。父母退休后，镇政府找到他们，请他们负责主修《盐官镇志》。编著这部志书时就涉及海塘工程的介绍，当时钱塘江管理局海宁管理处的周卓铭老工程师参与了有关海塘工程资料整理和部分章节编写工作。

父亲家里祖上很穷困，原居住在位于钱塘江下游的黄湾[1]，抗日战争爆发后，父亲随亲戚逃难到诸暨一带，在这个过程中父亲接受了教育，读了一些书，浙江解放后还参加了教师进修班，所以后来做了中学老师。母亲家里条件就好很多了，她是当地附近丰士小集镇上的大户人家出身，家族主要做药材生意。母亲家重视教育，她曾在上海读书，后来当了小学老师。很巧的是，我的父亲与母亲同姓"朱"。

我们海宁这里的大家族都重视教育，金庸家原就是海宁袁花镇的大户，王国维家就在盐官。

我自小在盐官本地读书，但恰逢"文化大革命"，缺乏系统教育。1974 年中学毕业，第二年就到钱塘江工程管理局下属的海宁管理处工作。后来，省水利厅为了提升大家的专业技能水平组织了在职教育，我经考试进入浙江水利水电学校脱产学习，由此打下了水利专业知识的基础。那时，该水电学校的校长是原来我局水利专家蒋纬。

访： 在您的记忆中，盐官周边的环境是怎样的？

朱： 盐官老县城规模虽小，但周边有城墙和城门，还有水城门。抗日战争爆发后，整个县城就落败了，仅留下了一点城墙的痕迹。我七八岁的时候，曾陪上海来的客人到钱塘江边，记得当时江里涨沙很高，其他时候我们从不来江边，家里管得严。

图 3-7　盐官海神庙及牌坊

---

① 黄湾，1934 年设镇，隶属于浙江省嘉兴市海宁市，地处海宁市东南部。

盐官周边水网密布，你现在看到的海宁观潮景区外的河名为上塘河。这条河与杭州的上塘河是一体的，并与长安、临平的水网相连，构成了一片广阔的水系。另外，还有下塘河，它过盐官与嘉兴水网相连，因高程不一，这里的水网有水位差。

历史上的盐官城内牌坊特别多，你今天只能看到海神庙旁的两个，其他的牌坊"文革"时都被破坏了。

从基层做起

访：1975 年，您是如何来到钱塘江工程管理局盐官管理处工作的？进入单位后从事哪些工作？

朱：1975 年末，我中学毕业后正在等待分配，海宁管理处在盐官需要补充人员，招工两名待业青年，我被盐官镇招办推荐经面试进入本单位参加工作。

我报到的第一天，就赶上海宁全线海塘土埝培修工程，在那时是规模较大的一个工程。当时，由海宁县革命委员会发动组织当地沿海塘十多个乡镇农民参与投工，我们单位派出人员负责放样、施工和验收等技术工作。这主要是因为 1974 年的 11 号大台风，造成海潮漫塘，塘上的土埝破坏严重。海宁发动数十万群众参与修筑工程，全靠人力肩挑手提来培修海塘，最终将土埝加高了 1 米左右，达到吴淞 11.5 米高程，还相应地加厚了堤身。该项目于 1977 年完工。

在 1981 年 7 月我脱产读书前，我主要从事的是海塘工程的维修和抢险项目施工现场管理工作，包括民工班人员安排、施工材料调配、施工放样、质量检验等。施工内容包括丁坝、坦水、

图 3-8　1948 年人工搭建打桩架（图片由戴泽蘅提供）

石塘、护坡，基本上涉及海塘工程的各方面。

当时，我们海塘施工中比较有特色的运输工具是人力小火车。我们需事先铺设轻轨（我们称其为小火车铁轨）来运输石料、水泥等材料。修筑海塘所用的块石、碎石主要来自尖山附近的采石场。鱼鳞石塘塘身所用的条石要求比较高，大部分采自外地。据史料记载，最早采自太湖，后来大部分来自宁波。

1977年，我们对盐官镇附近一个叫七里庙的地方进行了一段长27.5米的老海塘拆除重建工程。利用冬季枯水期的小潮汛，我们将已经外倾且稳定性不好的海塘拆除至基础部分，重新浇筑基础底板，然后用原条石重新砌筑。

有一段时间我还在单位测量组工作过，跟着周工（周卓铭）学习测量，我们一般习惯叫他老周工。海塘测量工作主要涉及沉

图3-9　被潮水打弯的小火车铁轨（图片由戴泽蘅提供）

图3-10　1977年七里庙段海塘拆除重建工程

降测量、高程测量和涌潮观测，也包括沿海塘全线的塘线地形图测量。因为海塘会出现沉降，测量的目的是及时了解海塘出现的变化和可能出现的险情。此外，我们每年做几次江道水下断面测量，并且还要做海塘巡查的工作。

这个阶段也是我初步熟悉海宁海塘建设施工和日常运行管理维护工作

的时期，它让我深刻地了解了作为钱塘江一线工作人员的不容易。比如海宁段受涌潮影响大，日常维修施工难度很大，特别是海塘基础工程部分，包括丁坝、坦水、大方脚等施工，都要利用小潮汛抢潮作业。在小潮汛的这一周时间，我们施工人员要带着民工，白班夜班连轴转。夏天烈日炎炎，冬天滴水成冰，大家都得熬着。当然，我们的农民工兄弟更辛苦！

1981年，我考入了浙江水利水电学校水工专业，到学校脱产读书三年。因为是在职班，所以我每月还能拿40多元的工资。当时钱塘江工程管理局一共有4人被该校录取。1984年毕业后我回到单位，主要从事技术和管理工作，其中包括一段时间的施工管理。

1979年10月开始，海宁在老盐仓搞围垦工程，初期，海宁发动了16个公社，采用人抬肩挑的方法，在钱塘江老海塘外自盐仓大坝至余杭下沙长7000多米的海滩上堆起了一条土堤。我们海宁管理处承担了该段斜坡式混凝土和砌石海塘的施工任务，这个工程持续到20世纪80年代后期。我1984年中专毕业后至1988年的三年多时间里，一直在那里担任工地主管，负责施工现场的管理工作。

老盐仓项目结束后，我回到单位技术组，从事海塘维修项目的一些设计、质检等日常工作，还负责了一幢宿舍楼设计和施工工作。

20世纪80—90年代的海塘工程

访：20世纪80年代后，钱塘江海塘主要开展了哪些工程建设项目？

朱：1989年至1991年间，我们开展了海塘一期加固工程，涉及海宁海塘的局部区域，海宁段包括新仓、旧仓到尖山一带的坦水工程和黄湾头二圩的海塘，两段海塘合计有5千米左右。老海塘这段主要以基础工程为主，头二圩段将海宁五七围堤从原20年一遇标准重新改建为50年一遇标准的斜坡式海塘。在此期间，我主要是专门负责工程质量检验。

1993年，钱塘江管理局提拔我做了管理处副主任，开始了既要做管理又要管技术的双重工作。此后，钱塘江管理局组建了水利建筑工程有限公司，相应地各管理处也组建了工程处，实行"一套班子、两块牌子"的管理模式。我们既是建设单位，又是施工单位。直到 2000 年左右，两个单位才"脱钩"。

这时期，太湖流域杭嘉湖南排工程上塘河排涝闸和下塘河排涝闸在盐官镇东西两头建成，该项目建设单位是嘉兴南排工程指挥部。项目需要将盐官镇上下游两段钱塘江海塘挖开两个口子，特别是下河闸需要挖开长近百米的大口子，这在当时给建设、施工单位和我们河道管理单位都带来很大的压力。在海宁海塘历史上，除了 20 世纪 60 年代谈家埠闸开挖过一个不到 10 米的闸口子外，没有开挖过大口子。上河闸施工过程中还遭遇了9711 号台风的考验。上河闸通过自流排和机排两种方式排涝，被称为"亚洲第一闸"，太湖流域的洪涝可通过这个闸门排入钱塘江。此后，沿线海盐平湖陆续又修建了几座排水闸，提高了太湖流域的防洪能力。虽然这个项目不是由我们实施，但毕竟建造在我们的海塘上，特别是要在海塘上挖开那么大的口子，因此在建设过程中给我们也带来了很大的压力。

访： 您所在单位的上级主管部门是钱塘江管理局，具体工程施工、建设是需要上级单位审批和规划设计吗？能谈谈你们海塘工程的一些特点和标准海塘建设的情况吗？

朱： 对，钱塘江管理局是我们的主管单位。以前我们日常的工程建设维护工程都是由我们按照辖段海塘工况编报年度计划，其中会有一定数额的零星抢险备用经费。几个管理处报局里审核后，由局再通过水利厅统一报给省财政。次年经费计划下达后，我们还要编报具体各个项目的实施计划，由局审批后再由我们实施，包括自行组织施工。对于一些零星突发险情，我们可以先行抢险，然后按实际编报决算，由局审批核销。20 世纪90 年代末期开始，我们管理处不再承担施工任务，施工单位一律采用招投标方式确定。

对于重大项目如标准海塘建设，就是钱塘江管理局直接作为建设业主，由钱管局按照基本建设程序实施，而我们主要是做好现场管理的配合工作。

关于钱塘江工程的一些特点，我了解的老海塘工程中，海宁段一线海塘主要部分是清朝时期建设的鱼鳞石塘，其中最早建造的一段已经超过

300 年了，大多数都有 200 年以上的塘龄。目前这些鱼鳞石塘总体情况还比较好，还能承受得起钱塘江的风吹雨淋和台风暴潮的侵袭。1977 年我们对七里庙那一段 20 多米的海塘进行拆除，因为这段海塘已经外倾变形。我们按照 1∶0.3 的边坡将海塘重建扶正。此后，我们便不再拆建鱼鳞石塘。

清代建造鱼鳞石塘的关键在于桩基，桩基的建造也最为讲究，由梅花桩和马牙桩两者构成。两排马牙桩中间打梅花桩。梅花桩主要作用是整体承重，马牙桩主要是承重兼具防冲刷的作用。马牙桩所用杉木（非水杉木）要长一些，一般约 6 米；梅花桩稍短，约 5 米。由于桩基的作用、功能不同，建造方法和所用材料也有所区别。

我们单位原来有一些老师傅，他们亲身参加过用传统的方法修建鱼鳞塘打桩的工作。听他们介绍说，那些梅花桩主要是靠人工打桩；马牙桩有简易的柴油机械打桩机协助。搭建打桩机也很不容易，打桩时工人需采用打桩号子来统一行动，保持步调一致。

根据资料记载，历史上修筑海塘时所用的黏合剂主要是桐油、石灰加丝麻，用来黏合条石。我们现在修筑海塘工程和其他建设工程一样，所用的黏合材料主要是水泥砂浆。老盐仓围堤采用的是新式复式断面的斜坡混凝土塘，这是实施围垦工程后新建的海塘。整个海塘塘体为土堤，外面砌筑了一层混凝土和浆砌块石护坡，以水泥砂浆为黏合剂，塘面主体由混凝土或块石构成。

图 3-11　1997 年标准海塘加固工程现场

钱塘江沿岸有很多水工建筑物，如盘头、坦水、丁坝等，这些辅助工程主要是为了保护堤脚。钱塘江潮冲刷力极强，落潮江流湍急时流速可达到 3 米以上。长时间的持续冲刷，会将堤脚内的土带出，致使堤脚被掏空。在标准海塘修建完成前，我们的大量的维修任务主要就是修坦水，哪里被冲坏就修哪里，有时候一个潮汛过来，几十米的坦水就被冲毁了。我们就要去抢修，抢修以装石钢筋笼为主，具体就是在被冲毁坦水的位置按照被冲毁坦水的大小形状，现场制作焊接一个或数个钢筋网格的铁笼子放下去，然后在钢筋笼里面装满块石，最后用混凝土浇灌盖面。1997年标准海塘工程建设实施后，海塘防汛标准有了很大提高，海塘遭破坏状况总体有了较大改善。1997年海宁在丁桥地段开始建造标准塘试验段，在施工过程中，也出现了一次险情，试验段刚刚完成就来了个大台风。这次台风创造了钱塘江海宁段历史最高水位，丁桥、八堡一带的几段土埝被冲垮。为什么这一段的土埝被冲垮呢？因为原来那个土埝是人工施建、自然堆放，没经过碾压，也没什么技术标准；土方来源也是各种各样的，采取就近取土，大部分是粉砂土，很容易被冲刷掉。另外，海塘内部种植了大量芦苇，有很多动物在这里生存定居，如獾猪到处挖洞。水位一高，这些洞就成了通道，水一流动，土也就跟着流走了。

1997年，11号台风带来了巨大影响，海宁、海盐、平湖海塘决口达99处，其中海宁八堡段土埝缺口长达73.15米，而大缺口西海塘土埝缺口长达55.8米。这次的台风很可怕，那天晚上我们四处奔波抢险，险情不断，让人心忧不已。八堡土埝最后就剩下一点点石塘，但老海塘没倒。幸亏台风过后第二次潮水涨得不高，没有造成漫堤，我们就赶紧抢修。那时施工条件已经得到改善，我们采取半机械化作业，抢险已经方便了很多。填好土方后，我们迅速砌筑塘面，土石方直接用载重汽车运到现场，很快就修复了这些险工地段。

次年，钱塘江标准海塘项目上马，现有的土埝被全部挖除并重建，我们重新设置了反滤层来防止泥沙流出，并增加了土工布进行加固。土方需分层碾压，还在外面加了黏土，这些黏土全部从外地运进来。在施工过程中，我们使用了碾压机，碾压的密实度都要经过检测。在局部地段我们也采用了砂土堆筑，砂土在灌水后的密实度也必须达标。海塘外的堤身上也禁止种植芦苇，改种草皮，以避免野生动物破坏。同时，我们对土埝断面进行了加宽加高处理，使其成为防高潮位的主要部分。塘身外堤脚大部分

图 3-12　在标准海塘施工工程中增加反滤层

图 3-13　1997 年在海塘外堤脚实施打桩工程（图片由蒋纬提供）

地段打了钢筋混凝土板桩，自从打了这些板桩之后，坦水的损坏就少了很多。在标准海塘修筑以前，我们经常进行抢险，因为丁坝经常被冲掉。上游受水流的强烈冲刷，持续的涌潮冲击过来，像水库坝顶泄流一样，水流把塘脚下面掏空了。当时的抢修工程也没有这么讲究，往往是将空洞堵起来，然后将水泥灌进去进行局部处理。

标准海塘实施后，堤脚的保护工作做好了，钢筋混凝土的板桩又长，抗冲刷能力确实很强。虽然不是说绝对没有被冲走的可能性，但相比之前，情况得到了很大的缓解。过去修坦水非常辛苦，因为只能赶低潮位时进行修建，每天只有3 小时的混凝土浇筑时间。我们要先放钢筋笼，然后人工把一块块石头抬进去，把它灌满，封上盖子，用电焊焊住，最后在两天内浇筑混凝土。每个月的小潮期只有 6~7 天时间可以施工。

极端的时候，这个笼子也会被潮水给冲掉。坦水的笼子一般小一点，坦水宽度一般在 3 米左右、长 5 米，而丁坝坝头的笼子就会大一点，每个钢筋笼子要用 1 吨左右钢材。钢筋笼子的放置要根据缺口的长度来决定，缺口大就要多放几个。20世纪90年代中期以前，修坦水大部分都是这样修，要不然是来不及的。

护塘工程的修建

访： 盘头怎么维修呢？

朱： 钱塘江北岸盘头修筑得比较少，盘头主要分布在对岸的萧山那边，海宁鱼鳞石塘区域内只有八堡附近有两个盘头，是原来老海塘损坏以后利用江中残留的老海塘修建的，我们把它利用起来做了个盘头。新建的斜坡式海塘都要做盘头，一方面利用盘头将落潮的水流给挑出去，另外盘头可以用来作为施工场地。比如老盐仓围堤就建有多座盘头。盘头因为建得比较高大，维护管理比较简单方便。一般盘头遭遇冲刷出险，主要采用大量抛块石来保护。

钱塘江江道内还修建有不少挑水坝，即丁坝。以前的抛石混凝土或砌石丁坝经常被冲断。极端情况下，一个潮汛可以将100多米的丁坝冲掉一半，还没组织好去修，下一个潮汛又将另一半冲掉了。我们重建过好几次，要重新通过抛块石一段段延伸出去，再浇筑混凝土坝面把它一点一点做出来。

挑水坝的修筑要候潮作业，要赶在小潮汛的低潮位才能施工，首先利用大潮汛用船装块石进来抛到指定位置，要以最快的速度抛下去。抛石累积到指定高度长度，再利用退潮时间用人工慢慢地把它整理好，然后再修建混凝土坝面。建造一座挑水坝，在我们后期比较熟练的时候，也需要3个多月的施工期，一般选在秋季大潮汛以后和冬季进行施工。

20世纪70—80年代，南岸正在实施围垦工程，也抛筑了大量丁坝护堤，这些护堤对保护围堤起到了很好的作用。南岸围垦带来一大好处是使这一段江道形成了一种稳定状态。

访： 刚才您还说，北岸修盘头比较少，盘头主要修建在南岸，这是为什么呢？

朱： 南岸以斜坡塘为主，堤脚抗冲刷能力相对差一点，所以它一定要修盘头，将江道主流向外推出去，不让江流直接冲刷岸边。斜坡塘工程更需要丁坝和盘头的保护。

钱塘江北岸老盐仓围垦后修建的斜坡塘，修好后仍经常被冲刷，为保护堤脚我们修建了盘头。堤脚，我们俗称大方脚，如果大方脚被冲掉，堤身就会出现垮塌，就只能采用大量的抛石来护堤，度过汛期后，在冬季小潮汛时再重新开挖修建。

钱塘江北岸的鱼鳞石塘属重力式堤塘，工程造价成本很高。现有的这类海塘都是以前朝代保留下来的，现代围垦工程都不会采用这种海塘。另外，钱塘江北岸还修建了二线海塘，一线塘与二线塘间的距离不定，最宽处有 200~300 米，在间隔一段距离处还设置了一条与两条海塘垂直相交的邕塘，这是一个缓冲区。一旦一线塘发生破损，海水可以滞留在二线塘内，不至于立刻流入内河，进而影响整个太湖流域。在二线塘的后面我们还挖有塘河，塘河的开挖也是因地制宜，挖出的土被用来堆建海塘，开挖的河道成为运输海塘修筑材料的交通通道。可以说，围垦工程围到哪里，河就会通到哪里。

访：您工作以后，这条古海塘上，除了 1997 年的标准海塘加固工程外，还有开展过其他工程项目吗？

朱：钱塘江北岸险段标准海塘加固工程是钱塘江省管海塘历史上规模最大的加固工程，这包括后面的延伸工程。标准海塘一期工程地段为秧田庙至尖山段，比如老盐仓至秧田庙段一期没有进立项，是后面延伸工程增加进去继续建造的。工程建设主要是为保护清老海塘，加固堤脚，修建混凝土坦水，鱼鳞塘背后重新开挖、回填土方、碾压以加固塘身，加高加宽土埝增强防浪能力，护坡工程全部重新砌筑。整个工程到 2007 年全部完成，投资规模达到数十亿元。我们平时每年维修项目都是小规模的，单个项目比如新建一条丁坝不过百来万。管理处最多时每年总维修费用也没超过 300 万元。除了这个项目外，1989 年当时的钱塘江工程管理局立项了一个一期加固工程，算是一个比较大的项目，但也是局部的修护，工程投资总规模不过小千万级。

现今，钱塘江北岸临江一线的古海塘（鱼鳞石塘），主要在我们海宁，大概还有 30 千米长，位于老盐仓到尖山塔山坝这一段。

访： 我们看到好像有一段民国初年修建的钢筋混凝土塘。

朱： 说起这个，我们也将它算作老海塘的一部分。我们从事钱塘江海塘建设管理工作，觉得很荣幸，辖段内有这么多具有数百年历史、多种塘型的、具有很高历史和文化价值的活文物——清代和民国时期的古海塘。现存老海塘中修建时间最早的一段海塘，位于老盐仓大坝下游约 600 米石塘有个转弯的地方开始，再向东，共长 1600 多米，这是最早的鱼鳞石塘，始建于康熙五十九年（1720 年），都修建了 300 多年了。中国乃至世界恐怕没有哪个地方有如此完整的海塘建筑工程，它还丰富了海塘塘型的多样性。雍正年间曾发生过一次大海啸，很多海塘被冲垮，唯独这段海塘坚固，安然无恙。这段海塘也成为海塘工程的样板工程，雍正朝曾希望以此为模板继续修建，可惜受财力等其他因素影响未能实现。直到乾隆时期，大规模海塘工程才得以完成。

你所谈到的民国时期的混凝土塘，也属于重力型海塘，修建于民国六年（1917 年），完成于民国十三年（1924 年）。修建时被称为洋灰塘，顾名思义，使用了水泥这一种外国来的新材料，当时被称为"洋灰"，该塘一共有 1500 多米长。这段海塘非常坚固，没有出现过破损，还利用原毁损的老塘基础修建了格坝和护底坦水工程，对混凝土塘的底脚起到了非常好的保护作用。

修筑海塘造价成本是很高的。1997 年标准海塘加固工程时，近 27 千米长的海塘预算就要 3 亿多元，这还没有包括对鱼鳞海塘塘身进行维修的费用。

访： 据史料记载，钱塘江沿线滩涂上曾建有多个盐场。

朱： 海宁盐官的命名就是源自煮海为盐的历史，并因此设置管理盐业的官署。历史上这一带滩涂上都是晒海水提取海盐的盐场。我小时候还看到过沿江有些沙滩上有人在晒盐，不过方式有所改变，更现代化一些。随着历史的发展，如今这些盐场早已见不到踪迹。

现今，海塘文化越来越引起人们的重视。虽然有关盐场这类历史已成为过去，但有关我们的一线海塘，即海宁古海塘的保护研究已经充分引起了各方面的重视。早在 1989 年开展老海塘加固工程时，我们就意识到了海塘的文物价值。最初的计划是要将鱼鳞石塘拆除，后来觉得鱼鳞石塘保存完好，仍在发挥作用，因此决定保留下来，并作为永久性堤线保存。现在关于古海塘的保护，当地政府和相关部门已经开展了许多工作。

图 3-14　修建于钱塘江内的潮位观测站

说起钱塘江最为特殊的一点，就是这里有涌潮，正是因为涌潮，这里的堤防和其他地方有明显的不同。这里的海塘除了要防冲刷、防高水位，还要防风浪、防台风暴潮。所有因素综合在一起，使得这里的海塘工程的修建也异常困难。同时，受潮汐影响，落潮差也比较大。我们的鱼鳞石塘高度将近 6 米，最低潮位时，潮水退到堤脚的下面，堤脚基础露出来 2~3 米；当台风到来，最高水位时可以把鱼鳞石塘都淹没掉，高低潮差之间差距极大。所以，钱塘江治理难度大，海塘修筑工程的难度也大。而且海塘后面的海宁市，甚至杭嘉湖地区整体的地面都比较低，内部的涝水可以通过排涝闸排出，但外面则全靠这条海塘防御。一旦海塘坍塌，海水将直入杭嘉湖平原。所以我们钱塘江人多少代以来一直守护着这条生命线，默默保护着杭嘉湖平原的安全。

另外，除了我们钱管局这个专业管理单位、沿江当地各级政府和沿江人民的严防死守，其他有关单位也为守护钱塘江做出了贡献。比如钱塘江上的江道形势观测工作坚持得很好。省水科院下属的测绘院主要做水文测量和水下地形的测量。而我们管理处一直坚持做好每个潮汛的涌潮观测，记录潮水到来的时间、方向、潮头高度、走向、含沙量等信息，自 20 世纪 50 年代至今从未中断。观测的时间一般选在阴历初三和十八的白天，因为这通常是每月两次大潮汛涌潮最大的时间。这些通过长时间不间断观测记录积累起来的数据，为钱塘江科研提供了切实可信的基础资料。

在我退休前后，局里又在盐官管理点外的江道内建立了一座现代化的观测站，观测数据就更完善啦！

访：谢谢朱工！感谢您接受我们的访谈！

探治江之史　撰钱塘江志——周潮生访谈录

访谈时间：2014 年 10 月 6 日

访谈地点：浙江大学紫金港校区

访谈人：王淼、李海静

访谈整理：李海静

访谈时长：110 分钟

受访人：周潮生（1933—　　），教授级高级工程师，1956 年毕业于武汉水利学院（今武汉大学水利水电学院），先后任职于浙江省水利厅、浙江省水利科学研究所、钱塘江工程管理局、浙江省河口海岸研究所。早期从事农田水利和河口海岸工程技术工作，后转向钱塘江史志研究。出版（含合作）论著 20 余篇（部）。论文《暴潮水位组合频率分析法》获浙江省1983 年度优秀科学技术成果四等奖，另有两篇论文分别获 1988—1989年和 1990—1991 年浙江省地方志优秀成果三等奖。作为主要作者参与《钱塘江志》《明清钱塘江海塘》等钱塘江史志研究著作的编撰，为钱塘江史志研究做出了重要贡献。

图 3-15　2014 年访谈周潮生留影（前排：周潮生；后排左起：李海静、王淼）（图片由朱勇拍摄）

缘结浙江水利建设

访：周工，能否先介绍一下您的身世和成长情况。

周潮生（以下简称"周"）：好的。我是福建长汀县人，这个县城已有1000多年的历史，现仍保留有唐代的城墙。我们这个县城在大山之中，在"土地革命"时期属中央苏区的一部分，距江西瑞金只有80千米。我的父亲经营家里的油盐店生意，店面处在当时县城最好的位置。在抗日战争后期，店面被日军飞机炸毁，接着又因购买用地重开店面与人发生官司而家道中落。

1933年，我们全家逃难到潮州，同年腊月母亲生下我，所以小名叫"潮生"。1935年，回到老家长汀，父亲给我取好正式的名字并记入族谱，但从未用过，而"潮生"这个小名，却沿用至今。大学毕业后，我来到钱塘江工作，又跟涌潮和海塘打交道，确是巧合，也算是机缘吧！甚至有人问我，是不是因为与潮打交道后改的名。我也凑趣地回答说："八十年前我出生时，父亲掐指一算，这小子将来要与潮打交道，故给我取名'潮生'，取'因潮而生'之意也！"

访：您读小学和中学时，老家的教育状况如何？

周：我读小学时最先上的是私立教会小学，叫乐育小学，学校的房子是西式洋灰造的，很有特色。校长是位女士，叫黄肇珍。当时，傅连暲①的原配夫人刘赐福就在这里任教，还曾经教过我。两年后，我转到了县里的公办龙山小学。因抗日战争的影响，厦门大学搬迁到我们县城，这对当地的教育产生了很大影响。厦门大学的学生为赚取生活费，到中小学兼课，我们有些课程由他们教授，学校的教学水平也就自然提高很多。

1945年，我考取了省中，学校位于清代贡院旧址，纪晓岚的《阅微草堂笔记》曾记载过这个贡院。当时，我们县里有两所中学，每所学校招收50名学生。中学时，我常常沉迷于游戏之中，这在一定程度上耽误了

---

① 傅连暲（1894—1968），原名傅日新。福建长汀人，医学家，是中国人民解放军和中华人民共和国医疗卫生事业的奠基人和创始人之一。

学业。还好，初中毕业后，我得以保送入本校高中，班级的同学基本全都考上。

1952年，我参加了高考，这是国家实行统一高考的第一年。当时生源严重不足，国家计划招收的学生数量远超应届毕业生人数。因此，出现了大批的调干生。调干生，就是从工作岗位被抽调出来进入大学学习的学生，他们在学习期间，除了免饭费外，国家每月还给予一定津贴。除调干生之外，还有像我这样的学生高中只读了两年半就提前毕业参加考试。当时福建省设立了4个考点，我们需要到漳州考点考试。国家非常重视这批学生，县里为此专门召开座谈会，要求应届生全部参加考试，并由县里派的工作人员专程送我们到漳州，直到我们考完并离开漳州前往新学校。

访：您为什么会选择学水利？

周：我受老师的影响本想报考音乐学院。当时，国家在大力发展工业，国家动员同学们报考工科或师范类学校。考试结束，很多同学没钱回家，政府便组织夏令营，安排各种活动。填志愿时，当地中学一位地理老师来夏令营做有关荆江分洪工程①的报告，我觉得有意思，于是将水利作为第三志愿。最后分配到新成立的华东水利学院（简称"华水"），学习农田水利专业，当时叫水利土壤改良。这时正值国内高校院系首次调整，华水的院长是钱正英，严恺教授任副院长并主持工作。入学头一年，华水的校舍还在建造，暂时与华东航空学院一起，合用南京工学院校舍（前身为国立中央大学校舍）。次年我们才搬到清凉山华水自己的校舍，里面原有的美国大使马歇尔住过的小洋房，暂作院部机关办公用房。

1955年，国家再次进行全国院系调整，想要在武汉建立一个农田水利学院，国内相关院校的"农田水利专业"都合并到武汉水利学院。包括天津大学（简称"天大"）、华东水院、沈阳农学院、河北农学院等院校的农田水利专业都合并过来，我们那届毕业生的程度也就参差不齐。天大和华水的学生是工科的，学的课程大体相同，都做了毕业实习和毕业设计。而其他学校的就只做毕业实习或大型作业。毕业时，大家都拿到了武汉水利

---

① 荆江分洪工程，位于湖北省公安县境内，始建于1952年。由30万军民共同参与建设，以75天的惊人速度建成荆江分洪第一期主体工程，成为中华人民共和国成立初期一项重大水利工程。

学院的文凭。

访：您毕业时，是不是学校统一分配工作？

周：当时，国家统一分配工作，我们有 11 个同学被分配到浙江，其中 2 个去了浙大，我和另外一个同学被分配到水利厅的农水处。在工程师带领下，我参加过小型水库定型设计和小型水库渠系配套工作。当时，农水处的技术力量很强，除了我们新来的几个人外，另有 12 位工程师和 12 位技术员，处长是钟世杰。

访：您来到浙江工作时，浙江水利建设情况如何？您主要参与了哪些技术工作？

周：中华人民共和国成立初期，浙江省的水利技术力量在全国水利界算是较强的，有人开玩笑说：算不上"地主"，也可以算是"富农"。这里集中了很多水利干部。国民党南撤时，很多水利专家留在浙江，如吴又新、冯旦、茅以升、汪胡桢、孙寿培等。他们都是水利专家，对浙江水利建设起了很大的推动作用。

20 世纪 50 年代，国家提倡农田水利建设，开始搞灌溉试验。1956 年，浙江建立了杭州、宁波两个灌溉实验站。1957 年，又增加金华和温州两个站。我是这年春天到杭州站，主要做水稻实验，观测用水量和试验灌水技术。1958 年，浙江省水科所成立，灌溉试验站全部划归水科所，组建成一个研究室。1959 年，我被调到萧山新建棉麻灌溉实验站，工作内容也是观测需水量和试验灌水技术。此时，钱塘江河口两岸盛产棉、麻，黄麻产量占全国的 80%。1960 年秋，我们研究室划归省农科院。其间，曾在浙江农业大学数学教研组工作了一年。1962 年下半年，我又随研究室回到水科所搞机电排灌试验，直至"文革"时期。其间我参加了一次华东机电排灌会议。1963 年，中国水利协会第二次全国代表大会和综合性学术讨论会在北京的西颐宾馆举行，浙江派出了四位正式代表，分别是省水利厅吴又新副厅长，水科所总工戴泽蘅、水科所河口室主任李光炳和浙江大学土木系蔡法林老师。水科所另派罗庆裕和我去旁听。我参加的是机电排灌组会议。会议期间，全体与会人员受到了中央政治局领导的接见。此次会议，钱塘江治理开发是重要议题之一。

1970 年，成立了杭州湾协作组，准备开展钱塘江治理开发工作，要在黄湾建水利枢纽工程。戴总从"牛棚"放了出来，担任副总工程师。当时国内河口研究文献很少，急需借助国外经验。戴总就办起了英语培训班，大家利用晚上业余时间聚在一起学习英语。为了了解最新的研究方法和研究成果，他又提议创立内部刊物《河口海岸译丛》，用于介绍国外相关的研究成果和研究动态，第一期介绍了荷兰三角洲计划。同年，水科所农水室被撤销，我被调到水科所河口室，承担计算河口两岸平原的灌溉用水量的工作。此项工作结束后，我因身体不好，不宜多出差，室领导安排我做英文资料笔译工作，我就将这些译文收在《河口海岸译丛》里，油印出来供同仁参考。前 7 期都是以翻译外文文献为主，第 8 期开始增加所内人员自写的文章，刊物也改名为《河口海岸工程》，刊名是戴总题写。此后，期刊文章以单位内部投稿为主。

　　为了开展钱塘江治理工程，浙江省水利厅组建钱塘江治理规划组。除了戴总、李光炳等几位专业技术人员外，还从浙江省水利水电设计院调派了一批技术人员来到治理规划组，从事钱塘江治理工程的研究工作。省交通厅和一些大学也先后派人参加了这项工作。

参编《钱塘江志》的前前后后

　　访：我们特别感兴趣的是，您本来从事水利技术工作，可是后来为何走上钱塘江史志研究之路了呢？

　　周：我从事钱塘江史志研究工作，是从参加编写《钱塘江志》[①] 开始的。1974 年，我正式被调入钱塘江工程管理局资料室工作，并继续做笔译英文资料的工作。1985 年冬，我开始参加撰写《钱塘江志》。我是自己主动要求写志，没想到这是个苦差事，一钻进去就出不来了。当时，水利部要出版一部涵盖全国的江河总志，除了包含水利部直接管理的长江、黄河等几条大江河外，在东南地区选取了钱塘江、闽江、邗江三条中小河流。

―――――――――

① 钱塘江志编纂委员会编. 钱塘江志［M］. 北京：方志出版社，1998.

撰写志书的公文下达到浙江水利厅后，钟世杰厅长提出浙江八大流域都要有志书，要求钱塘江工程管理局负责撰写《钱塘江志》。在志书撰写的前期遇到很多困难，因从未做过此类工作，我们对撰写内容、整体框架都没有现成的办法和经验，工作很难开展。撰写提纲拟定后，由于治理开发篇原定撰写人员的变动，无人撰写。直至戴总退休上任主编，他才将何佩德①请来负责撰写治理开发篇。何工接受任务后，到各地方水利局收集相关资料。除在本省图书馆、档案馆收集到了大批有关钱塘江的史料外，我们还从中国水利水电科学院水利史所搜集到许多资料，包括志书和报刊资料等。何工搜集资料回来后立即撰写，很快就拿出了初稿。在参编《钱塘江志》过程中，我作为编委会成员及副主编，主要负责拟订篇目，资料的整理、协调工作，还负责撰写了该志的第二篇统稿及编写大事记。

访： 在参编《钱塘江志》的过程中，您关于江河志书的撰写提出了自己的观点，发表了《关于江河志的思考——修改〈钱塘江志〉篇目考虑的几个问题》《论江河志与水利志的异同》《关于〈钱塘江志·人物章〉的若干思考》等文章。您能谈谈这几篇文章是在怎样的背景下产生的吗？

周： 我们写志的主体班子都是搞钱塘江河口治理开发的专家，但都没有写志书的经验。基于这种状况，我一直在不断地思考《钱塘江志》的定位问题，所以后来写了《论江河志与水利志的异同》一文。我本想将每一部分的思考和写作思路都写一篇文章，因精力有限，虽有思考，但未能全部撰写成文，最终只发表了你们提到的那几篇文章。这些也算是我对《钱塘江志》的编写所做出的一点思考和贡献吧。

访： 我们看到《河口与海岸工程》中有几期专刊介绍有关志书的撰写要求、钱塘江历史文献、历史修筑情况的内容，看得出大家对待此项工作非常认真。您能跟我们简要介绍一下此书的撰写情况吗？

周： 作为工程技术人员，我们的一大特点就是做事严谨、认真，尤其是戴总做事认真那是出了名的。当时，全国方志领导小组组长李铁映指出，"志书是科学的资料书"。根据这一方针，我们编写的志书，首先要方

---

① 何佩德，1948 年毕业于中央大学工学院水利系。1949 年后任浙江省水利厅助理工程师、工程师，嵊县水利电力局副局长，教授级高级工程师，第六届全国人大代表。

便查阅者使用；其次要做到"横不漏项，纵不断线"，完整记述钱塘江整体发展演变的过程。

在撰写过程中，我认为江河志要以江河特性演变为中心。《钱塘江志》着重介绍治理开发活动及其引起的江河特性演变过程。

访：《钱塘江志》出版后，编纂委员会又做了哪些工作？它在钱塘江史志研究领域的影响如何？

周：刚出版时，戴总就说这部志书的缺点就是"字数太少，印数太少"。全志终稿的总字数为101万字。实际上，原稿字数很多，不过很多详细的资料最后被删掉了。现在来看，印刷数量已经算是不少了，已经第三次加印，且每次加印都有订正。我们已经发现并改正了书中存在的百余处错误，国家规定错误率不能超过总字数的万分之一，所以从总体上看这本书的质量还是可以的。初次印刷时，我和戴总在印刷厂待了一个多星期，发现一处错误马上进行修改，但也无法保证完全没有错误。

《钱塘江志》出版后，在钱塘江史志研究领域的专著和学术论文中引用率还是很高的，这充分说明这本志书的编纂得到了本领域同行的认可，也表明我们的工作受到了充分肯定，这是非常令人欣慰的事情。在编志时搜集的资料，也为后来的《明清钱塘汇海塘》《钱塘江河口治理开发》《天下奇观钱江潮》等书的撰写奠定了基础。我们还希望这些资料能继续发挥作用，推进钱塘江史志研究领域不断涌现出更高水平的研究成果。

钱塘江涌潮和海塘历史的研究

访：读您所发表的成果，我发现除了关于江河志书撰写的思考之外，还有文章和著作涉及钱塘江海塘修筑史、涌潮研究、国外研究动态等方面，涉猎面非常广。譬如，您曾发表《钱塘江的观潮胜地为什么会变》《休嫁弄潮儿，潮今亦失信——钱塘江涌潮为什么会失期》等文章及专著《天下奇观钱江潮》。您为什么会关注这个研究方向？能谈谈这些研究内容吗？

周：我开始关注钱江潮，在很大程度上是由于1974年上海科学教育电影制片厂（简称"上海科教片厂"）来拍钱塘江大潮影片。因上层领导布置任务，必须完成拍摄工作。为此，上海科教片厂最好的设备、人员都来杭州参与此片拍摄。当时，我作为编委之一，被钱塘江工程管理局和河口所领导派去协助查阅资料并陪同拍摄。由此我开始接触涌潮，并常去杭州大学[①]和浙江图书馆搜集资料，结识了杭州大学图书馆的一位老先生，他教我如何查阅古籍资料。

上海科教片厂拍的影片，还加入了长春电影制片厂（简称长影）拍到的一个镜头——1974 年第 13 号台风与大潮相遇所造成钱塘江老盐仓的回头潮，可以说是惊心动魄。在上海科教片厂拍摄完成后，我们利用多余的素材剪辑成一部资料片。这部片子还有英语解说拷贝，经水利部、文化部批准，在国际会议上放映，并曾与英国、美国、荷兰、日本等多个国家进行交流。

以此为机缘，我开始关注与钱江潮相关的历史文献资料。钱塘江的治理开发，首先要研究清楚涌潮问题。历史文献资料是研究的基础，通过对史料的查阅，可以清晰了解潮汐历史、潮汐演变、古人对钱江潮的认识，从而摸索潮汐演变规律，为钱塘江涌潮研究提供史料支撑，制定更为科学有效的治理方略。根据史料文献记载，结合钱江潮现状，我写了几篇相关文章。

访：您与人合作发表了《钱塘江潮区的主要水文特征》《潮水位组合频率分析法》《塞文河口潮汐能开发研究近况》《关于涌潮的研究》这些有关潮汐的专业研究性文章，这些是您当时的工作内容，还是基于您的兴趣？

周：20 世纪 60 年代，钱塘江治理工程的关注点集中在潮汐能的开发利用问题，很长一段时间里，钱塘江一直想搞潮汐开发。那时，我承担科技情报工作，翻译了许多国外相关研究文献和研究成果。同时，钱塘江治理的重点和难点也在于涌潮。随着治理工程的不断推进，学科分类越来越细，开始有专人研究潮汐和波浪问题。我们根据研究结果设计制定江道治理方案和标准海塘设计标准。今天我们所看到的沿江新建标准海塘，其塘高和塘型都是根据对海潮和波浪的测算结果而设计确立的。正因为钱塘江

---

① 杭州大学于 1998 年与浙江大学、浙江农业大学和浙江医科大学合并为新的浙江大学。

涌潮的独特性，从而使得浙江省水科院在该领域的研究居于世界前列。我的这些文章是紧随治江工程的发展而展开的，工作的需要成就了我个人的研究成果。

访：您与戴总和陶工合作撰写了《明清钱塘江海塘》，这本书是如何酝酿的呢？

周：这本书实际上是上级交代的任务。1997 年 8 月 18 日，第 11 号台风在温岭石塘登陆，宁波、台州等地海塘损毁严重。事后，省长万学远视察钱塘江海塘时，问陪同的钱管局韩普萃局长能不能写一本有关明清钱塘江海塘的书。韩局长回答说："我写不出，但我们局有人可以写。"随后便找陶存焕高工和我传达了编写《明清钱塘江海塘》一书的指示。当时我们正在编撰《钱塘江志》，搜集了许多钱塘江海塘史料，有条件撰写。于是在《钱塘江志》初稿基本完成时着手撰写此书。这里要特别提出，戴总不但审阅了全部书稿，而且提出并撰写了第十二章全章的内容。故此书实际是三个人共同完成的。但是，戴总不愿署名，所以《明清钱塘江海塘》在正式出版时，作者只有陶总和我两人。

访：能否请您谈谈明代和清代钱塘江海塘建筑技术方面各有什么特点？

周：明清两代海塘修筑工程在修筑区域、塘型结构、防御思想、防御体系上都有着显著的不同。就区域而言，明代海塘主要集中在海盐县，而清代集中在海宁县。就塘型结构来讲，两个朝代的差异较大。明代海塘是自土塘改建石塘，创建双盖鱼鳞塘；清代海塘修筑技术得到了很大改进，如海盐段修筑工程中减少了鱼鳞塘起脚横石数量，塘前加潜堤以削减破坏潮浪的冲击力；海宁段则减少石塘层数，减小条石尺寸，塘脚增加坦水，塘前增加护塘丁坝，防止地基的淘刷。明、清两代治河方略也有着根本的不同。明代随岸线坍蚀，逐步筑塘退守，属于被动防守。清代则采取筑塘固守，"寸土不让"，同时更注重未雨绸缪，防患于未然。清代防护体系较明代更为完善。明代时，海盐、海宁开始加筑土备塘，开浚备塘河，逐步构建防洪体系；而到了清代，这一体系得到很好的完善，除土备塘、备塘河外，还加筑横塘（罟塘）以缩小潮水满溢时的受害范围，构建起了有纵深的防御体系。

访：关于钱塘江历史文献价值，您是怎样认识的？

周：无论是历史的资料，还是现在新的资料，都是研究工作的基础。收集是一方面；对于资料的鉴别，更是不可少的。只有去伪存真，取得可靠的资料，才能得出正确的研究结果。可靠的资料愈丰富，就愈容易得到正确的成果。

访：这些历史资料，为钱塘江治理工程提供了哪些帮助？

周：研究历史还有一个重要任务是防止历史经验失传。这方面，钱塘江海塘建设曾有过教训。如道光十七年（1837年），礼部掌印给事中沈镺在一个奏章里提出了关于海塘建设的见解。他在《为酌拟浙省海塘善后事宜疏》中写道："坝基应顺，而不应迎，二者尤宜短而不宜长，宜密不宜疏；盖短则费用省，而出水浅；密则前坝，塌则后坝，又挑皆。当随时随地斟酌至当，而后兴工。"然而这个奏章普通人看不到。直到1949年开工实施杭州四堡保滩护岸工程，在原有诸丁坝的坝间插建1~3座短丁坝，共建了7座，并使新旧坝坝头位于一顺势线上，才首次实现"短坝密据"的保滩护岸的方式。两者之间相距竟达112年！

另外，在总结历史经验基础上，我们发现了海塘弱点，并指明进一步加强海塘的方向。如鱼鳞石塘塘身结构虽然坚固，但存在基础太高的问题；丁坝虽能挑流，但坝头易于冲刷。这些问题都为后来建设者指出了研究目标。我们在这些方面下了很大力气，现在这两个问题都已解决。

再如，过去的海塘虽然在一定程度上避免了许多潮害，但其塘顶高程普遍偏低。1974年，13号台风来袭时，两岸都发生了潮水漫顶的情况。于是，针对这一问题，提出了加高海塘的要求。但加高多少以及能防御多大规模的潮水，这是一个需要研究课题。前面提到的《潮水位组合频率分析法》就是为此而提出的，进而有了"一期加固"和"标准塘建设"工程。

访：您如何认识钱塘江海塘治理工程的历史演进过程？

周：海塘工程建设，与其他工程建设一样，也要"与时俱进"。由于经济的发展，对海塘防御能力的要求在逐渐提高。钱塘江河口治理已从筑塘御灾进入治江兴利的新阶段。防御方略从"以宽制猛"步步退守，到"筑塘固守"寸土不让，再至"筑堤围涂"主动进攻缩窄江道的几个阶段。

治理措施从单纯的筑塘御潮，到筑坝挑流促淤保塘，再发展成塘前水中修筑潜堤、荡浪桩，塘脚有坦水、护塘墙，塘顶有防浪墙，塘后有备塘、备塘河、凹塘的纵深防御体系。滩涂地的利用从单纯种植，到工农业并举，再发展至综合开发。随着两岸经济发展，对防御潮害的要求日益增高，这是促进防潮技术发展的动力。现在我们正在研究如何防御小概率潮患，如天文大潮与台风相遇。

对未来钱塘江史志研究的展望

访：现在关于钱塘江的历史研究内容不断丰富，尤其是明清海塘的研究。您如何看待这个问题？

周：明清海塘的研究虽已成书，也总结了一些有益的经验，但整体来说还比较粗糙。有些事还未提及，尤其是海塘史与社会环境的关系。随着资料的挖掘和逐渐深入，已搜集到的资料也有待进一步消化；随着认识的加深，我们必然会得出更多有益的成果。

访：直到现在，您还一直在收集有关钱塘江的资料吗？

周：是的，由于历史资料还在逐渐发现，有些已经知道的资料也还未收拢，且治理研究和建设工程还在进行中，资料不断涌现。我们必须不断收集，以加深认识，总结经验和教训，为今后的研究提供参考。

访：在未来关于钱塘江的历史研究，您觉得还有哪些方面值得继续深入？

周：首先，要加强历史资料搜集和整理。现在，唐代至明代的资料搜集得比较多。对于清代故宫档案，文字部分搜集了不少，但沙水图仅得到几张，应当继续搜集。相对而言，民国时期的资料最少。在资料整理方面，已搜集的资料应梳理汇编成册，以便更好地使用。目前我正在汇编历代海塘史料，已初步编好民国时期的海塘史料。下一步拟继续编纂清代、明代以及唐宋元三代的史料。从第一历史档案馆搜来的清代奏章，我还只编到了乾隆三十年（1765 年），应当继续编纂至宣统为止。

其次，搜集和整理资料的目的是在于使用，要使用，先要消化。这些资料可先供目前编纂《浙江通志·钱塘江卷》《浙江通志·海塘卷》等志书使用，然后还可以用于编写《钱塘江海塘史》。相对而言，先编写《唐宋元钱塘江海塘》和《民国钱塘江海塘》可能会简单一些，它们可以与已有的《明清钱塘江海塘》集成为一套丛书。如有可能，我们可以进一步编写《钱塘江海塘史》。在这之前，可以写一些专题研究文章。此外，现在已经搜集到了清代沙水奏章，应下大力气勾画江道形势图，将中华人民共和国成立后的实测江道地形图向过去延长180余年。这对研究江道演变意义重大，但这项工程浩大，不是一两个人、一年半载能完成。我们应当组织一个班子，花上几年时间来完成这项任务。

访：近年来，您又在关注钱塘江文化建设，并与他人合作发表《钱塘江潮汐文化长廊》一文。您对钱塘江文化建设有哪些具体的建议？

周：这篇文章是与中国科学院自然科学史研究所宋正海研究员合作发表的。他是海宁人，很关注钱塘江潮汐，也写过涌潮方面的书籍。我们之间长期以来一直有合作和交往。

关于钱塘江文化建设，我认为以前多有忽略。近年来开展水文化建设，才慢慢受到关注。为此，省里曾专门召开会议，参会单位有省社科院、浙江水利水电学院、钱塘江管理局、绍兴水利局等单位。我也应邀出席了那次会议。会后，我提出了一个建议书，建议全省各地应在摸清家底的基础上进行保护、抢救和发掘。现在，钱塘江管理局正在撰写《浙江通志·海塘卷》，我也建议他们在书中加强文化方面的内容。我自己也写了一篇《走街串巷觅潮踪》的文章，介绍了杭州市区内与海潮相关的街道、寺庙等有纪念意义的遗迹。当前，对于钱塘江涌潮景观文化遗产价值的研究仍然比较薄弱，有待进一步加强。

访：非常感谢您多次接受我们的访谈，祝您身体健康，生活愉快！

第四章
探寻自然奥妙　解码自然涌潮

现代科技　探寻涌潮奥秘——潘存鸿访谈录

访谈时间：2017 年 7 月 18 日

访谈地点：浙江省水利河口研究院会议室

访谈人：李海静

访谈整理：李海静、贾伟凯

访谈时长：130 分钟

受访人：潘存鸿（1963—　　），教授级高级
工程师（技术二级），浙江鄞州人。本科毕业
于杭州大学海洋地质地貌（港口航道治理）专
业，硕士和博士分别毕业于浙江大学流体力学专
业和上海大学流体力学专业。现任浙江省水利河
口研究院（浙江省海洋规划设计研究院）名誉总
工程师。曾先后前往香港科技大学、丹麦科技大
学、美国佛罗里达州立大学做访问学者。长期
从事水动力、水环境、泥沙、河（海）床演变

图 4-1　潘存鸿

及河口规划治理等科研及咨询工作。水利部首批"5151人才工程"部级人才、浙江省"新世纪151人才工程"第二层次人员及指导老师、浙江省海外高层次留学回国人才。获浙江省有突出贡献中青年专家、浙江省劳动模范、浙江省农业科技突出贡献者等荣誉称号，享受国务院政府特殊津贴。其研究成果曾获得浙江省部级科学技术特等奖、一等奖、二等奖等奖项。与清华大学、浙江大学、同济大学、河海大学合作培养博士后、博士、硕士多名。兼任中国海洋工程学会理事、浙江省海洋学会副理事长、浙江省港口协会常务理事、浙江省力学学会常务理事、《水动力学研究与进展》执行编委、《海洋工程》编委、《水利水运工程学报》编委等职务。

勤奋治学　结缘涌潮研究

访：感谢潘总接受我们的访谈！您一直从事钱塘江涌潮研究，开展了与前辈不同的研究内容和研究方向。在您的求学过程中，是如何开始与此相关的学习和工作？

潘存鸿（以下简称"潘"）：我祖籍宁波鄞州大嵩城（当时称大嵩公社），这是一个有着600多年历史的古城，古城背靠象山港，家乡有海有山有地，算得上是一个山清水秀的地方。我父亲曾做过本地供销社的厂长，重视子女的教育问题。我的少年时期正处于国家政治运动较多的阶段，学习受到不同程度影响，我的普通话很不标准，因为自小没有学过拼音。而且当时学习时所用教材也缺乏系统性，相对而言，我们这代人高中以前的学习基础不是很牢固。

访：1977年国家正式恢复已中断10余年的高考制度，这在中国教育史上有着特殊的意义。您是幸运者，当时您的情况是怎样的？又是如何选择专业方向的？

潘：1977年下半年，我在大嵩中学上高中，我们77级共有3个班。上完第一学期后，为提高教育质量，学校的高中要合并，从大嵩中学3个班级中抽调成绩较好的三分之一学生到咸祥中学学习，其他同学继续在大嵩中学完成学业。由于大嵩中学在高中第一学期没有开设英语课，到咸祥中学后的高一下学期我们只能单独编班。高二阶段我们与原咸祥中学和球山中学的同学一起混班，共有6个班，其中4个理科班和2个文科班，每班有50~60个学生，我被分到理科重点班。当时城乡差别很大，我们农村学生为跳出农门，读书几乎是唯一出路，所以高二阶段读书非常刻苦，老师们也全心全意扑在教书上。值得一提的是，我们班主任张布根老师对待我们学生像他自己的子女一样，尽心尽责。那时考试分大学和中专两种，考虑到我所在的大嵩公社近2年没有一个人考上大学，我父亲与我商量决定让我报考中专。到报名截止的最后几天，张布根老师到我家家访，认为我近一年的进步很快，建议我报考大学，所以我从报考中专改为报考大学。我高考发挥得还不错，在咸祥中学理科排名第二。

我填报了杭州大学[①]地理系的海洋地质地貌专业（当时由交通部提供培养经费，专业学习内容已是港口航道治理，但专业名称没有改）。那时候高中毕业年龄也小，对各专业的情况实际上并不了解，是因为我的表兄1978年考入这个专业，他觉得这个专业还是不错的，在他的推荐下，我填报了此专业。

我们当时的学习主要是河口和海岸两方面内容，主要涉及地貌学和水动力。当时这些基础内容学习时间较长，像普通地质学、河口河床演变、海岸动力地貌学等课程都要上1年，教材由任课教师自行编写，因此学习的专业性更强，与现在的普适性大学教育不同。

我所在班级共30个同学，15位是浙江人，15位来自沿海其他省份。毕业时

图4-2　1983年杭州大学地理系海地专业毕业留影

① 1952年全国高等学校院系调整之时，浙江大学重新分别组建浙江大学、杭州大学、浙江农业大学、浙江医科大学。其中，杭州大学以人文学科为主，史地系在全国较有影响力，1996年通过评审成为211大学。1998年，四校合并，重新组建浙江大学。

约一半同学留在浙江。1983 年毕业之时，浙江省钱塘江工程管理局（浙江省河口海岸研究所）有一个招聘名额，同学们对这个专业对口的唯一留杭名额都非常看重，最终我因为成绩比较优异而被选中。

1983 年 9 月初到单位，我跟陈希海工程师一起做慈溪的一个围垦项目，他后来当过钱塘江工程管理局设计院副院长、总工。直到 1983 年底，我开始跟时任规划研究室主任的黄菊卿从事椒江的研究工作。此时，椒江河口需要航道治理，我协助做一些数学模型工作，另外还做过椒江上游涌泉的过江铁塔、永宁江建闸、三门火电厂等工程的专题研究。当时我所做项目很多。

自 20 世纪 60 年代起，戴泽蘅总工就希望能够拓展研究方法，学习国外开展数学模型计算工作，引进了大批数学和理工科人才。在我之前，单位引进了赵雪华、施麟宝、黄菊卿、林炳尧等数学力学专业毕业的早期大学生开展相关研究工作。单位所开展的数学模型研究在全国水利系统里都是比较早的。可以讲，基本上与当时国内最前端研究同步，并最早跟中科院计算所合作。上面谈到的几位，数学基础都非常扎实，赵雪华毕业于北京大学数学系，韩曾萃毕业于清华大学。林炳尧作为"文革"后第一届研究生，本科和硕士分别毕业于复旦大学数学系和清华大学水利系。施麟宝和黄菊卿均毕业于浙江大学数学力学系。此外，耿兆铨、熊绍隆等人也是"文革"后第一届研究生。这批人底子都很好，对当时的科研水平起到了积极的推动作用。

访：我在网上查到，您最早的一篇文章是 1990 年 3 月发表在《东海海洋》上的《河口、港湾潮流数值模拟中的区域分裂法》。该文的合作者是黄菊卿吗？

潘：是的，刚到单位时，我跟随黄菊卿一起工作，虽然做了不少工作，但那时不善于总结提炼，很多项目成果都没有写成论文发表。你提到的这篇文章，主要内容是写一、二维数学模型如何连接的。我开展的数学模型工作，主要是对河口海岸地区的水沙环境进行模拟。水动力模拟内容包括潮位、流速和流向等方面。数学模型建立后，我们需要通过实测资料验证数学模型的计算结果。在验证过程中，我们不断地调整模型参数，直到计算结果与实测结果误差较小。参数调整好以后，我们进行工程方案计算，评估方案的合理性并进行优化分析，同时预测分析工程建成后对周边水环境可能产生的影响。

我当时所做的数学模型工作主要目的是预测水沙变化，同时优化工程设计方案。比如我们做椒江河口治理工程研究，那时候海门港本身就有淤积。为解决椒江支流永宁江防洪排涝问题，水利部门提出在永宁江口门建闸。然而，永宁江大闸建成后，引起椒江进潮量减小，导致海门港进一步淤积。为弥补这一影响，我们在椒江河口中间建造了一条长顺坝，将落潮流挑流到海门港。对于这个整治方案，我们需要预测海门港码头前沿流速能够增加多少，水深能够加深多少，同时还要评估工程实施以后，能不能达到预期目标，会不会对其他方面产生不利的影响。这些都需要通过数学模型进行预测，同时通过数学模型优化整治工程方案，包括坝高、坝长等参数，从而提出一个既能够达到目标，又对其他方面影响较小的工程优化方案。

访：工作后，您为什么会选择去浙江大学流体力学专业继续深造学习？

潘：工作几年以后，感觉本科学的知识还不够，工作上遇到一些难题难以解决，所以我想去读书，以完成更多具有挑战性的工作。此时，我主要从事数值模拟等方面的工作，而这些对数学功底的要求比较高。我本科所学的内容相对来讲数学基础还是不够，流体力学专业在数理基础上的要求更高，这样有助于我提高数理基础能力。我报考了定向培养的研究生，单位领导也很支持。

访：我听李光炳先生曾谈起，您在读硕士的时候学习非常刻苦和认真，您曾因学习过度而晕倒？

潘：学习认真是肯定的，但因学习过度而晕倒是没有的。因为1990年我已经参加工作，是单位第一个定向攻读研究生的职工，能够有机会再次走进学校学习是来之不易的机会，所以我很珍惜。当时，班级共有22人，其中10人为流体力学专业，12人为固体力学专业。流体力学专业中包括我在内的3人为历届生。应届生中，除一位本科不是学流体专业的，其他全部是流体力学专业，他们的数理功底肯定比我好，所以我要付出更多的努力。

访：您在浙江大学流体力学专业学习之时，所选硕士学位论文题目为

《用 MAC 方法模拟局部水流、水深平均的 K-ε 紊流模型及其在潮汐河口的应用》，您当时的导师是哪位？为什么会选择这样的一个研究题目？

潘： 我在学校的导师是许学咨教授，单位还有一位导师是林炳尧先生。硕士论文第一个题目是两位导师同我一起确定的。林炳尧主要从事涌潮机理研究，在听取他的意见后，我与两位老师商量确定了题目。第二个题目是我自己定的，是在耿兆铨先生研究的有限元模型中增加紊流模型。

图 4-3　2001 年潘存鸿与许为厚教授合影

2001 年我有幸到香港科技大学做访问学者，这个经历让我收获颇丰。我的合作导师是香港科技大学的许为厚教授，他学术成果丰硕，被业界广泛认可。许教授毕业于北大流体力学专业，林炳尧先生通过朋友与他认识。林先生邀请他到我们单位来交流，了解了我们开展的涌潮研究后，他很有兴趣。当时，他正在开展一个数学计算方法的研究，这个方法应用于空气动力学计算非常有效，他想把这个方法推广到涌潮计算。此后不久，他获得了一个香港基金项目（类似于国家自然科学基金的性质），这也使我有机会跟随许教授开展相关研究，访学费用全部由许教授承担。

我在香港访学期间，专门从事涌潮数值研究。工作进展没有想象中的简单，虽然该计算方法即便已在空气动力学模拟上非常成功，但运用到水动力学领域还是存在很多困难。因水动力模型存在一个叫"底坡源项"的"和谐"难题，我花了很大的精力才解决了这个问题，由此建立了基于四边形网格的数学模型。但是四边形网格相对来讲欠缺灵活性，对于重要的区域难以进行加密。为了改进网格技术，2005 年我第二次到香港科技大学进行为期 2 个月的访学，此次我与徐昆教授合作，终于解决了这个问题。我们把四边形网格变成了三角形网格，从而提高了计算域剖分的灵活性。实际上，我还做了很多其他的改进，包括解决在计算中因潮位变化出现的滩面移动边界问题。因涌潮间断流与移动边界同时出现，处理起来难度较大，所以我在这方面也做了一些改进工作，使得模型日益完善和成熟。

2001 年，我考取了上海大学流体力学专业的博士研究生，因前往香港科技大学访学，所以选择延期入学。2002 年，我进入上海大学流体力学专业学习，师从戴世强教授。我的学习和研究工作得到了单位的大力支持。这些业界的导师都是通过林炳尧等老一辈学者介绍给我的，他们为我们搭建了一条与一流研究机构交流学习的桥梁。

探究涌潮机理　服务工程建设

访：您的研究工作更偏向于理论研究吗？钱塘江治理属于工程活动，为什么要开展涌潮数学模型研究？

潘：20 世纪 90 年代初期，我在钱塘江参与了海塘、丁坝等工程相关的水沙专题研究，也包括桥梁、港口工程的水沙工作。因为钱塘江涌潮的作用力太大，开展桥梁等涉水工程设计时，需要计算工程所要承受的涌潮作用力以及流速等参数，因此工程建设必须要考虑涌潮的影响。

涌潮研究的有些内容我们可能暂时看不到直接的经济效益。但多一些对涌潮的认识，可以为工程建设提供可靠的数据支撑，无形中带来了社会效益。我们所做的涌潮研究成果在工程建设中发挥了很好的作用。同时，将成果服务社会，单位也获得了经济收益，开展涌潮数学模型研究成为我们研究工作的重要内容之一。像在钱塘江上进行的治江围垦、桥梁和风电等众多工程，我们都开展了工程对钱塘江涌潮影响的数学模型计算工作，预测工程建设对涌潮的影响，并优化工程建设方案，为项目建设提供科学依据。

访：您能谈谈构建数学模型研究对钱塘江防治及涌潮研究产生了怎样的影响吗？

潘：一是我们增加了对涌潮的认识，进一步了解了涌潮。因为以前很多资料都难以测量，像流速资料就特别的少。但是用数学模型计算，我们对涌潮特征、传播规律都有了新的认识。后来有更好的仪器设备，我们能够测到更多的实测数据。数学模型结果与实测数据都可以进行比较，相互印证。尽管实测数据有缺陷，但它们对于数学模型的验证十分重要，验证后的数学模型可以改变计算条件，这样得到的计算结果可以加深我们对涌潮自身规律的理解。

二是数学模型在应用方面发挥了重要作用。钱塘江上相继建起多座桥梁，需要数学模型计算进行论证，以求桥梁设计对涌潮影响最小化。后续我们通过数学模型将研究内容推广到溃坝波计算研究，为水库建设和管理提供预测预警。因为溃坝波跟涌潮性质有点类似，水库大坝溃坝后引起溃坝洪水，通过模拟洪水波传播过程，为水库风险管理提供依据。溃坝后对下游流速影响很大，会产生特别大的变化，是一个突变的过程。水位会涨得很快，类似于涌潮的性质。我们的研究主要是预测溃坝洪水的影响范围、水深和到达时间，一旦发生溃坝，就可以评估其可能对下游村庄产生的影响。

访：您之前已经把涌潮的问题解决了，在实际应用中是不是您的数学模型也要根据实际情况不断地调整？

潘：那倒不是。我的数学模型还是二维模型，二维问题已基本解决，但涌潮是三维问题。现在，团队开始用 FVCOM[①] 三维模型，为了将该模型适用于模拟涌潮，对它进行了改进。三维模型能够更精细地模拟流场，这是二维模型无法达到的。二维模型物理量是沿水深的平均值，而应用三维模型可以分层，在不同的高度（水深）都有一个流速，计算数据更为精准。涌潮研究的挑战是没有止境的。比如说，涌潮引起的泥沙问题，我们做了很多研究，但还远远不能解决。泥沙问题本身就很复杂，很多的泥沙基本问题都没有解决好，因此对泥沙冲淤的预测就会存在很大的误差。

访：有一种说法，中国河流的泥沙含量是世界上最高的，流域治理的难点就在于泥沙问题。

潘：这个说法不一定完全正确。中国河流里含沙量高，尤其是黄河，

---

① FVCOM（Finite-Volume Coastal Ocean Model）是一种先进的海洋数值模型，由美国马萨诸塞大学达特茅斯分校陈长胜教授所领导的研究小组于 2000 年成功建立。该模型主要用于模拟海洋和海岸区域的复杂动态过程，是海洋科学和工程领域的重要工具。

主要是因为有黄土高原。河流泥沙含量高导致了泥沙淤积问题，在20世纪90年代之前尤为严重。但现在我们水土保持做得好，河流上游造了很多水库，部分泥沙被拦截，像长江、黄河的泥沙都在减少，我们浙江几条河流的入海泥沙也在减少。钱塘江河口的泥沙基本上都是几千年来留下的。泥沙问题是河流治理的主要难点之一，因为泥沙学科发展水平还很不成熟。

访：2017年钱塘江北岸明清老海塘附近出现大片淤滩，同时南岸也有同样的淤滩出现，这是什么原因？

潘：钱塘江河口河床的冲淤幅度很大，并且冲淤速度很快，这是钱塘江泥沙的一个很重要的特点。为什么钱塘江治理难度这么大？其一是涌潮动力很大。普通河口、河流一般流速达到近2米/秒，已经不算小了。但钱塘江小潮期正常流速就有2米/秒，2010年实测流速最大达到约6米/秒。流速大，动力强，随之带来一系列问题。其二是钱塘江的泥沙为粉沙，粉沙是起动流速最小的泥沙，易淤易冲。钱塘江流速大，泥沙很容易被起动，造成河水含沙量大。含沙量大了以后，流速减小就很容易淤，容易形成浅滩。流速变小，就会淤积；流速变大，就会冲刷，由此引起钱塘江主槽摆动，冲淤幅度很大，这也是钱塘江治理难度大的根源。

在纵向上，枯水年、枯水季海宁塔山坝以上会发生淤积；在横向上，钱塘江涨、落潮流路不一，径流大时主流走直，径流小时主流走弯，主槽位置不同，泥沙就会有淤有冲，近岸就会出现不一样的淤涨或冲刷的情况。

访：随着科技的发展，钱塘江防治理念出现过多次的改变。自20世纪80年代末起，钱塘江治理尤其是对待涌潮的态度发生了根本性改变，由"消灭涌潮、减小涌潮"逐步改变为"保护涌潮"。为什么会有这样的变化？

潘：这个思想转变是对的。涌潮对钱塘江影响很大，破坏力强，海塘及护塘工程每年都要维护，且成本很高。1997年前仅浙江省省管海塘每年要花400万~600万元，1997年以后增加到2000万元，这对财政来说是较大的负担。此外，当时海塘的施工技术水平不高，经费又不足，为了保护两岸安全，自然希望减小涌潮的破坏力。随着科技和施工技术水平的提升，国家经济实力的增强，我们有能力建造更为坚固的海塘工程。因此，涌潮的自然景观价值也就引起了关注。这与科技发展和人们生活水平的提高，以及人们对美和自然欣赏力的提升密切相关。

2017 年 5 月 26 日，浙江省第十二届人民代表大会常务委员会第四十一次会议通过了《浙江省钱塘江管理条例》的修编，新的条例中增加了对钱塘江涌潮的保护内容，明确指出："县级以上人民政府应当加强钱塘江河口涌潮资源的保护"，这标志着涌潮保护已上升到法律层面。为了将涌潮保护落实到钱塘江管理上，我们最近与钱管局一起编制了《钱塘江涌潮影响评价技术规定》。

涌潮保护工作已经在路上，经济社会要发展，钱塘江河口作为大湾区和长三角核心区，我们不能只顾经济建设而忽视保护涌潮。以后，钱塘江河口上所建的重要涉水建筑物都要通过对涌潮影响的研究方可立项。每个工程对涌潮的影响哪怕只是几厘米，但叠加效应还是很大的。所以，如何处理好保护涌潮与经济发展的关系，并没有想象中的那样简单。

访：早在 20 世纪 70 年代，戴泽蘅总工曾提出在杭州湾建造人工岛以减少涌潮。据了解，近年来再次提出了人工岛的设想，是这样吗？

潘：是的。提出人工岛设想有几个原因：一是土地资源，人工岛可以开发利用的土地比较多；第二是通航，人工岛可以加深航道①，改善通航条件；第三是岸线利用，建一个人工岛，增加深水岸线，可以建港口。现在我们的设想是建一些小的人工岛（戴泽蘅提出的人工岛比较大），以减小对环境可能的影响。这些年我们一直通过"治江围垦"的方略来治理钱塘江河口，修建人工岛可能会比缩窄岸线对涌潮的影响更小。

访：另外还有钱塘江的航运问题。孙中山先生曾在《建国方略》中提出在乍浦一带建东方大港。这个设想影响着民国时期的钱塘江防治工程，通航一直是治江的目的之一。到现在为止，是否可以说钱塘江上没有一个大港口？

潘：现今的嘉兴港还算是大的，有 3 个港区：海盐港区，相对规模较小；另两个是乍浦港区和独山港区。孙中山先生设想的东方大港，是建在

---

① 钱塘江江宽水浅，通航问题一直无法解决。

乍浦—澉浦一带。现在这些地方已经建起了港口，但杭州一带缺少港口。像杭州、海宁、绍兴包括上虞，从经济发展需要来讲，需要建港口。但这些水域自然条件不好，不仅有涌潮，水也太浅。

钱塘江通航条件比治理前要好，相对来讲现在江道比较稳定，但还是不太理想，因为水浅，大船无法进入，航行时还要避开涌潮时间，需候潮进船。杭州到海宁这一段，通航的情况不太好。现今，很多船通过京杭大运河进入。若继续治理，就会对涌潮产生很大的影响。

访： 历史上，钱塘江北岸不开口子，以避免咸水内灌。20 世纪 70 年代在盐官段建起了排涝闸，后来又修建了三堡船闸与运河沟通，从而结束了钱塘江不与京杭大运河连通的历史，是这样吗？

潘： 修建三堡船闸，主要是为了解决航运问题，让京杭大运河与钱塘江沟通，这也是自民国以来一直存在的治江设想之一。京杭大运河的南方部分及江南运河一直发挥着航运作用，航运成本最低，运输船也很多。我们正在开展在八堡再建一个二线船闸的相关研究工作。

访： 现今，钱塘江河口治理工程已经基本完成。您觉得未来在钱塘江河口上还可以开展哪些工作？

潘： 未来的钱塘江河口更应关注资源保护与开发的关系。从治江这个角度来讲，它已经不是最重要的工作了，因为江道已基本稳定。未来主要是如何协调资源开发与保护的关系。因为河口地区有很多资源，如滩涂资源、水资源、岸线资源、航运资源、涌潮资源、沙资源等。

另一个重点就是水环境问题。因为临江的桐庐、富阳、萧山、绍兴、上虞、海宁等几个县区都将污水排入钱塘江，下游的海盐、平湖、余姚、慈溪等地也排污到钱塘江，对环境产生了比较大的影响。根据我们所做的计算分析，面源污染甚至超过了污水处理厂的污染物总量。另外，杭州湾是我国沿海污染最严重的水域之一，水环境问题的解决任重道远。

访： 未来的涌潮研究工作，您觉得哪些方向和内容值得继续深入开展？

潘： 钱塘江科研工作很有挑战性，很多方面还需要深入研究，比如说防灾减灾和预报系统虽然已经做了很多工作，但还需要继续改进完善。前期的研究往往侧重局部和具体问题，比如研究风暴潮就谈风暴潮问题。然而，未来我们要将钱塘江作为整体流域来研究，实现上下游综合协调，如上游开始下雨，就要及时预报会形成多少径流量，同时考虑上游水库调度、洪水汇入量以及下游的潮汐、风暴潮、波浪以及涌潮等因素，构建一个综合分析系统，这样可以进行实时预报。当上游发大洪水时，我们可以实时预报水位变化，供政府部门决策使用，这对于防灾减灾意义很大。在涌潮研究方面我们需要更精细化的研究，包括涌潮水力学结构、特性和演变规律，以提高涌潮预报精度。我们需要改进现有的观测仪器，实现精密测量，掌握涌潮更多的详细数据，这是研究的基础。另外，涌潮对生态环境的影响研究也刚刚起步；在涌潮泥沙研究方面，我们要提高预测的精度，这是一个亟待解决的难题。这些工作都值得我们进一步深入探讨。

工作中的良师益友

访：您应该是大学毕业即参加工作，在工作过程中完成了硕士、博士阶段的学习。您认为这样的学习—工作—再学习—再工作的过程，有哪些值得借鉴的经验或存在的不足？

潘：我们的研究工作还是蛮有挑战性的，特别是涌潮非常复杂。在工作中我们会碰到很多问题，而现在的学科发展水平还没有成熟的方法，这样就促使我们要不断学习，去解决这些问题。假如一切都很成熟了，就不需要学习了，这也是为什么我们搞这一方面工作的同志进单位后还要继续学习的原因，我们单位现在就有很多同志在攻读博士学位。工作以后再学习既有优点，也有缺点。优点是带着问题去学习，目的性和针对性都很强；缺点是精力有所分散，因为既要考虑家庭，又要兼顾工作。

访：在您的工作学习过程中接触了众多水利界的专家学者，哪些人对您产生的影响比较深？能谈谈具体的人和事吗？

潘：许多同事和老师对我影响很大。比如我刚进入单位工作时，与黄菊卿高工一起工作了6年。她对待工作非常敬业，做事仔细认真，这种态度很值得我学习。当时，戴泽蘅还是总工，我没有与戴总一起做过项目，但他会审核我们的报告。20世纪90年代以后，韩曾萃总工逐渐开始指导我。

我读硕士时的院内导师林炳尧，以及熊绍隆、耿兆铨、余祈文等几位前辈都对我产生了深刻影响，他们对待工作都非常认真敬业。我主要做数学模型研究，熊绍隆以物理模型为主，我也曾跟他做过几个项目。很多东西都是相通的，交叉学习有助于我们融会贯通。

访： 2008 年您入选水利部"5151人才工程"，2013 年您获得浙江省科学技术进步奖一等奖，这些都说明您的科研成果得到了学界的认可。这些成果主要源自您哪些方面的突出贡献？

潘： 这些成果应该说是很多人集体研究的成果，从韩总（韩曾萃）到我们这代人，再到年轻一代，很多人的工作共同形成了关于钱塘江治理体系的相关成果，内容涉及水动力、泥沙、水环境等方面的研究。我们在对自然机理认识的基础上，阐释了如何保护与治理钱塘江河口的问题，包括基础研究、防灾减灾、两岸岸线利用开发、土地资源开发利用、涌潮保护、古海塘保护、盐水入侵和预报以及社会经济效益等多个方面，这是一项综合性的研究成果 [1]。

访： 您如何看待技术科研工作的代际传承问题？

潘： 代际传承非常重要。从我认识的前辈算起，第一代以戴总为代表，戴总对工作兢兢业业，为人谦逊，注重单位的人才培养；第二代以韩总为代表。这些前辈对我们的影响非常大，长期的工作接触，会产生潜移默化的影响。在技术层面，我们从他们身上学到了很多的研究方法、研究思路。另一方面，我们也传承了他们所代表的单位文化。他们做事的态度、做事的风格、思考问题的理念，无形中都传递给了

图 4-4　2018 年潘存鸿与韩曾萃（右起：潘存鸿、韩曾萃）

---

① 潘存鸿，韩曾萃. 钱塘江河口保护与治理研究 [M]. 北京：中国水利水电出版社，2017.

我们。他们的敬业精神，认真态度，勤奋好学的品格以及对科研技术的孜孜追求，都深深地烙印在我们心中。戴总、韩总即使在七八十岁的高龄时仍然坚持钱塘江的研究工作，而且追求的是更高层面的贡献。年轻一代若能够达到这样的境界，工作肯定能够做得好。

面向海洋　专研强风暴潮——黄世昌访谈录

访谈时间：2000 年 11 月 29 日

访谈地点：浙江省水利河口研究院（浙江省海洋规划设计院）凤起院区 1 号楼 303

访谈人：李海静

访谈整理：李海静

访谈时长：130 分钟

受访人：黄世昌（1966—　　），浙江温岭人，先后获得青岛海洋大学（现为中国海洋大学）物理海洋专业学士学位、华东师范大学自然地理专业硕士学位，大连理工大学港口、海岸及近海工程专业博士学位。现任浙江省河口海岸研究院副院长、海岸研究所所长（兼任），教授级高级工程师。主要研究领域为海岸河口学，从事极端海况及其致灾过程、海床动力响应过程、海洋数值模拟预测分析、海岸保护与开发和海域论证等科研咨询工作。主持或参与完成的科研和咨询项目达 60 多项，主持国家级重大科研咨询项目 10 余项，所涉工程投资超 1000 亿元。入选水利部第四批"5151 人才工程"部级人选。国家海洋局海域使用论证、海洋环评及东海区警戒潮位核定等专家库的专家。自 2002 年起，荣获浙江省

图 4-5　黄世昌

科技进步奖一等奖 1 项，水利部大禹科技进步奖二等奖 1 项，浙江省科技进步奖三等奖 4 项，浙江省优秀工程咨询成果一等奖 3 项、二等奖 1 项，浙江省水利科技进步奖二等奖 1 项。发表论文 60 余篇，其中 SCI、EI 收录 10 篇，参与编制省部级规范 2 部。2001 年因在浙江省千里海塘建设中成绩显著被浙江省人民政府记三等功，2008 年被授予"浙江省农业科技成果转化推广奖"，2012 年荣获国务院政府特殊津贴。

生于海滨　志向海洋

访： 黄总您好！感谢您接受我们的访谈！先请您介绍一下您个人成长的家庭情况，可以吗？

黄世昌（以下简称"黄"）： 我的祖籍是浙江温岭，那是一个三面环海的小县城。我们黄姓家族在当地是个大户人家，祖上从外地逃荒至此繁衍生息。我出生在一个地道的农家，父母都是朴实的农民。我有一个哥哥和一个弟弟，哥哥高中毕业后便去参军，后来转业到乡镇工作；弟弟很早就开始做生意。我的家庭非常简单，但家里人很支持我读书。由于家族以前办有私塾，我父亲在私塾上过学，家中留有不少书籍，老父亲经常自豪地说我们家是诗书传家，可惜现在那些书都没了。

我自小学习成绩就比较好，先在村里读小学，那时候要自己带桌椅板凳上学，不过学费很低。小学毕业后，我以第一名的成绩考上了镇上的中学，中学毕业后又考入温岭中学读高中。温岭中学是整个温岭地区最好的学校，师资力量很强。

访： 您的小学时期正处于特殊的"文革"时期，此时您的学习、家庭生活是否受到了影响？

黄： 我的小学时期确实是在"文革"时期，不过小学毕业那年"文革"就结束了。小学教师大多数是民办教师，无正式编制，学生基本都自由自在地学习，没有谁来督促。家长都在生产队里干农活，按工分分粮。可能是"文革"后期了，大家折腾得累了，我们在村子里没觉得"文革"有多大影响。

访：您的中小学生活应该说是简单又快乐，您学习成绩很好，是家中的骄傲。您高考时正值改革开放的初期，对于高考志愿的选择，您是如何考虑的？

黄：1984年，我考上了青岛海洋大学（简称"海大"）的物理海洋专业。自小生活在海边，我就想做这方面的工作，所以报考了海洋方向。我当时的高考成绩高出浙江大学录取分数线30多分，是可以进浙大的。但当时我也没想太多，就想着这个学校靠近海边，读个海洋专业，毕业后可以找个靠海的工作，家也在海边，这样挺好的。这也许就是自小生活在海边对我所产生的影响吧！我真的很喜欢大海。

访：您可以介绍一下您所学专业的具体情况吗？

黄：物理海洋专业通俗来说是指海洋水文，主要是研究水体本身的物理性质，像是海浪、海流等水体固有的物理性质。在大学期间，前两年主要学一些基础课，像是理工科的数学、物理等，第三年就开始上一些专业课，像是潮汐学、波浪理论、水团以及风暴潮等专业知识。

海洋专业是海大的特色专业，老师们上课都很认真，而且很大一部分的老师都毕业于清华大学，他们的理论知识很丰富。学校在海洋专业方面的教育教学还是被业界认可的。

访：本科毕业后，您没有选择就业，而是继续深造攻读研究生，当时是如何考虑的？当时就业很容易，您为什么没有选择就业？

黄：本科毕业以后，可以回浙江，也可以去上海，许多同学去了国家海洋局东海分局。当时我觉得在学校学了4年，多数还是数学公式之类的知识，自己没有解决问题的能力，说实话是有些失落的，所以我希望能继续学习，提高自己的能力。

1988年考取硕士研究生时，我有两种选择：一是考本校，二是考其他学校。我想换一种学习环境，去其他学校感受下不同的教学风格和环境。当时，我报考的是海洋二所物理海洋学研究生，后来转到华东师范大学跟随沈焕庭教授学习河口海岸方向的知识。

访：您硕士所学专业是自然地理学，从字面来看，与您的海洋方向并不相关。

黄：当时这只是一个专业类别，自然地理包罗万象，海洋也是其中要研究的问题之一。具体的研究方向还是看学生的意向所在，我的研究重点还是放在河口海岸上。当时，也会跟着导师做一些项目，但不多。研一、研二以上课为主，有时候会跟着老师做些项目。

访：当时，国内从事河口海岸研究的机构并不多，除您所在的工作单位外，还有华东师范大学陈吉余院士所创立的河口研究室，是国内高校系统中建立时间较早的河口研究机构。与海大相较，有什么不同？

黄：早期，华东师范大学和中科院地理所联合建立了华东师范大学地理系河口研究室。1978 年，该研究室正式更名为华东师范大学河口海岸研究所。这一研究所与浙江省河口海岸研究所同期成立，是国内较早开展河口海岸研究的专门科研单位。在我入学那年，学校还建立了河口海岸动力沉积与动力地貌综合国家重点实验室。该实验室主要包括河口、海岸、沉积、海岸带资源开发等科室。在我求学的那些年，华东师范大学河口海岸研究所是科学研究和工程应用结合得最好的单位之一，承接了许多国家重大科研项目，如长江河口最大浑浊带研究、河口风浪研究、南水北调工程等，还有大量的工程应用项目。

华师大与海大相较，专业方向上差别较大。海大在基本理论方面讲得比较齐全，师资力量也比较雄厚。从地理学角度而言，华师大显得更为丰富，学术氛围也更浓厚。而且华师大在泥沙方向有着深入的研究，像河床演变、泥沙运动综合分析等，这些研究内容本身就跟潮流、洪水等相关联。两者各有千秋，无非就是一个研究主体靠近海洋，另一个靠近内陆，各有各的长处吧！

初识河口治理　专于涌潮研究

访：1991 年，您硕士毕业后来到钱塘江工程管理局（河口所）工作，当时是基于什么考虑来到这里？初到单位时，您主要从事哪些方面的工作？

黄：当时我主要考虑的是选择离家近的地方工作，毕竟那时候交通不便利。另外，杭州是省会城市，未来发展前景会比较好，所以就选择来了这里。

我初到这里时，主要是跟着林炳尧老先生学习，主要从事河口方面的咨询与科研工作，比如参与永宁江建闸闸下淤积、钱塘江一维涌潮数值模拟与观测、桥梁水文等工作。后期在钱塘江的工作中我主要从事防灾减灾方面的研究，如钱塘江北岸海塘的波浪计算和波浪试验，杭州湾跨海大桥的设计波浪要素计算，钱塘江海塘前沿冲淤变化、北岸风暴潮的研究等，这些工作更多侧重于钱塘江海塘防御方面的内容。

访：您所从事的钱塘江海塘稳定性研究与前辈相比有哪些不同？或者说发生了哪些变化？

黄：老一辈专家主要工作集中在澉浦以上河段。他们在钱塘江治理方面取得很大成就，治理前河口段河宽基本是 10~20 千米，主槽经常性迁移摆动，治理后至少可以把主槽固定在相对狭窄的位置，两岸海塘也更加安全。换言之，就是他们把原来 10~20 千米的河宽缩狭为原来的 1/2，甚至 3/4。在大规模缩狭江道的情况下，对河流自身没有太大的副作用，这就是很大的成就了。所以说，这么多年的治理首先是集中在河口段和径流段的治理。在主槽相对稳定之后，河口段的海塘安全问题主要就是涌潮冲击造成的塘脚冲刷问题，采取何种治理方针能够保障塘脚安全，这是重中之重。他们采取了修建丁坝、排桩等技术手段来防涌潮。

到了 20 世纪 90 年代以后，我们这一时期以澉浦以下江段的治理为重点，问题更为突出。风暴潮、海浪对海堤安全问题的影响成为我们研究的重点。在上游河口段主要影响因素是洪水和涌潮。虽然有风暴高潮位，但影响不大。而对潮流段，即澉浦以下河段，涌潮影响较小，主要是台风浪和风暴潮，其中风暴潮为最主要灾害。防御风暴潮主要有两个措施：一方面是工程措施，就是修建更坚固的海塘，或是修建更坚固的二线塘；另一方面就是预报和预警，提前预警，划定溢洪区范围，使人民的财产损失降到最低。钱塘江北岸海塘防御标准很高，因为一旦海塘发生溃决，海水将倒灌到上海、江苏，直至太湖流域，牵扯的范围很大。

20 世纪 90 年代 9417 号台风和 9711 号台风灾害相继发生，全省海塘都受到不同程度的损坏，多数市县海塘几乎损毁殆尽，教训惨痛。以前海塘防御主要是垂直防浪，不允许海浪过堤，海堤内坡、内堤趾的设计比较薄弱。但客观上，在异常天气情况下，越浪（即海浪越过海堤堤顶）难以避免。痛定思痛后，大家提出"允许越浪，三面光"的理念，即允许部分海浪越过海堤，但要加强海塘的结构；要做到三面保护，即迎浪面用混凝土异形块结构、混凝土重力墙等；堤顶和背坡面用异形块体、干砌石和混凝土等改进的新技术。这样，遇到大的浪潮时海塘不会出问题，海塘的高度也可以在一定程度上降低，这样更符合实际情况。与以前相较，这是海塘修筑防御理念的一次转变；同时，治理的河段、防御的重点都有所改变。后来人们采用水平防浪的方式，即允许部分海浪过塘。这与早期海塘建设不允许海浪过堤的理念形成鲜明对比。

在我开始工作后，我主要做钱塘江潮流段（又称杭州湾，位于澉浦以下至镇海河段）的风暴潮和海浪及其对海塘作用的研究，还有一些桥梁和管道之类的水文方面的工作。现在，我们需要解决潮流段所遇到的问题，首先是潮流段出现一些新的问题，需要研究解决；其次是杭州湾海域的如何开发利用问题，但前提是不能影响到涌潮和北岸深槽的自然状态；最后是环境生态保护问题，包括周围的湿地保护、杭州湾水质的综合治理问题等。

访：您能不能谈谈现今钱塘江海塘的主要结构特点？

黄：海塘结构主要分三种类型：直立式海塘、斜坡式海塘和混合式海塘。直立式海塘用料省，地基受力比较集中；斜坡式海塘底面宽，占地面积大，用料多；混合式海塘，结合了前两者的优点，基础宽大又塘体集中，因此在实际中应用最为广泛。

在钱塘江北岸的老海塘加固工程中，我们采取了几个关键措施。首先，我们加固了老海塘的桩基；其次，加建了子堰使其与明清老海塘相连，使之成为古海塘的一部分。在钱塘江河口段，防冲是加固工程的关键。

钱塘江北岸海塘金丝娘桥以西为浙江段，以东为上海管辖的海塘。而钱塘江南岸夏盖山以东被称为浙东海塘，以西则被称为钱塘江海塘。不过，这个分法也不是很准确，实际界限应该是到镇海大榭岛为止。

图 4-6　钱塘江古海塘加固工程（图片由李海静提供）

访： 刚才谈到了钱塘江一些新建的工程，尤其是涉及钱塘江波浪计算的内容，譬如刚才谈到的钱塘江上建桥，江底修建输油管道等。为什么要开展这些科研工作呢？

黄： 在钱塘江上建桥，我们首先要考虑桥墩的受力分析，要考虑到船撞的可能性，还要考虑波浪力、水流力的影响。以杭州湾大桥为例，我们首先要考虑造桥后对杭州湾所产生的影响，主要包括高潮位、低潮位、进潮量、泥沙冲淤的变化，其中最主要的是建桥对涌潮和河口环境的影响。第二个问题，我们还要考虑建桥周边的动力环境对桥梁自身的影响，比如桥墩受潮流的作用力有多大，其中最重要的是冲刷坑[①]的深度，这涉及桥梁的安全问题。关于海底管线和输油管道的建设，我们最怕的是河床刷深。一旦发生河床刷深，就会造成管线的悬空、裸露，严重时会造成管道的折断。我们要研究在极端海况条件下，河床的最大冲深是多少，也就是最大冲刷高程。要回答这个问题，这就需要深入了解杭州湾本身的自然冲淤变化，特别是在极端台风条件下的冲淤变化。我们前期的研究就决定了后期管线所安放的位置。

关注杭州湾　工程带科研

访： 您所从事的研究工作，相较前辈发生了很大变化。

黄： 以前我们更多的是把重心放在河口段的治理上，因为这段的问题多且复杂，而海塘的作用又很关键。经过四五十年的治理后，河口段基本

---

　　① 冲刷坑是指由泄水建筑物下泄水流所携带的剩余机械动能对河床局部区域造成的冲刷变形。

没有风险了。钱塘江下游段潮流段，也就是澉浦以下河段，我们称为杭州湾，本身并没有太多的险情，情况也没有上游段那么复杂，更多的是以海域的开发活动为主体。因此，我们的研究是从上游的海宁、盐仓等区域转到澉浦以下的海盐、镇海、慈溪等区域，研究方向和治理的区域都向东移了。

在杭州湾的治理中，我们主要关注的是钱塘江北岸深槽的研究，北岸建有多个码头（海港）群，近些年的围垦工程开展后出现了淤积的趋势。我们研究的重点是如何保障北岸深槽，使北岸海港正常运行，同时，也不影响涌潮。现在我们也没有特别的措施，最好的状况是长江来沙减少，这样杭州湾上海段的情况会好一些。我们只能寄希望于发洪水时多走北岸，这样能够形成冲刷，保障北岸深槽的深度。

从海域管理的角度来看，南岸基本不能再进行规模较大的围垦活动，这样不会对北岸深槽有影响。在此种情况下，对于北岸深槽的保护，我个人觉得可以采取可移动式的装置，利用汛期进行导流，这样就可以在大洪水期增加北岸的水流量，达到冲刷的效果；在平常的时候就把它移走。这只是我个人的设想，还不成熟。这样的措施在短期内可以实现刷深北岸深槽的效果，但长期放置的话就会影响到河势以及涌潮的问题。因此，这还是需要数值模型计算来验证效果，看会不会对周边环境造成影响。我觉得可以从这个视角来考虑这个问题。

当然还有一种最"笨"的方法，就是疏浚。然而，不断地疏浚能不能形成一个稳定的深槽，这就不好说了。所以说措施还是有的，但就是以什么样的代价来长期维护，这也是需要考虑的。钱塘江北岸深槽问题是存在的，但目前还没有很好的解决方案，深入思考这个问题的人也不多。现在，北岸深槽淤积问题已经接近临界状态，最简单的应对方法就是"乘潮"，即乘着高潮位时进船。

杭州湾的通航问题也一直是各界关注的重点。如果是在澉浦以下北岸深槽区域内，通航是没有问题的，无非就是改善河槽，进行少量疏浚的问题；澉浦以上河段通航就面临着很大的困难。第一个问题是涌潮，因为涌潮是不安全因素；第二个问题是河床太高，水深太浅，恰恰处于钱塘江沙坎段，不具备稳定通航的自然条件。像在尖山以上的河段因为水太浅，不可能建大型码头。但在曹娥江以下的河段，曾经设想过做闭合式港池来建码头。曹娥江两岸可以考虑做闭合式码头，是因为潮水来临时可以通过将闸门关闭来阻挡潮汐，乘着高潮位可以行船，但也只能做小型码头。我们仍需考虑诸多自然因素的影响。

现今，制约杭州湾治理开发最大的影响因素就是涌潮。杭州湾的治理开发需要总体的规划和布局，因为这个问题比较敏感，假如不进行研究的话，以后很可能会造成不可挽回的局面。单体工程对涌潮的影响都比较小，但多个工程的叠加影响就不得了。反过来讲，我们对于涌潮的研究还需要更加深入。除了研究涌潮的形成、传播等因素以外，还需要研究涌潮如何进行补充。我们在思考有没有办法使涌潮更加壮观，这样一方面可以弥补杭州湾开发对涌潮造成的负面影响，另一方面可以研究在自然的状态下人为创造条件来增大涌潮，这些问题都需要我们进行更加深入的研究。比如，长江口来沙减少以后，会对杭州湾的潮容量造成多大的影响？假如潮容量增大了，冲淤幅度可能会降低，那么澉浦以上河段潮差变大，进而涌潮也会变大。此外，涌潮与沙坎、河宽等因素有关，在研究这些关系时，有没有考虑采取人工补偿的措施来影响涌潮。换句话说，我们有没有可能对涌潮采取人工措施，进行人为的控制，这一点也是很重要的。现今，已经没有纯天然的河口和河道，基本都是人工高度干预下的河道。对于涌潮而言，我们是不是可以进行人工干预，可以做涌潮补偿研究。在自然条件下，秋季大潮汛到来之前，如果上游加大来水流量以刷深河道，那么秋季的涌潮就会增大。

杭州湾的水环境问题，尤其是钱塘江南岸湿地作为鸟类觅食和迁徙地的问题，需要加大对这部分地区的保护力度。总体来看，保护状况还是不错。杭州湾是劣四类水质，我们在生物多样性保护方面需要考虑更多。整个南岸慈溪附近的庵东边滩有 50~60 千米长的区域，首先是围填海问题要慎重，其次是水质问题，尤其是污染问题。这一地区上游是上虞的工业区，排污量较大，水质问题是重点。改变湿地环境要提上日程，因为它是杭州湾的重要组成部分。对杭州湾湿地的规划和保护工作我们要认真开展。

杭州湾的环境生态容量问题是一个需要慎重并深入开展研究的课题，

这将决定两岸的排污问题。如何设置两岸排污口以及确定排污浓度，这是环境承载力研究的关键所在。现在大家都在做污水提标工作，力求达到 A 类排放标准后再排放。然而，回到问题的本质，杭州湾沿线工业区太多了，我们需要做系统的调查研究，展开严格的数据监测，以制定相应的湿地修复保护方案。

我现在的研究侧重于海岸带生态修复，如沙滩修复和滩涂修复等。我个人主要还是关注泥沙问题，团队其他成员则开展修复领域的研究。浙江沿海地区有现实需求，因为这边的沙滩较少，细化后变成了泥滩，粗化后就成了鹅卵石滩，这样的沙滩不适于旅游，所以要进行修复。能不能修复以及修复到何种程度，这些都属于泥沙问题的研究范畴。我们最早开展这方面的研究是在 2006 年，是一家房地产公司找到我们，希望开发沙滩景观。此后，沙滩修复项目越来越热门，我就申请了浙江省科技计划项目。省海洋局也在做海岸修复，沙滩修复是其中很重要的一部分内容。这样横向、纵向的项目特别多，我们也积累了大量的实践经验。人工修复沙滩这些项目能够促进地方经济社会的发展，得到了地方政府的热情支持。我们的研究就主要关注如何保障沙不被海水冲走，以防止下面的淤泥上翻。浙江的沙滩属于岬湾型沙滩，沙子不容易被冲走，但我们最担心的是泥沙沉淀到沙子上，导致沙滩被泥化，这就会影响到当地的旅游业。

关注海洋　注重人才培养

访：您现在研究的问题主要是针对社会经济发展过程中出现的现实问题开展的吗？

黄：是的，我们在解决社会现实问题的同时开展相关的理论研究。比如，沙滩的泥化问题就涉及波浪作用下泥沙的启动和冲刷机制。我们的研究工作一方面以市场为导向；另一方面也积极申请国家级和省级纵向课题，开展理论研究。这些项目既有社会经济效益，符合现实社会的需要，有市场应用的前景，又涉及很多需要研究的基础理论。我们现在有很多博士后都在开展相关理论研究。我个人认为，我们的研究要有应用前景，要有理论研究价值，又能为单位带来经济效益，应该做到三个方面兼顾。

访：20世纪90年代，您刚到单位时主要从事杭州湾的波浪、潮汐口的研究，后期您的研究范围和研究领域在不断地扩展和延伸，开始涉及沙滩修复、海洋生态等问题，您是如何考虑方向转变的呢？

黄：早期，我们的研究主要集中在海塘稳定、防灾减灾、涌潮研究等方向。后续，我们引进了很多年轻博士，他们开始接手这些工作。外围市场需求在不断变化，我们需要不断扩大队伍，这就需要不断拓展新的研究方向。年轻人拓展市场和新的方向难度大一些，这样就需要我们不断开展新的研究工作，根据现实需求逐步拓展到生态问题、海岸带修复等领域。

同时，我们也不断地培养人才，希望能够构建一个学科体系比较完整的科研队伍，不仅涉及风暴潮、泥沙等单方面的研究，还要拓展至多个领域和方向的研究，比如生态和环境问题。

访：这几年海洋研究方向一直深受国家重视，未来很有可能成为国家的重点研究领域。

黄：对我们海岸所而言，近岸研究涉及的问题广，需要研究的内容也很多。比如说，在各地高强度围垦的情况下，生态问题发生了怎样的变化，这是我们需要研究和回答的问题。第二个问题是围垦后如何提高防灾减灾能力，毕竟自然力是不可控的。第三个问题就是水质问题，各地都向河流或海洋里排污，如何处置污水以及其对水质的影响如何，这些问题都需要我们进行深入研究。

访：您具有深厚的研究基础，其他的老专家对您的评价也是很高。就您个人而言，在今后的研究方向上，您更倾向于哪个研究领域？

黄：我今后的研究重点还是会放在海岸动力方向，特别是在海岸冲淤变化方面我希望能够做得更好。因为钱塘江，包括我们浙东海域受到的影响因素比较多，像长江口的输水输沙在不断地变化。从海洋资源的开发利用上来讲，首先是滩涂资源，我们要先搞清楚滩涂资源是怎样发育而来的，这是一个大的研究方向；其次就是浙东沿海的发展变化规律等。1999年，我申请了关于《海湾泥沙运动及长历时演变预测创新人才培养项目》的课题，主要是想花大力气把浙江省的滩涂发育、机理预测等搞清楚，更好地将滩涂资源开发利用起来。至于防灾减灾、海塘稳定等方向，因为已经有人在做这些方面的研究，不打算在这些方面花太多心思。

访：您做技术引导的同时又做行政领导，还着重培养建设交叉学科的优秀团队，我想了解一下在年轻一代的人才培养上，尤其是技术方面的人才，您是如何培养新的技术人才的呢？

黄：第一个是技术经验的传承，第二个是精神文化的传承。年轻人的培养是各个单位都要面临的问题，各有各的做法。我们主要是采用"传、帮、带"的方式，当拿到新课题的时候，相同专业的人就先开始讨论、改善、分析。在待开拓的领域，我们希望他们多到其他单位学习或者进修。对于一些重点培养的学生，我们会与他们商量个人的研究方向，也希望他们能在这些领域方面达到更高的水平。我们主要做的就是给他们提供一个平台，让他们能够找到适合自身的、能够发挥个人特长的领域。

访：假如有一位新晋的年轻人，他的擅长方向与传统领域大相径庭，那您还会支持他吗？

黄：我们会先了解他自身有没有相关方面的素质，如果他看问题的能力、基本素质等都还是不错的话，我们会根据他的学历背景给予不同的建议。假如是硕士毕业的话，我们会先鼓励他去读博士；如果是博士的话，就会建议他先去国外进修。我们也会去承接相关方面的项目让他当负责人，如果他碰到不懂的问题时，我们会请本单位的相关同志来进行指导，这样的话他自己就能比较快地上手，也能够申请一些省级项目以及国家项目，并且可以与其他单位合作。这些年，我们单位去国外进修的人是很多的，在国外读博士的也不少，这都是希望他们能够再提升自己，能够对行业发展有进一步的了解。当有新同志加入的时候，我们需要给他们创造条件，提供一个展示自我的平台，至于做得如何就全凭他们自己。师傅领进门，修行看个人。

访：据老专家们介绍，您本身擅长科研，如果潜心研究的话是会做出不错的成果的。您现在又兼任行政领导，会不会分散您做科研的精力？您是如何协调平衡两者？

黄：现在，我很难潜心去做科研了，毕竟从客观条件上来讲，作为省级单位的一个部门，我们的多数业务不是水利行业的主导业务。部门的生存和发展是很难的，做行政相关的工作确实会分散一些精力，但我们本质上还是想要努力建设好团队，做出更多显著的科研成果。

访：作为一个省级单位，与南京水利科学研究院、中国水利科学研究院相较而言，有些重量级的项目我们是很难接触到的，但我们也取得了一些显著的成果。那您是如何使得我们单位能够在国内外站得住脚的呢？

黄：这其实也是一个关乎到单位生存的根本性问题。首先，我们要针对浙江省沿海的河口海岸的情况开展研究，比如说感潮河段和河口的防灾减灾问题，这对于浙江省而言是当务之急，是必须要解决的问题。我们会收集大量的资料，比如说杭州湾的治理，从 20 世纪 50 年代到现在为止，单单地形测量每年就需要进行 3 次，这些水文测量、涌潮研究、潮位资料以及研究风暴潮的资料等都很丰富。其次，在有资料的前提下，我们需要有相应的人才配备，像钱塘江治理老一辈的戴总（戴泽蘅）他们，以及现在的潘总（潘存鸿）等。从他们自身知识储备上来讲，其能力并不逊于南京水利科学研究院和中国水利科学研究院的专家。两者相结合的话，我们相较于其他单位还是有优势的。在防灾减灾这一块领域，我们是从 20 世纪 50 年代开始着手研究，后续引进了大批名校的博士、硕士，从人才素质上讲，我们不会比国家级的大单位弱。再者，我们研究的领域是相对比较集中的，对于各种项目会进行综合考虑。我认为，只要我们有足够的资料、条件以及优秀的员工，我们就能够做出前沿的优秀成果来。

访：您已经从传统的河口研究转变为海洋的治理规划研究，或者说这在将来会不会成为您所在部门研究的一个重点？

黄：准确地说，我们在海岸研究方向上拓展了很多，不仅在人员方面成倍增加，研究内容也涉及海岸带的管理、海岸的仿真模拟、海洋环境的预测，实际上海岸管理已经成为我们的重点研究对象。以前我们把精力更多的是放在钱塘江和杭州湾的管理上，现在我们的研究范围已全面覆盖浙江省的沿海全地区，而且我们有很多项目是来自其他省份的，比如福建、江苏以及广东等。我们把一些研究成果推向全国，这也证明我们的研究具备领先性。有时候我们会开玩笑说，如果你能接到国际项目，说明我们的研究是具备国际先进性的；如果大多数接到的是国内的项目，那说明我们的研究达到国内水平的；同理，如果都是省内项目，也就能说明我们的研究达到省级水平，所以一切都是看实力说话的。我们也拥有很多自己知识产权的产品，所以从应用上来讲，有成果要去呈现，有能力要去体现。但最重要的还是提高自身的素质。

访： 您从本科的海洋专业到研究生时的河口演变专业，在工作多年之后，您又重新回到学校攻读博士学位，为什么会有这样的选择？

黄： 河口段本身就是河流与海洋相连的地区，随着治江工程的完成和沿海地区现实需求的不断增加，我们的研究内容和研究领域逐步向沿海地区延伸，单位也招了不少海洋专业的同志来从事相关研究工作。这主要还是由现实的需求所决定的。

我于2008年博士毕业就读的是大连理工大学港口、海岸及近海工程专业，导师为李玉成，论文题目是《浙江沿海超强台风引发的潮浪及其对海堤作用》，主要研究台风所引起的潮浪对海堤的影响。我选择攻读博士的主要原因是当时从事波浪对海堤的作用和影响研究的人很少，现实工作中需要解决这个问题。另外，大连理工在波浪和海堤研究方面在国内是做得比较好的，所以我选择到大连理工大学学习。我的博士论文选择的方向后续创造了很多现实经济效益。论文建立起了在台风作用下对海塘影响的分析体系，系统模拟了台风暴潮的形成路径、对海塘所产生的影响，并对海浪、台风暴潮与天文潮耦合问题展开更为深入探讨，这个研究对后来的工作发挥了很大作用。根据这个研究，我们可以对不同台风可能造成的影响，如台风淹没的范围、淹没时间提前做出预警，提出针对性的防御措施。这项研究后续还衍生出众多研究课题，比如钱塘江的设防水位、钱塘江超标准风暴潮、浙江沿海的淹没问题，还有台风对浙江沿海核电厂、火电厂的影响等。这些研究要考虑的影响因素较多，有了完善的系统研究体系，大家就可以沿着已有的研究路径更方便地开展数学模拟计算。利用这套方法，我们做沿海防潮体系的建设，在不同地段采取不同的防御措施，既考虑了经济效益，又考虑了沿海地区的安全性，其经济效益非常显著，防治减灾效益也很好。

现在单位就读的博士和新招进来的博士后，他们的论文题目也都是以现实工作中遇到的问题作为研究题目。这样的题目具有现实意义，其研究成果也可以弥补现有研究的不足，可以直接应用于实际。工作与研究相结合，年轻人也都有时间去做。

物理建模　科研服务社会——曾剑访谈录

访谈时间：2019 年 3 月 7 日

访谈地点：浙江省水利河口研究院凤起院区 1 号楼

访谈人：李海静

访谈整理：贾伟凯

访谈时长：110 分钟

受访人：曾剑（1974— ），浙江瑞安人，正高级工程师。1996 年 7 月，毕业于杭州大学水资源与环境专业，获学士学位；2004 年 6 月，获浙江大学港口海岸及近海工程硕士学位；2011 年 3 月，获浙江大学港口海岸及近海工程博士学位。主要从事河口海岸治理、水沙动力学、海岸带保护修复等科研与咨询工作。研究项目涉及水利、海洋、城建、电力、环保及交通等领域，先后主持国家自然科学基金、省重大自然科学基金、水利部公益性行业科研专项、国家和省重点工程前期咨询项目等 40 余项。科研成果获省科学技术一等奖 1 次，省级科学技术二等奖 5 次，发表学术论文 60 篇，授权发明专利 20 余项。享受政府特殊津贴人员，入选浙江省"新世纪151 人才工程"第一层次，荣获"浙江省有突出贡献中青年专家"和水利部"水利青年科技英才"等称号。

图 4-7　曾剑（图片由朱勇拍摄）

长于海滨，致力"水"研究

访：曾总您好！非常感谢您接受我们的访谈！作为年轻一代从事钱塘江防治工程的技术专家，我们想请您谈谈您的成长和您所从事的治江工作，先来聊聊您的学习经历，如何？

曾剑（以下简称"曾"）：我出生在温州瑞安陶山。陶山因南朝梁时著名医药家、道教思想家陶弘景而得名。我在陶山的学校完成了小学和初中的学业。20 世纪 80 年代，地方的中小学校教学质量普遍不高，教育资源极其缺乏，尤其是外语老师。我读初一的时候，我们外语老师本科专业是化学，英语发音不标准，我们的语音和音标课是通过录音磁带来学习的。到了初三，我们英语改为由本科专业为语文的老师兼任，当时的教学水平和能力也就可想而知啦。相较于英语，数学、语文的课程老师较好，但物理、化学等学科的师资力量也是比较匮乏的。

1989 年，我考入瑞安中学，这在当时还是很有难度的。瑞安中学在当地非常有名，可以与杭州第二高级中学、杭州高级中学齐名。我们那里有一种说法："考上瑞安中学，就等于半只脚踏入了大学。"到了瑞安中学之后，整体教育教学水平就有了很大的提升。瑞安中学面向全县招生，但是每一届只招收 200 多人。我们那时候有 6 个班，有 270~280 名学生。

访：大学报考时，您为什么会选择报考杭州大学的地理系？

曾：1989 年，我从瑞安中学毕业，那时大学数量也不是很多，浙江省就几所学校，能够考上自己心仪的大学非常不容易。20 世纪 90 年代，高考还是千军万马过独木桥。当时，国家高考政策在调整，招生规模略有增加，上大学开始收费，但所缴纳的费用很低。公费生一年的学费、住宿总共才 400 块钱。

在学校和专业的选择方面，是家人和我共同决定的。那时，我就想：能够上大学，就在浙江境内读书，像杭州这样的地方就很不错。杭州大学也就成了我的报考目标，学校里专业很多，看到水资源与环境这个专业蛮有吸引力，家人也提供了很多意见和帮助。我的家乡陶山，以山区为主，有部分平原，与浙江省的地理环境概况相似，是典型的"七山一水二分田"。每年五六月份雨季到来时，突降暴雨后就会出现非常严重的内涝，八九月份又会遭受台风侵袭，所以温州各地对水利工作很重视。亲身的经历让我和家人认为这个方向是民生所需要的，可以长远发展。

访： 水资源环境是您的第一志愿吗？

曾： 我当时填报了好几个志愿，水资源与环境放在前面，也考虑了其他几个方向，如水利、电子工程。对于自己所选的方向和专业，我都特意去了解了专业和学科发展的背景。杭州大学的水资源与环境专业是与港航（即港口航道与海岸工程）专业合作办学，港航专业是杭州大学有影响力的强势学科专业，面向全国招生，20 世纪 70 年代就开设了这个专业。我们所熟悉的潘总（潘存鸿）、符书记（符宁平）都毕业于这里。水资源与环境专业与港航合作办学，师资共用，从专业特色上来讲，水资源与环境专业更侧重水利，事实上是融合学科，将理学和工学融为一体。所以，我们所学课程也是较全面的，包括钢筋混凝土、土力学、工程力学、规划等专业知识。当时学校对这一学科的办学理念就是要融合涉水知识和工程知识，我们的专业课自然也就比较多。学科特色也非常明显，旨在培养具有深厚理学功底兼具工程知识的复合型人才。这个专业当时非常有吸引力，1989 年首次招生，1992 年第二批招生。

访： 我了解到杭州大学的地理系比较有名。

曾： 是的，杭州大学的历史地理在全国有一定影响力，当时地理系有三个专业方向，设有三个教研室：一是地理教育教研室，主要方向为地理教育；二是气象教研室；三是港航教研室，分两个研究方向——一个是水资源与环境，另一个是港航。在教学的过程中，教研室的老师是相同的，我们所学的学科还会增加陆地水资源、水文等专业知识。

接受挑战，面试定职业

访： 大学毕业后，为什么选择了河口海岸研究这份职业？

曾： 当时虽然大学毕业生有包分配的说法，但我们正处于包分配和自主择业过渡阶段，每个班级大概有 20% 的同学可以获得一张红卡，拿着红卡可以在全省范围内自主找工作，没有拿到红卡的同学要回到自己生源地找工作。

我们班里大概有五张红卡，我是其中之一。一是因为我是班里成绩最好的，二是我也是学生会干部，所以获得了在省内自主找工作的机会。当时可选择的单位还比较多，如华东勘测设计研究院（华东院）、浙江省交通规划设计院（交通院）等，也可以选择回到温州。当时本科毕业生相对较少，社会需求大，水利、交通都是符合的就业方向。当时，有好几个学长毕业后在浙江省河口海岸研究所工作，河口所每年都要招一些学生。在王宗涛老师的推荐下，我顺利地获得了河口所的面试机会。在面试过程中，我就觉得河口海岸研究是具有挑战性的工作，河口所这个单位有着深厚的历史沉淀。面试后，我也深入了解了浙江省河口海岸的情况，觉得这是一个很有前途的工作。浙江省经济发达和人口密集的区域主要分布在沿海地带，从事河口海岸的工作对浙江经济社会发展非常重要。所以，河口海岸研究潜力巨大，地位也是很重要的。大学所学的专业课，如河口海岸动力学、河床演变学等专业知识也有用武之地。

选择工作单位是一个相互了解的过程。当时单位从事河口海岸研究，也希望能够招聘到具有陆地水文知识储备的人。刚好我所学专业就涉及很多陆地水文的课程，像洪水预报、径流运动计算等。双向的契合也就促成了自己来河口所工作。

访：您专业课里面就有讲钱塘江的变迁吗？

曾：我们所学专业课河口河床演变学就是专门讲泥沙问题的，钱塘江河口是其中的一个章节，也涉及长江口、黄河、珠江，甚至世界上其他比较有名的河口。钱塘江河口泥沙问题很有特色。另外潮汐学、海岸地貌学等课程都会有浙江河口海岸的介绍。钱塘江河口涌潮动力很强，流速在 6 米／秒以上，有时甚至达到 10 米／秒，这种强动力很少见。此外，河床演变非常复杂，特别是主槽经常摆动，对涉水工程建设影响非常大。

访：1997 年浙江省启动"千里标准海塘建设工程"，1996 年您所做的项目与此项工程有关系吗？

曾：水利工程建设都需要有规划。1996 年参加工作后，我参与的首个项目是富春江江堤规划，由楼总（楼越平）和陈主任（陈森美）负责。那时，富春江两岸的堤防普遍标准偏低，远未达到相应保护区的防洪标准。桐庐、富阳范围内的堤防标准大部分都是五年一遇标准以下的，即使桐庐、富阳的县城原堤防也仅达十年一遇的防洪标准。而且堤身比较单薄，部分堤存在渗漏、重堤脚冲刷等隐患。富春江江堤规划的主要任务是研究规划范围内的各频率设计洪峰流量和沿程设计洪水位，确定规划河道两岸的堤线位置、江道控制河宽和堤防的防洪标准，提出标准江堤断面形式、堤身结构等。我的工作主要涉及设计洪水位的计算。当时，所里引进了好多计算软件，像 Sobek、MIKE、SMS、DELFT3D 等，这些软件都是用来算水动力的，包括河流、河网、河口的水位计算。

访： 您刚参加工作的时候，除了做水文分析外，还参与了哪些工作？

曾： 当时，我所在的部门是河口所规划室，规划室的科研咨询任务比较饱满。刚参加工作的时候，除了参与水文分析计算的工作外，我主要从事钱塘江河口物理模型的试验工作。20 世纪 90 年代，钱塘江河口的治理重点下移到尖山河段。尖山河段潮强流急，涌潮汹涌，主槽摆动频繁，冲淤幅度极大，为典型的游荡性河口，对防灾减灾、河口资源保护利用极为不利。上述自然特性不但在国内潮汐河口独一无二，即使在世界上也是罕见的。水流、泥沙、河床条件变化的复杂性给研究和治理带来了极大的困难。为此，河口所组建了由韩总（韩曾萃）牵头，潘总（潘存鸿）、熊总（熊绍隆）、老祈文等为主的强大技术团队，对钱塘江尖山河段整治规划进行研究。我有幸在熊总的指导下，参与了尖山河段整治规划线比选、海宁尖山一期促淤围垦工程、南股槽整治等泥沙物理模型试验。后来的事实证明，钱塘江尖山河段治理取得了巨大的成功：稳定了河势，增加了 59 万亩土地，改善了两岸的排涝和航运条件，增加了钱塘江河口水资源利用率（减少咸水入侵），保护了涌潮自然景观和明清老海塘建筑，大大改善了河口的健康程度，为两岸的经济发展起到了巨大的支撑作用，特别为曹娥江大闸的兴建奠定了基础。

访： 刚刚您提到钱塘江河口泥沙模型的试验，为什么要研究这个？

曾： 研究钱塘江河口泥沙模型是非常必要的。20 世纪 80 年代，戴总（戴泽蘅）就讲过，从事钱塘江河口的治理研究要致力于研究手段的发展。

钱塘江河口太复杂，无论是水动力、泥沙运动条件还是河床演变方面，在全国乃至全世界众多河口中也极为罕见。钱塘江河口的研究工作既吸取了国内外河口研究的经验，又结合钱塘江河口自身的特性与治理实践的需求，在不断摸索中前行。为了深入研究和治理钱塘江河口，我们形成了三大主要研究手段，即实测资料分析、数学模型计算和物理模型试验。

首先，实测资料分析方面，我们积累了丰富的实测数据，为钱塘江科学研究奠定了坚实基础。我们老一辈的治江专家，像戴总、韩总，他们非常注重基础资料的搜集。20世纪50年代他们成立了测量队，每年3次对钱塘江进行现场观测，持续了70多年，中间几乎没有中断。据我了解，这种高频率的、长系列的河口水下地形测量，在世界众多河口中绝无仅有。根据实测资料，我们进行河床演变分析，运用数理统计的方法，掌握河床演变的规律。这些资料非常珍贵，是研究钱塘江河口最扎实的第一手资料。

其次，数学模型计算方面，我们通过数值计算的方法来反演钱塘江河口水流运动、泥沙运动等情况，从而认识河口的变化规律，预测工程带来的影响。对钱塘江来讲，数学模型的研究具有挑战性，如涌潮是一个不连续的间断，很多国际上通用的数学模型计算软件不能很好地模拟钱塘江涌潮，需要单独研发。

最后，物理模型试验方面，我们根据水流和泥沙运动的力学规律，按照相似理论，制作与原型几何相似的实体模型。由于物理模型能反映水流的三维特征，较好地模拟河口实际的泥沙运动，因此在重大工程的前期论证中得到了广泛的应用。然而，针对钱塘江河口大冲大淤的河床演变模拟问题，物理模型试验需要在模型设计技术、量测技术、含沙量控制技术等方面有所突破。

访：刚才，您提到钱塘江河口每年开展3次的现场观测，这个时间是特意选取的吗？

曾：是的。钱塘江河口每年开展3次观测，分别在4月、7月和11月。4月，钱塘江流域的洪水期尚未到来；7月为梅雨季节刚刚结束，流域性洪水结束之时；11月则是刚刚结束9月和10月的秋季大潮汛。三次测量反映了洪水期到来前、洪水期过后以及秋季大潮期过后的河床状况，我们从中可以认识上游径流、下游潮流对钱塘江河口河床冲淤的变化规律。

访：钱宁、林秉南都曾做过钱塘江泥沙研究，您认为钱塘江泥沙问题解决了吗？

曾： 由于河口水动力的非恒定性、泥沙运动的不确定性以及水沙、盐水的相互耦合作用，河口泥沙运动十分复杂，泥沙运动过程模拟、泥沙长历时预测以及泥沙运动与生态关系等方面还需深入研究。就拿泥沙运动模拟来说，目前还没有非常成熟的模拟方法可以对泥沙运动进行精准的复演。我们可以定性判断泥沙的冲淤趋势，也可计算平衡态下的泥沙冲淤量，但要预测每一天的变化情况，从而推算长历时的规律性变化，还是非常困难的。

访：为什么要预测长历时的泥沙变化？短时间的泥沙量可以预估，那长时间的泥沙量预估有什么作用呢？我了解到钱塘江的来沙最初的认识是来自长江口，还有比较早的一篇文章曾经介绍说，钱塘江的泥沙有一部分是来自黄河。

曾： 因为我们的工程运行不是一天两天，而是长期的过程，所以需要关注泥沙长期运动的规律。黄河泥沙通常不太可能到达杭州湾，而长江口的泥沙来源则是可以肯定的。随着三峡工程的建成和上游水土保持的改善，长江入海泥沙大幅减少，由此带来对钱塘江河口的影响讨论成为一个热点。近年来，水利部、浙江省围垦局相继委托我们开展长江来沙锐减条件下浙江沿海滩涂以及钱塘江河口的演变等相关研究。这是一个比较新的问题，相当于钱塘江河口的水沙边界条件发生了变化，河口内部必定要做出相应的调整。

关注未来，致力杭州湾研究

访：钱塘江两岸的社会经济发展，需要保护并利用钱塘江河口资源。您所关注和研究的重点是预估治理方案可能对河口产生怎样的影响，并通过研究，给出一个最优方案。

曾：没错，钱塘江河口治理首先是为了防灾减灾，其次是为了资源的保护利用。在遵循钱塘江河口自然规律的前提下，河口治理方案既要实现尽可能大的效益，同时要避免不可控的负面影响。这就需要我们预测治理方案对周边水域的水位、流速、泥沙运动以及河床冲淤变化的影响，进而提出优化方案。其中，泥沙问题是钱塘江河口治理的重点，一方面在于泥沙运动对治理方案的响应十分敏感；另一方面，泥沙冲淤条件也是工程措施的制约因素。例如航道需要稳定的水深，冲淤变化剧烈可能影响船只通行；海塘工程的塘脚不能冲刷太深，否则影响海塘的结构安全等。

访：您今天颠覆了我一个观念。我一直认为钱塘江治理的关键点就是对河道的整治。

曾：河道治理的核心是泥沙问题。为什么尖山河段的北岸规划线最先是半圆形的，后来调整成火腿形？就是希望水动力由北往南挑，促使主槽南移并稳定在南岸，以此来解决曹娥江口泥沙淤积问题，使其不要太严重，为曹娥江大闸的建闸创造可行的条件。

访：您所做的有关钱塘江泥沙和涌潮的研究更多的是服务现实需求，是这样吗？

曾：是的。钱塘江河口新建的涉水工程都需要关注工程自身的安全问题和工程带来的环境影响问题。以杭州湾跨海大桥为例，大桥全长36千米，建在潮强流急、河床冲淤变化剧烈的钱塘江河口杭州湾。2001年，时任国务院总理的朱镕基就提出了3个关键问题：建桥对钱塘江涌潮是否有影响？对杭州湾地区港口，特别是对乍浦港长远发展有多大的影响？在杭州湾如此恶劣复杂的海域建桥，在技术上是否成熟？因此，建桥之前，首先要回答建桥对周边环境的影响，特别是涌潮是否会减小，乍浦港航道是否会出现淤积；其次我们要确定波流力的大小，桥墩局部冲刷的深度，这些涉及桥梁安全的关键参数。回答好上述的问题，就是我们开展钱塘江河口研究的出发点和落脚点。

伴随经济社会的发展，钱塘江两岸对沿线开发的需求日益增加，相继有钱塘江水资源配置、钱塘江过江隧道、杭州过江地铁、秦山核电扩建项目、嘉兴电厂等多个项目上马。这些工程的开工建设，都需要钱塘江河口研究的技术支撑。由此，我们做了大量相关工作。一路走来，我始终心存感恩。社会变革催生的科研需求、水利事业的高速发展，真正帮助我实现了能有所用、学有所为。

访：您非常善于学习，又有毅力。工作后，相继获得硕士和博士学位，真是令人敬佩。

曾：我到河口所工作后，就感到钱塘江河口十分复杂，未来的深入研究可能会受到个人学识和学历的影响。此外，单位也为年轻人提供了良好的发展平台，积极鼓励大家努力学习，并出台政策支持我们进一步深造。我记得当时的研究生学费是每年 1.2 万元，按照规定，单位可以报销部分学费。

访：刚才您谈到了代际传承，尤其像河口所有很好的传承。老一辈科技工作者已经解决了钱塘江治理的很多问题，是否还需要开展基础科研工作？您如何看待应用技术与基础科研攻关之间的关系？

曾：我认为我们地方科研院所，应该主要从事应用技术研究，其使命是解决关键技术难题。一直以来，大家都在讨论"科研与市场"的关系。有很多人也问过我，到底是科研重要还是市场重要？我觉得这两个都重要。对我们来讲，解决实际工程技术问题是目的，而市场的需求是科研的出发点。因此，不能把两者对立起来。事实上，许多市场服务项目也蕴含着科学问题，需要我们去攻关与突破。

访：您认为钱塘江未来的科学研究还有哪些问题需要深入研究？

曾：钱塘江河口澉浦以上河段治理工程已经基本完成。今后，研究的重点是澉浦以下的杭州湾。随着长三角一体化、浙江高质量发展共同富裕示范区、浙江大湾区建设等发展战略的推进，钱塘江河口未来区位优势将更为突出，发展潜力更加巨大。对标世界一流湾区，我们在河口水安全保障能力方面尚存在差距；对照生态文明建设要求，河口两岸的海塘、滩地等生态性仍有不足；遵循现代化治理的要求，我们的河口治理体系总体粗放，数字化建设离"整体智治"仍有较大差距，治理能力亟待进一步提高。这些不足之处亟待我们进一步深入研究。

访：感谢曾总接受我们的访谈！

第五章
科研与管理　继承与开拓

新中国浙江水利建设事业的初创者与管理者
——记吴又新一二事 [①]

　　吴又新（1902—1990），又名式兰，东阳人。1926年毕业于河海工科大学，毕生从事水利工作。中华人民共和国成立后，历任浙江省水利局副总工程师、副局长，华东军政委员会水利部钱塘江水利工程局局长，钱塘江治理工程局总工程师、副局长，浙江省农业厅、水利厅、水利电力厅副厅长、顾问等职。吴又新十分重视钱塘江治理的勘测、研究、规划等基础工作，对工程建设的擘划、

图 5-1　1981 年 3 月 22 日吴又新视察钱塘江海塘
工程（前排左起：吴又新、郑肇经、戴泽蘅）

[①]　本部分主要内容源自韩曾萃老先生的回忆。

部署更是殚思竭虑。20 世纪 50 年代初期，面对千疮百孔的钱塘江海塘，针对不同情况，采用以加固塘基为主的多种技术措施，全面整修加固，保证防洪御潮，安全度汛，排除了杭州四堡、翁家埠一带江岸严重坍塌的险情。20 世纪 50 年代末，及时按照标本兼治的方针，组织开展稳定河口段江槽的规划设计，自上游向下游，分段分期实施，取得河口段治江围涂的显著成效。对钱塘江上中游及主要支流的治理，从查勘规划到各项治理洪、涝、旱工程的方案审定、实施、检查，均精心筹划，为浦阳江、曹娥江的洪涝治理和金衢地区的蓄引防旱等水利建设做出重大贡献。

为完整记录为钱塘江治理做出贡献的前辈专家，特邀请曾与吴又新老先生有过接触的韩曾萃先生回忆记录吴老的工作经历，内容如下：

一、1961 年，全国经济形势处在"充实、调整、补充、提高"的阶段，省水利厅合开了一次全省水利规划座谈会，吴又新副厅长作为水利厅代表参加了这次会议，并且是这次会议的主要谋划人之一。参加会议的还有省水电设计院副总工冯世京和陈绍沂工程师。会议议程其一是讨论"大跃进"时期上马的各中小型水库的目的、规模、即时安全度汛问题；其二是小流域水文计算中的洪水计算方法和溢洪道设计安全问题；其三是一些具体工程的重大技术问题。这是一次在"大跃进"热情后回归到冷静总结的会议。这次会议之后，省水电设计院就成立了规划室，陈绍沂和我调入该室，技术上由冯世京负责，我们重新对全省的八大水库的必要性、规模进行论证，再逐个项目向水利部报备审查。吴又新从头到尾参加了这个会议。我记得他在会上总是闭目思考的样子，不了解他的人还以为他在打瞌睡，实际他是在仔细地听取汇报和思考问题。他最后对会议的总结，能够分析各种对立意见中的共性和差异，使各方都能心服口服。

二、1982 年，水利电力部在北京召开了部级劳动模范会议，浙江省的劳动模范共 8 人（其中梁焕木是特级劳动模范）。作为钱正英副部长的特邀代表，吴副厅长与我们一同前往北京参会。在此期间，我与他就有比较长时间的交谈。他详细询问了我对黄湾建闸、全线缩窄方案的利弊分析，并就两方案对防洪、排涝、咸水入侵、水资源利用、海塘安全和治导线走向等多个问题展开讨论，反映了他对这些技术细节十分敏锐。他受邀参会也反映了水利部对老专家的尊重，对他们过去工作业绩的肯定和认可。

三、戴泽蘅总工对我多次谈到，吴又新对钱塘江河口治理及海塘安全问题是比较慎重和严谨的，他不轻易肯定或否定任何人的一个主张，而是再三强调：实测资料、物理模型试验和数学模型计算这三种研究手段一定要并举。他尤其重视钱塘江河口的地形观测资料，认为这是科研和治理实践中的研究基础和重中之重。因此，自1952年成立钱塘江河口水文地形测验队以后，每年他们至少坚持三次地形测量，没有中断或下放。这一做法不仅与吴老重视实测资料的观点密切相关，也被历史证明是十分正确的。

新中国浙江水利建设的践行者、推动者和管理者
——记水利水电专家徐洽时一二事 [①]

徐洽时（1910—2003），江苏宜兴人，水电专家。1934年毕业于浙江大学土木工程系；毕业后，赴美国康奈尔大学深造，获土木工程硕士学位。1937年毕业回国，历任上海市政府工务局技佐，浙江大学土木系讲师，江西省立工业专科学校土木系教授，四川长寿资源委员会龙溪河水力发电工程处工程师、基建科长，国民党资源委员会全国水力发电工程总处工程师，杭州资源委员会钱塘江水力发电勘测处主任。中华人民共和国成立后历任华东工业部、中央燃料工业部钱塘江水力发电勘测处主任，浙江水力发电工程处处长，电力工业部华东水力发电工程局副局长、总工程师，电力工业部上海水力发电勘测设计院总工程师，电力工业部新安江水力发电工程局、瓯江水力发电工程局总工程师，浙江省水利电力厅副厅长兼省水利电力勘测设计院院长，浙江省水利厅厅长、党组副书记，1983年1月起

---

① 本部分内容由韩曾萃提供。

任浙江省水利厅顾问，省政府经济建设咨询委员会委员。他曾任第三届全国政协委员，第三、六届全国人大代表，浙江省科协第一、二、三届副主席，第四、五届名誉主席，中国水力发电工程学会第一、二届副理事长。参与规划设计的流域工程有龙溪河、流溪河、新丰江、钱塘江、瓯江等，负责设计施工的工程有黄坛口、新安江和瓯江水电站。在黄坛口工程中首次采用木笼围堰和半自动化混凝土拌和楼等新技术和新工艺。在新安江工程中采用滑雪式厂房顶溢流布置，使该工程成为当时世界上最高和单宽流量最大的设计之一。

中国水电界的奠基人之一

徐洽时是江苏宜兴人，1934 年毕业于浙江大学土木工程系，1937 年获美国康奈尔大学硕士学位。他在抗日战争时期回国后，与黄育贤、张光斗、陆钦侃等人在国家资源委员会下属的水电勘测、设计施工等单位工作，参加四川龙溪河梯级水电开发项目中狮子滩、上硐、回龙寨、下硐等水电站的建设，为大后方的军工生产提供了电力，做出了重要贡献。抗战胜利后，徐洽时参加并主持华东地区水电资源的勘测、开发规划工作，并主持建设了浙江省第一座小型水电站——海塘水电站。抗战胜利后，徐洽时参与并主持了华东地区水电资源的勘测与开发规划工作，期间他主持建设了浙江省首座小型水电站——海塘水电站。1947 年，徐老在国民政府全国资源委员会下属的钱塘江水力发电勘测处任职，参与了对新安江流域的社会调查。在此次调查中，徐老担任主任，率领一支由 7 人组成的团队，对新安江的地形、地质进行了深入的勘测，并搜集了珍贵的水文资料。1948 年春，他向国民政府呈递了一份提案，提议建造一个总装机容量为 12 万千瓦的三级开发水电站，并建议将闸址设置在浙皖交界处的街口。

中华人民共和国成立后，徐洽时主持华东地区的中型水电站——黄坛口水电站的建设，随后又主持研究新安江流域水电开发方案。1955 年底，我国自行勘测、设计、施工、制造的第一座大型水电站——新安江水电站开工建设，徐洽时任总工程师。这一座电站在 1960 年开始发电，经过 60 余年的运行，证明了它在发电、防洪、供水等综合利用方面都发挥了巨大且不可替代的作用，为华东电网、钱塘江的防洪、供水提供了有力保障，也为中华人民共和国的水电事业走向大型化发挥了重要示范作用。就在新安江电站尚未完全完工的 1959 年，徐洽时又奉调瓯江青田水电站任总工程师。当时受国家经济形势的影响，瓯江水力发电工程确定下马。虽然离开了全国的水电事业一线，但他在中国大型水电站建设的奠基人的地位是不可动摇的。

为浙江省水利事业做出新贡献

1960 年底，徐洽时调任浙江省水利电力厅，除了其中的一年时间受水电部派遣前往阿尔巴尼亚任水电中方专家组组长外，在长达 40 余年的职业生涯里，他都在浙江省任职。在此后漫长的岁月里，他做了大量的技术、行政领导工作，现仅举几例说明。

整顿、提高浙江省水利勘测设计院

徐洽时同志调省水利电力勘测设计院时，该院也是刚成立不久，未经历重大工程设计的锻炼。特别是作为工程师必须掌握的绘图工作，其水平和质量都不高，图面布局不标准，甚至出现错误。徐老遇到这样的图纸时就在图上打两个大叉，请负责工程师来问询并严加训斥（他对工程师要求较严，而对技术员比较宽容），经过三年如此严格的要求，以及八大水库设计的层层审查，设计院的技术水平显著地提高了一个层次。因此徐老对省水利电力勘测设计院提升质量水平做出了巨大贡献。另外，人才又是体现水平的关键。1960 年浙江大学水工专业有 16 名毕业生将分配到商业部门工作，当时的省长兼校长的陈伟达见到徐老，问设计院能否接纳这些学生，徐老立即答应全部接纳他们。经过 5~10 年的锻炼，他们绝大多数都成为设计院的骨干，做出了许多创新、优秀的工程设计。只有像徐老这样有长远眼光的人，既严格要求又放手让他们在工程实践中磨炼，才能提高水平和增加才干，能为今后水利工程大发展做出创新的贡献。

目光长远 造福地方

水利工程是涉及民生和多方面利益的综合性工程，只有综合各方面的利害得失，协调各方面利益才能得以实施，因此需要做大量的技术论证和协调工作。这里举两个例子。

其一，是钱塘江河口水资源综合配置利用的浙东引水工程，即宁波、舟山引水工程。早在20世纪70年代初的旱情就暴露了宁波、舟山的缺水问题，而钱塘江由于兴建了多年调节的新安江水库，即使是干旱年份也有一定的水量可以提供到宁波、舟山。徐老看清楚了这是一个可行的有效方案，因此在20世纪70年代初就提出了这个方案，但由于对引水量规模的大小和沿途水质的保证问题，引起了较大的争议而不能立即立项。为此，开展了长年多项专题的深入研究。由于省委领导的重视和在各部门的通力合作下，终于到2012年以曹娥江大闸通水为标志，浙东引水工程实现通水到舟山，其间几代人的不懈努力终于实现了目标，其中徐老的努力也是功不可没的。

其二，是太湖流域整治的浙江南排工程等关系到江苏、浙江两省和上海市的排涝问题，由于各自所处的地理位置不同，对太湖的治理方案和规模、工程项目认识也不同。水利部太湖流域管理局在做了大量的调查研究基础上，提出科学治水和团结治水的原则，与二省一市进行了大量的协调工作。徐老作为省水利厅的领导参加了各种会议，省水利厅还有贾祖华，省水利电力勘测设计院有林有祯、金文志等几代人先后参加了这项长达40年的工作，先后完成了向钱塘江杭州湾增加四个排水口以及环太湖大堤建设等工程。其中的艰辛过程在《岁月回响》一书中有详细的记载。当年徐老是代表省水利厅领导，也是长期参与这项工程的代表人物之一，当然，还有千千万万杭嘉湖地区的人民参与了这项巨大的水利工程。

勇担责任 支持秦山核电项目

1981年在徐老任省水利厅厅长期间，秦山核电站（当时称为728工程）在选址、海堤建设、温排水及低放射性废水排放等问题上，都希望省水利厅和钱塘江工程管理局予以支持，当时厅、局有两种不同意见，一种认为这些事我们没有经验且责任重大，因此不愿承担风险；另一种意见则认为

图 5-2　1993 年徐洽时视察秦山核电站海堤工程

（左起：缪嫁英、章达琳、徐洽时、戴照一、梁保祥、金中）

我们相对其他单位有资料、有研究手段和经验，应该为全社会的经济建设做出自己的贡献。徐老作为水利厅的领导，坚决支持第二种意见，因此钱塘江工程管理局接受了这项任务，戴总（戴泽蘅）亲自作为"728"新高标准海堤的设计负责人，局、所组织投入了大量人力，顺利地完成了该项工程中我们所承担的任务。最终，业主十分满意，海塘工程获得了国家的银质奖，相关科研工作也得了省里的科技进步奖。这不仅提高了我们修建海塘的技术水平，在经费上也得到了一定的补偿。这件事的成功与徐老对新事物的支持分不开。

生活简朴　平易近人

徐老调浙江省任水利电力勘测设计院院长时，其家属仍长期居住在上海，他一个人就住在设计院旧大楼的一间小房子里，吃着食堂的普通饭菜，生活简朴，而且常年如此。只有过年过节时他才回上海几天，然后又及时返回工作岗位，可以说是全身心地投入到了工作中。

　　"文革"期间，像他这样的技术型领导本不应受到冲击，但仍然被扣上"反动学术权威"的帽子而归入"牛鬼蛇神"的行列。一次，一个年轻的工人要徐老和张总（负责电力方面的总工）去抬一个400多斤的担子，徐老说："我实在抬不动这么重的担子，可否分批抬？"那个工人就训斥徐老是长期不劳动的"官老爷"。这时站出来一位工人来解围，说让他们来劳动并不是为了故意刁难这些老人，而只是希望他们通过参加劳动能多与工人接触，工人中的多数还是讲道理的。"文革"结束以后，徐老恢复原来的领导职位，并没有对那些刁难过他的人进行报复。另外，在改革开放初和中期，徐老出差时，地方上的一些领导因他是省厅厅长和技术权威，往往在餐饮上大摆宴席，住房上也是安排豪华房间。徐老对这种接待最为反感，他拒绝就餐和住宿，坚持要求两菜一汤和普通客房。他这样为改正当时的风气做出了榜样。

　　徐老的一生都奉献给浙江省的水利、水电事业，如今我们都享受他当年极力主张上马的工程所带来的效益。"饮水不忘凿井人"，学习他对事业的尽心尽力和朴实无华的生活作风，这是我们作为下一代人的责任和使命。

围垦工程的践行者和推动者——钟世杰访谈录

　　访谈时间：2015年5月23日，2015年5月27日，2015年10月22日

　　访谈地点：浙江省水利厅1号楼，浙江医院

　　访谈人：韩曾萃、李海静

　　访谈时长：130分钟

　　受访人：钟世杰（1928—2023），山东人，南下干部。1945

图5-3　钟世杰

年加入中国共产党，曾任山东临城七区青年委员，鲁南区敌后工作团干事，山东滋阳县县委组织部、地委组织部干部。1949年后历任浙江省军事管制委员会实业厅科员，浙江省农村工作团股长，浙江省农林厅人事股长、农林厅水利局科长、主任、副局长，浙江省水利厅、水利电力厅处长，浙江省水利局副局长、浙江省水利厅副厅长，1983年任厅长。

成长背景及革命经历

访：目前，从我收集的资料来看，一直没有发现您的祖籍是哪里。您方便介绍一下年少时的成长背景吗？

钟世杰（以下简称"钟"）：1928年7月，我出生在山东郯县的一个贫苦农家，全家靠做雇农的父亲租种地主的土地过日子。小时候，我切身体会过饥寒交迫的日子，每年地里产的粮食基本都要交租给地主，家里所剩粮食无几。每年旧历年年关到转年开春之时，老家都会饿死很多人，父亲种地无法养活全家。尤其是1941年、1942年抗战困难时期，我所在的村庄死了很多人。那时，我家一年内死了6口人，4个兄弟和1个妹妹先后死去，母亲悲伤过度得了忧郁症，不久也离世。我的童年家庭生活是非常悲惨的。

另外，我的老家郯县地处平原，以南是临沂、枣庄，这一带自古就是重要的军事战略要地，也是孔孟之乡。因地处平原、战略地位重要，自古就战事频发。战争对地方的影响，远远超出大家的想象，并非仅是战火的破坏、人的死亡。部队过境时，所有军需都要百姓提供，草料不充足时，百姓屋顶上当年的新干草都用来喂马。我们那里的百姓饱受战争和封建制度的摧残，生活非常困苦。

访：在这样的环境下，您有机会接受教育吗？

钟：我读书读到中学。父亲给学校做工来抵我的学费，我用的是有钱人家不要了的石板、毛笔和砚台。从《三字经》《百家姓》《论语》学起，我都可以背下来。我在村里读完小学，到外村读高小，再到郯县读中学。因为家里条件不好，我边劳动边读书，很珍惜学习的机会，书读得很好。

访：您又是如何参加革命的？

钟：我家处在津浦铁路沿线的敌占区①，1945年底，中共地下工作者秘密来到我们这里。像我父亲这样的贫困人就参加了农会，当了农会干部、村长。我在联防队当民兵，开始组织群众工作，参加到对日本人和汉奸的斗争中。我的手枪都换过好多次，由汉阳造、马枪到左轮手枪。1945年在村里的祠堂宣誓秘密加入共产党，正式开始工作。

1946年，国共战争爆发后，国民党进攻的重要路线之一是沿津浦铁路来到郯县、临沂地区。为阻止国民党的进攻，作为共产党员的父亲负责组织群众破坏铁路，但未能撤退，被国民党"还乡团"②抓走，还乡团是最反动的势力，非常残酷地残害了父亲，出嫁的姐姐也因贫病交加而去世，家里9口人仅剩我一人。

我就是在这样的一个地区、这样的一个时代、这样的一个家庭、这样的社会环境下成长的。心里有满腔的怒火，希望就寄托在共产党身上，就想打倒国民党，打倒地主，让百姓过上好的生活。党叫我干什么就干什么，根本就没有生死的观念。

访：入党后，您开始从事哪些方面的革命工作？

钟：1945年，日军投降后，国内革命形势发展很快，很多党的工作队来到山东，革命队伍发展壮大。我被派到新建的临城县③第七区任青年委员，离家到区里工作，也躲过了还乡团的残害。这时我们开展了大规模的农村改造工作，主要是减租减息、反恶霸、团结抗战等活动。

1946年，百姓尚未过上安稳日子，国共战争爆发。初期，国民党发起了猛烈的进攻，我们在薛城④一带打了一阵游击；当时部队被冲垮，我们趁晚上穿过津浦线撤到东边的山里，后来又撤到黄河北。

渡过黄河后，部队开始休整，挑选撤退队伍中政治条件好、身体好、

①　敌占区：抗日战争时期特指日军占领区；国内战争时期特指国民党占领区。

②　1946年，国共战争爆发。国民党军重点进攻山东，国民党政府支持以地主豪绅为基础的反动武装组织。因共产党领导的人民革命武装力量号召打土豪，分田地，把许多土豪劣绅赶出家乡，所以当时这些地主土豪就想打回家继续称霸乡里，便组成了反动武装，烧杀抢掠，被称为"还乡团"。

③　临城县是抗战时期中共建立的，实际上其行政事务仍在农村。

④　薛城县，现为枣庄市薛城区，地处山东省南部，北与滕州市为邻，自东北向东南依次与山亭区、市中区、峄城区接壤，西与微山县毗连。

年轻的干部到鲁南战区党委组建的鲁南建校学习。我被选为鲁南（沂蒙山区）战略区的代表参加这个学习班。当时主要是进行政治理论学习，有康生、邓子恢等人给我们做报告。他们讲课的侧重点不同，康生口才最好，讲得也很全面，他结合党史工作讲党的政策方针；邓子恢主要讲土改①，要掌握政策。这时出现了一种"假土改"现象，很多地主出身的干部不站在贫下中农一边，而是站在地主一边，土改无法开展。为此开展了干部的"三查三整"活动，要确保土地真正分给贫下农。针对这个事情，还组织贫下农、富农出身的同志讲亲身的经历，对大家进行教育。

撤退时，我们走过无人区，条件非常艰苦，根本没有食物。我们武装工作团的人什么都吃：树根、树叶、草根、酒糟、野菜都是我们的食物，最好的食物就是番薯藤。除松树叶外，其他树叶都被用来吃。我们走过的村庄，百姓生活也很困苦，无粮可吃，冬季的路上甚至会看到趴在雪地扒吃麦根而死去的人。

1947 年，我们从山区打下来反攻，经过平邑、曲阜、兖州、济宁，这时中央决定将济宁、临沂在内的两大地区组建一个市，我在下面的区里工作，先后担任区部委员、民运委员、宣传委员等职务，后来济宁与临沂分开，成立滋阳县。

浙江解放前夕的工作

访：您是如何来到浙江工作的？

钟：1947 年，中央开始为打过长江做准备，要求山东老区准备过江干部。过江前，南方地区的干部已提前配备好，主要是县委书记、县长和区里的区委书记、区长、助理员。那时一个地委叫大队，一个县叫中队，大队长是专员，中队长是县长。我是被挑选的南下干部②之一。

---

① 抗日战争时期，土改方针是"依靠贫农，团结中农，鼓励富农，打击恶霸地主，多做争取工作"；国内战争时期，土改方针开始调整为"打土豪，分田地"。

② 1947 年 6 月，中共中央确定全国性的大反攻的战略方针。随着解放区面积的不断扩大，开始考虑城市的管理、群众安抚、秩序规范、经济发展的问题。党中央决定从解放区选派年轻干部南下，支援新解放区的建设。1947 年至 1949 年，山东解放区先后有八个批次的近十万青年干部加入到南下大军中，支援新解放区的工作。

当时，浙江作为蒋介石的老家，情况特殊。因此干部配备要求高，一般南下的老区干部都是提一级调动，但来浙江的干部均为平级调动①，且"降级"使用。

访：为什么这样呢？

钟：按照当时中央颁布的《反革命条例》，像青田这样一个小县城就有3万多人要处决；嵊县一个县就有40多个国民党将军。所以，选拔浙江干部要求很高，不看出身，更看重学识和能力。首先，要求政治上坚定，斗争坚决，工作能力强；其次，政策水平要高，要能组织积极力量，能开展分化劝解工作；再次，学识水平要高。这批南下干部有很大一部分是知识分子，如张劲夫、王道汉、林乎加等。

当时，中央派谭震林来负责浙江全局工作，他工作能力非常强，对当地干部、南下干部关系的处理、团结工作做得很好。工作中需要跟各个层次的人打交道，这就需要有很高的政策水平。中央规定：县委书记一律是南下干部。地方原来的干部先到学习班学习，然后提一级上调至其他部门做领导。中华人民共和国成立初期，浙江的接管工作做得很好。

访：您当时主要负责哪些工作？

钟：我被安排在地委一级负责人事工作，要求我将地委一级干部档案随军渡江南下，安全带到杭州。我带着挑夫、马夫、通讯员、一匹马和几箱干部档案，参加到渡江队伍当中。

1949年4月21日凌晨，我们按照中央的决定开始渡江。在渡江过程中没有遇到太大阻力，我军先用炮火摧毁了敌人的主要江防和阵地，事先将马和资料装上船在小的江道里隐蔽，时间一到全军就迅速过江。当时正赶上大雨，过了江我们就急行军，比的就是速度。部队到宣城后接到命令转战南京（本来是一路南下直到杭州），我所在的21军从中华门进入南京，正好住在了国民党的水利部。当时上海尚未解放，交通中断。我身穿军装，带着资料和人员，沿铁路线自南京、常州、无锡、苏州、嘉兴一路走到杭州城站。其间在嘉兴的百姓家里留宿一晚。一路上我们的饭菜都是

---

① 老区干部调到除浙江以外的其他地区都会升一级。

当地百姓提供的，百姓见到解放军还是很高兴的。

1949 年 4 月底，到杭后找到军管会，联系上地委书记刘剑和组织部部长孔俘亭。我们现在水利厅所在位置的后面以前就是省政府，浙江省委书记、省人民政府主席就是在这里宣布浙江省政府成立的。当时军管会财经委员会主任是张劲夫，副主任是刘剑；财经委员会下设实业处等机构，后来改为实业厅，再改为农林厅。

我被分配在实业厅负责人事工作，主要是接管及其附属单位的人事档案资料，进行人员工作安排。

访：此时，对原来的工作人员、干部如何进行安排的？

钟：愿意从事原工作的行政人员全部留用原岗位，技术人员保留原职务，中层干部部分留用。同时，我们举办农林兽医、财会的学习班，招收新的人员进来。各地区专署建立健全基层农林机构，如成立农业技术推广站、畜牧站等。

那时我们提倡"知识分子工农化"，要求知识分子与群众打成一片。这些领导人能力很强，领导有方。1952 年，浙江省的粮食可以自给自足 [①]，成效显著，各种经济都得到了很好发展，如棉麻、农林、兽医等。我们还建立了农业改进所进行种子改良，以及水产所等众多下属机构组。这些机构的成立我都参与过。在三年困难时期，浙江和江苏对国家做出了重要贡献。在最困难的时期，浙江在全国粮食总量中的份额不仅没有下降，反而有所上升。这表明浙江在面临困难时，仍然能够保持稳定的农业生产，持续不断地向国家提供粮食，这对于保障国家的粮食安全起到了重要作用。这份贡献是不可忽视的，也是浙江人民艰苦奋斗、自力更生的结果。

其间，1949 年 10 月，我被抽调到省政府工作团，到嘉兴参加剿匪反霸工作，团长是刘剑。我从组织工作团到参与工作团都全程参与，但我的关系仍在农业厅。

---

① 浙江自古就人多地少，民国时期吃米主要靠江西供应，面粉靠国外进口。

主持萧山围垦

访： "文革" 时，钱塘江治理工程还在开展吗？

钟： 钱塘江治理工程一直在进行中，主要是吴又新和陈昌龄负责此事，我主要参与了萧山围垦。钱塘江因强涌潮的特征，北岸海塘历来被视为官塘，一直都是由国家直管，直到华东大区撤销后才委托浙江省政府管辖。历史上，对钱塘江的治理主要采用修筑海塘的方式，但海塘屡修屡毁，需要投入大量的资金。

图 5-4　20 世纪 60 年代围垦运石船

对钱塘江的治理存在两种不同意见：吴老坚持传统修筑海塘的方法；也有一些老工程师，如设计院的马席庆，提出通过修筑丁坝来治江。吴老厅长坚持修海塘，不敢尝试围垦治江。后来，他对我说："我们钱塘江的治理进入了一个新阶段，这是你创造的。"这个新阶段并没有完成，因为我的工作调整了，要不然我们可以治理得更好一些。我找两岸的干部、船工、百姓召开座谈会，按照钱塘江的规律办事。严东木激烈地反对围垦。但我认为，反对意见可以帮助我进行思考，我是这样对待反对意见的。荷兰的一位专家来考察了我们的围垦情况，给予了很高的评价，他在香港发表谈话称，浙江围垦是一项伟大的工程，但没有对外宣传。他认为萧山的围垦是世界最大的围垦之一。

萧山县委书记张克明曾跟我讲理论，反对围垦，认为发动这么大的人力、物力开展围垦工作，会使劳力过度。他引用毛主席的话，说我们要正确处理消费与积累的关系，积累过大，老百姓受不了。我晚上冒雨去找他，跟他讨论萧山围垦问题。事实上，萧山老百姓支持围垦，因为萧山是缺粮县，缺粮达到 1 亿斤。老百姓自发地步行到南沙的头蓬镇，每人挑一担土，两人成一船，船是用来运石头的。他们打平了 30 多个小山头，把石头运过来用于围垦。在最大规模的围垦中我们动用了10万名群众。我那时与农民一起挑土、吃饭、住窝棚，发生溃口时，我就跳到水里去堵口。机关的人不了

图 5-5　20 世纪 60 年代萧山围垦

解情况，到萧山去调查我，询问萧山给我了什么好处，以至于我如此卖力地支持萧山围垦。我们从不公布调查结果。当时的条件艰苦，能吃上霉豆腐就算好的啦！

　　访：您为什么如此支持萧山围垦？有没有上级领导支持您这方面的工作？

　　钟：开始时，确实有部分老百姓支持这个事情。头蓬地区百姓自发的第一次围垦虽然失败了，但我去处理了这个事情，并深感其重要性。萧山水利局局长张红军也支持这个事情。对于 3.6 万亩的大丁坝方案，经过我们研究后发现，江道太宽、太浅，且摆动频繁，所以我们要顺直江道，以确保流路一致，并合理地缩窄江道，使江道运行平顺。

　　当时，我们看了一些材料，实际观察了地形，也划定了一条围垦线。我们认为江道走中小门最好，北岸鱼鳞石塘坚固可用，即使接近中小门偏北的位置也是可以的。由于水流从东南方向来，这有利于南岸淤积，使水的流向保持统一。我们为此确认了三个关键支撑点。首先，我们以常山附近的九号丁坝为支撑，将九号坝加固加长。当时，钱塘江治理工程队负责海塘和丁坝的修筑工作，队长是余文德，资金由国家拨款支持。九号坝最后修了 11 千米多，几乎延伸到釜山。第二个支撑点是头蓬到对岸海塘，距离约为 11 千米，向北延伸。釜山以北就是 3.6 万亩围垦的大丁坝，我们计划将这一区域围起来并巩固，利用涌潮将泥沙淤积起来。当淤积到 6 米高程时，我们将抓紧时间突击围垦 2.6 万亩。到了围垦工作第三期，我们

的重点延伸到头蓬。头蓬到新湾外是另一个支撑点，即新湾。新湾是一个大湾道，江道中间有一个沙洲。这里潮水来时会造成强烈的顶冲，每平方米所承受的冲击力极大。我观察完后，认为应该修筑丁坝，将潮水挑出，使潮水向北走，流路在头蓬与北岸海塘间偏北的方向。我的指挥部就在新湾，钱塘江最早的围垦是在九号坝，九号坝东的2万亩地后来建成了红垦农场。最大的围垦工程（大围垦）是在头蓬。很长一段时间里，杭州到萧山的公共汽车只能到九号坝附近，后来汽车线路加长了，此段延长线叫作"三坝一线"，位于现在的红山农场区域。后来，这个坝的另一侧就是顺坝，顺坝与九号坝连起来非常费劲，我们花了很大的工夫。在顺坝抛筑的过程中，多次发生被冲毁的情况，最后我们决定两方面同时开工才围垦成功。

访：20世纪70年代，钱塘江治理工程曾提出修筑大坝的设想吗？

钟：那时候是特殊年代，人们不能轻易对一些事情发表自己的看法，最轻的后果是被打成"右派"，严重的则会被定为"反革命"。别人有不同的意见是正常的，我们也要允许有不同意见的存在，不能动不动就给人"戴帽子"。对于钱塘江的治理我是动过脑筋的。这是一条特殊的大江，对它进行治理要谨慎。"文革"时期我对钱塘江的全线进行了考察，无论是坐飞机还是徒步沿岸，我都走过。我曾召集两岸的百姓和船老大开座谈会，听取他们的意见。军管会要我去北京开会，讨论治理方案。当时有两个治理方案：吴老建议加固海塘，不可动江道；马席庆马老的建议是修筑丁坝治理江道，如要围垦的话，在丁坝间进行围垦。我提出了"围垦治江"的方案。我们逐步开展萧山围垦，第一期围垦在头蓬展开，开始是百姓自发搞的，但垮掉了。当时的想法是修筑大丁坝，通过促淤围垦的方式，将杭州湾的泥沙淤积在丁坝内，然后再进行围垦。

与此同时，钱塘江治理方案也在讨论中。1970年，我提出黄湾枢纽方案，此前还有七堡枢纽方案。省里觉得黄湾工程量很大，希望国家能够提供资金支持，上报到国务院。最初，想在黄湾建拦江闸，从而进一步缩窄江道，稳定澉浦以上江道，同时控制涌潮对海塘的破坏。方案上报到水利部，我到水利部汇报此事，军管会军代表陪同钱正英部长来谈此事。钱

图 5-6　老盐仓丁坝及由此形成的回头潮

部长提出："钱塘江涌潮很大，大坝做不起来。"我说："大坝是可以建起来的。我们已在涌潮最凶猛剧烈的海盐老盐仓高滩（沙滩）上修筑成功高丁坝，而且很牢固，直到现在都很好。这说明修筑丁坝可以使江道按照我们的意志来固定。况且我们要建坝的黄湾地方尚未形成涌潮。"钱部长又问："大坝建起，闸下淤积怎么处理？"我说："闸下淤积是肯定的。但钱塘江泥沙很细，是粉沙土，易淤易冲，是可以冲掉的。"钱部长认为道理是对的，但没有充分的试验依据，这个事情不能决定。这样，方案也就被搁置了下来。

访：退休后，您积极参与推动《水利志》的编纂工作，为什么要做这件事情？

钟：志书是历史的记载，对于抢救历史资料、记录建设过程具有重要意义。编纂志书时，我们要掌握情况、占有资料，遵循"言必有据"的原则。

另外，浙江水利有自己的经验，不是简单地照搬照抄，而是做了一些开创性的工作。水利建设要因地制宜，中华人民共和国成立初期我们主要是解决洪涝和干旱问题，除害与兴利相结合，采取综合治理的措施，后来发展成流域治理。浙江水利建设工作曾受到傅作义、钱正英、李葆华等部

图 5-7　1998 年《飞云江志》终审会议合影（前排左五为钟世杰）

长的表扬。

　　1985 年 9 月，全省江河水利志编纂工作会议在杭州召开。会上确定：由省里编纂《浙江省水利志》，各市县编纂地方水利志，八大水系各编纂一部江河志，对于重要水利工程我们还将编纂工程志。我被任命为浙江省江河编纂委员会的主任，至今仍是。经过 30 年，我们已经完成《浙江省水利志》《钱塘江志》《苕溪运河志》，以及甬江、瓯江、飞云江、鳌江、椒江、姚江等几大水系的志书编纂工作。但仍有部分工作尚未完成，还在撰写中。作为编委会的主任，每本志书的编审工作我都会参加。

特殊时期参与浙江水利建设

　　访： 您是如何与水利结缘的？

　　钟： 我第一次接触水利工作，是在省农业厅做人事工作时。1951 年，厅长朱信让我去处理一起发生在诸暨县与萧山县因里亭湖而发生的水利纠纷。此地历史上常发生洪涝灾害，也因此多次发生水利纠纷。这次，上游的桃源乡与下游的静流乡为排水问题发生械斗。里亭湖位于诸暨，诸暨人废湖为田，利用夜间在萧山挖了一条沟（名为鸡鸣岗）来泄洪。朱厅长让我代表他与两位县长在浦阳火车站会合，到事发地处理这个事情。我建议要从全盘考虑这个事情，里亭湖本为泄洪水库，洪水季节要吸纳洪水，而平时可种1~2季粮食。诸暨在上游县内修一条河，将洪水排到支流，最终从尖山出口排出。诸暨县长何文隆只是表面应付，我向朱厅长汇报了这个情况，朱厅长直接找到诸暨的县委书记，按这个方案处理了该问题。

访：您是何时来到水利系统工作的？

钟：1952年，我来到浙江省水利局工作。此时，钱塘江水利工程局是由华东军政委员会主管，委托浙江省政府代管。后来，钱塘江水利工程局与浙江省水利局合并办公，是"一套班子、两块牌子"。当时的局长是沈石如[①]，本来是要成立省政府第五办事处，由他担任主任，徐赤文来担任水利局局长；但撤销温台丽办事处（徐赤文在浙江省水利局温台丽办事处工作，他毕业于北洋大学），让我跟他搭档，由此我来到水利厅工作。我当时才20多岁，但徐老先生很好，没有因为我年轻或不懂水利而忽视我，反而很尊重我的意见。吴又新毕业于河海大学，他原是国民党水利部防洪司的司长，后来回到浙江，在钱塘江海塘工程局工作。中华人民共和国成立后，他被任命为水利局的副局长；陈中[②]被调来当副局长。在1957—1958年间，浙江省水利水电勘测设计院因机构整编而被撤销，组建成立规划设计处。我任该处处长和党组成员。水利厅成立时，我本是副厅长的人选，因我有"海外关系"而不能提拔任用，但我一直以处长的身份，同时作为水利厅党组成员参与决策。当时水利厅党员只有沈石如一个人，吴又新和徐赤文是民主人士。本来我和陈中、沈石如三个可以成立党组，那时很多工作需要党员出面处理。1958年，因机构调整，我成为规划设计处的处长，工作地点在通江桥。当时，除科研、水文工作以外，所有其他业务工作都由规划设计处负责，如农田水利、勘测设计、水库建设等。

1953年，浙江全省大旱，金华、龙游、衢州地区旱灾严重，江南赤地千里，是我这个北方人无法想象的。浙江提出"水源建设"，在龙游、常

① 沈石如，曾用名沈荣贞，山东文登人，1938年参加革命工作。

② 陈中，曾任国民政府军官，后来投奔贺龙。

山搞试点。试点成功后，我在龙游、金华等地召开现场会进行推广，并提出"弯弯修库，坳坳修塘，修库如修仓，积水如积粮"的口号，这样老百姓很容易接受和理解。

访： 修水库所需资金和技术问题该如何解决？

钟： 资金问题我不能解决，可以由银行为水库建设提供贷款。

水利建设专业性很强，不能蛮干。浙江水利一直强调基础工作，我们有测量队、水文队，地质工作也从无到有逐渐发展起来。在前期查勘、规划的基础上，我们制定出标准。随后，派专业技术人员驻扎现场。同时，我们组织学习班，编辑水库修建的小册子、画册发放给群众。20世纪 50 年代中期，北京召开水利会议，浙江水库建设受到傅作义部长的表扬。

在修水库过程中我们也遇到了"反冒进"的政治形势问题，当时农林厅厅长要求将修建的水库都停工，并要我写检查。但幸运的是，我没有受到处罚。

技术问题可以通过举办学习班以及编辑关于水库修建的小册子、画册来解决。记得在（1954 年或 1955 年）北京召开的水利会议上，浙江派出了金华地区的代表去参会，介绍浙江修建水库的经验。傅作义部长站起来说："你们浙江为全国作了榜样。"此项工作受到了认可。

当然，再好的事情也是有缺点的。例如平阳的桥墩水库修筑时由于不讲科学，出现了垮坝现象。当时汛期到来，地方上想要堵口，沈石如厅长建议不要堵。他们坚持要堵，结果导致了垮坝。总的来说，我们浙江在工程技术上还是不错的。我们一直强调安全治水，但事故也是难免的。

访： 除了资金、技术问题，您有没有遇到其他困难？

钟： 1961 年，全省水利会议召开，我们总结了"大跃进"时期水利建设的教训，贯彻"中央八字方针"。[①] 此时，省水利电力厅厅长王醒要求在建水库全部下马。我建议"区别对待，不能一刀切"，并连夜组织技术人员对全省水库建设情况进行摸底排队。我提出：经过一个冬春可以完成的

---

① 浙江省水利志编纂委员会. 浙江省水利志［M］，北京：中华书局，1998：76.

项目，也是群众迫切需要的，应努力完成；不能安全度汛和完成的项目，可作为基本建设保留项目，同时做好防汛措施，每个水库预留 2 万元资金维持，可以精减但不能取消。我将意见及列出的水库清单交给王厅长，为此我们发生争执。他拿着单子到省委书记江华那里汇报，江书记同意我提出的保留方案。这样除了已完成的项目外，我们保留了 300 多座 100 万方以上的水库。另外，已开工的 1000 万方和 1 亿方以上的大水库，均作为基本建设保留项目。

访： 您为什么要保留这些水库？

钟： 这些工程是国家基本建设需要的，困难时期过了它们还是需要的。这些水库可以解决百姓吃水问题，防洪发电、农业灌溉、农业生产都是需要它们的。水利工程是必须要修的，我们一定要大型、中型、小型水库协调发展。小水库引以解决山区用水问题。我当时研究了国家政策，认为国家建设肯定是先搞未完成老工程，老工程未完成就不允许上马新工程。所以我把这些中大型水库保留下来，等到有钱时，首先要完成这些续建工程。所有的设计施工都是现成的，不需要层层审批。这种灵活处理的方式保留了这些水库工程，由此我们得到了很大好处。

访： "文革"前后，您主要负责哪些工作？

钟： 1961 年，浙江省委决定大力发展机电排灌。9 月，水利电力厅成立电灌领导小组，我被任命为组长。省委希望通过机电排灌来解决农业生产用电问题。此时，国家正处于困难时期，省委常委开会讨论此事，认为海宁县可以先期开展试点，江华书记问负责财政的李维新副省长："可以拿出来多少钱？"李副省长说："每年可以拿出 2000 万元。"于是，财政将钱拨给了水利电力厅，我作为电灌领导小组组长，负责此工程。要搞机电排灌就要先拉电网，然而国家困难时期物资缺乏。为了搞到物资，我从省里到国家物资局、国家计委，跑了很多地方，才拿到一些钢材、铝塑板、铝线等原料。同时，我们发动地方计委的力量，由省里拨钱，地方自筹物资，这样初步建成了杭嘉湖地区的机电排灌站。

1963—1964 年，省委派我搞社会主义教育工作团，我任副团长、副书记，对地方群众进行社会主义教育。我被派到上虞，然后是慈溪。初期的教育工作反贪污、反腐化，老百姓是欢迎的。后来出现了"左"的错误，发展成"打倒走资派"的"文化大革命"。当我回到原单位时，省里的水文总站正面临被撤掉的命运。我提出异议，坚持认为不能撤销。我们花了很大力气才建起水文站，水文资料中断一年意味着毁掉了几年的资料。为此，他们说，"你要水文，就把水文处给你"，我成了水处处长①。我给水文处的造反派开会时说："你们批斗归批斗，但必须开展测量工作，到了年底要整编水文数据，缺少是不行的。"我省的水文资料因此很完整，没有中断，在以后的工作中发挥了很大作用。

1964 年，省委决定萧山继续开展机电排灌项目，以"杭嘉湖南片"的名义解决了电力跨江传输的问题。因当时工程建设受国家层面的限制，我们采取变通处理的方式，先后在闻家堰架起 11 万伏、22 万伏送变电线路，实现了电力跨跨钱塘江的传输。电线过江时，江华书记还来到了现场。由此，萧山、绍兴、上虞全线通电，后来电力又跨海输送至嵊泗的小海岛。山区则通过兴建小水电站来解决电力供应问题。通过机电排灌项目，为全省电网的构建提供了重要支持。

访：在"文革"中，您应该没有受到影响吧？

钟：1966 年，"文化大革命"爆发。同年，我被调回到原单位上班。此时富春江正在搞七里垅水电站②，但电站建设遇到了问题：大坝蓄水后将淹没两岸土地。为防止土地被淹，军管会派我处理这个工程出现的问题，主要是淹没的土地太多，两岸准备修筑堤防，俗称民防工程，来防止水淹。当时就我一个人，没有工程师。我住在建德的梅城镇，然后对沿岸金华、龙游、兰溪等地区进行走访，拿着地图看蓄水高程、淹没范围，我当时就怀疑是否要修这个电站。当时电站已经修建了 26 米高，发电水位要达到 23 米。我建议蓄水不要超过 21 米，降低平时发电水位，不能淹没上游百姓。同时，我认为民防工程不需修筑，也无法修筑。此外，我建议在上游兰溪设立水文观测站，提前做好预报，在汛期来临时提前泄洪，来预防洪

---

① 此时，水利电力厅只有水处和电处两个部门，分别负责全省的水利和电力建设工作。

② 七里垅水电站（又称富春江水电站），是一座低水头河床式电站，位于浙江省桐庐县钱塘江上游富春江上，坝址在七里垅峡口，其建设历经多个阶段。

水。此工程最终挽救了几十万亩农田，减少了 500 多户百姓的迁移问题。梅城本为古城，背山而建，城外有城墙，为了防止被淹，有人打算在城墙外加厚一层作为土坝来防水。我就提出：内水如何排出？我计划沿山体开沟将水排到富春江，低洼地区设立抽水站来排出内水。然而，这样的话，梅城变成围城了，内受山水威胁，外受江水威胁，同时内水无法排出。因此这个方案并未得到实施。

"文革"期间，工作面临很大困难。1968 年，我被任命为水利电力厅生产领导小组组长[①]，还有一个专门的公章。那时，我的工作很难开展，各个派别的造反派都派一个人到我这里监视。我说："我们的工作重点是抓生产，我只是工作。你们想批斗我，可以拉我去批斗，我回来还要工作。你们是工人阶级，我是工人阶级的先锋队。"现在回头看，那时还是做了很多工作的，如修筑了很多大型、中型、小型水库，我到地方点名要求他们修水库，只要时间来得及就一定要修。

访："文革"时，工程技术人员都被批斗，水库建设怎么搞啊？

钟：我是穷苦出身，只读了中学。没有文化不行啊！我接触到水利工程后，发现其专业性很强，我努力学都学不完。浙江有大批老工程师，他们有文化，也做过许多工程，像吴又新、马席庆、高肇俭、李洪涛等。国家建设要发挥他们的作用，我替他们说话。在特殊时期他们容易受伤害，我就派他们出差到水库工地，这样既能发挥其专长，又能变相地保护他们。

对水利工作的思考

访：水利工作专业性很强，您是如何由革命干部成为懂技术的行政领导的？

钟：水利工作确实需要很强的专业性。做水利工作要有水利知识和常识。我一个穷苦人家出身的人，怎么能做这个工作呢？我做水利工作要比他

---

① "文革"初期，革命委员会取代各地职权部门，各项工作停止。此后，中央决定由部队入驻各地政府，即军管会行使职权。1968 年，为了恢复生产，各单位建立生产领导小组，组长相当于单位最高负责人。

们多花几倍的力气。主要的动力来自哪里？就来自于自己生活的背景，我想要将积贫积弱的中国建设成和平、富强、幸福的新中国。中国人长期受到压迫，我们参加革命就有这样的愿望：希望中国能够立于世界民族之林，在世界上有我们的地位。当时，人家都看不起我们，包括苏联也看不起我们。就是这样的历史背景，使我有这样的思想，并始终牢记毛主席和中央的教导。

全国解放前，党中央在西柏坡召开中国共产党七届二中全会，会上，毛泽东主席谈道："……在过了几十年之后来看我们的人民民主革命的胜利，就会使人们感觉那好像只是一出长剧的一个短小的序幕。剧是必须从序幕开始的，但序幕还不是高潮。中国的革命是伟大的，但革命以后的路程更长，工作更伟大，更艰苦。这一点现在就必须向党内讲明白，务必使同志们继续地保持谦虚、谨慎、不骄、不躁的作风，务必使同志们继续地保持艰苦奋斗的作风。我们有批评和自我批评这个马克思列宁主义的武器。我们能够去掉不良作风，保持优良作风。我们能够学会我们原来不懂的东西，我们不但善于破坏一个旧世界，我们还将善于建设一个新世界。"七届二中全会后，我将毛主席的讲话抄在纸上，将这张纸放在桌子上的玻璃板下面，随时学习。我经常告诫自己不能放松，更不能贪图富贵，并经常对自己进行检查和反思：有没有违背自己参加革命的意愿，有没有违背毛主席的教导？这些有助于我警醒自己，使我全身心地投入到新的工作中。毛主席教过我们"干中学"，在战争中学习打仗。实际上，建设也和打仗一样，水利工作中也要学习，要不断地学习。本来我有读大学的机会。过江前，毛主席要求陆定一挑选一批36岁以下、有一定文化基础的干部来读大学，文化程度达不到大学要求的可以读中学和预科，然后再上大学。但这个事情没有实现，因为中华人民共和国成立初期各地缺干部，没有足够的人力去专门选干部。陆定一来杭州做演讲时说到这个事情，并说自己没有做好主席交给的任务。当时，我才20岁出头，政治、身体、文化条件都符合要求，在选拔过程中我们首先完成开卷考试，然后写一篇文章，连同申请表一起上交组织部。组织部部长却说："不行，以后再说，现在没人。"那时，个人都是无条件服从组织的安排。

在工作中，我的学习办法就是向内行学习。我与许多老的技术人员关系很好，像徐赤文、吴又新、罗耀晨、马席庆、张克健、戴泽蘅、韩曾萃等，他们都是我的老师，这些人的名字我铭记在心。我经常向他们请教、学习。另一方面我注重实地调查研究，走遍浙江的各条河流、各个地区，甚至包括嵊泗、玉环这些海岛地区。浙江的山山水水我都跑过，跑过后有感性认识，我掌握了河流的特性和自然规律。河流有个性也有共性，工作要根据不同的特点进行开发治理。比如，杭嘉湖地区水利最大的问题就是洪涝灾害频繁，治理方针以预防洪涝为主，同时结合发展农田灌溉。在山区修建水库，在平原地区则要开好河道，进行河流调蓄，疏通河道。而金华、衢州地区是另外一种情况，洪水、旱灾都有，旱的时间较多，治理应以防旱、防洪为主，结合水土保持，开发黄土丘陵地区。沿海地区有几条河流都是源短流急，除了旱灾、洪涝灾害外，还受台风的侵袭，因此防洪、防台、防旱并重，防灾与兴利并举。治理方针的确定，必须针对各个河流、各个县的具体情况。

20 世纪 80 年代，有一次召开海塘修筑会议，钱正英部长来了，开会前我与她汇报了一遍情况，她便要我参加会议。在会议中，我原本没有打算发言，因为我已经退休了，但钱部长要我发言，我就讲了一点：区别对待，分类指导。钱塘江海塘与东南沿海海塘不同。钱塘江海塘尖山以上以防冲为主，海盐的海塘以抗击风浪为主，情况不一样，要针对不同的情况采取不同的措施。我不赞成海塘修筑标准一律都按 50 年一遇来设计，坡度、面积不一样，情况不同，一定要区别对待，分类指导。只有这样才能事半功倍。我不赞成制定僵化的统一标准进行海塘修筑，我们一定要掌握情况，根据不同的情况采取不同的措施。

我的工作就是提供指导意见。在水利工程上，我不赞成搞大会战。我们浙江水利从不搞大会战，就是扎扎实实地弄清情况，扎扎实实做好前期工作，精益求精地搞好建设，强调高质量、高标准。前段时间，我看了一些水库的保坝工作，发现他们做得并不好。钱花得很多，但只做表面文章，水利工程要扎扎实实地做才行。

访：我了解到您处理问题很有策略和方法，而且很有远见。

钟：我认为，要想处理好问题，就要积极想办法。在做事情时，一定不要过分计较个人得失，应始终以事业为重。一旦确定了目标，就要努力去做。做任何工作都不容易，我们需要有敢为天下先的勇气，要有开创精神。做任何事情都要有远见，特别是在水利工作中没有远见是无法做好的。我们的工程没有重复建设的情况。基础工作必须扎实，对于大型工程我们更要从多个方面进行考虑。

访：非常感谢钟厅长接受我们的访谈！

革命女将　投身水利事业——记陆子奇 ①

图 5-8　陆子奇

陆子奇（1919—2004），镇海县塔峙青林村人。1938 年加入中国共产党。1940 年，陆子奇调到大碶任区工委书记，兼任横河乡农民支部书记。1942 年 3 月，中共庄市区工委建立，陆子奇为书记。后任中共鄞县古林特派员兼小教支部书记。1945 年，任中共古林区特派员。1947 年 10 月，调任中共鄞县县工委委员兼组织部部长。1948 年 2 月，担任游击小组组长，同年 2 月 18 日，被捕入狱。1949 年 2 月，陆子奇刑满出狱；同年 3 月，任慈镇县工委组织部部长；同年 5 月，任中共慈镇县办事处负责人。1959 年 1 月起，先后任浙江省水利水电勘测设计院副院长、钱塘江管理局总支副书记。1978 年 6 月，任省水利厅副厅长、党组成员。

1959 年夏天，我接到上级的命令，要我立即从衢州的乌溪江水力发电工程局启程赴杭州，到省电力厅报到。接待我的是刚成立不久的电力厅设计院的负责人陆子奇同志。她向我说明缘由：省里有不少中小型水电站的

---

① 本部分内容由韩曾萃老先生提供，并以他的口吻记述。

厂房设计任务，而人员不够，故调我来支援。她还交代这些中小型水电站正等待出图施工，因此任务紧，要有日夜加班加点的准备，希望我能胜任这项工作。当时电力厅的设计院有水电室和火电室，暂时在安吉路的工业设计院办公。于是接下来两个月我就吃住在设计院，搞厂房的布置图，进行水下机墩、蜗壳、尾水管的结构计算和绘制钢筋图。经过连续两个月的日夜加班加点的苦战，我终于按期完成了任务。但当时水电室主任不同意我回衢州，直到天气已经很冷的 11 月底，陆子奇同志告诉我，由于这边工作需要，组织上已与乌溪江水电工程局协调好，正式将我调到水利厅、电力厅合并后新成立的浙江省水利水电勘测设计院了。她让我回去办理一切手续，早日回来上班。从此以后，我和她同时在省水利水电勘测设计院、钱塘江规划组、钱塘江管理局工作近 20 年之久。我庆幸此生能够遇到这么一个好领导，如今她已去世 20 多年，而我本人也已步入耄耋之年，但仍时常回忆起她平易近人、关爱下级的事迹。她的音容笑貌、高贵品格以及难忘的那些往事，如在眼前。

平易近人，关爱知识分子

陆子奇同志是 1938 年就参加革命的老资格的领导。她是院一级的领导同志，与我之间还有室主任和组长二级领导相隔，但她平易近人，毫无领导的架子，经常深入基层与具体设计人员直接交流。譬如在工业设计院我们日夜加班搞设计时，她就时常晚上来看望我们，询问有何困难，如深夜加班时的夜餐供给问题。当时正值"反右倾"运动开始不久，各工地施工正加紧进行，并要求设计人员驻工地以便解决施工中遇到的各种技术问题。但设计院不只接受金兰汤水电站的设计任务，同时还有安地水库、横锦水库的电站设计任务。而且电站设计必须要机械、电气和水工三方人员经常讨论，才能进行下一步的具体设计，所以设计人员不能长期离开杭州。得知这一情况，她就出面与工地负责人协调，保证设计人员在收到工地电报后六小时内赶到工地，这样双方的工作都不会受到影响。那时国家正遇到困难时期，粮食、油等日常食品供应已十分紧张了，但我们仍然日夜加班。春节临近，眼见我们又一次面临不能回家的困境。看到我们这批单身青年仍在坚持寒夜加班，她主动邀请我们春节初三到她家里去吃宁波汤圆，这件事令我终生难忘。现在人们当然不把一碗宁波汤圆当一回事，但在当时粮食是每个人按计划分配的。为接待我们一批人去她家吃这一顿汤圆，不知她又克服了多少困难才得以实现。正是因为她能这么关爱我们这批极普通的平民百姓，我们更能自觉、自愿地竭尽全力把自己的工作做好。

另一件体现她关心知识分子的事是：20世纪五六十年代参加工作的知识分子中，不少人是夫妻异地工作，长期分居。由于陆子奇同志平易近人，所以我们都是直接找她倾诉这些困难，希望她能直接帮我们解决。当时杭州人口控制十分严格，每个人的家庭情况又各不相同，因此存在各种困难。但她从未轻易拒绝任何人的合理要求，一直把这些事放在心上，认真地设法逐个解决。她分别帮助解决了我、赵雪华及王一凡等人的配偶长期分居问题。我想，她帮助过的一定还不止我们三人。如果没有对知识分子的深切关怀、理解和团结的愿望，她哪里会亲自过问这些事？最多也就是转给人事部门，一拖就过去了，几年也是常见的。这件事也是令我们深切地感念她的。

陆子奇同志对知识分子一直是信任和重用的，在工作中放手大胆地让他们发挥作用。1960年全国曾掀起一次设计革命化的运动，水利部也于当年在沈阳召开了一次设计革命化的会议。她代表浙江省水利水电勘测设计院出席这次会议，也让我这个刚参加工作两年的"毛头小子"参加会议。会议主要议题是如何加快设计、计算、绘图等繁琐的工作程序，如编写手册、晒二底图及使用新的计算工具等。回院后她就放手让我主持开展全院的这项工作，我们取得了一些成效，为此我还荣获浙江省级机关优秀团员的荣誉称号。此后我还多次随她参加过一系列调查、研究、协调会议，并放手让我写会议纪要等工作。之后几年中，她又调我到水文组、规划室多次担任一些项目的课题负责人。正所谓"疑者不用，用者不疑"，对待知识分子，既用之就应相信他能够顺利完成这项任务，这是对人的尊重，对知识的尊重。在当时的社会环境下，党对知识分子的政策是：团结、教育、改造。直到1978年在全国科学大会上，中共中央才宣布知识分子是工人阶级的一部分，并明确党的知识分子政策是"尊重知识、尊重知识分子"。因此在那个年代，不少领导轻视科学，也不尊重知识分子，动辄训人，排斥异己，更有甚者会进行打击报复。而陆子奇身上完全没有这种官僚习气，而是真诚、大胆地任用他们。而且早在那个年代，她就执行了正确的党对知识分子的政策，这是十分难能可贵的。

遭遇不公，却初心不改

大家都知道，"文化大革命"时期，许多单位的领导都经历过种种冲击和迫害。陆子奇同志更是遭遇双重的不幸，她的丈夫赵士炘不幸被迫害致死。一家三代八口之家，从此靠她一人独力支撑。除感情上突然丧夫外，经济上也承受了巨大压力。我亲眼见到，她把冬衣里的棉絮拆掉当作春夏装，到冬天时又把棉絮重新套上当作冬装穿，生活上的艰难困苦可见一斑。值得一提的是，她也是少有的婆媳关系处理得融洽的人。在遭遇大难后，她强忍个人、家庭的悲痛，仍然坚持不懈地工作，与我们一批技术人员到绍兴市的老三江闸参加现场闸下淤积的冲沙试验，同住草房、茅棚，日晒雨淋地在现场观测水文地形。

有一次她亲自到乍浦码头看望在外进行水文观测的试验人员，从海塘到停泊的船上，要走过十多米长、离滩地两米高的跳板，跳板的回弹使她从上面摔了下来，幸好没有摔伤。她在滩地上滚了一下，又爬起来，衣服上沾满了泥土，却一个劲地慰问每一个测绘队员。当时我也参加了测绘工作，目睹了当时的情景，真的十分敬佩这样的好领导。远在北京水利科学研究院的周胜、赵永明等人，提到钱塘江管理局时，都会带着敬佩的口吻说到这里有一位深受人们爱戴的老革命领导。她是用坚强的毅力、忘我的精神投入工作来忘掉失去亲人的痛苦，坚信党的领导终究有一天会还她家人一个清白的交代。

20 世纪 60 年代初，全国的政治氛围都在"以阶级斗争为纲"的思想指导下，各种运动不断。为突显政绩和突出政治，人们开始寻找各种阶级斗争新动向，"嗅觉"和"苗头"都突然增多起来，一些人之间的闲谈，被某些"积极分子"添油加醋地向上级汇报，告密之风盛行。科级中层干部找人谈话、批评和整肃的现象，屡见不鲜。有些人甚至被开除公职。在那个年代，开除公职几乎就意味着砸了人的饭碗。

到"文化大革命"时，这些人就回到设计院向"走资派""当权派"来算账了。因为陆子奇人缘关系好，没有人找她的麻烦。后来陆子奇与我们这些普通员工交谈时，提到此事，她表示当时她不同意设计院个别"极左"思想较重的人对这些人的处分。即使这些人有各种严重的错误，应该多做教育工作，不应该发动群众以阶级斗争的方式对待。她说："幸好设计院党委没有给他们戴上坏分子的帽子送交劳教，否则毁了他们的一生。"

20世纪60年代初我本人也在政治学习会上讲了对当时形势一些不适当的"真心话"，也在"四清运动"中受到大会批判、斗争。所幸设计院党委对我定性为受到资产阶级思想的影响、缺乏劳动人民感情的人，须下放水库劳动，半年后我得以回院并参加省"四清"工作队。这个处理结果对我而言也是一种教育和保护。

这些往事反映出她对待知识分子总的态度是信任、爱护的，作为党委成员之一，在当时"宁左勿右"的大环境下，持她这种态度是很不容易的。

"文化大革命"后期，开始招收工农兵大学生和恢复高考了，陆子奇及她的一些战友的子女，因"走资派"的家庭背景而失去接受中学文化教育的机会。她当时就想到我能否给他们的孩子补习高中的数学、物理和英文，我当然愿意利用业余时间为这样好的领导无偿服务。这样我为陆子奇和她战友的儿子做了两年的辅导，帮助他们考上大学，后来找到不错的工作岗位，成为有用之才。这样的相互帮助，是陆子奇因关心知识分子而自然形成的一种领导与下属之间亲切、友善的新型关系。

在此后的岁月里，我曾先后问过陆子奇和钟世杰厅长："我在'四清'中被批判、下放劳动锻炼，人们看到我就像看到麻风病人一样远离，你们为何敢用我这样的人，不怕群众再给你们戴上'走资派'的帽子吗？"他们两人都说，你没有什么大不了的错误，为什么不能重用呢？钟厅长还说："你不是干钱塘江的工作很有成绩吗？应该实事求是地评价一个人。"他们两位都是老革命出身的水利厅级领导，经历过革命年代的洗礼，对待下级和一般群众能够做到实事求是，不受或"左"或"右"的社会环境影响，这实属难得。

抓住契机，推动恢复钱塘江管理局

钱塘江管理局原前身为清末成立的海塘工程总局，是直属巡抚管辖的一个专门机构。然而，在1970年，浙江省革命委员会决定将其下属的四个工务所下放至地方管理。大概是1972年的秋天，省农委的李主任要去看钱塘江海塘，陆子奇又带我一起去。当时李主任问起关于海塘管理的专业队伍情况，陆子奇趁机汇报了钱塘江海塘管理所面临的困难。她说，海塘管理和施工队伍已经下放到地方政府，削弱了海塘的统一规划、管理、抢险工作，尤其是现在已开始围涂治江工程，地方上都想自己多围一些土地，因此上下游、左右岸常常有矛盾，这不利于治江原则的落实。李主任听了汇报后说，目前将四个工务所下放地方恐怕不行，钱塘江海塘这么重要的水利设施，下放到地方分头管理存在许多问题，地方只管局部利益，不能从全流域的角度考虑问题。李主任明确指出要恢复原来的钱塘江管理局，以便统一规划，统一设计、科研和管理，并要求水利厅赶快打报告给省政府，申请正式编制。

陪同视察回来后，陆子奇立刻向水利厅做了汇报。厅党组讨论后决定恢复钱塘江海塘工程局，钱塘江规划组被撤销，交通厅的人回交通厅，省水电设计院抽调人员有12人（如果他们愿意回设计院的人也可回去）原研究钱塘江治理的骨干和水科所江道室的人仍坚守研究钱塘江治理的科研问题。测验队、四个工务所作为钱塘江管理局下属单位，规划组的领导班子留下陆子奇担任局长，陈知星担任书记，并调林志（原海盐工务所）、刘宏坤（萧绍工务所）任副局长，组成钱塘江管理局的新领导班子。正式批文是在1973年4月下达的。这样大大加强了钱塘江的科研、管理、施工的力量。科研与管理统一后，技术力量可以适时、集中地使用。1978年，为了在省科委争得一席之地，成立河口海岸研究所，它与钱塘江管理局是"一套班子、两块牌子"。这个体制一直坚持到了2000年，其间工作效率很高，办成了几件大事（如争取到国家立项的"北岸险段加固工程"项目，得到省政府每年 2000 万～3000 万元的维修费，推动了"钱塘江管理条例"的立法），钱塘江治理工作也取得明显的成效。这一切都与陆子奇争取到省政府恢复原机构的决策密切相关，这是有目共睹的。

陆子奇同志的一生，是革命与奉献的一生。她 18 岁参加革命，19 岁入党，一生服从组织安排。在枪林弹雨的战争年代，在国民党的白色恐怖下，她干了 10 年革命工作，中华人民共和国成立后她又服从分配，到知识分子成堆的设计院、科研所担任领导工作。为了发挥知识分子建设社会主义的积极性，她信任、爱护知识分子，放手让他们努力工作，并较早地正确执行了党对知识分子的政策。当家庭遭到冲击，丈夫受迫害的悲剧发生后，她忍受痛苦支撑起一个大家庭，仍坚信党最终会给她一个清白的交代。在以阶级斗争为中心的狂风暴雨时代，她坚信绝大多数的知识分子是正直、善良、爱党、爱国的，不曾因"宁左勿右"的思潮或因大势所趋、权力所在而轻易加罪于人。相反，她对知识分子多加保护，关心他们的生活疾苦，解决他们的正当要求，与他们做朋友，毫无领导的架子和威风。有人说她"无原则，做好人"，作为一名科技人员的我深知，这样的领导是多么难得。她重视钱塘江管理局对浙江水利事业的重要性，建言省政府恢复成立钱塘江管理局。

作为一个基层群众，深感领导的品德、政治水平对我们个人命运的重要性。她革命的一生、她的音容笑貌、她的品德和她的善举，将永远留在我的心中。故追述亲身经历，写下此文以兹纪念。

浙江水利事业的继任者——陈绍沂访谈录

访谈时间：2015 年 3 月 23 日、3 月 25 日

访谈地点：浙江杭州市杭海路浙江省水利河口研究院试验基地会议室

访谈人：李海静、王淼

访谈时长：160 分钟

受访人：陈绍沂（1930—2021），教授级高级工程师，浙江省水利厅原厅长。1930年出生于上海，祖籍宁波慈溪。1950年毕业于上海大同大学结构专业。历任浙江省钱塘江海塘工程局技术员、副科长；浙江省勘测规划设计院规划室主任、副总工程师；浙江省水利厅副厅长、厅长。早期从事海塘抢修及设计工程，后从事

图 5-9　2015 年陈绍沂接受访谈留影

水库设计及浙江全省水利规划设计。作为技术专家，参与了钱塘江海塘抢修工程、地方水库设计施工及全省水利规划的设计实施。作为技术型领导，亲身参与了钱塘江治理工程、太湖流域治理工程、浙东引水工程等一批重大水利工程的规划设计。陈老对中华人民共和国成立以来的浙江省水利规划及水利建设有着全面的把握和了解，虽是耄耋之年，但仍坚持工作在一线，从事水利规划设计的审核工作，为浙江水利建设作出了突出贡献。

结缘浙江水利

访：陈老您好！我们希望了解您大学学习的情况。

陈绍沂（以下简称"陈"）：1946年，我进入上海大同大学①就读土木系。那时，专业分科不细，水利、市政、交通、房屋建筑都要学，到大四时划分为结构和道桥两个专业组，我选择了结构专业。

大学生活值得留念。学校位于上海市新闸路，校区很小，仅有一个教学大楼（含实验室）和一个篮球场，但校风很好。老师教学质量高，学生学习认真，但也有一小部分同学因成绩差被退学。学校里几位老师是当时有名的教授，如水文老师刘光文和工程结构老师徐芝纶。他们学识渊博、备课充分，每节课的讲授都要点清晰、深入浅出。同学们不仅能获得良好

---

① 大同大学是民国时期上海一所著名的综合性私立大学，以理工著称，时有"北南开，南大同"之美誉。1952年10月，全国高等院校院系调整，撤校停办。

的专业知识，同时也能感受到严谨的治学品德。

我们毕业前，时任华东水利部部长的校友钱正英到学校作报告，我记忆很深刻。她指导大家要在水利建设实践中磨砺自己，要在脚踏实地的工作中不断成长进步，不要计较在哪里工作，要多向身边的专家、工人学习。

访： 您是如何开始从事浙江水利工作的呢？

陈： 1950 年我大学毕业时，恰逢毛主席提出"一定要把淮河修好"的号召，同学们都希望去淮河干一番大事业。但毕业前一周学校通知我和另外两名同学到杭州工作，当时我心里还有些不乐意。结果，我被分配到钱塘江海塘工程局的计划科。那时，钱塘江海塘工程局与浙江省水利局是"一套班子"，共同办公。从此，我与浙江水利结下了不解之缘，相继在省内几个水利部门、单位工作了 63 年。

访： 在您的记忆中，当时钱塘江海塘工程局主要负责哪些工程？

陈： 中华人民共和国成立初期，浙江水利最紧要的任务是修复、修建防洪工程，保障农田和城市防洪安全。钱塘江海塘工程局负责修复钱塘江海塘，制定治理下游江道方案；同时，研究关系与浙赣铁路行车安全密切相关的浦阳江流域的防洪问题，并制定规划，开展工程设计工作。

钱塘江海塘是保护浙江省最大的杭嘉湖平原和宁绍平原的防潮生命线。中华人民共和国成立前，海塘千疮百孔，急需修复。北岸绵长的鱼鳞古石塘基桩仅长 5 米左右，多处石塘坍倒。新设计的海塘塘基设计要求打长 10 米左右的长桩，但当时木料、钢材十分缺乏。局里年长的老工程师提出解决方案：使用经过沥青处理、外形加粗的竹筋混凝土长桩。经过精心设计、施工，这一方法取得成功，解决了当时的实际困难。此外，有些河段通过修建砌石斜坡护岸或抛石短丁坝群来加固护岸，均取得良好的防

图 5-10　坍损的老海塘（图片由戴泽蘅提供）

洪防潮效果。1952 年，钱塘江海塘工程局开始编制钱塘江下游江道治理的初步设计。

1950 年夏，浦阳江洪灾频发，江堤多处决口，大片农田、乡村被淹，浙赣铁路淹水数米，火车停运七天，对社会经济和军方铁路运输造成重大损害。钱塘江海塘工程局受命编制浦阳江治洪方案。1953 年，华东水利部部长钱正英率领苏联专家布可夫等来浙查勘浦阳江流域，并审定治洪方案。1954 年 6 月，高湖分滞洪水库工程基本建成，当月投入分洪运行。接着又先后设计和兴建治洪方案中的安华拦洪水库，使得浦阳江流域和域内浙赣铁路的防洪安全度得到了很大提高。

访：在这段工作期间，您个人做了哪些工作？

陈：在年长工程师的带领下，我参与了上述各项工作。此外，我还参加了钱塘江流域水利查勘工作，自河口段徒步至开化源头，历时两月余。沿途我勘测地形、地质、水情，调查社会情况，了解水利工程实情和工况，参与编写报告，受益多多。当时，整个科室的协同气氛很好，大家在一起工作紧张而愉快。1954 年，因老科长生病，我被任命为副科长。后来领导在我的档案中发现我的叔叔陈毓宗 1947 年前往台湾，在那边从事棉花繁殖研究工作。按当时的政策，我不能被提拔任用。尽管任命文件已宣布，我的副科长职务虽未撤销，但仅有虚名，单位内部重要会议不允许我参加。1956 年，我被调到新成立的浙江省水利水电勘测设计院任结构组副组长。在之后的十多年时间里，我参与多项大中型水库设计、流域与区域水利规划工作。在实践过程中，个人工作能力获得较大提高。

政治运动期间的工作经历

访：根据您的记忆，"大跃进"时期，浙江省水利工程建设开展情况如何？工程质量怎样？

陈："大跃进"时期，浙江省掀起水库建设高潮。起初，我们动工建设了过多的大中型水库，这大大超出了国家经济和社会的承受能力。后经调整，停建一批，造成较大的经济损失，但续建完成的几十座大中型水库对全省城乡防洪和农田灌溉起到了很大作用。

当时，在不少领域都出现了盲目高产、高速指标的攀比潮流。在此潮流中，事关民众生命财产安全的水利工程建筑质量也受到严重的挑战。如金华的金兰水库工程，开工当天有4万多名民工进入工地，施工管理一度失控。又比如在东阳横锦水库土坝工地上，冬天将冻土块填埋在大坝心墙部位，厚度达4米，给工程埋下隐患。另外，温州一座中型水库建设时汛期即将到来，地方盲目施行导流道封堵，导致在建土坝被洪水冲决，造成下游村民重大伤亡。

访：作为设计者，遇到这样的问题，您和同事是如何处理的？

陈：作为横锦水库的设计者，眼见冻土上坝，我深知这必将造成重大质量问题，我多次劝阻，但毫无效果。幸亏初春水利部派检查组到现场，听取反映后进行实地检查。检查组遂责令挖除全部冻土，按工程设计要求坝体重新翻建，才消除重大隐患。

图 5-11　1958 年横锦水库开工建设场景

在此，我的一位同事高肇俭同志特别值得一提。他是驻黄岩长潭水库的工程师，作为设计组长的他见到土坝坝基开挖清理未达到设计要求，施工方按建设指挥部的决定开始回填土料。他努力劝阻无效后，竟只身跳进基坑，以身阻填，阻止了可能发生的重大工程质量问题。在当时必须服从"党委一元化领导"的时期，高工程师能不顾个人安危，捍卫人民利益，值得称颂和学习。

1958—1960年间，党和国家顺应广大民众对改变经济落后面貌的殷切心情，决心加快建设步伐，开展了"大跃进"运动，虽然取得了一定成效，但由于施行了超越实际的高指标，不仅造成经济损失，也给党和国家的威望及务实的社会风气带来损害，这一点值得我们警惕。

访：以您的性格和所为，是否让您在政治运动中受到了牵连？对您的人生有什么影响？

陈：在 1956—1969 年间的政治运动中，我因实话实说、直言不讳多次受到批判。1957 年之后，中央号召知识分子学习工农，改造思想。我积极响应号召，长期驻工地，与工农共同建设、共同学习，但由于未能按院党委要求表态"决心一辈子当农民"，我和另外几位同志多次遭大会专题批判。

1960 年，我驻在横锦水库工地上，当时大坝主体已完成，但放水洞的闸门尚未安装，水库无法蓄水启用。对此，建设指挥部领导表示，现正在"大炼钢铁"，小高炉炼出的钢强度太低，不能制成闸门，而好的钢铁又采购不到。我在学习小组会上提出这一情况，被视为反对中央提出的"三面红旗"①，多次受到批判。1966 年"文革"开始后不久，我们工作被停止，参加劳动改造。

这些冲击和是非，对我人生的影响也就不言而喻了。这些经历是对我人生的磨炼，让我进一步感悟到世事、人生曲折是常态，使我对此后工作和生活上的小委屈能够泰然处之。同时，我更加领悟到坚持实事求是的必要性，认为要在此原则下妥善处事待人。作为国家的普通公民，应该坚持服务社会，坚持实事求是和律己宽人。

访："文革"后，您主要从事了哪些工作？

陈：20 世纪 70 年代"文革"中期，我负责了新昌县长诏大型水库的设计工作，在工地现场待了 3 年多，工程结束后回了设计院。

1980 年，我开始主持设计院规划室工作，组织和参加浙江省内多项流域、区域和专项水利规划编制工作，以及重要水利工程项目的建设书等。这段时间，我常与市、县水利部门同志一起工作，对省内一些地方的涉水情况有较深入的了解。同时，也感受到地方同志可贵的敬业精神，积累了丰富的实践经验。

通过此段工作经历，使我深感规划设计要"接地气"，要遵循治水方针，同时要符合地方、相关地区社会经济条件及其发展需求。我经常向有关领导汇报规划编制情况，听取他们给出的具有更强全局性、政策性的指

---

① "三面红旗"，指 1958 年中共中央提出的：社会主义建设总路线、"大跃进"和人民公社，1960 年 5 月以前曾被称作"三个法宝"，5 月后改称"三面红旗"。

导意见。这使我意识到水利工程不仅仅是技术问题，更要与当时的社会环境密切相关。我们要懂得把握时机，集中推进工程；也要懂得眼前与长远的结合，为未来进一步发展打下基础。

改革开放后的浙江水利工作经历

访： 20世纪80年代，您曾参与过国际合作项目？

陈： 1980年，国家组织援助马里共和国水利专家组，共6人，我担任组长，负责设计一座灌溉农田的小型水库。历经7个多月的工作，我们完成了水库设计，但遇到援外资金不足问题，工程未建。根据考察实情，我们了解到待灌区域临近有丰富的大江水和充裕的电力供给，提出改为建设投资较少的灌溉泵站的新方案。但因涉及外交协议问题，这个工程方案被留作备用，没有进行工程设计。

访： 回国后，您便被任命担任浙江省水利厅领导，转变如此突然，您能否简要谈谈？

陈： 好的。这是我没有想到的。1981年回国后，我接到口头通知：不要到设计院上报，组织上要将我调到水利厅工作。当时，我任设计院副总工程师，是一个转正仅半年多的中共新党员，原认为调到厅里可能是去某个处室做技术工作。

之后，省委农村工作部戴部长找我和设计院童副总工谈话，说："经省委研究决定：陈绍沂任水利厅厅长兼党组副书记，童副总工任水利厅副厅长。"当时，我觉得很意外，自己无行政管理工作经验，突然去担任厅长职务会给省水利工作带来损害，于是我提出调改工作职务的请求。童副总工也说："我们都是搞技术的，不是搞行政的料。"戴部长当场批评了我们，说："你们是共产党员，安排你们工作还要讨价还价吗？有什么困难可以讲，但这个事情已经定下来，是不能改的。党要求你做什么就要做什么。"于是我们便不敢再说话。

回来后，我深感此项任职不妥，担心自己做不好。在请示设计院党委应书记后，买来复写纸写了几封信，分别寄给省委组织部、农村工作部等部门，申诉个人经历和自己的意见。约一个月后，省委下达任命文件，正式任命我为水利厅副厅长、党组副书记兼总工程师。这样我心里稍宽一些。

访： 多年后，您回想这段特殊的经历，是否有一些感悟？

陈： 事后我发现，此类调动并非个例。当时，浙江省内有一批科学技术工作者和大学教授被调任省政府和各厅局的领导职务。这是党和国家施行的干部任用大方针的引导。我被调任后，并未感到高兴，而是深感压力很大，

图 5-12　1978 年全国科学大会上的知识分子

决心要虚心向共同工作的同志学习。之后，在同志们真诚帮助、支持下，我的工作得以逐步开展，我也从紧张压力下逐步解脱出来。

访： 在您任浙江省水利厅领导期间，亲身经历了诸多水利工程建设项目，印象最深的是哪一个？原因何在？

陈： 那要数杭嘉湖洪涝治理工程了。浙江杭嘉湖平原是太湖流域下游浙江、江苏、上海三地数百万亩易涝平原中最大的一片，南濒钱塘江，因钱塘江涌潮凶猛，钱塘江海塘历来不设排涝出口。平原东部的涝水北出上海黄浦江，西部涝水（其中部分涝水注入太湖调滞带后）经江苏诸河排入长江，历来平原排水不畅，易涝。"文革"时期，河道失于管理，省市交界地区的不少河道被封堵，平原涝灾进一步加重。

1983 年 3 月，国家组织上海经济区规划办公室，会同水利部、交通部及浙江、江苏、上海两省一市成立太湖流域治理规划领导小组，上海经济区规划办公室负责人王林任组长，下设办公室和专家组。专家组组长为严恺院士，我是成员之一。

王林带领两部、两省一市的同志每年春天集中考察区域水情、灾情，商讨治涝方案，历时 3 年。由水利部太湖流域管理局草拟的治理规划方案经多次修改后，最后在南京召开会议，大家共同敲定治理方案。王林同志

要求各省市主要负责人参加这次会议，强调各方要以团结治水的精神为基础携手推进治水工作。浙江省省长沈祖伦在听取多方意见后表示："会上提出的方案，我们并不认为这是个好方案。但如果各方都坚持己见，再不能向国家报出一个协商一致的规划方案，太湖流域治涝的事又将再拖延下去，受苦的是老百姓。"在各方谅解和做出让步的基础上，方案达成一致。领导小组谈到此事时认为，虽然各家都不很满意，但最后都能接受这个方案，说明大家能顾全大局。

在流域治涝方案的拟定过程中，争议很多，特别是江苏、浙江两省在开挖两省交界的排水河道太浦河及江苏省的望虞河时，关于两河的排涝任务、河宽、修建的先后顺序等问题发生较大分歧。最终，在规划编制组分析研究、专家组评估基础上，经领导小组组长的多次协调，才敲定相关方案。

1991年，李鹏总理召开会议，部署加大国家资金投入治理淮河流域和太湖流域洪涝灾害的事宜。太湖治涝规划方案各方已达成一致意见，并已上报国家计委和水利部获得批准，太湖流域治理工程建设得以顺利开展。

现在回想起来，王林同志为人民的利益，锲而不舍地多方协调，才使此项工程能够顺利开展。很多工程往往因为意见不统一而被搁置。

在浙江省内也有多项跨地市区域的大型水利工程，因地方利益纠葛，扯皮现象时常发生。在省政府领导主持下，以科学研究为基础，经不断协调方能成功兴建。如跨衢州、金华两市的乌溪江引水工程，跨杭州、绍兴、宁波、舟山四市的浙东引水工程。这些大型水利工程的成功兴建和运行，需要省主管领导敢于担当，地方领导顾全大局、团结治水，众多水利工作者辛勤劳动，才能推进工作，解决难题。上述两项工程的成功实施离不开分管水利工作的许行贯副省长、章猛进副省长的担当与支持。

访：您做过技术工作，也当过行政领导，您认为两者有何差异？

陈：技术工作需要专业的技术训练，当你对工作熟悉了，它也就变得容易了。作为技术人员，我认为有两个原则要遵守：一是要坚持以科学为依据，无论是水利总体规划意见还是规划设计，都必须要有依据；二是要敢于讲真话，讲话可以有艺术性，但不能讲假话。

相比之下，管理工作更难一些。水利工作涉及社会生产生活的方方面面，作为行政领导要具备总体协调、把握全局的能力。在特殊时刻，也需要强硬，否则项目无法开展。管理工作涉及的方面很广泛，现在水利管理仍存在一些问题，比如依法治水工作一直未能得到很好的执行。水利设施、水利工程项目因监管不到位，经常出现一边做一边受到破坏的情况，这应引起大家的注意。

在工程确立阶段，技术人员扮演"参谋"的角色；而领导要综合考虑资金、整体规划、工程分期问题，并最后做出决策。但是，在设计、施工阶段技术要求高，应以专家意见为主导，领导最好少干预，除非此项设计方案已经影响到原来已确立的总体安排。

退休后对浙江水利事业的关注

访：1999 年，您正式退休。能否简单介绍一下退休后的主要工作？

陈：1993 年我卸下了水利厅厅长职务，改任水利厅技术顾问，并续任水利厅总工程师。1996 年免去总工程师职务，任浙江省水利水电技术咨询中心主任，直至1999 年退休。退休后，我受聘于该咨询中心工作至 2013年底。至今，有时还应邀参加一些项目咨询工作。在过

图 5-13　1995 年陈绍沂随浙江省副省长刘锡荣陪同钱正英同志考察钱塘江（前排左起：章猛进、韩曾萃、钱正英、刘锡荣；后排中间：陈绍沂）

去的 18 年以来，我为我省数百项水利规划和工程设计提供咨询意见，又能经常与相关人员接触，获得一些水利和"涉水"①信息，充实了我的老年生活，也使我感到很幸福。在这里我要感谢组织上对我的关怀、同志们的帮助和家人的支持！

———————————

①　涉水信息，这里指与"水"相关的各种信息。

访：您在浙江省水利水电技术咨询中心工作时，是否遇到过因地方利益需求可能会提出过分开发建设要求的情况，您是如何协调、处理这一问题的？

陈：这种情况我遇到过多次。有时某些地方政府限于所处地域的所见所闻，仅从地方利益出发提出工程方案，往往会过多地影响所处河流上下游、邻近地区的利益。对于咨询中心或设计单位提出的兼顾上下游利害的修改方案，他们一时难以接受。在这种情况下，咨询中心会采取以下措施来协调和处理：一是坚持上下游兼顾的治水原则，二是优化修改方案，三是耐心解释。另外，也有个别沿海区域的党政领导人急于通过围涂来解决土地问题，提出一项超大面积的围涂工程项目。咨询专家们都认为：这个工程投资过大，收益过迟，且对环境影响也较大。我们在咨询报告中提出补充研究分期开发的方案，虽然几经周折才被基本采纳，但最终还是得到了认可。此外，我也遇到个别项目工程范围明显越出河流规划治导线的情况，我们在咨询报告中提出调整工程范围的建议，委托方不满意找到上级领导，甚至也会出现不收咨询报告、不付咨询费的情况。但我们仍会坚持原则，我们不能不尊重、不维护已批准的水利规划。这样做虽然可能会一时得罪人，但长远来看可以减少损失，并在事后大多能得到谅解和理解。

水利工程是惠及千万百姓及其后代的民生工程，实施过程中要坚持"科学治水，团结治水"的原则，科学治水是基础。因此，水利科技工作者肩负重任，不仅要掌握先进的科学技术，更要注重了解社会经济实情和发展规划，并把握好治水原则。

访：作为老一辈水利专家、老领导，您如何评价浙江水利事业的发展？

陈："评价"不敢当，我只能谈一下我的感想。

就浙江省水利建设而言，不同时段的重点建设内容都是响应当时社会经济发展对水利的需求。20世纪50年代，我们加固兴建海塘、江堤；60—70年代，建水库，灌溉农田，着手进行钱塘江河口治理，同时还兴办海涂围垦；80年代，大量兴建农村小水电工程；90年代，升级城市防洪工作，建设和筹划城市供水体系；进入21世纪以来，全面建设农村供水系统，细化防汛减灾措施，并开展修复和改善水生态、水环境建设。另外，近二十年来，浙江省在防汛工作科学化、精细化方面取得显著成效，防灾抗灾能力也有了明显提高。

水利建设事业的进展不仅取决于水利建设本身，还取决于水管理，包括水域、水资源和水工程的管理。其中若干方面的工作，如水域管控、水质监控、江河岸堤管理带设置等工作，由于多种原因，往往开展得不够理想。特别是近二十年以来，新城区、开发区建设过多地侵占了原来具有滞洪减涝效能的水域和湿地，加大了相关区域的洪涝灾害风险。同时，部分城乡的垃圾和增量污水进入河湖，也使河湖及部分输水渠道水体水质严重恶化。1988 年，国家就已颁布《中华人民共和国水法》，但因执法不严，这些情况仍存在，亟待改善。近年来，浙江省提出"五水共治"的倡议，各地正在积极行动，期望在此东风之下，水的管理得以切实加强。

访： 钱塘江河口治理工程已取得阶段性成果，您认为钱塘江未来的发展和规划应关注哪些内容？

陈： 钱塘江河口段经过数十年整治，已固定了防洪潮的江道，加固了海塘，卓有成效地减小了两岸洪潮灾害的风险。至于未来的发展，我认为要研究建设出海通航的可行性，争取通过整治江槽和建设出海航道，促进两岸经济的发展。另外，我们需强化水资源保护的监管和淡水资源的分配管理，以保护两岸社会经济协调发展。

访： 谢谢您接受我们的访谈，祝您身体健康，生活愉快！

钱塘江流域管理机构继任者——徐有成访谈录

访谈时间：2017 年 9 月 27 日

访谈地点：浙江省水利厅

访谈人：李海静

访谈整理：何晓敏、李海静

访谈时长：130 分钟

受访人：徐有成（1957—　　），江苏扬州人。1982 年 1 月毕业于武汉水利电力学院，后分配到浙江省河口海岸研究所工作。历任助理工程师、工程师、高级工程师、计划综合科副科长、规划研究室主任等职；1998 年任浙江省钱塘江管理局（浙江省河口海岸研究所）党委书记；2000—2006 年，在新合并成立的浙江省水利河口研究院任

图 5-14　徐有成

党委书记；2003 年，晋升教授级高级工程师。2006—2016 年，任浙江省钱塘江管理局局长；2016 年 10 月—2017 年 11 月，任浙江省水利厅副巡视员。

从农村走出，乘改革春风

访：非常感谢您能接受我们的访谈！作为钱塘江的研究者和管理者，您一直从事着与钱塘江管理相关的工作，希望通过您的介绍，使大家对这条独特的河流有更为深入的认识和了解。首先请介绍一下您个人的成长和学习背景。

徐有成（以下简称"徐"）：1957 年，我出生在江苏省江都县[①]。我的原生家庭是一个普通农家，父亲是一名工人，常年在上海工作；母亲在家务农，养育我们兄弟两个。我个人的成长主要是通过读书来改变命运。

我小学四年级时正值"文化大革命"，正常学习受到了影响。当时，小学实行六年制，初中为两年半学制，高中也是两年半学制。小学可以直

---

① 江都古称龙川，因"江淮之水都汇于此"而得名。现为扬州市江都区，区内河网密布，通扬运河横穿东西，京杭大运河纵贯南北。

升初中，但初中升高中需参加考试。1972年，我考入本县高中。同年，中国高考制度进行改革，周恩来总理提出"两条腿走路"的方针，恢复已停办的大学教育，并实行推荐制，即采取群众推荐、领导批准和学校复审的方式。

高中教育对我影响深远，学校虽为地方的一所普通学校，但学校老师的水平都很高，部分教师是受"文革"影响被下放到地方，如数学老师、物理老师、化学老师、英语老师等。当时的数学老师，在"文革"结束后被抽调到省里的数学教材编写组；英语老师是原北京外国语学院教师，作为"右派"被下放。这些老师的知识面都很宽广，他们使我受到了第一次教育启蒙，打开了我的眼界。受当时社会环境的影响，教学所用课本质量不是很高，学生的基础相对较差。

1974年，我高中毕业后回到了农村。第一年我参加了开挖县级排涝河道，也算是我初次接触和水利相关的工作；此后做了两年小学民办老师。高考制度恢复后，我就想参加高考，继续学习。因没有时间复习，我只能利用业余时间看书，所以计划第一年先试试看，第二年正式参加考试。当时，要参加两次考试：即扬州地区统考和省里正式考试，只有通过区考的学生才能参加统考。我对第一次考试印象很深，我所在的考场有300多人，能进入第二轮考试的只有一二十个人。尽管考题比较容易，但对于那时基础差、受教育程度不高的大部分学生来说，还是觉得有难度。

访： 我看您是1977年考入武汉水利电力学院，那一年的高考好像有些特别？

徐： 对。这一年考试不是按正常的时间进行的。我们是在10月份接到通知，说11月份要初考，12月份进行统考。入学时间是在1978年2月份，与现在相比，相当于推迟了半年。当时中央的意思是，哪怕推迟也要招生，说明当时国家培养人才的要求非常迫切。

我是通过报纸得知恢复高考的消息和各院校在江苏的招生信息。当时，报考只允许填报三个志愿。我也不知重点与非重点院校之分，分数也是保密的，自己也不知道，所以我的第一志愿是某轻工学院。因为我认为搞轻工业产品可以到城市；第二志愿选择了南京师范学院（现南京师范大学），因为我曾做过代课老师；第三志愿是中学校长帮我填报的武汉水利电力学院。因为他的一个高中同学曾就读这所学校，觉得学校还是不错的。同时，他认为我来自农村，比较能吃苦，这所学校毕业生所分配的单位也比较不错。到了学校，才知我的高考成绩为290多分，当时江苏省的重点大学分数线是240分。后来据招生老师说，除了清华大学、北京大学和中国科技大学这三所学校外，其他大学我都可以进。武汉水利电力学院（第一批次招生）的招生老师后来告诉我，看到我的成绩后立刻就把我录取了，这也是我与水利事业的缘分吧！

访：您当时就读什么专业？

徐：我读的是河流泥沙及治河工程专业，简称治河系。大学这四年对我的影响很大，我读了很多书。我们这一代人都非常珍惜读书的机会，班级同学的年龄差很大，有的可相差14岁，很多都是"文革"前的高中"老三届"。大家都非常珍惜学习机会，学习氛围很浓，无论白天还是晚上都泡在教室或图书馆。大家都拼命读书，学习风气非常好。

我们这一代人读书费用基本全部由国家负担。根据家庭情况的不同略有区别，学杂费全公费；生活费方面，家庭收入达到一定水平的要自费，家庭条件差的则都有补助。我当时每月的补助是17.5元，其中14.5元是伙食费，直接以饭菜票的形式发放，剩下3元是零用钱，可用于购买书籍等学习生活用品。大家都努力学习，希望将来报效国家。

访：您还记得当时的课程设置是怎样的吗？

徐：当时，基础课程教材沿用"文革"前的教材；专业课的教材则是任课老师根据最新研究进展自行撰写，用钢板刻出教材内容，然后油印给我们。

我所在的治河系学术影响力很大，院长是张瑞瑾，他曾留学苏联，被誉为国内泥沙界的权威，在国际上也很有名气。他与美国的小爱因斯坦、苏联的维特洛夫，并称为"三足鼎立"。我们学校泥沙专业当时在国内算是最强的。我们这一届师资也很强，系主任是谢鉴衡院士，学院的教授都给我们班上课，我所在的班级被学校列为重点班级。

在大学四年的学习中，我对基本概念、基本方法打下了较好的基础，但专业课学习成绩只能算中等。我不喜欢死记硬背一些公式，尤其是经验公式，喜欢分析与推理。其实我更喜欢文科，高考时语文、政治经济学都能达到 80 分以上。大学期间，我痴迷地阅读各种书籍，从《鲁迅全集》到国外的名著，看了很多杂书。我在知识的海洋里遨游，思路不断开阔。

访：您还记得您毕业设计的题目吗？

徐：记得，主要是关于江西万安水库的泥沙淤积问题，研究追踪水库多少年可以达到泥沙平衡。我们那个时候的本科教育跟现在还是不太一样的，尤其是大家的学习劲头不一样。

除毕业设计外，我们还要到大型施工工地实习。我曾到葛洲坝和三门峡工程实习，实习时间是 1~2 周，在工地听技术人员为我们介绍工程情况。我还曾考察过三峡大坝坝址——三斗坪。

访：请问大学有哪些老师给您留下特别深的印象，或者对您产生了比较大的影响？

徐：从学业上来说，院长张瑞瑾、谢鉴衡院士、徐一凡教授都给我留下了深刻印象。张院长虽不给我们上课，但会给大家做学术报告。

从思想政治及做人方面来讲，给我印象最深的就是我们院的老党委书记张汝平，他是一位 1926 年参加革命的老红军，与王首道、李先念是同批参加革命。第一次听他的报告，让我们感受到，那时共产党人就是一心为革命，全然不顾自身。另外，我们系里有个总支书记，是位女同志，也是老八路军。从他们身上我看到真正的共产党人是怎样的。受此影响，在校期间我加入了共产党。而高中毕业回到农村老家参加工作的时候，也有干部培养我入党，但看到某些人以权谋私，使我不愿加入；在学校，我看到了完全不一样的共产党员，又让我坚定了加入共产党的决心，并知道了如何做人。

服从分配，缘定钱江

访：大学毕业后，您被分配到了哪里工作？

徐：毕业后，我被分配到当时的浙江省河口海岸研究所，此时该机构与钱塘江工程管理局合署办公。到单位后，给我印象最深的就是戴总（戴泽薷）和李工（李光炳）。1982年1月，我来到新单位报到，不久便是春节假期。春节后，规划室主任李工就给我布置首个任务：整理一份钱塘江澉浦段水下地形图。我当时很认真，把等高线计算得很细致。然而，李工告诉我：并不是根据地图等高线来画，而是要准确确定断面的实测点。断面上的实测点是关键，因为在1∶50 000的地图上，没有实测点的人为勾画的等高线，哪怕相差一毫米，在实际中就会"差之毫厘，谬之千里"，导致计算结果可能会相差100~200米。此事让我意识到实践工作经验的重要性。此后，我与余祈文、陈希海等工程师一起做钱塘江江道观测。我第一次看到海宁段的鱼鳞石塘，那么坚固，觉得肯定没问题。因为此前看到的长江、黄河的堤防以泥土塘居多。现实中，几个潮汛以后，保护石塘的丁坝常被冲毁，我才知道钱塘江涌潮的厉害，也让我认识到，钱塘江与之前所学的黄河和长江是完全不一样的，自己对潮汐河口的知识储备太少。由此，我开启了一段新的学习旅程。

访：您刚来的时候就是跟着李工一起参与治江工作吗？

徐：没有。刚刚毕业来到这里，我只能做一些基础、细微的工作，譬如有关江道演变、河床演变的资料收集、测量、数据分析等。当时主要是在测量资料出来后做一些简单分析，看河床断面是否充裕、主槽是否摆动以及摆动幅度等，然后将分析报告提交给戴总等主管全局规划的技术专家，由他们来分析和考虑治江方案。这样的业务工作我大概做了两年。1984年，干部队伍要"四化"，单位领导想将我调到人事部门工作，我希望继续参与课题研究。我心里认为，如果从事的工作和专业不对口，大学就白读了，我也没有从政

图5-15　20世纪80年代钱塘江江滩及江道变迁情况
（图片由徐有成提供）

的想法。单位的局长、书记希望我服从组织安排。因为岗位职务审批要上报水利厅，当时的厅长钟世杰说："徐有成又红又专，希望先让他搞一点业务。"所以，我没有正式被调任，但还是有约半年时间帮助人事部门做一些干部外调工作。

此后，戴总也希望我继续从事业务工作，并帮我联系出国深造，让我到美国读研究生。1985年，单位安排我到浙江大学脱产半年学习英语。培训结束后，我到省里申报公派出国留学，结果省里没批。当时，出国政策倾向于先满足高校及国家部委的研究院所，省属研究院所的一些技术骨干基本很少有机会能出国学习。1986年，我开始参与课题研究工作。同年底，单位提出要加强科研与工程管理，主要是组织研究课题及工程项目立项、申报等工作。单位认为我科研工作能力和组织管理能力都还可以，希望我来负责这个事情，由此，我开始了科研及工程建设计划管理工作。在林炳尧科长的领导下，我担任副科长，一年后开始主持工作，直到1992年。

1992年，单位内部机构进行调整，单位名字也改为"钱塘江管理局"，并将河口海岸第一、第二研究室和规划计划科合并，重新成立规划研究室，我被任命为主任。这一时期也成为单位业务调整的分界点。此前，单位主要承担来自省科委、水利厅的纵向任务，也会立项一些基础研究项目；此后，单位开始承接一些社会上委托的横向课题，如码头、桥梁、火电厂等规划咨询项目。1995年底到1998年，我被省委组织部安排到常山县挂职副县长，为期三年。1998年挂职回来后，韩总（韩曾萃）因到了退休年龄，不再担任局长、所长职务，原来的党委书记调任水利厅担任厅长助理，我被提拔担任浙江省钱塘江管理局（省河口海岸研究所）党委书记。

2000年，省政府科研机构改革，希望水利厅下属只保留一个省级科研机构。由此，浙江省河口海岸研究所和浙江省水利水电科学研究院合并成立浙江省水利水电河口海岸研究设计院，我被任命担任党委书记。那时，钱管局还有一个设计室，即现今的钱塘江管理局勘测设计院有限公司；另外还有几个下属海塘管理部门以及施工队。事实上，当时的钱管局在专业领域涵盖了科研、设计、施工、管理一体化，一线海塘有任何问题，都可以迅速反馈到科研、设计部门，以便及时制定解决方案。

访：那么当时两院所合并，将钱塘江管理局与浙江省河口海岸研究所分设，对钱塘江管理局是否有所影响？

徐：是有影响的。合并前，河口海岸研究所的中心工作就是围绕着治江开展；合并后，受市场化影响，开始承接更多社会项目，不能再专心于钱塘江的治理研究。新机构成立后，我就促成建立钱塘江研究中心，创建钱塘江联席会制度，目的就是加强沟通，持续开展钱塘江科研工作。我希望将老一辈治理、保护钱塘江的精神和文化传承下去，不能让年轻同志将钱塘江的研究仅仅看作是市场行为，而是一种情怀，是我们的根。

访：机构调整合并是否对一线施工、管理等工作产生影响？

徐：局与所分设后确实带来一些问题。在工作部署和谋划过程中，不会像一家单位时那么顺畅。原来，在钱塘江巡查过程中发现问题后就会及时反馈，科研人员开展调查研究，找到原因后提出方案，设计人员马上开展设计，设计完成后便进行施工。现在，海塘巡查发现了问题，我们却不知道找谁来解决。所以对整个钱塘江管理来说，肯定有一些影响。不过好在大的治理格局已经形成了，现在的问题没有之前那么严重。我来到研究院工作后也在尽最大努力弥补，使大家的联系更为紧密。

访：前面您谈到戴总准备送您出国深造，这是很有远见的对单位人才的培养和储备。

徐：对，他有着超前的眼光。他不仅想治理好钱塘江，同时也非常重视人才培养，从不同专业、不同领域挖掘人才。除了想培养我，他还从不同单位引进了几个人，如林总（林炳尧）、熊总（熊绍隆）、耿兆铨等。林炳尧毕业于清华大学，本科学习数学，研究生阶段学习水利；熊绍隆毕业于武汉水利学院，师从谢鉴衡院士；耿兆铨毕业于华东水利学院。他们都是高考恢复后的第一、第二届的研究生。为了引进人才，戴总确实是呕心沥血。当时，人才引进还要帮助解决家属问题，而杭州刚刚确定为旅游发展城市，进杭人口控制很严格。我们省级单位必须通过省里和市里两个人口控制办公室的同意才能落户。他到处奔走，找各个部门协调解决家属户口、工作等问题，使他们能够安心搞科研。

戴总希望送我出国深造，要我主攻河流动力学、河床演变方向，希望我学会用先进的计算方法和科学手段来开展钱塘江治理研究工作。20世纪80年代初，我们开展计算机一维模型计算，通过卡片打孔的编程方式，这与现在的计算机技术已是天壤之别。那时，耿兆铨懂特征线法；林炳尧懂变分法差分计算，用来解决数学模型的格式和方法问题；熊绍隆专攻物理模型、动床研究。他希望我主攻河床演变。戴总确实是一位非常可敬的长者，所以后来钱塘江管理局百年局庆时授予他"钱塘功臣"称号，他当之无愧。

前段时间我还找到了戴总帮我填写的出国推荐表，看到它感触良多。他真是非常用心地培养后辈。

忆钱江治理，看未来发展

访：我还想向您了解，您刚来到这里时，钱塘江河口治理进展情况是怎样的？

徐：20世纪80年代，钱塘江河口治理仍是采用传统的抛石头的方法来阻止坍江，海塘随坍随修，还是很被动的。同期，我们也在探索挂桩试验，但没有大规模推广。戴总、韩总等老一辈专家的研究工作主要是解决几个江湾的整理工程，包括赭山湾、闻家堰、尖山河湾。此外，"以围代坝"的围垦工程也在同期开展。

秦山核电站建设项目启动后，对海盐江段的海塘修筑工程提出了高标准要求，尤其是稳定性方面。戴总等专家组织局里的科研人员对海塘底脚的防冲问题、海塘整体稳定性问题及深槽摆动问题展开深入研究和分析，包括海塘结构设计。新设计的坝体稳固性较之前提高。在海盐段我们主要是采用扭工字块；而在海宁段由于涌潮影响较大，我们主要采用打板桩的方式来防止底脚冲刷问题。这么多年下来，虽然底脚这里冲刷仍然厉害，但是稳定性还是很好的，位移很有限，较好地解决了海塘底脚冲刷问题。

访：钱塘江南北两岸海塘各江段的设计不同，原因是什么？

徐：这主要由造价和受潮汐影响程度所决定的。一般来说，在涌潮冲击力不大的地方，我们就采用斜坡式海塘，此种塘型造价最低。杭州段以直立式海塘为主，造价相对较高，但可以节省土地。海塘塘型的设计是根据不同需求来决定的，首先要满足技术要求，根据区域内水流特点来设计，同时考虑造价，最后再来决定海塘的塘型。

访： 我看您也参与过波浪和风暴潮方面的研究。一直以来，钱塘江治江和海塘维护是研究重点，波浪和涌潮研究相对较弱？

徐： 我参与过很多工作，但没有对波浪和涌潮进行深入、全面的研究。当时钱塘江管理局主要致力于防灾减灾。治江的目的是要解决河床摆动问题；而波浪和涌潮研究是修建海塘前要首先面对的问题。波浪有冲击力，需要考虑海塘的抗冲能力、受压能力，包括从防洪标准角度来研究波浪的越浪量允许等问题。这些研究为海塘修筑工程提供理论依据和设计基础。

访： 当时的研究手段，一种是建立数学模型，一种是建立物理模型。是不是可以理解为：数学模型是理论上的计算结果，物理模型是通过模拟实验来检验？

徐： 我们认识了解自然规律，一种方法是通过复原探寻它的规律性，另外一种就是根据规律性特征对未来进行预测。在河床演变的研究中，我们通过整理历史资料，对数据进行分析，探寻外界的影响因素。它的研究只能是宏观的、规律性的、方向性的研究，可以明确江道哪里会冲哪里会淤，与历史的实测数据进行比对。

数学模型的好处就是变量多，运算快，计算组次多，通过调整参数，可以进行各种不同方案组合计算。物理模型是固定的，与现状最接近，虽然比例是缩小的，但是影响因素太复杂，成本也高。数学模型应用范围更加广泛，速度更加快，物理模型相对可以"缩窄"一点。所以我们一直强调，要两者同步进行。河床演变是定性的分析，数学模型和物理模型都要遵循这个规律。当三者的结果都接近时，那么精确性就提高了，不会出太大的问题。

由于我们基础研究还不够，往往还是凭借以前的工作经验和工作方法。那么我们现在做一个工程，首先的要求是通过不同的模型得出的验证结果要一致。随着咨询项目的增多，对基础理论研究就减少了，因为做基础研究相对花的精力多，费用也比较高，所以这些年我们在理论研究方面是欠缺的，特别是在泥沙研究方面没有很大的突破。现在人们都说强潮河口治理是世界级的难题，主要是因为它太复杂，在理论研究上我们没有突破。

访：多年来，您一直从事行政工作，是不是技术工作就被放下了？

徐：2000 年以后，我的工作应该说与科研重新挂钩了。我调整到浙江省水利河口研究院后，还是以钱塘江河口研究为主，并主持了钱塘江河口综合规划、钱塘江防御特大洪水研究、钱塘江北岸海塘防御超标准风暴潮研究等一些省部级重大课题。

访：20 世纪 90 年代以来，钱塘江治理工程是否发生了较大的转变？

徐：变化还是有的。20 世纪 90 年代及以前，钱塘江治理重点是防灾减灾，治江结合围垦，缩窄江道，修建海塘。2000 年以后，治江更多关注综合效益，既要减灾，又要兴利，所以当时就要作综合规划，要考虑到哪些地方适宜修建码头等设施。在制定规划方案时，我们就要考虑维护北岸深槽，因为独山港、嘉兴港、平湖港三个港区正处于此处。其次，像浙东引水工程，经过曹娥江，向宁波、舟山引水，这样曹娥江就必须建闸，建闸就要首先解决闸下淤积问题。这些问题都在尖山河段治理工程中予以考虑和解决，由此尖山河道江道设计将原来的江道左摆偏中调整为走中偏南，为兴利服务。

图 5-16 21 世纪初徐有成向省领导介绍钱塘江海塘建设情况（前排左起：徐有成、夏宝龙、陈川）

访：我看到过尖山河湾 20 世纪 90 年代和 2000 年规划方案的对比，今天才知道调整的动因。

徐：以前江道治理的主要目标就是要减少弯道，因为弯道会导致洪水位增加，不利于泄洪。但若考虑到综合效益，方案设计就会不一样。像浙东引水工程是省委省政府的重大决策，关键就是要在曹娥江建大闸，建大闸就要考虑闸下淤积问题。为了减少闸下淤积，钱塘江弯道就要调整为向南走，这是从兴利的角度出发对尖山河道进行调整，并将河道整治、围垦相结合。2000年规划方案的设计在思路上体现了以下几点：一是浙东引水；二是保障北岸深槽，即嘉兴港区，包括秦山核电厂1~5期的取水口水深。同时，还有一些其他的工程建设项目，譬如桥梁建造等。所以，2000年以后的钱塘江治理规划是在减灾的基础上兴利，维护涉水重大工程的安全运行，同时考虑水资源配置、河口生态环境等问题，与此前的保护海塘安全、整治江道来防灾减灾的自身防治有着很大的不同。

2006年我被调回钱塘江管理局担任局长，更多的也是在关注污染问题、钱塘江两岸排污口设置等议题。当时，局里立项了一个《钱塘江纳污能力研究》，用三年时间对钱塘江河口区域的整体纳污总量进行分析，这是新时期所提出的新要求。

访：我访谈过的老专家经常会提起：钱塘江北岸有港口、码头可以满足出海的需求，但是南岸一直没有。是不是南岸也可以修建码头，满足地方建设需求？

徐：是的，原来杭州一直希望有个出海码头。在我印象中1984年省科委立项了一个重点项目，就是关于四工段通航整治问题。因为钱塘江江底有沙坎，沙坎顶点位于下沙和老盐仓之间，也就是在"四工段闸"附近，这里水最浅，要对其进行整治，我们提出了几种方案。其中一个方案是考虑建两个顺坝，利用水流的冲刷，以保证船有足够吃水深度能通行。为此，我们开展了物理模型和数学模型研究，经过综合分析后发现：洪水期可发挥冲刷作用，但枯水期就会容易淤积，需进行人工采挖。经过综合分析后，我们最终放弃了这个方案。另一个方案是考虑通过挖运河实行出海，后来这个事情也不了了之。21世纪初，杭州市领导又委托我们研究院做建设出海码头的可行性研究，并改变码头位置。此时，大江东地区已完成围垦，考虑在大江东建出海码头。当时，尖山河段和曹娥江大闸附近江道较宽，且涨潮力和落潮动力相当，不适宜修建码头。若要修建，必须采取工程措施。所以，这个方案也被否定了。杭州市的领导对结果不是很满意，又找到省水利厅，让省水电设计院再做一次方案研究，我参加了方案评审工作。

省水电设计院的结论跟我们的类似：建议采取修建导流坝的方案来实行码头建设。但修建导流坝牵涉面很广，更需要深入研究才行。对于南岸出海码头建设，杭州市领导很关心，绍兴和宁波余姚那边也很关心。因为沿江地区分布着大江东工业开发区、绍兴开发区，若能建起码头，可以解决运输问题，降低成本，有些陆运很困难的大型项目就可以落户这些地区。

对于此事我比较了解，我曾经提出一个设想：用柔性的坝进行分隔，在涨潮的地方控制水流方向，让涨潮的水更多地流向南岸，落潮的时候也一样，让它沿着南岸走，做一个像都江堰的分沙嘴式设计。我当时也跟时任绍兴市委书记的彭佳学汇报，他对此也很有兴趣，马上指示绍兴市水利局、交通局参与研究。浙江水利河口研究院也派专家一起对此进行了对接，后因多种原因没有深入下去。尽管存在一些困难和挑战，但码头的建立对发展肯定是有益处的，工厂的大型设备可以通过航运进行运输，也更方便海外贸易的开展。

访： 这样做会不会影响涌潮？

徐： 这样做不会影响涌潮。我的假设是：顺着水流方向且在水下低于水面的地方做坝，对涌潮表层不造成影响，也不会破坏涌潮整体景观，但对此处的局部潮景会有一定的影响，但这个设想仅在尖山河段进行。要开展这项工作，我们需要从理论展开研究，包括数学模型、物理模型等基础工作，还要进行现场试验。现在，经费和人力都很难支持开展此项研究。

访： 戴总曾提出过人工岛方案，您如何看待这个方案？

徐： 建造大型的人工岛肯定是不可行的，它肯定会影响涌潮，尤其是现行《钱塘江管理条例》中明确规定要保护涌潮。原来设想在金山附近建造一个小型人工岛，我个人认为对涌潮影响不会特别大。

访： 调任钱管局局长后，您一直很关注涌潮保护和钱塘江文化研究等问题。

徐： 2006 年调任钱管局后，我首先关注的是钱塘江污染问题，其次是钱塘江防汛工作，包括浙东引水、水资源配置等系列问题。当时纳污总量一直没有得到充分考虑，两岸的排污企业持续向江道内排污，且要求增加排污量，但钱塘江纳污能力是有限的。同时，世界著名自然景观的钱塘江大潮越来越受到关注，央视持续多年进行实况直播。我记得 2008 年或是 2009 年，我参加实况直播，主持人问了很多普通民众所关心的问题，由于没有做过研究，我无法回答。这也让我意识到要开展这方面的研究工作，这也是一种社会责任。首先，我们在涌潮发生的全河段建起了 10 个涌潮观测站点，以积累长期的基础数据资料。其次，我们成立了涌潮研究会，通过社会的力量来推动涌潮研究工作。现今，社会各界对涌潮的关注度日益提高，《钱塘江保护条例》的出台也规定要保护涌潮。今后所有钱塘江涉水工程可能对涌潮产生的影响都要经过论证。钱塘江的治理工程是根据社会发展的不同需求，在不同发展阶段逐步形成的。

访：您曾担任钱塘江管理局的局长十多年的时间，对它有着深入的了解，同时有着别样的情怀。对于未来的钱塘江，您认为应该关注哪些问题？

徐：首先，现今钱塘江流域管理相对分散，科研、设计、观测分属于不同机构和部门，不利于整体规划布局。另外，基础研究是长期工作，政府应每年设立专项经费给予支持。现在开展的研究更多的是针对局部进行论证，缺乏整体性。研究项目、经费支持也是要落实到具体事项上，但往往缺乏统一性和连贯性。

我当时在研究院时就曾考虑设立钱塘江研究中心，希望有专门的一批人在持续的经费扶持下长期开展研究。对于钱塘江的治理，大家可能觉得没有什么大问题了。从防灾的角度来说，海塘已经建得相对非常牢固，治江工作也做得挺好，但遭遇特大洪水与超强台风时还是存在问题的。事实上我们还是需要做一些工作，譬如古海塘的沉降和保护问题就是其中之一。

访：您也很关注老海塘的保护问题，毕竟海塘是明清时期的古海塘，历史悠久。涌潮对它可能每天都有破坏，虽然我们看不到它的破损，但它每天都在无形中衰老。我们应该如何保护一线 30 多千米长的古海塘？

徐：对古海塘的保护各方面都很重视，关键是我们要把古海塘机理搞清楚。前几年水利部有个公益性基金项目支持古海塘保护研究，我领衔在做这项工作，也形成了一些成果，关键是如何"消化"这些成果。我认为要形成可操作性的规范，制定保护或者维修技术导则。我曾经跟水利部提出建议，当时杭州市政协叶明主席在全国两会上也提交了一个关于古海塘申遗提案，水利部征求过我们的意见，明确表示由浙江省负责。但工作并未开展。我们需要对古海塘日常的位移、沉降等进行监测，以及遇到不同情况该如何处理，要形成管理规范。现在海宁政府想对这段海塘进行加固和申遗。此外，二类塘出现沉降等问题，这些都需要开展研究工作。

古海塘塘身因沉降不均出现裂缝，需要抢修。面对不断高涨的古海塘申遗呼声，对于海塘是工程还是文物的界定，我们是有顾虑的。一旦作为文物，今后维修就要受到文物保护法的限制。我曾经和文物局的领导沟通过此事，认为问题不大。只要维护前将保护预案做好，确保水利部门、文物部门一起参与，就相当于实施过程通过了文物部门的审批。

访：您如何看待钱塘江治理工程开展过程中的人才培养问题？

徐：这与工程的影响力和受重视程度有关。自 20 世纪 50 年代起，钱塘江治理工程引起了国家重视，钱正英部长多次亲临现场主持河口治理研讨会，吸引了国内外众多知名专家会聚于此。戴泽蘅、韩曾萃等专家从事的研究工作逐渐被学界所了解和认可，他们在国内外享有一定的知名度。在传承过程中，我们也存在一定的遗失。像我这样的人也只能说是技术型管理者。从研究视角来看，像潘存鸿、曾剑，还有黄世昌等人，他们都还是可以的，在业界有一定知名度。戴总、韩总这一代的学术能够深入，与当时的水利厅领导钟世杰、陈绍沂两任厅长的强有力支持密不可分。后期科研相对弱一点，可能也是受到社会发展影响，人们关注点不一样了。这个确实是一个需要我们关注的问题。

钱塘江科研机构的继任者——叶永棋记谈录

访谈时间：2020 年 5 月 22 日，2020 年 5 月 29 日
访谈地点：浙江省水利河口研究院凤起东路院区
访谈人：李海静、王淼、介玠、何晓敏
访谈整理：介玠、李海静
访谈时长：260 分钟

受访人：叶永棋（1962—　），安徽黄山人，正高级工程师。1983 年毕业于合肥工业大学水利工程系农田水利工程专业。毕业后，自愿支边赴西藏从事基层水利工作。1983 年，初次参加工作便参加了山南地区一号工程——杰德秀灌溉工程建设，并主持二级提灌站工程的设计施工，此后又先后主持和参与了那曲地区比如县水电站工程等重点工程建设项目设计施工。1993 年，调回浙江工作，先后在浙江省农田水利总站、浙江省机电排灌总站、浙江省水利供水公司、浙江省水利水电科学研究院、浙江省钱塘江管理局、浙江省水土保持委员会办公室、浙江省水利河口研究院（浙江省海洋规划设计研究院）等单位担任领导职务。他为西藏和浙江的水利事业发展作出了重要贡献，曾先后获得浙江省优秀科技工作者、全国水利系统先进工作者等荣誉称号，其研究成果曾获得 2019 年度"中国农业节水科技奖"和"浙江省科学技术进步奖二等奖"。

图 5-17　叶永棋

无缘军旅梦想　结缘水利事业

访： 叶院长您好，我们先了解一下您个人的成长环境。每一代人的社会环境和成长背景都不一样，这可能对后续的人生还是有影响的。请您谈谈您的成长经历！

叶永棋（以下简称"叶"）： 我老家在安徽省休宁县，祖辈三代都是农民，我父亲 15 岁参加工作，大概 17 岁入党，是一位老党员；母亲曾经当过乡村幼儿班的老师。20 世纪 60 年代初期，国家经济比较困难，在全国范围内进行精简退职倡议，动员一批在职工作人员下放到农村安家落户，这就是精简职工大潮[①]。此时，安徽农村土地政策有所变化，我父母响应党

---

① 精简职工和减少城镇人口，是 20 世纪 60 年代初中央在调整国民经济的过程中采取的一项重要措施，旨在解决粮食问题、加强农业生产。主要精简对象为 1958 年 1 月以前参加工作且来自农村的新职工。

和国家号召，重新又回到了农村。

我父亲最初在公社工作，是公社的通信员，主要负责送信、送文件和报纸。那时候当通信员非常艰苦，也非常危险。当时还没有通公路，走的都是山间小道，还时常要穿过深山老林，每次行程要沿县城周边转一大圈，一般需要

图 5-18　2006 年叶永棋与家人合影（前排左起：母亲、女儿、父亲；后排左起：叶永棋与夫人）

2~3 天的时间。后期他到县里办的机械厂工作，直至精简回乡。他时常像讲故事一样给我讲工作过程中遇到的各种事。

父亲精简回乡后，长期在农村担任基层组织干部，一直干到 60 岁。此后还经常被基层组织聘用，协助在职干部开展工作。农村发生各种各样的矛盾和纠纷后，需要调解处理，他像老娘舅一样，大多主动出面化解矛盾，协助领导解决问题。他在老家还是非常有威信的，乡亲们也比较信任他，有时村里领导不一定能解决的问题，他去说说就解决了。一直到 2018 年，我担心他的身体，让他不要去了，他才真正回家安享晚年。现在他还是很关心国家大事，有很深的老党员情结。我小时候受父亲的教育和影响比较大。

小时候，我一直很崇拜解放军，我戴着外公给我做的有五角星的解放军帽子，跟在支农的解放军叔叔后面玩，感觉非常神气，至今印象很深。那时流行背诵毛主席语录和唱革命歌曲，我小学一年级就会背"老三篇"，还会唱很多革命歌曲，这些对我个人成长产生了很大影响。自小我就立志要当解放军，报考大学的时候也是希望上军校。我是 1977 年恢复高考后的第三届学生，当时可以填报十个志愿，其中五个重点大学和五个普通大学。我的志愿大部分都是军校，但是没能如愿，命中注定要搞水利工作。

访：请您谈谈您中小学时期的学习、生活情况。

叶：小学时，我的学习经历很波折。一年级我在公社的中心小学就

读，二年级时各个村都开始办小学。我很喜欢一年级的班主任老师，就很乐意跟着老师回到村里读书。当时，村办小学有三个年级的学生，办学条件很差，大家都在同一间教室里上课，相互间影响很大。我四五年级时又回到乡里的中心小学就读。那时正值"文革"期间，学校还时常组织批斗地主、"右派"和坏分子的大会和游行活动，学习风气不太好，很多同学都不喜欢上课学习。我一直是属于认真学习、要求进步的那小部分，在强烈的求知欲望和争强好胜的性格驱使下，我的学习成绩一直名列前茅。二年级后我一直担任班长、红小兵小队长、红卫兵大队长等职务，四年级后就每天早上带领全校的同学做早操，下午带领大家列队放学。记得1971年"林彪叛逃事件"发生后，我还代表学校在公社召开的千人大会上发言，揭批林彪反革命集团的罪行。发言稿还是我自己写的，老师只是帮助我改了改。现在想来，那时我并没有那么高的觉悟和水平，这是在我国特殊历史时期的一种特殊现象而已，不过勇气可嘉。

小学毕业以后，我被就近分配到溪口中学上初中，那一年我十三岁。学校有高中部，老师也比较好。学校距离我家十多千米，还不通公路，上学全靠步行，而且大多走的是山间小路。因此，我和其他离校较远的同学开始住校。第一次到学校是父亲送我去的，后来就完全靠自己。当时，一周学习五天半，有时还有半天的劳动课，星期六上午上课，下午放学回家，星期天下午再回到学校。此时已是"文革"后期，学校的学习秩序还是比较好的，老师大都认真教书，学生也大都能认真学习。

那时候学校的住校条件和现在不同，吃的米和菜都要自己从家里带，星期天到学校后，米交给学校食堂，交些搭伙费后换成饭票，每天拿饭票买饭吃。菜就用自己带的，新鲜的菜容易坏，自带的基本都是咸菜或梅干菜。因为路太远中途没法回家，一大茶缸咸菜要吃一个星期。一段时间后闻到这个菜味就没有胃口，后来有些同学之间就互相换着吃，这样可以改下口味。

中学的校舍原是一个地主家的宅院，教学区本是地主家的园林区。中华人民共和国成立前地主将园林烧掉，大部分建筑都被毁了。政府就在遗址上面建了几排平房，主要用作教室和实验室，其余空旷的区域清理出一个椭圆形运动场、一处篮球场和田径场，这在当时的教学设施中应是比较完备的。我们和教职工生活的地方在教学区的南边，中间隔了一条条石砌成的小路。这里的建筑沿河（率水河，钱塘江的北源）而建，大多是上下二层，建筑主体保存得比较好，全部采用徽派建筑风格，内设多处庭院，里面天井水榭、亭台楼阁、雕梁画栋。此外，还种有蜡梅、桂花、枇杷、兰花等花木。外面就是一江清水和卵石沙滩，围墙边还有一小片生长茂盛的小竹林，非常漂亮。这个区域还结合原有建筑的特点，设了大礼堂、图书馆、会议室、食堂等设施。我们住在其中一处临近食堂的两层木结构房子里，据说这里原来是长工住的地方。我们住在二楼的大开间里，楼下是教职工办公和住宿区，中间还有一处天井。楼上还有两个小房间，有时也安排老师住。前年回校参加中学同学聚会，学校已经焕然一新，面貌发生了根本性的变化。因老房子大多为砖木结构，时间长了就逐步腐朽了，加上学校扩建需要场地，所以老房子全部被拆后建了新楼，原有的校貌已经荡然无存了，这让人觉得很遗憾也非常可惜，现在对母校徽派建筑的美好记忆只能从梦中去寻找了。

当时中学的学制是五年，初中三年，高中两年。恢复高考后改为六年制，并由春季招生改为秋季招生。我们这届属于过渡期的学生，高中上了两年半。中学五年多的学习生活虽然很艰苦，但却让我很充实。在中学阶段，人已经开始明事理了，尤其是获知国家恢复高考制度的消息后，我更是有了进一步奋斗的方向。

访： 您家里有几个兄弟姐妹？

叶： 共有 5 个，我是老大。那时农村生活条件很差，父母养育我们很不容易。我父母一年到头辛勤劳作，挣的工分比旁人都多，但年终分配大多入不敷出。与大多数农家一样，我们家生活困难。到了我初中毕业时，父亲就打算让我辍学参加劳动，在农村我已经到了能够帮助父母挣工分养家的年龄，算是一个劳动力了。但是我继续读书的意愿非常强，为此跟父亲的关系搞得有点僵。尽管此时"文革"已经结束，高考还未恢复，继续上学并不直接意味着有什么好的前途。小学和初中的学习经历使我深切地体会到，作为身处乡村的农家子弟，在那个信息还不通畅的年代，上学不仅可以满足我探求未知的欲望、学到很多书本上的知识，而且学校也是一个认识和了解外面世界的窗口，是我开阔视野、激发希望和梦想的重要场所。我小学和初中阶段一直品学兼优，学习成绩一直名列前茅，我因此自感光荣和骄傲。学校那种充满朝气和激励的氛围以及对未来的美好憧憬，是我继续前行的动力。一旦失学，意味着这一切就戛然而止了，我委实心有不甘。好在母亲一直很支持我，初中的班主任也很关心我，知道这个事后，大老远跑到我家劝我父亲，说："你们儿子在学校读书是最好的，应该继续让他念书，多读点书将来总会有用。"父亲最后改变了主意，同意我继续上学。就这样，我又进入学校继续高中阶段的学习。与此同时，我也深深感到，我和弟妹全部上学，给父母造成了越来越大的生活压力。为此我暗下决心，一定不虚度时光，好好珍惜来之不易的学习生活。同时，在周末和寒暑假期间我尽量参加生产队的集体劳动，以减轻父母的负担。

访：您当时考入合肥工业大学，为何会选择水利工程系中的农田水利工程专业？

叶：我报考合肥工业大学时，填报了两个专业，一个是工业自动化，还有一个是农田水利工程，后来被农田水利工程专业录取。当时，没有人指导我报志愿。我自己心里有两个方案，一是当兵去搞飞机、导弹、卫星的研究，因为我非常喜欢这些；另一个是学医，因为我生长在农村，村里人生病就医难，尤其是得了大病，生活很悲惨，所以想学医。水利专业不是我的首选意愿，只是随便填报凑数的，没想到最后被录取了。收到通知书后，我想放弃再复读一年，仍报考军校。后来，父亲跟我说："你还是去上学，做水利还是很有意义的，水利是为农业服务的，农村孩子去学水利也是对路的。"在家人的督促下，我勉强到大学继续上学，但仍抱着一年后转专业的想法。但遗憾的是，我们这一届因故没有安排转专业的计划，这一想法也就无法实现了。因为专业的事，在大学第一学期我的思想还没有转变过来，学习也不是特别上心，好在大学的老师都很好，尤其是班主任老师对我的帮助很大。他们中很多人是响应毛主席的号召，参加过淮河等流域治理的专家。他们不仅专业水平很高，实践经验也很丰富，对从事水利工作感到很光荣。一年级的下学期，学校安排我们到皖西大别山区的梅山水库和安庆地区的皖江灌区现场实习，对我的触动很大，让我切实感到了水利工作的重要性。后来我又到了湖北的丹江口水库、葛洲坝水利枢纽等大型工程实习，进一步了解了水利工程在我国社会经济发展过程中的巨大作用。这些实习经历不仅让我直接接触了大型工程建设实际情况，收获了很多课本上学不到的知识，同时也让我备感震撼和鼓舞。就这样，四年大学下来，我对水利专业的态度可以说有了巨大的转变，觉得干水利工作是大有可为的。为此立志，今后一定不辜负老师的教育和学校的培养，努力学好专业知识，毕业后脚踏实地做好水利工作，为母校争光，为国家建设贡献力量。

青春无怨无悔　筑梦青藏高原

访：1983 年，大学毕业之时，您为什么会主动选择到西藏从事水利工作？有着怎样的动因和背景？

叶：当时大学生毕业后都是由国家统一分配工作，有的留在大城市，也有的到偏远基层，而且有的岗位与所学专业也不完全对口，差异很大。能够分配到大城市、专业对口的大单位工作几乎是每一个应届生的梦想。因此，毕业分配工作对学校和学生来说都是一场大考。临近毕业分配工作时，学校从上到下按例开展摸底和动员工作，根据国家的分配计划，确定分配原则，编制分配方案。我是为数很少的学生党员，又是团支部书记，为此，我是比较早就面对毕业分配活动的学生之一。记得是五月的一个星期三下午，我们水利系的书记找我谈话，他说今年的大学分配去向不是很好，一是当年考取研究生的学生不纳入分配计划，工作名额按实际就业人数确定，学校没有调剂的余地；二是从当年开始有到西部边远省区支边的名额，具体落实到我们水利系的名额是青海、宁夏、甘肃三个省区。这三个省区的水利专业人员比较缺乏，他建议我主动在这三个省区里面选一个，让我早点做好思想准备。说实话，在此之前大家都在一门心思准备毕业设计，对于毕业分配我是没有任何思想准备的。书记和我的谈话，说是建议，其实也就是让我发挥党员和学生干部的带头作用，到最艰苦、最

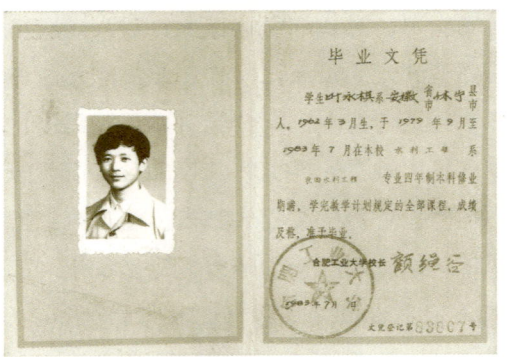

图 5-19　叶永棋本科毕业证书

需要的地方工作，同时也是支持配合学校的毕业生就业分配工作。那时候我们对国家各省区的了解不多，对各省相关条件的差异知之甚少。我当时 21 岁，除个别历届中学毕业上大学的同学外，大都也就这个年纪。平时除了日常学习活动以外，限于当时的交通、通信和自身的经济条件，对我们国家的自然地理、社会经济、历史文化、宗教民族等方面的了解大多局限在书面上，没有切身的体会。至于毕业后到哪里工作，我没有主动思考过。此时书记找我谈了这个事情，我倒是当回事了，觉得应该了解一下相关的情况。

我先是向系里一位从陕西调回来的老师请教，他是安徽人，大学毕业后分配到陕西工作。恢复高考制度后，他经组织安排调到学校任教，对陕西等西北地区的情况应该比较了解。他的阅历很丰富，给我提供了很多信息，有些也是他一路走来的经验之谈。他说："我们南方人到北方去工作，尤其是到西北去工作，主要问题还是生活不习惯，一是吃的东西，我们这边主食是米饭，那边以吃面、吃杂粮为主；二是缺水，连日常的饮用水有时都很困难。"我对这些因为没有切身的体会，所以也没觉得后果有多严重，总觉得对在农村长大的我来说，这些困难应该是能够克服的。

学校也开展了系列动员活动，请外面的模范人物来宣讲，引导学生树立正确的就业观，配合学校搞好毕业分配工作。其中有一位来自山东大学的李老师对我的触动较大。他是大学毕业后分配到西藏某大学任教的，在西藏工作若干年后再调回山东大学工作。当时在我的脑海中，西藏是非常神秘的，也是最有挑战的地方。我想，能够到西藏工作和生活，其他地方就应该没有任何问题。他报告结束后，我当场就去找他，了解西藏的一些情况，同时把我的情况也跟他说了一下。当时比较仓促，李老师针对我的情况，又简要地和我进行了交流，同时，他建议我主动申请到西藏去工作，理由有两个：一是国家已经出台了鼓励大中专毕业生到西藏等边远地区工作的政策；二是西藏专业技术人才很缺乏，在西藏是可以很好地发挥作用的。他说："小叶同学你不要怕，西藏没有你想象的那样可怕，虽说是少数民族地区，但都是在共产党领导下，不用担心。藏族同志都很淳朴，到了那里与他们打成一片，他们对你都会很好的，高原缺氧也是可以克服的。"会后，我即抽空了解国家有关支边的政策和西藏的有关情况。

国家鼓励大中专毕业生到西藏等边远地区工作的政策力度还是很大的，比如，没有试用期，参加工作后立即转为正式职工并浮动一级工资；工作满 8 年后浮动工资固定，继续在藏工作的可再向上浮动一级。要求内调的，可以提出申请，由组织统一安排调回原籍工作；对于已经成家的，可以解决配偶和子女的相关问题等。上述政策对我的影响是很大的，我深切地感受到西藏对人才的渴求。作为一名党员，我应该响应党和国家的号召，勇敢地站出来接受挑选，到最需要的地方发光发热。在上述政策的感召下，对西藏的水利等有关情况作了初步了解后，我做出了到西藏工作的决定。于是，我写了申请书，要求到最艰苦的西藏去工作。没想到上午11:00 去交的申请书，不久就在校园的广播中反复播出了，晚上《合肥晚报》头版也登出来了。就这样，我的毕业分配问题也就提前锁定了。

访：您这在当时也算一个典型。

叶：这件事在学校还是引起了一定的反响。在当时做出到西藏工作的决定确实不是一件平常的事，更不是一件容易的事。学校是希望树立一个主动要求到最艰苦的地方去、到祖国最需要的地方去的典型，影响和促进当年的毕业生分配工作。事后来看，也确实是发挥了一定的作用，当年的毕业分配工作还是非常顺利的。

因为我提前就明确去西藏工作，后面的分配活动就基本不需要参加了，这样也省了不少时间，可以全神贯注地做好我的毕业设计了。水利专业的课程很多，学习任务很重，当时有的学校水利本科是需要学五年的，我们是四年制。所以，到了最后一学期，其他专业的同学都在做论文或做毕业设计了，我们还在上课。因此，留给我们做毕业设计的时间就很紧张，大家几乎两个多月连续加班，有的每天只休息五六个小时，这是非常考验人的。我因为少了毕业分配的分心，毕业设计还算比较顺利，不仅按时完成了，还顺利通过了答辩，最后也就顺利毕业了。

当年 7 月 9 日举行了简单的毕业仪式后，就算正式毕业了。本打算回老家和父母等亲人道个别，在家休息几天再启程赴西藏，毕竟西藏路途遥远，这一去一时半会儿难以回来。可是到家的第三天就收到了学校发来的电报，转达西藏自治区教委的通知。因为生源分布在全国各地，西藏路途较远，交通十分不便，为保障大家顺利赴藏，沿途已由自治区教委统一安排接待，要求大家在规定的时间内统一由青藏线进藏，过期只能自行进藏。鉴于此，学校希望我尽快启程回校，并按西藏自治区教委的安排抓紧赴藏。就这样，第四天我就启程回校了。在学校把日常用品和书籍资料整理打包后，我在留校同学的帮助下，乘火车启程赴藏。

之前因为怕父母担心，到西藏工作的事也就没有及时告知父母，毕业回家后我就只能如实相告了。父母知情后还是有些伤感，他们是希望我的工作地离家近些的，不过事已至此，我给他们介绍了作此决定的原因和有关情况，他们很快也就释怀了。倒是我年迈的奶奶，对我这个长孙疼爱有加，到西藏工作的事我们没有告诉她实情。奶奶没上过学，对西藏没什么概念，原以为离老家很近，老人家还是很开心的。后来在邻居的口中得知，西藏很远，路上乘车就要走好几个月，老人家得知实情后就感到很绝望，哭得很伤心，生怕这辈子再也见不到我了。后来事情的走向也确实是这样，奶奶当时身体不好，当年的十月份就去世了。父母亲知道西藏路途遥远，回来一趟不易，又怕我伤心，也就一直没有告诉我，直到两年多以后第一次回来休假，才知道奶奶已经去世了。凑巧的是，奶奶去世前一天父亲收到了我第一次寄回来的 100 元钱，当时就用这 100 元钱为奶奶办理了后事。

学校对我还是很关心的，临行前，学校领导专门跟我谈了话，除了一些勉励的话以外，还嘱咐我注意安全。同时告诉我，如果西藏那边安排的工作专业不对口，或者觉得工作上发挥不了作用，可以返回学校，学校给我重新分配工作。为此，我的个人档案没有通过邮局邮寄，而是让我自己随身带，万一需要回来，档案也可以随身带回来，便于重新分配工作。学校还是给我留了一条后路。

我先乘火车到陕西宝鸡，然后转车到青海西宁，到西宁火车站后就有西藏教委的同志来接站了。全国各地赴藏的学生在此逐步会聚。在等车的过程中我先后认识了一些外校的同学。此后的旅行就一直由西藏教委的同志安排，大家就集体行动，结伴而行了。从西宁到拉萨我们全程乘坐汽车，途经青海的都兰、格尔木，翻越唐古拉山后抵达拉萨。由于当年青藏线大部分路段在维修，路况很差，来接我们的客车在路上一时过不来，我们在格尔木耽搁了将近二十天，才陆续跟随车队出发。格尔木到拉萨的途中需要经过很多海拔4000多米的高原地区，个别山口海拔高达5000多米。修路导致路况很差，车子也很破旧，行驶过程中不时剧烈颠簸，经常需要停车修理。高原的天气也让人印象深刻，一会艳阳高照，一会雷电交加，一会沙尘满天，一会漫天白雪。尽管时值夏季，但气温不时降至0℃以下，即使把随身携带的衣物全部穿上还是感到寒冷。长时间的颠簸磨破了我的后背，空气干燥，水土不服，导致我不时流鼻血。高原反应非常强烈，缺氧导致头痛欲裂，人浑身无力，晚上经常无法入睡。那时候，我年纪轻，身体非常好，自己还是挺过来了，在途中我还给其他需要帮助的同学伸出了援手，并因此收获了友谊。经过一个多月跋涉，我于8月下旬到达拉萨，经短暂停留后，又奔赴山南地区，最终被分配到地区水电局工作。

当时还有一个小插曲。我和其他学校的几个毕业生找到地区教委管分配的干部了解分配情况，可是这位干部没有正面回应我们的问题，反而要求我们做好到农村基层工作的思想准备。这让我们一时难以接受，情绪波动较大。西藏地广人稀，自然条件恶劣，当时社会经济等各方面还比较落后，我们十分担心到农村不仅难以发挥作用，还可能荒废了专业。有几个同学在经过几番思想斗争和利弊权衡后，决定返回学校另谋分配并不辞而别。这对大家的触动很大，我当时也想起学校领导给留的后路，也有了万不得已重回学校另行分配工作的念头。

后来获悉，当时的情况比较特殊，当年分配到西藏的大中专毕业生有900多名，其中有定向招生的，有西藏本地生源在内地上学的，有西藏本地学校毕业的，还有内地生源志愿去西藏的。毕业生虽然不多，但生源区域分布广、专业门类多，分配工作还是比较复杂的，由于大部分是师范类毕业生，他们的毕业分配工作由自治区教委系统统一负责。我因为不是师范生，由教委与农牧（水利）系统对接后分配对口的工作。9月底，我接到通知，被分配到山南地区水电局勘测设计队工作，由于专业基本对口的，因此也打消了重回学校二次分配的念头，立志在新的岗位上努力发挥专业特长，为建设祖国边疆发挥应有的作用。

访：西藏地区的水电部门主要是解决什么问题？其主要工作任务是什么？

叶：西藏其实不缺水，西藏的水资源和水能资源还是很丰富的，关键是在于如何在维护生态安全的基础上开发利用的问题。当时西藏水电部门主要是负责以下几项工作：首先是农牧区灌溉问题。当时很多农田、草场灌溉的设施很落后，灌溉条件较差；其次是城乡用电问题，这需要解决日常生活和为数不多的工农业生产用电问题。当时西藏电力短缺，绝大部分乡村电力照明问题尚未解决，日常生活还是靠传统的酥油灯；再次是防洪排涝等工作。但是限于当时的经济条件，工程项目还比较少，其他大中型的水电项目也很少。

我刚到单位安顿下来，领导就通知我，地区下属贡嘎县有一个灌溉工程已经被列入自治区当年的建设计划，正在开展工程建设的前期工作。工程技术人员很缺，上级要求队里尽快安排相应人员到现场参与开展工作。由于队里其他人员均在地区各县工地，且均有任务在身，只有安排我去贡嘎县。我很爽快地接受了我职业生涯中第一项工作任务。由于人手太紧张，第二天工地指挥部就派了一辆老式的北京牌篷布吉普车来接我赴工地。工地指挥部设在离贡嘎县城约30千米的杰德秀镇，杰德秀镇当时是区公所所在地，说是一个小镇，其实也就是一个大一些的乡村，当时集镇常住人口不足千人，离集镇约300米的地方有一家手工氆氇（羊毛呢子）织造厂，指挥部就在氆氇织造厂借了几间土房，人员办公和住宿都在一起。

由于西藏当时专业水利水电建设企业很少，技术和装备水平较低，总体产能不高，本灌溉工程就由工程指挥部组织当地群众自行建设。指挥部当时有30多人，主要是从县委、县政府及有关部门和杰德秀区公所抽调的干部和工人，大部分是藏族同志，大中专毕业的专业技术人员很少。当时有一位老许同志，比我们早几年大学毕业参加工作，是县水利局的局长，还有一位比我早一年毕业于成都科学技术大学（后与四川大学合并并更名）的小张同志。几个月后又加入一位小唐同志，他毕业于西藏农牧学院（现已并入西藏大学），是电气工程专业的。整个工程的技术工作就由我们三四个人负责。

这个灌溉工程总投资超过260万元，是当年西藏自治区最大的水利工程建设项目，也是山南地区的一号工程。工程建设的目的是要灌溉10多万亩旱地和20万亩左右的草场。规划建设两级泵站，从雅鲁藏布江提水到第一级台地，然后由第二级泵站再提水到山谷的二级台地，以满足山谷周边旱地（主要种植青稞、土豆等农作物）和辽阔草场的灌溉需求。这个工程的总指挥李达伦是军人出身的老革命，时任山南地区副专员。工程正式开工建设后他也长期住在工地，与我们同吃同住同劳动。他对我们这些初出校门、涉世不深的年轻人呵护有加，他的老西藏精神深深地感染了我，对我的人生观、价值观的完善和升华产生了深远的影响。

这是我参与建设的第一个工程，前后两年多时间，过程是非常艰辛的，也走了很多弯路。因为大家都初出校门，没有实际工程建设的经验，很多东西要靠自己摸索。虽然作为水利专业的大学毕业生，我们接受了4~5年的专业学习，其间还多次安排野外和工地现场实习，但在实际工作中还是缺乏实践经验的。因此工作初期3~5年内，还是需要有实践经验的工程技术人员带领的，这样他们可以及时传授经验，同时也是发挥技术把关作用、防止出现差错的重要措施。当时我们只有一个工程建设的初步设想，指挥部的前期工作装备和资料很少，仅有一辆解放牌卡车（载重3.5吨）、一辆手扶拖拉机和一套地形测量仪器。此外，还有部分外借的工程区域地形图，而工程项目区有关的社会经济、水文气象、工程地质等基础资料和工程勘察设计有关的标准、规范、手册等必备的技术资料都没有，一切均需从头开始。我们几个初出校门的年轻人面临的都是人生的第一次挑战，没有工程实践经验，很多问题都不懂，真是赶鸭子上架的状态。好在指挥部的领导对我们很信任，也很支持，将所有技术工作全部放手交给我们。大家感到担子很重，但热情很高、责任心很强，对承担的任务不敢有丝毫的懈怠。不懂就学，有问题就开会讨论。当时当地还没有通电，指挥部平时靠点蜡烛照明，重要活动就点汽油灯，晚上经常在熄灯休息后我们还在讨论工作上的事情。

经过近一周时间的紧张筹备，我们逐步厘清了头绪，制定了工作方案，明确了各自的工作分工。前期工作逐步走向正轨。我们分头到自治区、地区和县等有关部门（单位）和书店等地收集资料，开始野外勘察、测绘等工作，开展了泵站站址的选址、输水渠道线路走向以及配套的高压输电线路选择和变电站选址等工作。在提出工程项目总体布局和建设方案后，我们编制了项目建设任务书，经指挥部研究决定后，我们立即着手开展项目的初步设计工作。

当时西藏的基本建设程序还很不规范，工程建设工期要求又很紧，我们实行边勘察、边设计、边施工的"三边"工程方式。在海拔接近4000米的高原，为勘察确定渠道走向等野外作业，我们一天徒步走三四十千米山路是常有的事，最多的时候我们一天走了六十多千米。经常是天刚亮就出发，回到指挥部已经是满天繁星了，人疲惫得就跟散了架一样，晚饭都没有胃口吃。大部分渠道都是盘山渠道，涉及很多技术细节问题，比如如何确定渠首的高程、纵向坡度等，以保障渠道输水顺畅并满足目标灌区的灌溉要求；如何确定各渠段的断面结构形式和防渗措施，努力做到因地制宜、降低造价、减少土渠（没有混凝土，全部为土渠）的渗漏；如何解决渠道与山洪沟立体交叉问题、确保渠道运行安全等。这些对我而言无异于一场严峻的考验。

渠道工程是最先开工的。在取得初步的勘察测量成果后，我们便开始工程总体布局设计，确定一、二级泵站的站址选择和渠道线路布置，编制初步设计报告，绘制初步设计图。由于是"三边"工程，我们是边设计边施工。设计成果经指挥部初审后，即交付施工。经常是先提交草图，在施工的过程中逐步完善后再绘制成蓝图。当时，没有任何施工机械，就靠人海战术。指挥部在杰德秀区下辖的三四个镇、公社范围内组织了数千名当地农牧民组成民工队伍。这些民工实行准军事化管理，来自不同镇、公社的民工按照营、连分组，分别由县、区、公社的干部带队，在工地责任区域搭建帐篷，自带干粮，吃住都在工地。工地和工程区插了许多红旗，施工展开后，到处都是人，还是很有气势的。虽然民工人很多，但技术人员很少，加上语言不通，如何保证按图施工，是一个很大的难题，为此，我们想了很多办法。我们将各带队干部作为骨干，组织开展简单的培训，再由他们带队施工，这样我们施工控制也就有了抓手。他们大都不懂施工技术，需要我们经常手把手地教。比如，在渠道开挖过程中，我们通过事先布设的控制网点，先确定渠顶高程，并以大桩标定。按照渠道的断面要求先开挖出渠顶平台，待渠顶平台形成后，再在此平台上下挖渠道。这样既可控制渠道沿程高程，同时也确保渠道开挖在原岩土基础上。尽管我们想了很多办法，但日常的施工管理还是很辛苦的。控制施工钉的木桩经常被放羊的老乡拔走当成了柴火，需要不断补充施工钉木桩。控制渠道断面形状的木架子也经常损坏需要修复。遇到需要爆破的地方，更是为了施工安全绞尽了脑汁。在大家的共同努力下，工程进展总体顺利，没有出现大的质量和安全问题。

当地的干部和老乡（大多数是藏族）都非常友好，他们勤劳朴实，对党和政府的感情很深，对毛主席的感情尤其深。在绝大多数老乡的心里，毛主席就像神一样。他们大多文化水平不高，会说普通话的人也很少，但一般家里都挂着毛主席的画像，几乎人人都会唱红歌。他们对我们这些外地来的技术人员也非常尊敬，平时工作中遇到体力活总是照顾我们。在工程施工过程中，干部和老乡都很支持和配合我们的工作，区公所和公社的干部在工余时间或者晚上也常到我们住的地方看望我们。尽管语言交流有困难，但通过连说带比划我们也能猜出个大概意思。大家在一起气氛很好，感觉很亲近。有些公社和村里的干部偶尔还给我们送点土豆或者鸡等。我们知道，他们的生活都不宽裕，对此我们感触很深，一直心怀感激。

前期主要是土建部分的施工，包括三通一平工程，一、二级泵站和变电站的厂房及其配套建筑物的基坑开挖和施工、输水渠道开挖、防渗处理和交叉建筑物施工等。一年多以后，在前期初步设计的基础上，由指挥部统一组织到成都、兰州、拉萨等地采购机电设备和材料。上述设备、材料陆续按计划到货后，我们即开始开展 35 千伏高压输电线路、变电站、泵站机电设备和压力钢管等工程的安装施工。这些工作都需要我们带着民工一起干，因为以前从未接触过，所有的事情都要从头做起，加上可以请教和学习的单位或专家很少，带的参考书不仅不足，而且也不能解决所有问题。我曾给大学老师写信求教，但信件来回就要两个多月的时间，这对我们来说是很有挑战性的。好在大家都有一颗报效国家、建设边疆的心，只能大家自己想办法解决，经常睡觉前都在讨论这些事。工程建设过程中压力很大，但经过大家共同努力，我们因地制宜，因陋就简，很多问题都采用土办法或土洋结合的办法给予解决。

最艰苦的一段时间是第一年的冬天。根据西藏的政策，在藏的干部职工每一年半有一次休假，假期为三个月。汉族同志大都回原籍休假，然而当时交通条件较差，机票、车票均很难购买，有些路途较远的同志来回需要四五个月。年底临近春节前，指挥部的好几位同志都到了休假的时间，经指挥部统一安排后，先后离开工地开始休假。到春节前，整个指挥部就剩下不到十名同志留守，汉族干部只剩我一个人。因为语言不通，生活习惯差异很大，白天还有一位退伍的藏族同志在工作中为我担任翻译，晚上大多数时间我只能独自在烛光中整理白天收集的问题，查找资料、分析计算并提出解决问题的方案。尽管每天我都要工作十几个小时，任务很重，但稍有闲暇，寂寞和孤独还是不时地侵袭着我。指挥部地处雅鲁藏布江南岸，冬天雅鲁藏布江沙滩裸露，河谷中风沙很大，大风裹挟着泥沙，经常呼啸着，一吹就是一晚上。我们住的地方据说过去是牛棚，土墙、立柱和床板的缝隙里面有很多臭虫，一不留神就给臭虫咬一串大包，火辣辣地痒，而且越抓越痒。早上起床时，人常常是一身咬包、一脸尘土。日常饮食也让人很不习惯，由于地处高原，冬天基本见不到绿色的蔬菜，仅有的土豆、萝卜、包心菜也是经常断档。肉食仅有风干羊肉，气味很重，我赴藏前从未接触过羊肉，对新鲜羊肉都不太习惯，更不用说风干羊肉做出来的菜了。主食米面大都是存放时间较长的陈粮，馒头和米饭需要用高压锅才能煮熟，一般每 5~10 天集中做一次饭，以后每顿拿出来加热一下即可食用。馒头和米饭多次加热后都形成了一层硬皮，口感很差，常常让人没有胃口。此外，当地没有自来水，冬天水源水质变差，隔三岔五就会闹肚子。有段时间我吃饭就靠方便面，直到吃腻为止。我现在对方便面一直比较抵触，就是那时留下的"后遗症"。

到了 1986 年春节前，我已经在西藏连续工作了两年半，按规定我到了休假时间（试用期一年加正式工作一年半），经组织批准，我开启了赴藏后的第一个假期。后续因工作繁忙，再也没有时间休假，因此这也是我在西藏十余年唯一的一个假期。经过大家两年多的共同努力，工程建设有序推进，大部分土建工程已经初具规模，机电安装工程正常展开，输变电工程已经基本完成，杰德秀镇历史上第一次通了电。首先在变电站和指挥部安装了电灯，这在当时是件稀罕事。自从有了电灯后，附近的老乡晚上经常到指挥部来围观我们的工作。按照现在的话来说，就是指挥部成了"网红点"。休假前，我办理了工作移交手续，工程尚未竣工，后续工作就由单位其他同志承接了。就这样，我在西藏工作的第一个阶段就这样结束了。

这次休假不仅是一次身体的休整，更是一次心灵的抚慰。第一次远离家乡和亲人，到一个十分遥远又十分艰苦的地方连续工作接近三年，其间对家乡和亲人的思念是难以用书信来缓解的。同样，父母也一直牵挂着我这个"远在天边"的儿子，奶奶更是呼唤着我的名字离世的。国家实行的休假、探亲制度真是一剂良药，它的作用是任何其他的东西都取代不了的，尤其在那个交通不便、通信不畅的年代。

访： 您跟您爱人是在西藏认识，然后结婚的吗？

叶： 是的，这就是缘分吧。因为在西藏结婚成家并没在我的计划之内。在校时我第一次考研没有成功，感觉很遗憾，继续读研深造是我的努力方向，为此，我一直没有中断英语和数学的复习，计划在三年内通过考研，重新回到大学或科研机构学习，也有借此早日离开西藏的想法。因西藏技术人员很缺，水利建设任务又很重，单位先是同意我报名考研，但因工作的原因没能参加考试（当时要到成都参加考试）。后来工作忙了，连报名的机会也没有了，考研的计划就这样搁置下来了。山南地区所在地泽当镇不大，人口很少，机关事业单位工作的汉族同志也很少，平时见几次面也就认识了。到西藏一年多后，经同事介绍认识了我的爱人。她的祖籍是浙江诸暨，父亲原在部队交通学校任教官。西藏解放初期，需要加强交通力量，组建西藏自治区交通运输局，学校成建制地抽调了部分官兵支持西藏的工作，后在西藏转业留在交通系统工作。她的母亲是学医的，结婚后也调到西藏区属医院工作。她自小在浙江长大和上学，因属于西藏生源，中专毕业后被分配到山南地区行署办公室从事财务工作。我爱人因在机关工作，平时比较稳定，我们搞水利的需要经常下乡驻工地，熟悉后就常去她家蹭饭吃。她是个贤妻良母型的人，对我很关心很照顾，时间久了，慢慢也就有了感情。我们结婚一年后，女儿也在西藏出生了。有了家庭和女儿，也就暂时搁置了考研的念头，注意力主要放在家庭和工作上了。

1986年春夏之交，我休完假又辗转回到了西藏山南，开启了我西藏的第二个十年阶段。到单位销假后不久，地区水电局领导就通知我，组织根据需要已将我调到地区水电工程队（原为自收自支事业单位，当年改制为"西藏山南地区水利水电工程建设开发公司"，以下简称"公司"）工作。当时我也没有过多的想法，既然是组织安排，那就无条件服从。到了新单位后，才逐步了解了事情的缘由。公司是地区水电局的下属单位，正式在职职工有数百人，是西藏自治区为数不多的水利水电施工单位（企业）之一。由于公司管理跟不上，专业人才少，机械装备不足，加上承担的任务重，承接的多项工程存在工期拖延、质量不达标、投资超预算等问题。因此，职工工资也无法发放，有的工区职工已经连续数月被拖欠工资。单位存在的问题积少成多，已经到了很困难的地步。当时西藏财政主要靠国家拨款，地区没有渠道也没有财力来安置公司的职工，加上西藏水电施工力量很薄弱，公司不仅不能解散，还要继续保留和加强。地委和行署对此十分重视，多次召集水利局和有关单位研究工程队脱困的办法，决定在水电系统和有关单位抽调得力人员加强管理，充实技术力量，对公司的领导班子进行了很大的调整。行署专员还多次带领地区计经委、水电局等单位领导和公司领导到自治区有关部门以及拉萨、那曲等地市联系工作，争取政策、项目和经济支持。同时他们明确一名副专员作为日常工作的联系领导，及时协调处理日常问题，采取多项措施给予支持和帮助。我有幸得到组织的认可，成为抽调到公司的六人之一，不久后，经地委组织部批准，我被任命为副经理（副队长），进入单位领导班子。此后，我在公司工作逾七年，直至后来被调回浙江。

在上级领导和主管部门的支持和帮助下，公司领导班子很快组建完毕，并连续采取措施对公司各个方面进行治理和整顿。一是进一步加强组织领导，调整了内设机构和负责人，把一批想干事、能干事、干成事的人安排在合适的岗位上；二是进一步强化组织纪律，革除无故缺勤、出工不出力、人浮于事等弊病；三是全面清查公司（包含承建的工程项目）的资产负债情况，弄清公司家底；四是开源节流，在加大经营力度、完成本地区项目的基础上，承接拉萨、那曲、日喀则等外地区的工程项目，同时采取措施，加强物资管理和财务核算，减少不必要的开支，降低运行成本；五是针对公司人才匮乏、技术落后等问题，经上级组织联系和协调，取得了湖北、湖南、贵州等地的央企和地方水利企业的支持。我们争取了 40 多位各类专业技术人员到公司进行为期 3 年的对口援助，有力地加强了公司的技术力量，对于提高公司的管理水平和在职职工的技术技能均发挥了可观的作用。此后，我们还逐步推行项目承包制、计件工资制等内部改革，极大地激发了广大干部职工的工作积极性，工作效率快速提升，公司的经营状况很快得到改善。到年底时我们基本兑现了拖欠的职工工资，公司运行逐步好转。我作为公司一员和领导班子中的新人，尽管经历有限，经验不足，但热情很高，行动积极，主动参与其中为公司出谋划策，发挥了自己应有的作用。通过这一过程，也很好地得到锻炼，为我此后的工作奠定了较好的基础。

除了履行公司领导成员的职责外，在公司工作的第一年，我还独立完成了自治区布置的全地区水利普查任务，主持完成了一处小型提灌站的初步设计和林芝地区所在地八一镇的防洪规划。当年我跑遍了山南地区十多个县的山山水水，是我在西藏工作期间最忙碌的一年。这些任务时间紧，任务重，人手又很少。很多情况下我都是单打独斗，基本上是一天到晚连轴转，晚上也只有 6 小时左右的休息时间。西藏地广人稀，山高路险，全地区没有一条柏油路，有些道路上连桥都没有，需要涉水过河；到了雨季更是泥泞难行。在开展水利普查工作过程中，我经常一出去就是十天半个月，当时绝大多数县不通公交车，出行时有时单位会派车，有时则需要骑马、骑驴、骑牦牛，甚至还需要徒步前行，但更多的是骑摩托车。途中补给困难，出发前，吃的干粮、备用汽油、补胎充气工具等都要备好备足。途中险情不断，某种程度上说每次出行就是在玩命。当时妻子已经怀孕，为了不让她担心，工作上的事都是拣好的说，出差返程时间都多说几天。因为我工作太忙，原定回安徽老家待产的计划也没能实现，好在岳母在医院工作（可能当时也是一种依赖），最终女儿是在拉萨出生的。生产过程并不顺利，但好在最终母女平安。女儿出生不久，我又回到山南投入到紧张的工作中去，直到当年临近春节之际才完成当年的工作任务，带着幼小的女儿和虚弱的妻子匆忙赶回安徽老家休产假。

春节后，我安顿好妻小，年初三又接受了新的任务，赶往中国水电八局湖南省资兴市基地，参加那曲地区比如县水电站的初步设计工作。

当时由水电八局承建的湖南东江水电站工程正在施工，该工程距资兴市数十千米，主要由坝高 157 米的混凝土双曲拱坝和坝后式厂房等组成，总库容 81.2 亿立方米，总装机 50 万千瓦，具有多年调节性能。这座大坝是 20 世纪 80 年代中国大陆上最高的混凝土双曲薄拱坝，也是湖南耒水干流梯级水电站中的主导电站。我们通过组织联系，选择在资兴基地开展比如县水电站的初步设计，主要是希望得到水电八局的对口支持，通过水电八局安排的讲座、参观实验室和工程建设现场、专家指导把关等活动，我们了解水电站工程设计、施工的要领，为我们搞好设计工作提供了保障。水电八局对我们的工作很关心很支持，不仅在工作上给予我们指导和帮助，在生活上也细心照顾，对我们设计组内的藏族同志在生活上给予专门的关照，为我们顺利开展工作创造了良好的条件。

比如水电站位于怒江上游的比如县城下游，距县城约 1.5 千米，是一项低水头、大流量的坝后式水力发电工程，其主要目的是解决西藏那曲地区比如县城及周边乡镇的生活和生产用电问题。当时比如县城的电力供应主要依赖于燃油发电机组，机组功率小，运行成本高，仅能维持照明供电需求。而周边乡村还未通电，生产生活十分不便。

该工程主要由拦河坝、泄洪闸、发电厂房、输电线路和变电站等部分组成。根据设计组的专业分

图 5-20　比如水电站竣工典礼

工，我负责水文计算和泄洪闸的初步设计。设计组已于当年春节前抵达资兴市，我是晚到的，那时设计组已经开始工作半月余了。我的工作稍有延后，必须抓紧赶上，否则会影响其他同志的进度。这是我第一次参与设计水电站工程的设计工作，也是得到最多指导和支持的设计项目，尽管时间不长，但对我的成长起到了巨大的推动作用。在此期间，我认真做设计，也在认真学技术、学经验，对设计工作过程中的流程安排、专业协调、成果质量管理等方面也有了进一步的认识和体会。虽然工作需要夜以继日，但身心愉快、收获良多，留下了一辈子都难以忘怀的美好记忆。在我的努力下，我很快弥补了延误的时间，不仅提前完成了自己的工作，还给承担钢结构设计的同志提供了很多帮助。到了 6 月初，我们的设计工作基本完成了，大家稍作休息后就又分头回到西藏，投入到下一项工作中。

很快，新的任务就来了。在地区领导的支持下，经积极争取，自治区有关部门同意那曲地区行署将比如水电站后续的设计和施工任务委托给我们公司，并希望尽早开工建设。单位组建了工作班子和施工队伍，于 1987 年 9 月份奔赴比如县开展工作。公司是第一次到外地区开展业务，为此十分重视，安排了我和另外一位副经理共同负责此项工作。我主要负责技术工作，包括施工图设计、现场施工组织管理以及与机电供货商的技术衔接等，他则负责采购和后勤保障工作。

图 5-21　在西藏工作期间，叶永棋向上级领导介绍比如水电站建设情况

县政府很重视该项工程建设，组建了由主要领导挂帅、分管领导专项负责的工程建设指挥部，提前为公司进场做了大量工作，为我们顺利进场开展工作提供了很多便利条件。公司项目部现场驻地设在县城边的一处部队废弃的营房，离施工现场约 1.5 千米。此外，我们还在工地现场搭建了一些帐篷，供现场工人住宿，存放材料物资和机械设备。工程用的木材需要我们自行到相邻的边巴县（属西藏昌都地区）林场采伐，我们在边巴林场安排了一支采伐队，他们在林场驻留了近两年。

与我第一次参与的杰德秀灌溉工程相比，这次的工作条件是相对较好的。由于我们是专业队伍，各专业各工种的人员和相应的机械装备情况虽然还有不尽如人意的地方，但基本都有了。为了加强现场施工技术力量，我们通过组织安排，在湖南、湖北和贵州等省聘请了近 20 位相关专业的专家和技术工人对口援助，为按质保量完成电站施工奠定了基础。工程工期历时 3 年多，总体进展还算顺利。工程施工是严格按照施工组织设计展开的，现场布置科学有序、井井有条，进度有序推进，质量得到了全面保障，因此我们的工作也得到了上级主管部门和项目业主的认可。

1988 年初秋时节，时任西藏自治区党委书记的胡锦涛同志到比如县进行调研，得知比如县电站工程正在建设中，当即决定到现场看看。胡锦涛书记拥有丰富的水利专业背景，对水利工程建设更是了如指掌。他首先视察了工程现场，不时询问有关设施的建设和运行情况，了解施工组织安排和运行流程。随后，他又详细视察尚未完工的水电站厂房工程，亲自从底部的尾水层、蜗壳层、水轮机层逐层，直至最上部的发电机层，在此过程中他边看边问，不时了解有关情况。最后在现场他与我们进行了简短的交流，对施工情况尤其是对施工现场的组织管理给予了高度肯定，当即指示陪同的自治区计经委领导，要求尽快对比如

图 5-22　建成的比如水电站

县电站工程的施工管理情况进行认真总结，在年末的自治区计划工作会议上交流相关经验和做法，以此促进全区各类工程建设的规范管理。按照胡锦涛书记的指示精神，区计经委领导经征求区有关部门和当地政府领导意见后，明确由我公司具体负责组织报告的起草工作，此项工作随后交给了我来负责。我组织有关人员搭建了精干的工作班子，由我负责执笔，有关人员配合，很快拿出了初稿，经上级有关部门审查修改后，按时提交全区会议进行交流。通过这次交流，公司的声誉和知名度有效地提高了，为公司的持续发展创造了有利的条件。特别是胡锦涛书记的视察和肯定，极大地提振了我们的信心，对我们来说是最大的鼓励、最大的鞭策，这为按时完成施工任务、争创优良工程提供了新的动力。

　　我在比如县电站工地度过了两年多的时光，土建工程完工并交付机电工程安装部分后，我离开了比如县，奔赴加查县主持加查电站施工工作。此后我还相继参与了日喀则市吉隆县电站、山南地区洛扎县电站、措美县电站等工程前期工作，直至调回浙江工作。

　　与之前参与的贡嘎县杰德秀灌溉工程相比，尽管工作条件有很大改善，但还是遇到很多新的困难和问题。就比如电站工程而言，我既要负责工程现场的施工组织管理和计划调度，同时又要主持工程的施工图设计。尽管有内地技术人员提供援助，但大多是施工人员，设计任务还是由我们自己承担。土建工程的结构计算比较复杂，工作任务十分繁重，基本上是

白天在工地现场管理，晚饭后继续投入施工图设计。有时第二天就等着要图纸，当天必须把草图拿出来，否则就会影响施工。每天除了睡觉就是工作，连续工作十多个小时是常态。为了赶进度，和大家一样，大多是一个多月才能休息一天。在工地一待就是连续半年，记得当时女儿尚小，难得回家一次，女儿都不认我了。

特殊的高原自然条件给我们的工作带来了很多困难。记得在1989年冬季，藏北地区遭遇了历史上罕见的雪灾，大雪封山导致交通中断数月，牧区的牛羊等牲畜冻死饿死无数，牧民的生命安全也面临威胁。其间，自治区组织了救灾活动，这是西藏救灾史上首次出动直升机进行救援，还发生了因能见度差而硬着陆的事故。因为事故地点距我工地较近，交通恢复后，事故直升机是委托我工地出动汽车吊进行吊运的。当时因交通中断我被封在工地，一段时间后由于物料跟不上，工程处于停工待料状态，工程进度一度延后。除了主食储备比较丰富外，副食逐步消耗殆尽，蔬菜更是难觅踪迹，日常生活也受到了很大的影响。当时一位湖南援藏的老工程师途经当地部队驻地，发现路边有丢弃的脱水蔬菜，立即当宝贝般将其全部捡回来食用。藏北的冬季来得早去得晚，零下十几摄氏度是常态，而春夏之交又极易发生由融雪形成的洪水。这类洪水与降水形成的洪水不同，有较大突然性，很难预警。对于这种坝后式水电站的施工影响很大，当时也是险象环生。这些都是对我们的考验，尤其是对我这个初出茅庐又肩负重任的年轻人的考验。好在大家群策群力，发挥集体的智慧，不仅克服了困难，也较好地解决了问题。

访：您在西藏做的水利建设跟在内陆做的有区别吗？

叶：我们国家水利工作执行的标准、规程、规范都是一样的。但是，因为西藏地处高原，又是少数民族地区，在自然地理、水文气象、社会经济等方面有其特殊性，工作的重点也不尽相同。水利工作的核心是兴水利、除水害。西藏当时社会经济还比较落后，财政主要靠国家支持，农牧业主要靠天吃饭，很多县城还没有供电。因此，水利工作的重点是兴修水利，主要包括灌溉和发电，而防洪、排涝、航运等工程很少。西藏是地质年代最年轻的高原，很多区域处于断裂带上，地质情况复杂，地震时有发生，冰川融化和短历时强降水不时产生洪水和泥石流。水文气象测站少，基础资料短缺，交通不便（当时还未通铁路，青藏线和川藏线大部分还是土路，区内的公路更是等级低、路况差），工业基础十分薄弱，建筑材料和设备大都需要到四川、甘肃、青海等地采购，建设成本很高。冬季常因大雪封路、工地冰冻而停工。总之就是自然条件差，经济条件差，技术条件差，装备条件差，做同样的事情需要投入更多的人力、物力、财力资源。困难是显而易见的，单靠西藏自身的力量，很多困难是难以克服的。为此，国家出台政策，安排全国各省市对口支援西藏，除教育和卫生外，工程建设也是其中的重要方面。

访： 1993 年您为什么选择回到浙江？

叶： 主要有两个方面的因素。一是中央有政策。1992 年，中共中央组织部、人事部、劳动部联合发布了《关于到西藏连续工作满八年的大中专毕业生和毕业研究生内调问题的通知》（人调发〔1992〕4 号），落实内地生源内调问题。当时，工作调动是非常复杂和困难的，尤其是跨省区调动。有了中央的政策，我们的工作调动就有了依据，很多障碍就没有了，办理起来会比较顺利。二是我想继续学习深造的梦想还没有消失。在西藏继续深造的机会比较少，而内地的教育资源比较丰富，回内地以后就有了更多实现梦想的机会。当然，最大的动力还是考虑到孩子的教育问题。西藏教育水平跟内地比还是有差距，我的女儿已经到了上小学的年龄了，后面还有中学、大学等阶段，我自身的经历告诉我，教育会影响孩子的一生，我希望孩子能够得到更好的教育。

访： 您可以自己选择去哪个省份吗？

叶： 当时的政策规定，符合内调的已婚人员可以选择回双方任何一方的原籍。也就是说，我们可以选择回到安徽，也可以回到浙江。此时，我的岳父母已经退休回了浙江，爱人想回到浙江照顾父母。我家中兄弟姐妹都在父母身边，且浙江离我安徽老家也近，所以就定下来到浙江。当时工作调动手续还是比较繁琐的，经过组织安排和自己主动联系，我们都调到了专业对口的单位，开启了新的工作旅程。

适应新的环境　迎接新的挑战

访：叶院长，请您谈谈回到浙江后的工作情况。

叶：我1993年调回浙江至今已近三十年。在这近三十年的时间里，我一直都在省水利厅系统工作。经组织安排，我先后在省农田水利总站、省机电排灌总站、省水利供水公司、省水利水电科学研究院、省钱塘江管理局、省水土保持委员会办公室（简称水保办）以及现在的浙江省水利河口研究院（浙江省海洋规划设计研究院）工作，并担任领导职务。在西藏期间，我的工作既有管理，又具体承担规划、设计和施工等技术工作，但后者的付出更多一些。在浙江的工作主要是管理，包括水利行业管理和事业单位管理，兼顾科研等技术工作。现在回头看，在西藏工作虽然吃了很多苦，受了很多累，在生活和工作中尝到了各式各样的酸甜苦辣，但也收获颇丰。我不仅收获了家庭，同时也为我后面工作打下了良好的基础。

访：在西藏十年，您需要独立思考并处理问题，这对您后二十多年的工作是否有帮助？

叶：当时西藏的工作环境比较特殊，实际上对我们从事水利工作的年轻专业技术人员来说是很无奈的。在西藏十年里，尽管组织上也采取措施，通过走出去、引进来等办法，尽量争取内地的技术支持，也有一定的收获，但毕竟远水解不了近渴，大部分时间、大部分工作需要独立思考、独自摸索。另外，西藏的自然地理、水文气象、社会经济等与内地省市差异很大，西藏很多工程问题具有独特性，内地的工程技术人员也没有实际经验可借鉴，难以给我们提供专业指导，只能靠我们自己摸索。系统内的技术人员本身就少，经验丰富的更是稀缺，加上平时各有各的任务，一年也难得见上一面，工作上的交流和启发也是很少的。因此，我基本上遇到问题时身边是无人商量的，多数情况都是独自面对，独立解决。虽然这个过程很痛苦，也促使我形成了遇事不推诿、不依靠、不退缩的行事风格，对我后面的工作帮助是很大的。

我们水利行业的工作很多是需要经验积累的，以前你们采访过的韩总和戴总就是工作经验十分丰富的老同志。浙江水利系统这类老同志还有很多，他们一辈子干水利工作，不仅经验丰富、成果丰硕，而且对省情、水情都很熟悉。有老同志言传身教，年轻的同志会进步得更快。所以我到科研单位工作后，很重视"以老带新"的传统，尤其是在目前的浙江省水利河口研究院工作期间，还在传统的"传、帮、带"基础上，建立了综合导师和专业导师的双导师制度。这为更好地传承我院的优秀文化，更好地将上一辈人的工作经验传给新人，帮助他们更快提高科研能力，更好地适应工作环境创造了条件。实行双导师制对新进院的科技人员的帮助是比较大的，他们生活上遇到问题有人帮，工作上遇到问题有人教，而且教的内容很多是难以从书本上学到的，有些问题就是一两句话的点拨就能让人豁然开朗。

访：您是希望能够"传、帮、带"，让新人更快地成长。通过您的个人成长经历来看，是不是水利科研突破和人才培养，都需要经过一些大的工程项目来实现？

叶：我认为是这样。从科研分工的角度看，自由探索和理论创新主要由高校和从事基础研究的院所承担，水利科研院所承担的大都属于应用型科研任务，也就是说，水利科研主要是解决实际问题的。它是建立在现有的科学理论基础上，解决水利行业在建设管理、调度运行、防洪抢险、工程维护等过程中遇到的问题。因此，水利科研院所要出成果、出人才，就必须要积极参与水利实际工作，通过干大事、解难题、支撑和服务水利行业的发展这一途径来实现。某种程度上说，是干的事情越大，解的难题越多，越能成大才、成大师。水利科技工作者在大学是接受理论教育的，如果没有经历实际工作的锤炼，所学的理论知识就难以很好地转化为解决实际问题的能力。因此，作为公益类研究机构，水科院最主要的工作是应用型科研，包括科技咨询、成果转化、技术服务、成果推广等，在履行职责的过程中，鼓励和引导广大科技工作者深入水利工作实际，本着"课题从水利实践中来、成果应用于水利实践"这一原则，在干大事、解难题的过程中逐步成为有用人才。通过几代人的努力，我院在这方面积累了比较深厚的文化底蕴，取得了较好的成绩。

访：调回浙江后，您对新的工作环境适应吗？

叶：浙江各方面的条件都比西藏要好得多。我在西藏十年多的工作经历是适应新工作环境的基础，调回浙江后总体来说是适应的。不仅如此，经历过西藏的艰苦，回来后我十分珍惜这里的工作机会，唯有此才能不辜负组织对我的关心和培养。

我到浙江后的第一站是浙江省农田水利总站，这是一个监督管理类的事业单位，在水利厅机关履行业务处室的职责，主要负责全省农田水利、乡镇供水等行业管理工作。我的专业是农田水利，因此工作是比较对口的。当时在"双轨制"的驱使下，厅机关依托业务单位办理了若干企业，省农田水利总站也登记办理了"浙江省供水开发公司"，主要开展乡镇供水的规划、设计和投资等业务，由总站负责人兼任公司法人代表，当时总站有在职人员30多人，除保留20多人承担总站的职责外，其余人员是两边兼顾，既承担部分总站的工作，又承担公司的工作。这种情况是特殊历史时期的特殊产物。水利厅和总站领导对我这个新人信任有加，经过一个月的考察后，很快就任命我为公司副经理（法人代表）。在机关办公司，涉及公权的使用问题，有些做法可能不规范。如果监管不力，容易滋生腐败，管理和从业人员严格自律、合法经营就显得十分重要。我脑子里是始终绷紧这根弦的，这对我也是个考验。

当时机关的风气并不太好，工作效能不高、人浮于事的情况还是客观存在的。我刚到浙江工作，对这里的情况还很不熟悉，当时的交通和通信条件还比较落后，身边人手少，工作难度比较大的。好在领导和同事对我的工作比较支持，关键时候也能得到指点。虽然辛苦点，但总体还是比较顺利的。为了做好工作，尽快熟悉和适应新的工作，我加强了和水利部对口司局、省相关厅局及各市县水利系统以及业务联系比较紧密的农业银行、建设银行、农业开发银行等金融企业的联系。在熟悉相关情况的基础上，我为了争取相关部门和单位的支持，一年中的大半时间都在外面跑，不是跑北京就是跑基层，在杭州的时间较少，周末休息日还经常加班。刚来时和同事还不大熟悉，当时周末也就休息一天，机关是没人加班的。我不想麻烦大家，有事就自己扛着。

当时绝大部分农村没有自来水，乡镇通自来水的也不多。即便通了自来水，水质也大都不达标，水量、水压也难以保证，解决乡镇供水是改善卫生环境、减少疫病、提高生活水平的重要途径，得到了各级政府和水利部门的高度重视。几年来，在上级领导的大力支持下，我和同事们共同努力，使浙江省的乡镇供水事业取得了较大的进步。我主持编制了首批浙江省乡镇供水规划，并上报水利部纳入全国规划。通过规划，摸清了家底和需求，有针对性地安排了对策措施，为该项工作有序开展奠定了基础。针对河网水质较差的实际情况，在大力开展农业节水的基础上，调剂余水用于乡镇供水水源。同时，我们还牵头积极争取各项政策支持，到1996年底，当年获得财政资金和相关银行贷款额度计划已达到1.4亿元，相继支持德清、上虞、龙游、永康、定海等数十个县市的县城或乡镇开工建设供水工程，有力地促进了乡镇供水事业的发展。在此过程中，省水利供水公司也得到了较快发展，我离任时，公司总资产已达7000多万元，净资产1500多万元。1998年经浙江省政府批准，该公司作为发起人之一，与厅系统和水利部属等若干企业整合后成立钱江水利开发股份有限公司，并于2000年10月在上海证券交易所挂牌上市。

到了1996年年中，水利厅在厅系统公开招考厅副总工程师，我属于符合报名条件的对象之一。由于调回浙江也就三年左右，继1993年我被任命为公司副经理以后，1995年又被任命为总站副主任，在水利厅已是为数不多的年轻中层干部。组织已经给予我很高的政治待遇，而我平时工作很忙，没有时间复习备考，因此也就没有报名参加。厅领导对我们这些年轻干部在政治上很关心，要求也很严，要求我们都要积极响应厅党组的号召，勇敢地站出来让组织挑选，在招考的活动中检验自己，发现差距，提升能力和水平。为此，我最终还是报了名，经过三天的匆忙准备后我参加了书面考试。当时的目标是不要考砸，最好是能够在第一轮考试入围，后续也就可以交差了。幸运的是我考试入围了，为此我深深地松了一口气，后续的考察和面试也就无暇顾及了。正当我逐渐淡忘此事时，在11月的一个周五下午我接到通知说厅领导要找我谈话，我不知何意。等到谈话时才知道，经组织研究，要将我调到当时的浙江省水科院任党委委员、副院长，充实该院的领导班子和技术管理力量。尽管没有思想准备，感觉有些突兀，但我还是爽快地接受了组织安排。经过简单的工作交接后，我于12月底到新单位赴任。

访：这是您第一次到科研单位工作，您都面临了哪些挑战？

叶：主要的挑战在于这个"第一次"。因为对省水科院情况不熟悉，对科研工作也是初次接触，一切都要从头开始。这既是学习适应过程，也是负重前行的过程。厅党组决定安排我到水科院工作，是希望加强对科研工作的领导，我作为分管科研和科技开发的副院长，深感使命光荣、责任重大。

当时的浙江省水科院是水利厅下属的科研单位之一，此外还有浙江省河口海岸研究所，该所与钱管局合署办公，2000年深化科技体制改革时，经省政府批准，河口所与钱管局分离后与水科院合并①，形成了现在的浙江省水利河口研究院。

当时水科院的运行和改革发展面临诸多困难。长期以来，由于国家财政困难，科研和条件建设投入不足，水科院的科研设施和技术装备等大多年久失修、老化失效。科研基础条件亟待更新维护和补充完善；人才队伍规模较小，而且良莠不齐、青黄不接；科研计划项目很少，重大项目更是长期缺失；在全省水利建设活动中，主要是承担部分水工模型和岩土、材料和机电等检测试验，行业参与度较低，支撑服务能力不高，科研院所的创新引领和科技支撑作用体现不够充分。

访：那时候单位人才队伍情况如何？主要在做些什么工作？

叶：1996年末，单位在职职工有120多人，但职能管理和后勤服务的职工占比较大，仅食堂就占了10多人。一线从事科研和技术服务工作的科技人员不足三分之二，人员结构很不合理。当时单位没有一台像样的试验设备，没有一间像样的实验室。此前，单位已先后参与"事业经费包干"和"减拨事业费"等科技体制改革，探索勘察设计、建设监理等

---

① 2000年11月24日，浙江省人民政府批复：浙江省河口海岸研究所和浙江省水利水电科学研究院合并，成立浙江省水利水电河口海岸研究设计院。2002年12月25日，浙江省机构编制委员会发文，同意浙江省水利水电河口海岸研究设计院更名为浙江省水利河口研究院。

科技服务，试行院长负责制，探索"科研为主、综合经营、外联内包"改革。改革还在进行中，一时还难见成效，但单位的财政保障经费已削减20%，财务状况捉襟见肘。在那个"八仙过海、各显神通"、通过创收改善福利待遇的特殊时期，单位的工作条件和职工的福利待遇在水利厅系统内是最差的。科研项目少、水利参与少、福利待遇差，人就肯定留不住，引进人才更是难以企及的奢望。据同事介绍，恢复高考后分配到单位的几届大学毕业生相继走了大半。这些人大多来自国内名校，普遍基础较好，离开单位后，有的出国深造，有的去外省市就职，留在国内的都成了各个单位的骨干。"没有梧桐树，难引金凤凰"，单位条件不佳，留人难，引才更难。

面对单位的困境，上一届领导班子积极作为，在深化改革的政策指引下，努力破解发展难题。在实行"事业经费包干"和"减拨事业费"改革后面临经费大幅减少的实际情况，按照"科研为主、综合经营、外联内包"的改革方向，积极探索勘察设计、建设监理等科技服务，走出社会，走出浙江，迈出了服务社会的重要一步，在拓宽服务范围和领域的基础上拓展经费来源，在求生存上取得了初步成效。

在1990年前后，经征得省水利厅同意后，单位先后成立了水利工程建设经营部、深圳分院、设计所、兴水公司等服务部门或企业，陆续开展社会服务。科技人员结合自身专业特长和工作需要进行了适当的分工和分流。除部分继续承担检测服务的人员及个别人员留职停薪自谋发展外，其余人员基本上充实到社会服务一线。这些改革措施在发挥科技人员作用、补充来源经费不足等方面取得了初步成效，除兴水公司创业失败以外，其他几个方面均在后续的深化改革中得到进一步发展。

这里要特别提一下深圳分院。尽管这个分院现在已经注销了，但分院的设立和运行对单位的发展是发挥了重要作用的。深圳分院设立时，深圳正处于大建设、大开发的高潮时期，市政、交通、水利等基础设施建设投入巨大，任务繁重，需要各行各业的科技队伍提供支持。单位抓住机遇，发挥特长，积极投入到这一建设大潮中，不仅受到深圳市有关部门的欢迎和支持，也在科技成果转化应用的过程中锻炼了队伍，稳定和培育了人才，增加了收入渠道，在单位特殊的历史时期发挥了不可替代的作用。

深圳分院早期主要和上海市政设计院深圳分院紧密合作，在工作中发挥特长，各有侧重。我们单位主要是发挥长期在浙江围海造地和海塘建设等水利工程中积累的软土基础检测和处理技术，负责工程规划设计和建设过程中地面以下的软土基础检测和处理工作；上海市政设计院深圳分院负责地面以上部分工作。大家取长补短，相互促进，打造了多项优良工程，得到深圳市有关部门的高度认可。在此基础上，中后期深圳分院又独立承接了多项岩土工程项目，如深圳湾围海造地工程、滨海大道工程、西部通道工程、深圳机场场站部分基础处理工程等，都留下了分院的足迹，取得了较好的社会经济效益。

90 年代后期，随着我省水利事业的发展，对科研单位的参与和支撑提出了更高的要求，分院的技术人员也相继应召回到浙江，并在浙江省的水利建设事业中发光发热、建功立业。他们在干事创业的过程中陆续成长为单位各个专业领域的骨干力量。

访：20 世纪 90 年代，国家对水利建设的投入情况怎么样？对浙江省水科院的发展有何影响？

叶：就浙江而言，20 世纪 90 年代初期，改革开放还处于攻坚阶段，国家发展遇到很多难题，财政情况不是特别好，需要花钱的地方很多，水利的投入自然也就有限。水利投入少，作为主要服务水利行业的水科院自然也就面临项目来源少、科研投入不足等问题。水利投入不足是影响水科院发展的主要原因之一。

到了 90 年代中后期，由于水利建设持续欠账，一定程度上制约了社会经济的发展，为此，省委省政府开始重点关注水利建设，水利投入也开始加大。1994 年，特别是 9417 号台风弗雷特，对温州、台州等沿海地区的水利设施造成了极大的破坏，人民生命财产损失惨重。

浙江省的地形地貌特征鲜明，被誉为"七山一水二分田"，"二分田"主要分布在沿海平原和金衢盆地。沿海平原地形平坦、土地肥沃，既是传统生产生活聚集地，也是现代产业集聚区和社会财富相对集中的区域。与此同时，沿海平原区又是洪涝台旱等灾害频发区，如果没有完善的水利设施，一旦遭遇特大水灾，改革开放后好不容易发展起来的产业和积累的社会财富，极易产生毁灭性的损失，人民的生命也面临很大风险。因此，省委省政府痛定思痛，下定决心，要进一步加强水利工作。时任

图 5-23　9417 号台风过境后造成的损失

省长柴松岳在全国两会发言时说："就是砸锅卖铁，勒紧裤腰带也要把我们浙江省的海塘修好，海塘是浙江省的生命线。"

此后，我省水利事业一直得到各届省委省政府的高度重视，我省持续开展了千里海塘、千里江堤、城市防洪、千库保安、千万农民饮用水、万里清水河道等系列工程建设专项行动。随着投入连年增长，水利面貌发生了翻天覆地的变化，浙江省水科院（包括现在的省水利河口研究院）在支撑水利发展的同时，自身也抓住机遇，锐意改革，在各方面也取得了跨越式的发展。

为了缓解单位科研任务不足问题，我利用在厅机关工作积累的人脉资源，积极与水利厅有关处室联系，争取得到他们的支持，提高单位在水利工作中的参与深度和广度。功夫不负有心人，一段时间后，单位在水利厅设计审查、工程检验、工程验收等方面逐步邀请我单位的专家参加。这为单位与水利行业的密切联系提供了机会，也为掌握行业发展动态，有针对性地开展科研创新和技术服务创造了条件。

1997 年，省政府决定开展海塘工程建设。经过积极争取，单位获得水利厅委托的全省海塘现状普查任务，这是单位接到的第一个涉及全省的专项任务。普查成果被汇编成比较翔实的海塘现状数据库，为全省开展千里海塘建设奠定了基础，得到水利厅的高度肯定。此后不久，单位又受托承担了全省水库的普查工作。在普查的基础上，我们对存在的隐患依规进行

了安全鉴定，对存在病险的水库提出除险加固的建议。普查成果为我省后续的千库保安工作提供了基础支持。这些工作为单位在后续的千里海塘工程和千库保安工程中承接勘察设计、建设监理、质量检测等工作创造了有利条件。随着省内水利工作深入开展，工作任务逐步饱满，人员也逐步回流，单位的作用也逐步得到省水利厅的肯定。

访：此后，单位规模是不是不断扩大？现今有 1000 多人了吧？

叶：浙江水科院的人才队伍没有快速扩张，单位规模的扩大还是在两所合并之后，特别是近十几年才逐渐发生的。当时有两个原因制约了单位招聘人才：一是事业单位编制的限制，超编制进人是不被允许的；二是对招聘应届生严格控制生源，浙江省外的生源需要经省有关部门批准方可录用。单位还处于改革发展初期，用人制度还在深化过程中，人才队伍发展是一个渐进的过程。比如，当时单位的行政与后勤保障人员比较多，仅后勤人员就有 30 多人。这些同志是在单位建设科研用房等工程征地过程中录用的失地农民，文化程度普遍不高，在改革过程中必将受到影响。单位依据相应政策，采取学历教育、提前退休、离岗退养等措施妥善安置他们，腾出的空缺就可以用于人才引进了。随着改革的深入，单位的后勤保障工作逐步社会化，工勤岗位大幅度减少，科技人员占比大幅提高，这一变化对单位的科技队伍发展起到了很大的促进作用。

1997 年，我们单位被省政府确定为"一院两制"试点单位后，我们成立了深化改革试点小组，由我任组长，具体承办改革工作。为了对接政策，摸清家底，找出差距，我和领导小组的有关同志经常到省科委等有关部门请教，吃透改革政策精髓。同时到山东、安徽等省市和我省有关高校、院所取经，为谋划我院发展提供参照。在此基础上，发动全院职工积极参与改革讨论，在宣传政策、统一思想的基础上做到群策群力。由我执笔撰写改革试点报告，经征求省科委、省水利厅等部门意见并修改完善后上报省政府，并得到省政府〔1997〕171 号专文批复。此后，按照试点方案的计划安排，有序推进改革，在建立精干高效的科研团队的基础上，逐步建立科技经营体制，并注册成立了"浙江广川工程咨询有限公司"。

在改革实施过程中，我主持开展了单位的科研基础能力建设，进一步加强了人才队伍建设，系统开展了职业资格培训和考试取证工作，采取措施支持科技人员专业进修和学历提升。同时，加强了与浙江大学、河海大学、扬州大学等高校的联系，为开展科研协作提供便利，也为引进应届毕业生提供了对接渠道。与此同时，我们积极争取财政资金支持，新建科研用房 5000 多平方米，对科研设施和装备进行系统升级改造，按照水利一级实验室和国际工程师协会的 ISO-IEC 检测实验室标准，对单位的实验室进行全方位认证，彻底改变了装备落后、制度不全、管理不严、人员缺位等状况，有力地提升了科研实验基础能力。结合工作实际，我们主动梳理水利科研需求，主动凝聚科研问题并争取计划项目支持，与中国地震研究所合作开展了大坝隐患探测技术研究，开展了国外土体稳定剂 ISS 的应用研究，为水利工程土体固结提供了新的实现途径。由我主持的《大坝隐患探测技术研究》《网络数据库技术在水利工程中的应用》课题成功列入省科技重点计划，为我省相继开展的各类水利工程建设提供了有力的科技支撑。

随着我省千里海塘工程、千库保安工程以及后续的城市防洪工程的陆续展开，我们紧抓机遇，积极发挥专业特长，按照改革试点的要求，大力培育单位新的经济技术增长点。我们进一步完善了建设监理部门的机构、人员和管理制度，加大重大工程建设监理的经营力度，努力提高单位在水利建设监理市场的份额，并取得了显著效果。工程现场设立的大量工程监理部不仅履行监理职责，还发挥单位的窗口作用，进一步强化了单位与工程实际的联系，为科研创新和转化应用发挥了纽带作用。在此基础上，我们又乘势而上，进一步推进了勘察设计、大坝原位监测、信息自动化等机构能力建设，促进了科技产业的发展。

单位的经济情况得到缓解后，我又到省财政和科委等部门争取政策，利用自有土地建设 5400 多平方米职工宿舍，共 56 套，单位骨干的住房问题得到改善，后续腾空的房屋又解决了所有职工的住房问题，职工的生活条件得到根本性的提升。

时任省委书记张德江曾于 2000 年莅临我院视察，对我院的工作给予高度肯定。张德江书记十分重视水利工作，他亲自推动了浙江省的城市防洪工程。我院在此项工作中积极作为，发挥了科研单位的应有作用。在省水利厅的统筹谋划和有关部门的协调配合下，浙江省的城市防洪工程立足防洪排涝设施建设，兼顾城市沿河土地开发、市政工程建设、休闲景观等公共设施建设。这一工程既提升了县城以上市镇的防洪排涝能力，确保了防洪安全，也消除了城市周边的脏乱差面貌，极大地提升了城镇的品质，是一个十分成功的水利综合开发工程。现在浙江省所有的市镇环境都很优美，这与当年张德江书记亲自推动的城市防洪工程是分不开的。

访： 当时为什么要把省水科院和河口所合并起来？

叶： 这是省政府根据中共中央、国务院的改革精神做出的决定，是对科研院所布局和科技资源配置的优化调整。2000年，省政府下发《浙江省全面推进科研院所体制改革实施意见》（浙政〔2000〕1号），要求在2000年底以前基本完成科研院所的改制任务。对部分研究开发领域相近或可优势互补的科研院所，要打破部门和地区界限，积极推进科研院所的调整、联合、合并和重组。水科院和河口所属于研究开发相近的院所，按规定应进行整合重组。经征求两院所意见后，省科委和省水利厅会商提出了合并方案并上报省政府，经省政府批准后实施（浙政发〔2000〕35号）。两院所合并凝聚了集体的智慧，是符合实际的，也是最优的整合方案。合并方案考虑得比较细致周到，连合并后单位的名称都照顾了两院所科技人员的情感。两院所合并后发挥了1+1>2的作用，为集聚资源、谋求发展奠定了基础。

访： 河口所分离出来之后，钱塘江管理局的性质是否就变了？

叶： 钱塘江管理局的性质没有改变。当时的钱管局是公益性事业单位，依据《浙江省钱塘江管理条例》履行钱塘江河口区域的水行政管理（包括涉河涉堤建设项目审批、河道采砂管理、防汛排涝）和海塘等水工程管理和维护工作。河口所主要承担钱塘江河口为主的全省河口海岸区域科研开发职责。当时两家单位是合署办公，拥有两块牌子，但实际是一套人马。河口所分离出来以后，钱管局继续履行上述职责，只是从事科研的人员和资产（含下属测验队）分离出来了，局机关的编制从100多人减为

50 余人，下属杭州、萧绍、盐平和海宁四个管理处（均为事业单位）仍然保留。

2000 年 12 月，两院所合并后，领导班子调整，我离开了水科院，调到浙江省钱塘江管理局任职。2003 年，我又调回厅机关到省水保办工作。

访：谈谈您在钱塘江管理局和省水保办主要开展了哪些工作？

叶：钱塘江管理局是直属省水利厅的省级河道管理机构，主要履行河道管理职责。管理范围涉及钱塘江两岸的杭州、嘉兴、宁波、绍兴等市沿岸的十多个县（市区），这是浙江省人口最密集、经济最活跃和洪、涝、台灾害最频发的区域之一。我先后分管防汛抢险、水行政和水工程管理，同时还联系了局属设计、监理和施工企业。为了尽快熟悉情况，我到任后的近半年时间内，对管理范围内的海塘、河道等进行了实地察看，到下属单位和有关市县水利部门调研，尽量掌握有关情况，为履行好职责奠定基础。

与此同时，我们相继组织开展了如下工作。首先，我们加强了队伍建设，通过各类培训、进修、案例研讨、交流锻炼以及开展军训活动、体验军营生活等方式，提高大家的理论知识、法律意识、组织纪律、执法形象和履职能力。其次，我们加强了制度建设。新增和修编了《钱塘江防汛和水政执法巡查制度》《水事违法案件查处有关操作规程》等一批规范性文件，进一步完善了制度体系。第三，我们狠抓大案要案查处。针对水事违法案件时有发生的情况，加大巡查力度，力争早发现、早处理，把案件控制在萌芽状态。我们紧抓违建、违法采砂等大案要案查处，通过大案要案查处进一步强化了监督管理，发挥了宣传教育和警示震慑作用。当时的执法斗争还是比较严酷的，特别是对违法采砂的监管，更是触及了采砂船主的利益，一度发生执法船被撞、执法纪律设备被毁坏等暴力抗法事件。我们的执法车辆长期被监视，一旦驶向江边，就有人通报给违法采砂船主，人身安全也面临威胁。面对如此严峻局面，我们没有畏难，更没有退缩。在水利厅的支持下，我和大家依法行事，迎难而上，查处各类水事案件数百起，有效地遏制了水事违法频发的势头。第四，我们依法开展涉河涉堤项目审批工作，增强服务意识和提高办事效率，压缩审批时限，严格按审批流程和规定办事。与此同时，我们强化审批前置咨询论证管理，在确保审批质量的基础上加强审批后的监管，防止审批与建设不符的问题。其间我们承办了包括杭州湾跨海大桥、宁波跨海输油管线、钱塘江四桥、五桥、东洲大桥工程等数百项涉水工程建设项目的审批工作，依法科学处置了一批二线（三线）海塘。第五，我们开创了水工程管理新局面。按照水利部"管养分离"的原则，我们积极谋划海塘管理和维护体制机制创新，筹备成立了全省第一家专业的海塘养护公司，打破了水管单位管、养、修不分的历史。同时，我们还组织有关人员编制了《海塘养护费用标准》《海塘养护验收标准》《海塘养护验收办法》《海塘养护格式合同》，明确了管理单位和养护企业的责、权、利关系，为海塘养护工作提供了依据，开创了水工程管理和维护工作的新局面。此后，上述标准上升为省级标准，为该项工作规范化、社会化创造提供了示范和样板。最后，我们有序地开展了防汛工作。除日常落实防汛物资储备、开展汛前检查、明确防汛责任等各项汛前准备工作外，在主汛期我经常亲临防汛一线，研究处置险情，协调工程抢险，确保度汛安全。此前的工作经历促使我十分重视技术和机制创新，我组织编制了《钱塘江防汛预案》，为防汛抢险提供了"指南针和路线图"。我还参与了水利部部颁标准《防汛物资储备定额编制规程》（SL 298—2004）的编制，填补了该项国标的空白。我们还依托下属施工企业成立了我省首支专业应急抢险队伍——浙江省防汛机动抢险总队钱塘江支队，跨出了防汛抢险专业化、机械化的第一步。

访： 您当时在钱塘江管理局的时候，是怎么处置二线、三线海塘工程？

叶： 二、三线海塘在历史上都曾是一线海塘。在河口区域开发治理过程中，随着河道不断缩窄，海塘逐步前移，很多原本临江的一线海塘就逐步退居为二线海塘甚至三线、四线海塘。这一趋势在中华人民共和国成立后得到加速。尽管这些海塘已经退至二线塘甚至三、四线塘，但由于早期一线海塘建设标准普遍不高，遇到超标准的洪水和风暴潮，还需要和后面的二线甚至三、四线海塘组合，共同发挥抗洪御潮的作用，以此提高防御能力。因此，二线、三线甚至四线海塘仍是河口区域防洪御潮工程体系的重要组成部分，不仅不能随意处置和废弃，还需要进行适当的管理和维护，确保这些工程设施在关键时候能够发挥作用，保障人民生命财产安全。

但是，随着社会经济的不断发展和城市化进程的推进，产生了新问题。比如海塘保护区由原来的农业生产区变成了城市建成区或工业开发区，区域功能发生了颠覆性变化，社会财富快速集聚，对防洪御潮的标准要求也大幅提高。二、三线海塘的存在对保护区内的道路、管网等基础设施的建设影响较大，也不利于土地资源的集约化利用。同时，很多二、三线海塘多建于明、清等朝代，是当地发展历史的重要组成部分，具有珍贵的文物价值，需要依法得到有效保护。这个问题在全省沿海地区都不同程度地存在，钱塘江河口区域的杭州、嘉兴、绍兴、宁波等地相对比较突出。因此，二、三线海塘的处置需要统筹谋划，科学安排，综合施策，不能一蹴而就。

当时钱塘江管理局在处置二、三线海塘时表现得十分慎重。首先，我们对管理范围的海塘进行了全面细致的普查，对各类海塘（尤其是二、三线海塘及其配套的涵闸等的完好程度）结构质量进行全面评估，形成较为全面、细致的基础资料。其次，在此基础上，依据国家防洪标准（经上级主管部门同意，部分保护区按照发展适度提高标准），我们委托专业机构对现有管理区的防洪御潮能力进行科学评估。第三，我们委托专业机构编制防洪御潮规划，在大幅提高一线海塘防洪御潮标准和安全度的基础上，对二、三线海塘提出保护、加固、废弃等意见，经上级主管部门同意后实施。第四，我们按照规划要求，与各有关地方政府共同实施一线塘加固和提高标准的工程建设，为二、三线海塘的处置奠定基础。第五，会同地方政府结合城市和开发区建设发展需求，按照一事一议的原则，我们逐项开展二、三线海塘的处置。总体而言，这项工作取得了较为显著的成效，不仅提高了钱塘江河口区域的防洪御潮能力，也有力地促进了两岸的社会经济发展。比如杭州市的滨江区，该区在采取综合措施加固一线临江海塘、提高防洪标准和结构安全度的基础上，对原有的二线海塘——南沙支堤逐段进行了废弃处置，这一举措为滨江区的建设和发展提供了有力地支持。临江海塘的设计建设委托给了同济大学，按照城市滨江景观带的要求进行，建成后环境很美，也很舒适，目前已成为市民和游客休闲赏景的打卡胜地。

访：省水保办是个什么机构？它都承担哪些职责？

叶：水保办是浙江省水土保持委员会的日常办事机构。当时我省的水土保持工作由水利厅水政水资源处负责，水保办依托该处开展工作。浙江省人大常委会先后于 1999 年和 2000 年组织省、市、县三级人大对《中华人民共和国水土保持法》执行情况进行了大检查，发现我省还存在有法不依、执法不严的情况，为此督促各级政府及其水利部门加强整改，确保水土保持法的贯彻实施。为了加强水土保持工作，省水利厅于 2003 年将该项工作从水政水资源处分离出来，并向浙江省委机构编制委员会办公室申请设立水土保持处，在过渡期间，由水保办暂时履行相关职责。水保办的职责主要是依法承担浙江省水土保持综合管理、水土流失综合治理、开发建设项目水土保持的监督管理和水土保持监测预报等工作。

浙江省的生态环境良好，与西北等省份相比，水土流失问题并不严重，导致我省部分地方政府对水土保持工作重视不够。当时正值我省开发建设的高潮期，各类建设项目遍布全省各地，工程建设活动造成的水土流失问题十分严重，特别是铁路、公路、管道工程等线性工程和各类开发区的建设，对植被的破坏巨大，产生的高边坡和弃渣场更是不同程度地存在安全隐患。工程经过的河道和溪流堆土、弃渣问题严重，对行洪和生态安全产生严重影响。山丘区的低丘缓坡造地工程、坡耕地和林果地等农业生产过程中产生的水土流失问题一度非常严重。我上任伊始，深感任重道远。

水保办当时连我本人一起只有 7 名工作人员，要做好全省的工作，必须动员一切可以动员的力量。首先，在制度上我们强化县（市、区）等地方政府的监管责任，督促各市、县（市、区）的水利部门履行职责并给予必要的支持和指导。同时，征得省财政等有关部门同意的基础上，我们对地方水利执法队伍进行培训，并在车辆、取证设备等方面给予支持，增强水利执法能力和水平。其次，我们整合和培育社会上的各类规划、设计、监测等单位的力量，加强水土保持监测、审批、监督和验收等工作的技术支撑。这些措施有效地加强了水土保持工作的力量，在日常监管和大案要案查处过程中发挥了重要作用。在此基础上，我们定期或不定期组织省市县水利部门三级联动，大力加强执法检查，对重点地区、重点工程进行重点监管。我在重大案件中亲力亲为，发现问题通过媒体曝光、限期整改甚至法律诉讼等措施，严查到底，使各类开发建设项目的水土流失问题得到有效遏制。

恰逢《中华人民共和国行政许可法》的颁布实施，我们借助这一东风，在规范行政许可事项和工作流程的基础上，进一步加强了审批管理。省发改、环保、水利等部门协调配合，在审批环节将水土保持审批作为环评和项目立项的前置条件，有效地强化了水土保持的审批力度。水土保持审批事项一度占水利审批事项的70%左右，为水利强化社会管理迈出了重要一步。在加强对开发建设项目监管的同时，我们还积极开展坡耕地、林果地、生态林地和公路、开发区等系列示范工程建设和评比。几年间，杭新景高速公路、金丽温高速温州段、开化县和龙泉市水土保持生态建设示范区等一批示范项目陆续建成，经省有关部门验收评比后发布公告，在社会上发挥了先进示范和激励带动作用。其中，衢州经济开发区更是被水利部命名为全国水土保持示范区，这不仅为浙江争得了荣誉，也为促进各类开发区建设，维护生态安全发挥了积极作用。

图 5-24　2009 年叶永棋获得农业节水科技奖

在日常工作中，我十分注重发挥科技的支撑保障作用。作为浙江省现场考察总协调人，我全程参与了"中国水土流失与生态安全科学考察"活动。这项科考活动由水利部、中国科学院、中国工程院共同组织，历时一年多，系统考察了全国的水土流失及生态安全现状。活动旨在总结中华人民共和国成立以来各地防治水土流失的成功经验，科学评价现有的技术路线和工程实施效果，提出防治水土流失的重大问题和维护生态安全、促进经济社会协调发展的宏观战略对策和建议。浙江省外业科考完成后，我组织编制了《中国水土流失与生态安全科学考察浙江省考察报告》，撰写了《浙江省水土流失规律研究》论文，并在《土壤》科技期刊上发表。主要科考成果《浙江省主要水土流失问题与措施对策》形成《参阅件》后送省领导参阅，并得到高度重视。我主持开展了浙江省水土保持科技园建设，科技园选址在生态环境良好的安吉县，园内设施集科研、示范、培训和科普教育于一体，是国内最有地方特色、设施最为完备、科研和示范效果最为显著的园区之一。该科技园为推动浙江及相邻省市的水土保持生态安全建设发挥了良好的科研和示范作用。我还组织浙江大学开展了全省第四次水土流失遥感普查，编制了《浙江省第四次遥感普查报告》，发布了首期《浙江省水土保持监测公报》。以遥感普查成果为基础，我组织编制了《浙江省水土保持总体规划（2006—2010）》和《浙江省水土保持生态修复规划》。这些成果为全省各地编制水土保持"十一五"规划，开展水土流失综合治理，指导开发建设项目开展水土保持"三同时"工作奠定了基础。此外，我还主持开展了《浙江省水土保持生态修复的措施与对策》《浙江省生态型清洁小流域建设的思路与对策》《浙江省水土保持生态补偿机制》等政策调研，主持编制了《浙江省开发建设项目水土保持工作指南》。部分成果被水利部采纳，为政府出台政策提供支持，也为规范工作奠定基础。结合工作需求，我主持了《浙江省建设项目水土流失成因及防治技术研究》《水土流失监测新技术研究》等项目，参与《基于节水抗旱杂交稻技术的节水减污技术体系研究》《水土保持生态修复途径与评价指标体系研究》等课题。这些研究成果和专利相继在监测、规划、治理、监管等方面得到应用，论文陆续在有关核心期刊发表，有效地支持了水土保持事业的发展。我还组织编制了《浙江省开发建设项目水土保持工程概（估）算费用构成及编制办法》和《浙江省开发建设项目水土保持植物工程概预算定额》以及《浙江省水土保持生态修复项目验收标准》等地方标准，经省发改委、水利厅等部门审查后印发实施。上述成果填补了我省在该领域的空白，有效地规范了建设项目水土保持投资概（估）算的编制和生态修复项目的验收工作。

在厅领导的大力指导和支持下，通过四年的努力，我们的工作取得了很大的成效，有力地推动了水利部门对社会事务的监督管理和服务水平的提升。浙江的水土保持工作也得到了水利部的高度肯定，有关领导多次到浙江调研，并在浙江多次召开现场会，将浙江的做法和经验推广至全国。

重回科研机构　持续迎接挑战

访：想请您谈一下，您 2007 年之后又回到省水科院后的经历。

叶：此时两院所合并已经 7 年，水科院已经更名为水利河口研究院。对于到新单位工作，我事前并无思想准备，厅党组决定了，我也就无条件服从组织的安排。2000 年之后，院领导班子按照深化改革的要求，紧抓浙江水利大投入、大发展的历史性机遇，在强化科研团队建设的同时，采取措施发展科技经营实体，各方面都得到了较快发展，单位面貌发生了很大的变化。

我到单位后，面临的第一个问题就是单位现任领导班子任期工作目标和计划。我和领导班子及全院科技人员一起，在分类调研的基础上，组织开展改革研讨。我们总结经验，梳理问题，研究对策，提出了水利河口研究院 2008 年及今后五年工作思路和目标任务报告。这个报告经过院职工代表大会审议后，上报给水利厅备案。

当年，我们就根据上述报告的要求，制定了创建省级重点实验室的三年行动方案和向国家人事部申报博士后科研工作站的计划。为了争取省财政和科技主管部门的资金和政策支持，我们依托浙江省河口海岸实验基地，通过加强六堡试验基地和人才团队等基础科研能力建设，将基地提升为"浙江省河口海岸重点实验室"；我们还通过整合和建设岩土、材料、结构、信息自动化等专业实验室，创建"浙江省水利防灾减灾重点实验室"。通过几年的努力，我们相继取得成功。与此同时，我们启动了江东农水试验基地的建设和六堡实验基地西区防灾减灾实验室科研用房的筹建。江东农水试验基地开工后，我们边建设边开展实验研究，不仅取得了

图 5-25　2008 年夏宝龙考察指导六堡试验基地
（左起：彭佳学、夏宝龙、叶永棋、陈川）

多项省部级科研成果，而且还逐步带动地方水利试验站开展中试和转化工作。我们以江东实验基地为省级中心，永康、温岭、平湖、余姚为重点站，相关县市 100 多处推广站为基层站，构建了科研试验、中间性试验、推广应用的网络体系，有力地促进了我省节水灌溉和生态农业的科技进步和持续发展。六堡实验基地西区 3 万多平方米的防灾减灾实验室研发用房，经过十多年马拉松式的建设程序，目前已基本完成基本建设任务，即将投入使用。上述科研试验设施的建设和使用，极大地改善和提升了我院的科研试验环境，为今后的发展奠定了坚实的物质基础。

访： 浙江省水利河口研究院是如何获得新的发展契机？

叶： 两院所合并和浙江水利的发展，为水利河口研究院获得快速发展提供了重要契机。与此同时，国家科技发展和水利行业对科技支撑的需求，对单位乘势而上、谋求更大的发展提出了新的更高的要求。

2006 年，国务院发布了 2006 年第 9 号公报，向全国公告《国家中长期科学和技术发展规划纲要（2006—2020 年）》（以下简称《规划纲要》）。同年，国务院还印发《国务院关于印发实施〈国家中长期科学和技术发展规划纲要（2006—2020 年）〉若干配套政策的通知》。《规划纲要》及其配套政策的发布实施，为国家科学和技术发展指明了方向，也为科研院所的深化发展提供了一系列政策依据。

在此基础上，我院按照"自主创新，重点跨越，支撑发展，引领未来"的指导方针，并根据"要把提高自主创新能力摆在全部科技工作的突出位置"和"科技人才是提高自主创新能力的关键所在"的要求进行定位，围绕"水资源优化配置与综合开发利用、综合节水、海洋资源高效开发利用、水土资源与农业生产、生态与环境保护的综合优化配置"等国家确定的优先主题，我们以"一流院所"的目标定位，进一步加强学科人才、设施装备、服务资质、组织管理等方面的建设，同时加快构建"职责明确、评价科学、开放有序、管理规范"的现代科研院所制度。以此为基础，我们发动全院职工群策群力谋划发展，在梳理存在问题、总结经验教训的基础上，组织编制了《浙江省水利河口研究院战略发展规划》。这一规划提出了组织机构、学科体系、人才队伍、设施装备等 8 个方面的建设任务和 5 个方面的重点工作，为单位的后续发展提供了指引。

在规划编制过程中，我们主动与上级主管部门取得联系，通过政策对接、改革研讨、方案审查等方式，征求意见、统一思想、力争支持。针对"一院两制"所带来的职责不清、机构不分、人员混编混岗等问题，我们进行了专题研讨，与主管部门和院内职工形成共识，明确了后续深化改革的措施与对策。规划实施后，我们逐步改变了过去职责定位不清、力量分散、创新能力不强的局面，优化了资源配置，集中力量在优势学科领域和研究基地上，形成两个事业单位和两家科技企业并存的"两院两公司"组织架构。这样的架构使我们不断提高科技创新和解决社会发展重大科技问题的能力。作为社会公益类科研机构，我们发挥技术优势，主动对接浙江水利的各项工作需求，进一步明确了支撑行业发展的年度目标任务和近期的目标方向。如今，我院已逐步发展成水利行业全领域、全链条的支撑单位。

为了进一步扩大科研院所在科技经费、人事制度等方面的决策自主权，提高科研机构内部创新活动和协调集成能力，我们进行了一系列改革。在人事管理方面，我们应进一步淡化身份标签，实行固定人员与流动人员相结合的用人制度。我们全面实行聘用制和岗位管理，面向全社会公开招聘科研和管理人才，逐步推行后勤保障社会化，提高科技岗位比例，优化单位人员结构。在资产管理、经费管理等方面进一步完善内控制度，深化和完善院长负责制。

我们根据关键绩效管理的原理和思路，在科研成果质量、人才队伍建设、财务经费核算、管理运行效率等方面建立科学合理的评价体系，顶住压力，消除阻力，并全力推行目标管理。我们根据水利厅有关下属单位工作绩效管理规定，进一步对接水利发展对科技创新和技术服务的需求，聚焦水利焦点问题、关键问题，建立单位整体创新和服务能力与绩效的考核评价体系，编制单位工作目标责任制并作为单位的主要制度颁布实施。目标管理有力地促进了单位工作按计划、有步骤地开展，消除了无故延期、质量低下等问题，有效地规范了单位的工作秩序，提高了工作效率，保障了工作质量。此后，在不断完善目标管理制度的基础上，我们按照一个系统、一套数据和集团化、任务化、流程化、时效化等要求，开发了具有单位特色的信息化管理系统，使管理者及时掌握关键节点、关键时效和工作痕迹等信息，为管理决策提供了有力支持，提高了全院的工作效率、管理水平和创新能力，开创了"一院两制"科研院所管理规范化和信息化的先河。

经过 60 多年的发展，水利河口研究院已逐步迈入省级一流科研院所行列。据初步统计，全院现有各类技术服务资质 30 多项，其中甲级 16 项，服务范围涉及水利、海洋、农业、交通、能源、环境、城建等多个领域。水利河口研究院先后参与杭州湾跨海大桥、秦山核电站、曹娥江河口大闸等一批特大型工程和全省"五水共治"工程的科研、规划、选址、工可（即工程可行性研究报告）等科技咨询工作，为水利建设管理提供了有力的技术支撑。

全院现有在职职工 1300 人，其中博士 34 人、硕士 381 人，教授级高级工程师 60 多人，高级工程师 280 多人，各类注册工程师 320 多人。近年来，一批优秀人才脱颖而出，3 人入选水利部"5151 人才工程"、1 人被评为青年科技英才，26 人入选省"151 人才工程"（其中 1 人位列第一层次），14 人享受政府特殊津贴。人才队伍的专业、学历、职称、年龄等结构得到了根本改善，层次显著提高。多人获省农业科技成果转化推广奖、省青年科技奖等科技奖项。

在科技成果方面，我们累计荣获厅级以上科技进步奖达 274 项，其中省部级以上科技进步奖 96 项；在核心期刊上发表论文 2400 多篇，撰写、出版专著 29 部，制定标准 10 部；先后完成了国家水专项、国家和浙江省自然科学基金、水利部公益性行业科研专项、水利部"948"项目、农业部科技成果转化等一大批重大项目的科学研究任务。仅 2019 年，我院就组织申报省以上科技计划项目 93 项，其中 40 项获得批准立项，获得省级学会及以上科技奖 12 项，在核心期刊发表论文 120 余篇，申请知识产权 140 余项，并成功获得 81 项授权。此外，我院还荣获了全国文明单位、全国水利科技工作先进集体、全国"模范职工之家"等荣誉称号，多人获得国家和省、市劳动模范、"五一"劳动奖章等荣誉。

在此期间，时任全国政协副主席钱正英、浙江省委书记张德江、副书记夏宝龙、省长吕祖善、省长李强、副省长茅临生、黄旭明、省政协主席周国富、副主席张蔚文、周国辉、水利部副部长索丽生、胡四一、李国英等领导先后莅临我院调研指导工作。他们对我院在深化改革、科技创新、支撑发展等方面取得的成绩给予了高度肯定，全院广大科技人员深受鼓舞，并极大地激发了大家的积极性。

2007 年以来，我在履行院长职责的同时，积极抽时间参与科技创新工作，主持了水利部行业专项《南方丘陵区稻田节水增效减污灌溉技术研究》，参与了"浙江沿海及海岛综合开发战略研究"等多项重大课题的研究。研究成果先后获中国农业节水科技奖二等奖和浙江省科学技术进步奖二等奖，发挥了科技工作者的应有作用。

访：据我了解，贵院和高校的合作也比较密切，您当时为什么想到要跟高校合作，跟高校合作的内容主要是什么？

叶：与高校和科研院所合作，是深化科技体制改革对科研机构建立开放合作机制的要求，也是互惠互利、共同发展的需要。换句话说，既是国家对科研院所的要求，也是单位发展的内在需求。上面提到的《规划纲要》就明确要求，通过建立有效机制，促进科研机构与企业和大学之间多种形式的交流与协作，促进知识流动、人才培养和科技资源共享。我院与高校和科研院所的交流与合作起步较早，通过交流与合作可以发挥互通有无、取长补短的作用，因此，我们之间的合作总体比较愉快和顺畅。

目前我们跟高校的合作有几个层次：第一是学术交流。我们主要是应用研究，大学主要是自由探索和理论研究，二者是一个互补关系。通过定期和不定期的学术的交流，让高校科研了解应用的情况，我们也可以掌握一些学科前沿信息。第二是科研协作。通过发挥各自的专业优势和科研条件，共同申报重大科研计划项目，提高项目申报的成功率和成果层次。第三是学生的联合培养。大学需要实习基地，研究生需要参与科学研究，我们拥有很丰富的资源。而且我们还有一支具备导师资质且工作在创新和应用一线的科技专家队伍，为我们与高校的密切合作奠定了基础。通过与高校建立联合培养机制，我们的科研骨干与高校的联系更加密切，我们的科研能力也得到了提升。

此后，我们进一步拓展合作的深度和广度，经上级有关部门批准，先后牵头成立了浙江省水利工程安全研究科技创新团队、浙江省水利科技创新服务平台、浙江省水利水电工程管理协会、中国太平洋学会河口海岸研究与管理分会、浙江省水利工程检测协会等多个机构，有效地提升了我院的社会知名度，为合作创新与服务提供了规范的平台。

访： 接下来，我们浙江水利面临的任务是不是要进一步创新？

叶： 多年来，浙江水利始终走在全国前列，这和省委省政府的正确领导和水利系统全体干部职工的努力是分不开的，也和科技创新密不可分。进入新时代后，国家正面临世界百年未有之大变局和振兴崛起的关键阶段，我省需要建窗口、作示范，水利工作是其中的重要内容之一。通过几十年、几代人的艰苦努力，浙江水利已经完全摆脱了落后的面貌，基本实现了现代化。但与国家发展目标要求相比，我们还存在不少差距，需要继续努力，不断适应国家发展的需求。我院作为水利行业的主要科技支撑力量，必须奋发有为，不辱使命，全面履行好科技创新的职责。我们不仅要支持好当前的工作，更要超前谋划、超前部署，特别是在前瞻性、方向性等方面不断作为，以创新引领行业的发展，保障水利事业持续走在前列、做出贡献。从这个角度看，我院的工作任重道远。

访： 2011 年，单位为什么向省里申请新增"浙江省海洋规划设计研究院"牌子？

叶： 单位从成立开始就开展河口海岸方面的研究，是我国河口海岸研究领域的创立机构之一，在国内外享有盛誉。河口海岸研究一直是我院最主要的优势学科领域。中华人民共和国成立后，我国对海洋的立法相对滞后，很长一段时间内，河口海岸的开发研究和治理大都以水利为主。因此，我院合并前的河口海岸研究所是我省唯一的涉海工程研究机构。作为水利厅的下属单位，我们主动担当作为，在开展河口海岸开发研究和编制规划时，坚持系统研究、系统规划的原则，将各行业、各领域的问题统筹考虑。其间我们也通过省水利厅与有关部门协调联系，共谋发展。但随着国家海洋法的实施和对海洋监管的强化，我们的工作就面临了跨行业履职和监管的问题，一度存在工作职责不明、工作关系不顺的情况。2011年，浙江省"十四五"规划中特别提出了海洋强省战略，将浙江的海洋发展战略纳入国家海洋发展战略中，以发挥浙江沿海及海洋经济发展的优势，进一步促进浙江经济的发展。在此背景下，我们抓住机遇，发挥海洋科研的人才、成果和装备资源优势，对接海洋科研开发需求，支撑海洋战略实施，并主动与水利厅和海洋局联系，争取各上级主管部门的支持。时任浙江水利厅厅长陈川和浙江省海洋与渔业局局长赵利民十分重视，分别督促有关处室厘清监管责任，建立联系与协调机制，谋划科技支撑的实现形式，最终达成共识。在两部门主要领导的亲自过问下，我们共同向省委机构编制委员会提出在我院增挂"浙江省海洋规划设计研究院"牌子的申请，并得到了批准。

增挂"浙江省海洋规划设计研究院"牌子后，我院在海洋科研方面的法律地位得到了确立，我院和国家海洋局和省市县各级海洋主管部门的联系进一步加强了，各级海洋主管部门给予我们大力支持和帮助。我们也进一步加强海洋科研力量，及时进行内设科研机构的调整，成立海洋研究所专门履行海洋科研职责，整合院其他相关部门共同服务海洋事业。这不仅有效地发挥了科技支撑作用，也促进了相关学科的持续发展。近十几年来，我院作为海洋科技创新和转化应用的主力军，不仅在浙江沿海和海岛的开发与保护、海洋防灾减灾、海洋执法、渔港的开发建设、生态岸线建设与保护等涉海工作中大显身手，还应国家海洋局的要求，积极参与省外相关工作，成果丰硕，成绩显著，得到了省市县各级海洋部门的认可。我们为浙江海洋事业迈入全国前列作出了显著贡献，也得到了国家海洋局的高度肯定。

锐意科技改革　推动跨越发展

访：科技体制改革成就了浙江省水利河口研究院的高速发展，请您具体谈谈深化改革的情况，您在改革过程中发挥了怎样的作用？

叶：长期以来，在贯彻落实党中央国务院和省委省政府关于深化科技体制改革的过程中，水利河口研究院始终扮演着积极主动的领头羊角色，不仅多次作为试点单位，为改革积累经验、提供示范，自身在深化改革的过程中也脱胎换骨，取得了跨越式的发展。

我们先谈谈科技体制改革的主要情况。

1978 年 12 月，党的十一届三中全会的胜利召开，实现了中华人民共和国成立以来党的历史上具有深远意义的伟大转折，开启了我国改革开放和社会主义现代化建设的新时期。此后，我国各个领域的生产力得到了极大的释放，发展进入快车道，国民经济开始好转，但是很快也遇到很多与发展不相适应的问题和短板，比如体制不顺、机制不活、效率低下、科技积累和创新不足、各类人才严重短缺、国家财政负担过重等。为此，国家又先后启动了教育、科技、卫生、文化等领域的专项改革，改革有力地促进了我国教育、科技、卫生和文化事业大发展。高校、医院、科研院所和科技企业的规模与层次、能力与水平、对社会经济的发展贡献等发生了革命性的变化，这是有目共睹的。尽管改革还存在一些问题和不足，需要通过深化改革持续完善，但总体是成功的，为国家的持续发展提供了巨大的动能和保障。这是国家开展科技体制改革的大背景。

我国原有的科技体制是参照苏联模式在计划经济体制下形成的，其突出特点是政府拥有独立研究机构的技术和资源。该体制在特定历史时期为我国经济发展、国防建设和社会进步做出了重要贡献，而且也为科学技术自身发展奠定了坚实基础。随着我国的改革开放进程的不断推进和社会主义市场经济体制的逐步建立，原有科技体制弊端日益突出。为此，在 20

世纪 80 年代，中央开启了科技体制改革。

科技体制改革至今已经历了四个阶段。第一个阶段是从 1985 年至 1992 年。1985 年中共中央发布《关于科学技术体制改革的决定》，标志着科技体制改革全面启动。这一阶段以改革拨款制度、开拓技术市场为突破口，引导科技工作面向经济建设主战场。第二个阶段是从 1992 年至 1998 年。1995 年中共中央、国务院发布《关于加速科学技术进步的决定》，确立了"科教兴国"战略，提出"稳住一头，放开一片"的改革方针，开展了科研院所结构调整的试点工作，1998 年在中科院开始实施知识创新工程试点。第三个阶段是从 1998 年至 2004 年。1999 年中共中央、国务院发布了《关于加强技术创新，发展高科技，实现产业化的决定》，对科研院所的布局结构进行了系统调整。加强国家创新体系建设、加速科技成果产业化成为这一时期的主要政策走向。政策供给集中在促进科研机构转制、提高企业和产业创新能力等方面。第四个阶段是从 2005 年至今。以《国家中长期科学和技术发展规划和纲要（2006—2020）》的提出为标志，我国科技体制改革与建设创新型国家的要求进一步明确。这一阶段的主要任务包括支持鼓励企业成为技术创新主体，深化科研机构改革并建立现代科研院所制度，推进科技管理体制改革，全面推进中国特色国家创新体系建设。

科技体制改革优化了科技力量结构和布局，促进了科技与经济的紧密结合，加强了公益性科技创新和服务能力，我国科技水平和实力大幅提升。通过改革，我们改变了主要依靠行政手段管理科技工作的局面，市场机制在科技资源配置中开始发挥根本性作用，政府科技计划项目实施的竞争资助机制不断改进和完善。科技政策法规体系逐步完善，促进创立"开放、流动、竞争、协作"的科研新机制，激发了科技人员的创新热情。

改革开放 40 多年来，我国科技事业取得了历史性成就、发生了历史性变革。从横向看，科技实力与发达国家的差距明显缩小；从纵向看，科技创新能力快速提升，重大创新成果不断涌现，国家创新体系逐步健全，开始进入从量的积累向质的飞跃、从点的突破向系统能力提升的重要时期。在这一进程中，科技体制改革发挥了重要的推动和保障作用，也积累了宝贵经验。

再谈谈省水科院参与深化改革的主要情况。20 世纪 80 年代以来，我院积极响应中央号召，按照中央的顶层设计要求，在省科技厅和省水利厅等上级主管部门的指导下，结合我省水利需求和自身实际，科学谋划改革方案并付诸实施。1996 年之前，水科院参与"事业经费包干"和"减拨事业费"改革，探索并开展了勘察设计、建设监理等科技服务，试行院长负责制，探索"科研为主、综合经营、外联内包"的改革模式。这些改革举措标志着我们迈出了服务社会的重要一步。

1996 年，我省按照"稳住一头，放开一片"的改革方针，省属科研院所按照职责属性，实施分类改革，同时开展科研院所结构调整的试点工作。对于完全履行公益职责的部门，继续保留公益属性，经费由财政全额供养；属于产品开发的院所，转制为科技企业逐步削减事业费；既有公益服务，又有科技开发能力的部门，实行"一院两制"改革，保留一定额度的事业费。在此基础上，我们进一步对同类院所进行整合。1997，浙江省政府批准我院为"一院两制"改革试点单位，试行公益类科学研究体制和开发型科技服务体制并存的"一院两制"体制机制改革。

访：什么是"一院两制"？它是对科研院所的一种体制安排吗？

叶：是的，"一院两制"是针对部分社会公益类科研院所的一种管理体制安排。针对既承担社会公益服务，又开展成果转化、提供技术服务的这部分社会公益类院所，我们按照"稳住一头、放开一片"的方针，凝聚单位的科技骨干，打造了一支高、精、尖的科研队伍，聚焦行业发展的一些重大问题、关键问题、前瞻性问题，开展科学研究和集中攻关，加强社会公益属性。与此同时，其他的科技人员发挥其专业能力，走向成果转化、技术服务等社会服务主战场，建立科技经营体制。在此基础上，我们建立了科学研究支持科技经营、科技经营反哺科学研究的机制，在支撑服务的过程中促进单位的发展。

当时，作为公益性一类科研事业单位，首先单位性质保留不变，但我们同时建立了科技经营体制。如何实现这一体制呢？我们选择了通过建立科技公司的方式。院属的浙江广川工程咨询有限公司就是在此背景下成立的。国家给了很多政策扶持，如允许成果入股、技术入股、允许职工全员持股，经营者持大股等。公司第一任董事长由院长担任，他兼具双重身份，这也是特殊历史时期对事业单位主要负责人的一种特殊职务安排。

访：如何理解"稳住一头，放开一片"的改革方针？

叶：这实际上是改革的两个方面，"稳住一头"就是凝练精干的科研队伍，"放开一片"就是除了精干的科研队伍之外全部放开。全部放开意在放开搞活，方向是建立和发展科技服务事业。与此同时，还要注重在两者之间建立相互支持、相互促进的机制。也就是说，高精尖的科研队伍产出的科研成果会通过科技服务的途径进行转化应用，在服务行业和社会发展的过程中创造收益，弥补经费不足。同时，在科技服务过程中发现的问题和需求也会反馈给科研队伍，经过科研攻关更好地服务社会，以此形成循环。

访：这个顶层设计很好，旨在以科研来服务社会，同时在服务社会的过程中发现问题，进而展开科研攻关，实现创新。在实际操作过程中遇到过困难吗？

叶：我们确实遇到了困难，主要集中在两个方面。首先，改革意味着利益的重组，肯定有部分人受益，另一部分人受损，改革的阻力是很大的。其次，单位的运行具有很大的惯性。大家的思想认识和行为习惯是长期形成的，管理体制和运行机制的转变十分困难。解决困难的主要办法就是发动群众、解放思想、凝聚共识、统一行动，在安排改革路径和具体事项时，尽量细致周到并及时征求意见，让大家在参与的基础上理解和支持改革。由于是改革试点，我们转圜余地较大，过程也是循序渐进，最终进展还是比较顺利的。

1997年水科院被确定为试点单位后，按照中央和省委省政府的方针政策，结合单位的特点和实际，制定深化改革试点方案，经省政府批准后实施。经过三年的改革试点，精干和强化了院部的科研力量，注册成立了浙江广川工程咨询有限公司并开始运营，"一院两制"体制框架和运行机制初步形成，单位成果、人才、效益都有了很大改观，职工的福利待遇也有了明显改善。试点成果还受到省政府的表彰，并向全省推广。这次的改革试点收获了很多政策红利，对水科院的发展起到了非常大的促进作用。

图 5-26　2013 年叶永棋获得"浙江省优秀科技工作者"称号

2000 年后，省政府发布 1 号文件，在全省进一步深化"一院两制"改革。2003 年，单位又进一步推进电测自动化研究所企业化改革，注册成立了杭州定川科技有限公司，逐步建立并完善基于"一院两制"框架的组织机构和运行制度。其他省属科研院所也同步进行了体制改革，有的改制为企业，有的进入企业集团，有的改为中介服务机构，还有的继续深化和完善"一院两制"，内部实行分类改革。可以说，科技体制改革在我省持续深化。

2017 年 8 月，根据《浙江省人民政府办公厅关于浙江省水利河口研究院（浙江省海洋规划设计研究院）改革试点方案的复函》（浙政办函〔2017〕57 号），我院开启了新一轮深化改革试点工作。此轮改革的主要目标是建立健全公益性应用研究和高新科技成果产业化两头发力的机制，形成以科研为内核、公益为基础、市场为导向的协同创新与转化应用生态示范系统。该系统集公益服务、科技开发、产业发展为一体。改革的主要内容包括以下几个方面：一是深化科研体制改革，打造科研集团；二是院部探索体现科研院所特质的运行机制，包括探索建立理事会制度，推行以岗位管理为基础的人事管理制度，制定以实际贡献为评价标准的薪酬分配制度，深化财政补助机制改革，实现从"花钱养人"向"花钱办事"转变；三是落实创新创业政策，深化人才发展体制机制改革，包括建立科技成果转移转化与技术支撑服务的平台与机制，建立高层次人才收入分配倾斜制度，建立依法依规适度兼职兼薪管理制度；四是探索股权等中长期激励机制，引导院属企业积极探索股份制改造，实施股权、期权和岗位分红等中长期激励机制。

经过两年多的努力，我们形成了一批成熟的改革经验，得到上级主管部门的肯定。单位的运行已逐步转入新的体制机制轨道，这对我院的平稳有序发展发挥了十分积极的作用。国家的改革还在持续深化中，科技体制改革极大地调动了科研人员的热情，促进了科技的产业化，使科技与经济"两张皮"的问题有了根本的改观。但由于实施的是渐进的、目标不断调整的模式，改革到现在仍然面临相当大的问题和挑战。我院全程参与了国家科技体制改革，收获良多，其中有很多地方是值得我们铭记的。

心系科技创新　关注水利发展

访： 再请教您最后一个问题，您如何看待单位的未来发展？

叶： 水利作为国民经济的基础设施和基础产业，关系国计民生。我前面已经谈到了，水利的发展是一个与时俱进、永不停歇的过程。水利发展离不开创新，我们不能安于现状，既不能守旧，也不能守成，要勇于超越，要勇于做前人没有做过的事情。水利要走在前列、做出贡献，离不开创新的支撑与保障，我院的工作任重道远。

现在，我即将退休，参加工作近四十年，做了一辈子水利工作，其中将近一半时间在水利科研机构，与水利事业建立了深厚的感情，与水利科技创新和转化应用更是结下了不解之缘。四十多年来，党和政府不仅培养了我，给我提供了上大学深造的机会和干事创业的舞台，让我在平凡的岗位上发挥作用、

图 5-27　2015年叶永棋获得"全国水利先进工作者"称号

奉献力量，也先后获得浙江省水利厅先进工作者、浙江省先进科技工作者、全国水利系统先进工作者等殊荣。这些荣誉让我感到受之有愧，也十分珍惜。可以说，关注水利发展和科技创新已经是我深入骨髓的习惯。

关于单位未来发展的想法和建议，我已经和现任领导进行了交流。具

体的安排，还需后续的领导班子带领全院干部职工共同谋划。现任领导班子在这方面已经做了很多工作，单位的战略发展规划已经组织了修编，科技管理进一步规范，人才队伍建设得到了加强，科研条件更是得到了显著改善。有了前面的基础，今后单位的路一定会越走越宽，未来发展会越来越好。在此，我期望今后我省的水利科研和创新工作进一步关注以下方面：一是加强软科学研究，为水利发展提供前瞻性、方向性、政策性支持；二是加强水情、工情等发展趋势性研究，为水利发展和科技创新提供背景基础支持；三是加强水利工程安全技术研究，为各类水利工程健康安全运行提供保障；四是加强跨学科、跨领域融合的研究，实现技术渗透和跨界创新；五是深化体制机制创新，为可持续发展提供保障。

访：感谢叶院长接受我们的访谈。

结 语

　　钱塘江作为浙江的母亲河，孕育了两岸千年文明史，她的演进变迁展现了人类的聪明才智和中国独特的"人水和谐"治水理念。

　　大自然赋予了这条河流独特的使命，在给两岸带来无数利益的同时亦带来无数灾难。自明代黄光升创建"鱼鳞石塘"修筑技术，至清一代钱塘江北岸修筑完成贯穿一线的鱼鳞大石塘，我国历史上的海塘修筑技术一度达到顶峰。但面对多变的江道、凶猛的潮患，清代以前除采取修筑海塘的被动防御措施外，别无破解良策。伴随现代水利科技的发展，尤其是中华人民共和国成立以来，技术专家不再满足于被动防御的治理方略，而是积极探求钱塘江治本之策，一代代水利人不懈地努力方成就今天钱塘江畔霓虹闪烁，使得钱塘江防治成为世界强潮河口治理的成功典范。

　　从《水经注》记载的华信筑塘，到吴越王钱镠射潮的典故，再到明朝杨暄修筑的陂陀塘（斜坡塘）、黄光升的"五纵五横"鱼鳞石塘，再至清代十八层鱼鳞石塘和纵深防潮御咸防护体系的修筑完成，充分体现了古人的聪明智慧和坚持不懈的治水精神。现代技术专家运用水利科学与技术知识，对古海塘实施加固，在提高防洪潮标准的同时保护了古海塘自身，使这一古代水利工程至今仍发挥作用。古海塘加固工程和新型标准海塘的修筑完成，筑起了新的保护两岸平原的"海上长城"。正是一辈辈水利科技工作者的无私奉献，才成就了钱塘江海塘的过去、现在和未来，使海塘成为见证水利科技发展史的活化石。

科技的发展、认识的提高是一个逐步演进的过程，钱塘江的防治方略也受到不同时期国家目标、科技水平、思想观念的影响。从明代及以前"步步退让，不与海争利"的被动防御方略，至如今的"缩狭江道，保护涌潮"方略，反映了钱塘江防治理念从单纯的潮灾防御发展到防潮与治江并举，进而又从以治江促防潮、以治江代防潮到江口治理与潮汐控制并举的历史性变革。

不满足于单纯的钱塘江治理工程，技术专家们还对强潮的河口治理、泥沙和涌潮本身等展开基础科研，一方面为防治理念、防治方略以及相应的技术与工程上的现代变革提供关键性知识支撑，另一方面形成了完备的学科体系，在河口海岸学研究方面达到国际先进水平，成为技术工程与基础科研相互促进、共同发展的良好案例。

正是这种坚持不懈地探索创新，使得钱塘江的治理者能通过长期的科学研究与技术实践，更新自己的防治理念，不断对海塘建设和江道治理提出相应的设计，并在技术上加以实现；也正是通过持之以恒地逐步摸索，他们才逐渐意识到，海潮并不完全是一种灾难性因素，而是一种可以借助现代工程手段加以掌控的自然资源。最终，他们在建成现代防潮体系的同时，不仅围垦出大片土地，还最大限度地保留了涌潮这一独特的自然景观，真正践行了"顺应自然，人水和谐"的治水理念。

自古至今，正是无数水利人的严谨务实、勇于创新，才成就了钱塘江工程防治效益、经济效益、社会效益和文化遗产效益的丰收，成为世界强潮河口治理的成功典范。今日，崛起于昔日滩涂之上的钱江新城、G20峰会和杭州亚运会会场见证了这座城市的发展，也让世界了解了这座城。勇立潮头之弄潮儿精神已成为浙江之精神。

钱塘江防治工程大事记

中华民国

民国元年（1912 年）

将清末海塘工程总局改组为钱塘江海塘工程总局，仍驻海宁，另设盐平分局管理海盐、平湖两县海塘事务。

8 月，绍兴在县城汤公祠设立绍兴县塘闸局，主管塘工闸务。王植三担任正理事，何子肯任副理事，并设技师一名。

民国二年（1913 年）

在海宁一带继续试验建筑各种不同类型混凝土塘；在海盐县五团首次用混凝土代替条石建成直立式弧面混凝土塘 194 米。

民国四年（1915 年）

7 月，飓风大潮袭击浙江，覆舟倒塘毁屋，沿海死伤数万人。中华民国总统袁世凯准浙江屈映光所请，着财政部拨银 10 万元及自捐 1 万元赶回浙江赈灾。

7 月 27 日夜，海宁、海盐、平湖三邑巨飓为灾。风狂潮猛，海塘坍塌

900 余丈，怒潮内灌，田庐尽墟，灾情奇重。

7 月 28 日，飓风大潮，海宁海塘冲倒 30 余丈，潮水倒灌，毁屋伤人无数。

10 月 24 日，海宁县公民电请袁世凯政府派员会勘冲毁之海塘。袁令财政部会商浙江巡按使，分别筹款修塘。

民国五年（1916 年）

7 月 16 日，绍萧两县水利联合研究会在绍兴塘闸局召开第 4 次常会，呈请省保存护塘余地。

8 月，孙中山应浙江督军吕公望之请来浙视察，宋庆龄、胡汉民、戴季陶等随行。17 日，登杭州六和塔观钱塘江大潮。

8 月 23 日，省民政厅发 333 号指令，令绍兴县知事宋承家委两县塘闸局理事会同官营产事务所勘丈明确，树立标志，并妥议取缔章程报省核夺。

海塘工程总局的盐平专局分别改称海宁海塘工程局和盐平海塘工程局。9 月 15 日，孙中山偕夫人宋庆龄、张静江、蒋介石、朱执信等一行十人由上海至海宁县盐官镇观潮，并应地方人士之请，题字"猛进如潮"。

民国六年（1917 年）

10 月，萧绍两县水利联合研究会针对东西北三塘险工迭出、三江闸年久失修、渗漏不堪等问题，筹议了萧绍两县塘闸的治理计划。

民国七年（1918 年）

11 月，经财政部核定，省财政厅发行绍萧塘工有奖义券，以筹筑塘经费。1921 年先后发行 49 期，实际净收入 143 万元。除拨塘工经费 116.46 万元外，尚余 26.54 万元。民国十五年又办一期。

民国八年（1919 年）

于海宁县七堡、八堡开工建设以钢筋混凝土桩为基础的直立式混凝土海塘 1611 米，至 1927 年竣工。

海宁廖家石桥段 1539 米石塘改建为混凝土塘，至 1925 年竣工。

民国九年（1920 年）

7 月，海宁潮水暴涨，海塘崩裂，涵洞坍漏，海水溢入内河，占三分之一。

民国十一年（1922 年）

夏秋，迭次飓风暴雨，浙东 30 余县大水成灾，台州城厢内外一片汪洋，宁波漂没数千人，绍属冲毁塘坝 1.9 万余丈，诸暨 72 个湖畈倒了 69 个，溺死 550 余人，失踪 3500 人，金华灾民达 14 万人，人称"壬戌洪灾"。浙籍旅京同乡组织"壬戌赈济会"救灾。上海华洋义赈会拨款救灾。

二月，邑绅商联名呈请县令盛鸿焘转呈省道，委派履勘估工筹款兴修后海塘、钩金塘，次年九月竣工。

民国十二年（1923 年）

宁波镇海重修后海石塘。当年修葺自巾子山至济生亭，长 492 丈；次年又从济生亭修至包家路下，工程于 1925 年 3 月告竣。是役修石塘总长 1200 丈、土塘 3400 丈，总耗资 138 800 元，并在塘上建庆安、鸿福两亭，植碑一方，记述修塘始末。

汪精卫、胡适、马君武、陶行知、徐志摩等人抵盐官海塘观潮。

民国十三年（1924 年）

12 月，萧山县围垦钱塘江滩涂，东起盈丰新中大坝头，西至七甲闸，共围涂 9100 亩，至 1926 年围成。

民国十四年（1925 年）

4 月，平湖乍浦设立海塘工程处，名为第四区工程处。

民国十五年（1926 年）

4 月 20 日，盐平塘工局局长陈化以盐平海塘关系七县安宁。

9 月，绍兴县成立绍萧塘闸工程局，管理萧绍地区钱塘江以南沿岸塘闸工程，于 1927 年裁撤。

民国十六年（1927 年）

6—7 月，裁撤海宁海塘工程局、盐平海塘工程局、绍萧塘闸工程局和海塘测量处，改组为浙江省钱塘江工程局，直隶省政府。

海宁丁区段海塘被海潮冲毁 80 余丈。

7 月，省政府决定，成立浙江省钱塘江工程局，裁撤海宁、盐平海塘工程局和绍萧塘闸工程局，分设杭海、盐平、绍萧段工程处，隶属于钱塘江工程局。

民国十七年（1928 年）

开始兴建钱塘江南岸护岸工程。萧山坍江起自清光绪二十五年（1899年），同年岸线已退移约 30 千米，坍失耕地 38 万亩。

浙江省水利局拟定治理方案，开始实施钱塘江南岸萧山赭山湾段护岸工程，分两期施工，至 1934 年完工。其中建丁坝 6 座，长 7372 米，最长为九号坝，长 4387 米。工程完成后，江流北移 5~6 千米，坍地恢复，并淤涨沙地 10 余万亩。

4 月，平湖筹款重修盐平海塘，省政府电报通知嘉兴、平湖、嘉善县政府邀集绅商就地筹款 95 万元，择要以修。同年，浙江省水利局在硖石、嘉善、海盐设立水位站；翌年在嘉兴布设雨量站及测候所。

民国十八年（1929 年）

3 月，始设三江闸、桑盆殿水位站以观测潮位。5 月，始设绍兴雨量站。

导淮委员会委员、总工程师李仪祉被聘为浙江省建设厅顾问，经考察提出新式海塘建设方案；翌年 10 月发表《对于改良杭海段塘工之意见》。

民国十九年（1930 年）

7 月 28、29 日，飓风怒潮冲坍海宁十堡并岳字号鱼鳞石塘 12 丈。是年，修复坍塘，并开始改建海宁七堡至十堡间险塘为条石弧面或阶面砌石护坡塘，共长 1085 米，于 1937 年完工。

9 月 13 日，浙江省建设厅于海宁八堡举行新式石塘竣工揭幕典礼。省主席以及各厅处长官、海宁县各界代表和当地民众参加。

民国二十年（1931 年）

长江流域 7 省大水，浙江灾及 40 县市，又加台风大潮袭击，钱塘江海塘多处出险，杭、嘉、湖灾民流离、死亡者难以胜计。省政府主席张难先以迭遭灾害，财粮短缺，维持困难，率全体委员向国民政府请求辞职。南京复电挽留。

夏，钱塘江北岸杭县二堡至七堡一带，农田皆被淹；杭州冲毁茅舍 700 余间，淹田 17.5 万余亩，毁堤塘 2000 余丈。

3 月，海潮汹涌，冲毁海宁段将、时、阿、密、禹、迹、再、群、秦、并、狱、宗等 12 个字号的海塘。

11 月，由地方绅商捐资 5.8 万元，续修自包家路至俞范石塘，长 1638 丈；又补修俞范至岚山土塘 3390 丈，并建嘉燮亭于石塘尽处，植碑一方记工役始末。

民国二十一年（1932 年）

省水利局在杭州闸口开始对钱塘江进行全潮流量测验；统一全省各主要河流三角测量坐标；并统一全省水准基点，以吴淞水准基面为零点。

10 月，省建设厅水利局主持三江闸第 6 次大修，历时 3 个月完成。大修中首次采用了机械抽水、水泥灌浆等近代水利施工技术，并立"锡碑"记其事。

民国二十二年（1933 年）

12 月 3 日上午，八堡海塘工程处举行险塘工程落成典礼。该工程费款

40 余万元，历时 1 年 8 个月。

民国二十五年（1936 年）

6 月，以省库支绌，将水利局改组为建设厅水利工程处，周镇伦任处长，局所属杭平段海塘工程处、绍萧段塘闸工程处均划出，直隶建设厅。翌年 2 月，撤销建设厅水利工程处，重组省水利局，何之泰任局长。

民国二十六年（1937 年）

抗日战争爆发，国民党军队为阻日军，断桥掘路，拆海塘。因九里桥海塘被扒，咸水从长春庵港进入，并带进大量海沙泥。辛江塘西起义仰桥，东到洪福桥，沙地淤高齐地面，咸水危害禾稻。

4 月 14 日，修理加固海宁去年秋潮损坏的八堡至十一堡海塘工程动工，省批准拨付经费 10 万余元，计划 70 个晴天完工。

8 月下旬，连日大雨，堤埂溃决，农田淹没。省主席朱家骅至海宁、海盐、平湖视察海塘。

8 月 3 日，浙西海塘出险，因飓风挟浪扑向塘岸，土塘及海盐公路面、汽车站被水冲毁。东门外塘岸附土被冲成一潭，汽车路冲毁约 30 米，第四区冲毁石塘 950 米。省水利局局长何之泰与外籍顾问白郎都等前往查勘，批示抢救办法。

民国二十七年（1938 年）

10 月，在日军侵占下，海宁陈汶港海塘坍缺；此后民国二十九年、三十一年、三十二年、三十三年，海宁、海盐、萧山等地海塘连年溃决，以海宁最为严重，海水内侵 50 余里 [①]。在日伪统治下，塘工缺口处处，海浸农田荒芜达 8 年之久，民处水深火热之中。

11 月 27 日，在日军占领下，钱塘江海塘废防失修，海宁八堡海塘决口，坍毁 50 余丈，海水内灌，农作物尽为咸水浸萎。

---

① "里"是一个传统的长度单位，1 里通常等于 500 米。

1 月，三专区组织海宁、盐平海塘抢修委员会。1 月 11 日，抗日军民抢修海宁八堡坍塘，盘踞海宁城内之敌突向该处进犯，遭反击受挫。

民国二十九年（1940 年）

夏，海宁陈汶港海塘失修，石塘塌陷，咸水灌入内河，几万亩农田失去淡水灌溉而歉收。

民国三十年（1941 年）

绍兴栋树下至萧山闻家堰一带海塘遭受诸多破坏。

民国三十一年（1942 年）

7 月，海宁八堡海塘溃决 50 余米，海水倒灌内河，田禾受害。海宁县政府发动民夫万余人抢修，10 日后竣工。

民国三十二年（1943 年）

5 月 30 日，海宁县丁桥西南海塘溃决 10 多丈。

7 月 21 日，海盐狂风暴雨，石塘坍损，决口 9 处。平湖县独山海塘被秋潮冲开决口，长 14.4 米。

10 月，钱塘江秋潮澎湃，白昼冲毁海宁海塘 40 余处。

12 月，海宁县旅渝同乡会浙灾筹赈会拨款 10 万元，由省转至海宁县政府修理海塘。

民国三十三年（1944 年）

2 月，海宁县一堡至九堡海塘坍毁 1132 米，县政府组织抢修其中 3 个字号海塘和六堡处海塘 160 米。

9 月，平湖独山东至水口，培修海塘 30 个字号海塘（每个字号塘长 20 丈）。

民国三十四年（1945 年）

海塘（驾、肥、云、门、泰等字号）5 处柴塘均被潮水冲毁。

5 月 1 日、10 日、20 日，省派绍兴县完成抢修海宁海塘之条柴 1 万担（每担限价 30 元），经马鞍丁家堰解缴海宁工地。

6 月 2 日，丁家堰至宋家溇大池盘头约 10 千米海塘抢险工程动工，13 日竣工，完成土方 3890 立方米。

民国三十五年（1946 年）

1 月，省政府组织钱塘江北岸海塘紧急抢修委员会及工程处，4 月改组为浙江省海塘工程紧急抢修委员会及临时工程处，下设杭海、盐平、绍萧段工程处。

2 月 1 日，钱塘江海岸工程杭海段工程处成立。海塘紧急抢修委员会拟先抢修杜、蒿、钟、隶等 4 个字号海塘。

3 月 5 日晚，海宁连日阴雨，钱江潮汛水位高涨，潮水冲破七堡海塘，沿塘顿成泽国，江水距沪杭公路仅 2 米。居民纷避路北，哭声震天。

5 月 10 日，杭海段、盐平段海塘紧急抢修工程开工，至 8 月 10 日完工，计修筑柴塘 1500 米，岜塘 11 道，以及补填石塘附土、加筑子塘、添补闸板等；其续办工程于 8 月 8 日开工，至 1947 年 10 月 31 日完工。

5—12 月，利用行政院善后救济总署物资及部分中央补助款，抢修钱塘江海塘工程，择要兴办钱塘江干流及主要支流、东西苕溪、嘉属运河、曹娥江、平阳北港等河流防洪工程和临海桃渚区、宁海车岙港、鄞县东钱湖、平阳南港北港、衢县吾平堰、东阳白坦等农田水利工程。

7 月 3 日，三区专员兼保安司令郑小隐训令绍兴县政府，查三江口至丁家堰段海塘民众塘上种植事。县长林泽令三江等沿塘 11 乡公所查禁。

7 月 13 日，省政府奉令成立浙江省塘工委员会，朱献文为主任，孙晓楼为副主任，茅以升、汪胡桢等 8 人为委员。

8 月 1 日，经特呈准行政院，正式成立浙江省钱塘江海塘工程局。茅以升任局长，汪胡桢任副局长兼总工程师。

8 月，省政府应塘工局局长茅以升之请，延聘 17 名（实到 11 名）中外水利工程专家组成塘工局顾问工程师视察团，对北岸海塘进行专门考察，提出《钱塘江海塘工程视察报告》，作为海塘设计施工之准绳。省政府主席沈鸿烈、行政院水利委员会技监须恺（后至）、建设厅长皮作琼、水利局长孙寿培等亦参加考察。

8月7日，行政总署浙闽分署为明了海塘抢修情况，特派美籍工程师梅安诺、翻译王文俊在绍勘察三江海塘抢修工作，于20日结束。

10月，县抢修海塘监工处改组为省钱塘江海塘工程局绍萧段工程处，主任陈世昌。

浙江省水利局由省建设厅水利处改组成立，并成立浙江省海塘工程紧急抢修委员会、浙江省海塘工程紧急抢修工程处。

民国三十六年（1947年）

6月17日，省钱塘江海塘工程局局长茅以升签发《绍萧地段塘地取缔规则》，以保护海塘。

8月15日，绍萧海塘工程处在三江、闻家堰、曹娥3处各设养护队。

民国三十七年（1948年）

1月，三江闸外淤沙长近3千米，县府急电塘工局海塘养护总队，于18日集结3000人疏挖3天。10月又淤，9000人再疏，3天疏通。

2月，根据中美救济协定，美国中华救济团钱塘江海塘工程专款监理委员会成立。是年由美国工程师梅安诺主持于杭州、海宁、海盐、萧山等地沿江施建各式挑水坝32座。

4月下旬，杭州市三堡、四堡钱塘江堤岸大坍方，市塘工局组织3000民工抢修。

7月，杭州台风暴雨，大潮侵袭。7日午夜，象山城北盛围堤塘溃决，数千亩农田被淹，住户茅舍倒塌甚多；10日凌晨，头蓬附近大潮袭击，沿江居民20余人被潮水卷走。

9月20日，中华民国副总统李宗仁偕夫人郭德洁和教育部长朱家骅、国防部部长何应钦以及黄绍竑等抵海宁观钱塘江潮。

1949 年

1 月，海盐县澉浦人卢权集资兴筑青山脚至李家圩土塘，围垦海涂 900 亩，蓄淡植棉。

3 月，省政府裁撤塘工局，其有关工程业务和人员并入省水利局。

4—6 月，兴修海宁陈汶港海塘混凝土块石斜坡塘、七里庙石塘等工程。翌年 2 月先后完成。这是嘉兴解放后兴修的第一批水利工程。

5 月 25 日，海盐县人民政府发出通知，筹集条柴，抢修五团至六团的海塘。9 月，境内整修海塘告竣。

6 月，复工兴修海宁陈汶港混凝土块石斜坡塘、七里庙石塘及海盐五团海塘等工程。翌年 2 月先后完成。这是解放后省内兴修的第一批水利工程。

7 月入夏以来，连遭台风袭击，钱塘江海塘多处被毁，浦阳江、曹娥江堤塘多处溃决，全省受灾农田 308 万亩。省委发出紧急指示，灾区党的中心工作是立即领导与组织群众生产救灾，贯彻"群众自救为主，政府补助为辅"的救灾方针，务求"不饿死一个人，不荒芜一亩田"。

7 月 24 日，又遭台风袭击，江堤海塘多处溃决。秋，钱塘江南岸九号坝被潮水冲毁千米，坍失熟地 2 万余亩。

中华人民共和国

1949 年

绍萧海塘工程处兴修栋树下挑水堤 9 条。

7 月 17 日，中国共产党浙江省委员会传达贯彻中共中央华东局关于防汛抢险的指示，并由《浙江日报》全文发表《中共浙江省委关于防汛救灾的指示》。20—23 日，特由省财经办事处召开防汛抢险会议，紧急动员抢修钱塘江海塘，成立钱塘江护塘防汛委员会。

7 月 23 日，杭州市军事管制委员会成立钱塘江护塘防汛委员会。

1950 年

海盐县在落头塘地段浆砌新鱼鳞石塘。

浙江省公安厅在杭县翁家埠围垦海涂 1.6 万余亩，这是中华人民共和国成立后杭州市境内第一次实施海涂围垦工程。1953 年部分围区坍失，当年回淤后筑乔司 1 号大堤，围涂 1.5 万亩。1954 年筑乔司 2 号大堤，围涂 1.3 万亩。1962 年又筑乔司 3 号大堤，围涂 3.3 万亩。

6 月，华东军政委员会水利部通知浙江省，废止不科学且有缺漏、重复的钱塘江海塘《千字文》编号，采用公制桩号。

7—10 月，以工代赈方式全面修复被损海塘，共组织民工 21 万人，修海塘 62.78 里，土方 41 万立方米；修涵洞碶闸 32 座，直接受益面积 15 万亩。

7 月 20 日，华东军政委员会水利部、南京水利实验处、同济大学、浙江省水利局派员联合全面检查钱塘江北岸海塘，历时一周。

9 月 29 日，中央人民政府副主席宋庆龄和饶漱石、谭震林、谭启龙、张茜（女）等莅临盐官海塘观潮。

1951 年

4 月 14 日，浙江省人民政府以民字第 2390 号令公布试行《浙江省海塘及河流干堤沿岸护堤土地保留暂行办法》，以解决浙江省土地改革期间关于海塘等保留用地问题。据此，浙江省水利局于同月 23 日以水秘字第 1876 号通知规定：钱塘江海塘和东苕溪堤塘自坡脚起 30 米内土地收归国有，作为堤塘保护范围。

9 月 18 日，朱德、刘伯承到盐官视察、观潮。

1952 年

10 月初，华东军政委员会水利部部长冷遹视察钱塘江杭州段江道、西兴挑水坝和杭东、海宁、海盐段海塘等工程。

1953 年

2 月 28 日，华东军政委员会水利部撤销，所属钱塘江水利工程局划归浙江省农林厅领导，杭州一等水文站划归省农林厅水利局领导。

3月17日，杭县翁家埠石塘倾倒43.3米，钱塘江水利工程局立即于决口抢筑临时围堤御潮。次日，省人民政府主席谭启龙、副主席霍士廉视察现场，召开紧急会议，指示抢修方针，成立浙江省翁家埠海塘抢修委员会和工程处，年底完成第一期工程。是年，水利部部长傅作义亲临现场视察。翌年底完成第二期工程，全部竣工。

3月18日，省人民政府主席谭启龙、副主席霍士廉视察杭州七堡至翁家埠之间北沙近期坍江及石塘倾倒缺口情况。19日，省人民政府召开紧急会议。20日，成立浙江省翁家埠海塘抢修委员会及工程处，主持现场抢修事务。

4月14日，省人民政府令发布《浙江省海塘及河流干堤沿岸护堤土地保留暂行办法》。

翁家埠盐区塘外沙地沉坍，塘外翁东乡、翁中乡全部及翁西乡大部坍沉，水利部部长傅作义亲临现场。盐民916户，4087人，除少数人愿返回萧山、绍兴外，其余人均安置在本县改业务农，国家发给救济和迁移等费用2.2万余元。

水利部部长傅作义到海宁视察翁家埠（是年10月15日由杭县改属海宁县）海塘外沙地沉塌入海、严重威胁海塘安全的现场。

秋，省水利局海塘工程处陶存焕工程师在绍兴检查瓜沥至蒿坝线海塘，历时5天，在县农林科配合下提出"海塘岁修计划"。

省人民政府决定，省农林厅水利局与钱塘江水利工程局分署办公。

1954 年

春，党和国家主席毛泽东视察北岸海塘。

秋，刘伯承抵盐官观潮。

1956 年

8月2日，5612号台风在象山县登陆，风潮冲毁海宁、海盐、余杭、上虞堤塘，杭州支堤、北沙支堤尤甚，冲毁石塘及柴塘1135.5米，损坏海塘土埝及附土20 615米。

4 月中下旬，水利部副部长钱正英与中、苏专家等 46 人考察钱塘江海塘，举行钱塘江下游治理座谈会。会议决定成立钱塘江河口委员会和钱塘江河口研究站。7 月，钱塘江河口研究站在杭州成立。

6 月 5 日，钱塘江海塘杭州郊区段整修加固工程竣工。

绍萧海塘工程处通过数年运用钢钎全面探测海塘，处理隐患，共清理出埋葬在塘内的石板棺木 1 万多具，进行黄泥灌浆。

9 月 11 日，毛泽东主席到海宁七里庙观潮；下午在杭州钱塘江游泳后写成《观潮》七言绝句。

1958 年

7 月，浙江省围垦海涂指挥部成立，戴星明兼任指挥。8 月，浙江省人大常委会颁发《浙江省围垦海涂建设暂行规定》，确定围垦海涂工作方针为："依靠群众，先易后难，大中小型同时并举。"

7 月下旬，钱塘江河口研究站按水电部部署，对浙江省沿海 11 处重要港湾和河口踏勘完毕，8 月提出《浙江省沿海潮汐水力资源踏勘报告》，估计浙江沿海潮汐能可装机 915 万千瓦，其中钱塘江澉浦坝址可装机 396 万千瓦。

8 月中旬，钱塘江河口研究站设计、建造全省第一座潮汐试验电站——临海县汛桥潮汐电站，当年建成发电，装机 2 台，装机容量为 60 千瓦。此后 10 多年间，沿海还陆续兴建了温岭沙山，象山高塘、鹤浦、吉港、兵营，玉环海山等小型潮汐电站。

1959 年

1 月，省钱塘江海塘工程及各工务所下放（海塘以县界划分），相关各县负责工程整修、养护与防汛工作。

3 月 6 日，县人大常委会为加强三江闸及海塘的管理工作，决定在原有闸工中选择 10 名，从社队迁出户粮关系，从事专职管理。

1960 年

4 月 17 日，省委决定，省围垦海涂指挥部改组为省农垦指挥部，负责掌握全省开垦荒山、荒地和围垦海涂等扩大耕地面积的工作。

5 月 20—26 日，国家科委、水电部在杭州联合召开钱塘江河口综合治理开发科学技术工作会议和全国水轮机科学技术问题座谈会。会议研究制订了钱塘江河口科研工作规划，审查通过了七堡水利枢纽工程初步设计，组织签订了 163 份科研项目协议书，议定成立国家科委水利组钱塘江河口分组。

1962 年

12 月，杭嘉湖涝水南排入海的海宁谈家埭试验性排涝闸建成，表明海塘开口建闸在技术安全上是可行的。

1963 年

4 月，全国围垦海涂领导小组副组长严恺教授等一行 3 人来浙江省沿海考察，确定慈溪县海岸作为保滩促淤试验岸段。

1964 年

5 月 31 日，越南劳动党中央候补委员、水利部部长何继晋率越南水利考察团一行 4 人，在水电部副部长钱正英陪同下考察新安江水电工程、海宁县电力排灌工程、钱塘江海塘工程，至 6 月 4 日止。

11 月 12—14 日，阿联高坝部部长索里曼一行 8 人，在水电部副部长张含英陪同下参观新安江水电站和钱塘江海塘工程。

1965 年

萧绍海塘在县境内堤段，经历年改造，全部由石砌塘取代土塘。

1966 年

"文化大革命"开始，嘉兴地、县各级水利部门和单位均受到冲击。

在海宁县盐官海塘上的古代镇海"铁牛"于 8 月被炸毁。

绍兴县通过宣港徐潭、镇塘殿两个沿塘大队试点，县境内海塘上全面推广种植护塘作物芦竹。三江闸与沿塘 18 个大队签订护管合同，实行收益分成，三江闸当年获收益费 3000 多元。

4 月，曹娥江主槽逼近南塘头到宜桥一带海塘，塘桩外露 1 米左右。历经 2 个月，抛石 2.8 万立方米，遂扭转险情。

10 月，绍兴马山化工厂附近的海塘被潮浪冲刷而坍蚀，塘桩上露 0.2~0.4 米。经抢险抛石 7000 立方米，又新砌混凝土立墙 500 米，遂解危。

1967 年

12 月 11—14 日，省计委、省水电厅召开沿海 5 个专区、11 个县的围垦海涂座谈会，研究部署 1968 年群众性围涂造田工作。

1968 年

7 月 16 日至 11 月 27 日，萧山发动群众 4 万余人，在青龙山以北南沂支堤外海涂上筑堤 15.26 千米，突击围涂 3.6 万亩。

1969 年

萧山县围垦海涂 7.9 万亩。其中初春在蜀山以北围涂 2.7 万亩，入冬后在头蓬、新湾以北围涂 5.2 万亩。

12 月上旬，萧山县组织 13 个公社的 8 万农民突击围垦海涂 10 天，筑围堤 14 千米，围涂 5.2 万亩。绍兴、上虞两县亦掀起围涂热潮。

1970 年

4 月，上塘河引水工程动工，开挖和睦港、乔司港，新建七堡船闸，于 1971 年 7 月建成通水，并沟通钱塘江、上塘河、大运河的航线。从此，土塘河水源以引钱塘江水为主，以德胜坝、姚家坝、横山翻水辅之。

11 月，萧山军民联合围涂 5.92 万亩。

11 月 20 日，萧山、绍兴、上虞三县和解放军 6297 部队、浙江生产建设兵团等展开围涂大会战，到月底围出海涂 12.8 万亩。其中萧山县出动 6 万军民，围涂 9.7 万亩，当年开始向围垦区移民。

1971 年

1 月，余杭县组织有关公社成立余杭县联合围垦指挥部，在下沙公社进行第一期围涂，当年围成 3000 亩。此后，分别于 1972 年 1 月、1973 年 1 月、1975 年 1 月、1977 年 1 月、1979 年 1 月、1979 年 12 月和 1980 年 4 月，又进行第二至第八期围涂，共围涂 4.27 万亩。

1 月，萧山军民联合围涂 3.79 万亩。

7 月，水电部军管会主任张文碧等视察萧山围垦地区。

1972 年

4 月，省革委会生产指挥组明确由省水电局主管围垦海涂工作，批准省水电局设围垦海涂处。

5 月 27 日，省革委会生产指挥组在杭州召开全省围垦海涂工作座谈会。会议指出，围垦海涂是浙江省扩大耕地面积的一个重要措施，是全省发展农业生产的长期战略任务。中华人民共和国成立以来至 1971 年底全省已围垦海涂 97 万亩。

1973 年

4 月 19 日，浙江省革命委员会以浙革〔1973〕36 号文批准成立钱塘江工程管理局，统一负责钱塘江治理开发规划和海塘整修巩固等工作（实际管理地域仅及河区）。

10 月下旬，新华社和《人民日报》《浙江日报》报道《浙江省围海垦田成绩显著》，浙江已围海垦田 100 多万亩，所种农作物和果木普遍获得较好收成。

12 月 19—27 日，省水电局邀请水电部、交通部及所属科研所、工程局以及有关重点院校等 18 个单位 39 位专家、教授等，举行钱塘江河口治理技术座谈会，研究讨论富春江渔山埠引水枢纽和钱塘江下游治理规划等问题，并到现场查勘。

1974 年

8 月 19 日，受 13 号台风暴雨和天文大潮影响，盐官潮位 9.09 米，澉浦 7.89 米，乍浦 6.75 米，均破历史纪录。境内一线海塘全部受损，冲毁海塘十一处，长 7 千米。1971 年以来的新围堤塘及海涂全部冲毁，致使海水倒灌。

11 月 17 日，《人民日报》整版报道《两千多个日日夜夜——记萧山县人民围海造田的斗争》。从 1968 年以来，萧山围海造田 14 次，围涂 30 多万亩，造田 20 多万亩，相当于全县耕地面积的 1/3。昔日茫茫海涂，而今已成为农、林、牧、副、渔全面发展的社会主义新农村。

1975 年

1 月中旬，省水电局邀集省内外科研机构、大专院校的专家、学者和钱塘江河口两岸地、县有关负责人等 90 余人，举行治江围涂经验交流会议，讨论在去年 13 号台风大潮情况下，围涂堤塘的断面标准、质量控制和管理措施等。

5 月 24 日，绍兴县公安局会同孙端公社、三江塘闸管理所及孙端公社立新大队，调查盗窃海塘石料案件。对查获盗石坏塘者，分别给予经济赔偿、限期修复、印发悔过书等处理。

12 月 24 日，海宁县动工拓浚新塘河，加固海塘附土和土埝，自盐官大东门至黄湾山长 21.4 千米，共完成土方 67.6 万立方米，建跨河桥 47 座。

12 月 26 日，嘉兴地委决定，建立嘉兴地区出海排涝工程指挥部。

1976 年

10 月，农林部农垦局在杭州召开围海造田座谈会，总结交流浙、苏、闽、粤四省围海造田的情况和经验，参观萧山围垦区。

12 月，萧山县围垦指挥部组织城北区 8 个公社围涂 1.5 万亩。

12 月，省水电局发《关于萧山、绍兴海涂分界线的通知》，明确规定两县海涂分界线仍应按 1970 年商定原则，以益农闸直对大尖山（三角点）为准。次年 9 月 29 日，钱塘江工程管理局会同绍萧两县实地测量定桩、定线。

1977 年

7 月，杭嘉湖南排工程潋浦长山闸动工兴建。闸 7 孔，最大过水流量 871 米³/ 秒。1979 年，长山闸建成。1984 年 1 月，验收通过，交付使用。

9 月 3—5 日，国务院副总理李先念在杭州听取省委常委汇报时，就农田基本建设规划、种子、围垦海涂、开发黄土丘陵等问题作出指示。

11 月，绍兴县新三江闸动工兴建。新闸距老闸 2.5 千米，为大型排涝闸，共 15 孔，最大泄流量 1420 米³/ 秒，受益农田排涝 82 万亩，灌溉 52 万亩。1981 年 6 月竣工。

12 月，萧山县城北区 8 个公社围涂 2.3 万亩，益农围垦区 5 个公社围涂 0.3 万亩。

1978 年

余杭县在下沙围垦海涂 2 万亩。

4 月 14 日，浙江省河口海岸研究所成立，与省钱塘江工程管理局合署办公。

5 月 13 日，财政部部长张劲夫视察萧山围垦区。

6 月，省委决定，设立浙江省农垦局，省水利局围垦处划属省农垦局。

1979 年

4 月，全国海岸带和海涂资源综合调查温州试点区宣布成立，并由中国科学院、国家海洋局、华东师范大学、温州行署及所属沿海各县水电局等 40 个有关单位派员组成温州试点工作队，历时两年完成现场勘测科研任务，编印《温州试点区报告文集》。

10 月 16 日，海宁县成立围垦指挥部，组织许巷、长安等 9 个公社分三期联合围垦盐仓海涂。

11 月 3—7 日，省水利局在定海县召开全省海塘工作经验交流会议。会议代表迫切要求制订海塘工程技术标准，指导海塘工程建设。翌年 7 月，省水利厅颁发试行《浙江省海塘工程技术规定》。

12 月，萧山瓜沥区组织大园等 5 个公社围涂 1 万亩。

1980 年

1 月，浙江省钱塘江工程管理局、浙江河口海岸研究所编制完成彩色技术资料影片《钱江潮》，并在 3 月北京召开的第一届国际河流泥沙学术讨论会上放映。

1 月 27 日，副省长袁芳烈召集嘉兴、杭州两地委和海宁、余杭两县委及省农垦局有关领导协商解决海宁、余杭两县海涂围垦分界线问题。会后，省政府办公厅印发《海宁、余杭县围垦海涂分界线协商会议纪要》。

7 月 21 日，绍兴县革委会发"关于处理三江海塘损坏情况的意见"，批评斗门公社三江大队对代管海塘不加保护、损坏严重、影响海塘安全的行为。

9 月，国务院副总理姚依林视察萧山围垦区。

由海盐工务所施工，从葫芦山至长山闸国家主塘外移至南海涂围堤，兴建 50 年一遇标准海塘 2 千米。

1981 年

3 月，根据国务院关于开展全国海岸带和海涂资源综合调查的批文，省人民政府成立浙江省海岸带和海涂资源综合调查领导小组，先后由省农委、省科委牵头，会同有关的 10 个厅、局，组织 21 个有关大专院校、科研单位和生产部门的 1700 多人，建立由 16 个专业组组成的综合调查队，并于 6 月在浙江沿海全面开展综合调查工作。1986 年 9 月，完成综合调查任务，通过省级验收。主要成果《浙江省海岸带和海涂资源综合调查报告》，获 1986 年度浙江省科学技术进步奖一等奖。

4 月，省河口海岸研究所编制《浙江省沿海潮汐能源资源普查成果汇编》，估计全省潮汐能源理论装机容量 2897 万千瓦，可能开发的装机容量 825 万千瓦。

6 月 30 日，新三江闸建成，为钱塘江水系最大排涝水闸。

1982 年

1 月，第二次海塘调查结束，编成《钱塘江海塘、围堤调查资料总概况（1949—1979 年）》1 册及按县分段的海塘、支堤、围堤资料 17 册，反映了 1958 年首次调查以来的变化和 1979 年的状况。10 月下旬，日本中国水利史研究会访华组一行参观钱塘江海塘工程和绍兴大禹陵。

国防部部长张爱萍偕夫人来盐官观潮。

12 月，国家科委协调攻关局在杭州召开新能源攻关项目评审会。会议要求"六五"期间完成江厦潮汐试验电站工程，总结研究新技术新设备，为开发大中型潮汐电站开始做前期准备工作。

12 月底，新三江闸至围垦海涂指挥部驻地（长虹闸）6.6 千米海塘建成公路通车。

1983 年

2 月 12 日，《杭州日报》报道，杭州江城路立交工程工地发现古海塘遗址。后由浙江省文物考古所进行考古发掘。何时所筑，尚无定论。

2 月 21 日，省水利厅决定，成立省钱塘江工程管理局"七二八"海堤工程处，承担秦山核电厂海堤工程建设任务。11 月，海堤工程动工，全长 1818 米，宽 100 米，采用混凝土异形块体护坡和土工布处理软土地基。1986 年 12 月提前竣工，1987 年 5 月验收通过。

2 月 24 日，省农委宣布，省农垦局围垦业务和围垦处划归省水利厅。9 月 22 日，经省政府研究调整，围垦工作归省水利厅主管，其中国营农垦场的围垦业务由省农业厅农场管理局管理。

7 月 25 日，《浙江日报》报道，杭州南星桥江城路立交工程施工现场发现埋没近千年的"钱氏捍海塘"遗址，省文物考古所进行了抢救性考古发掘。

10 月 17 日，省科协组织由有关学会参加的考察队，开始对钱塘江的河源、河口进行实地考察。1985 年，考察队再次对钱塘江河口进行考察；是年 12 月鉴定通过《钱塘江河源河口考察报告》。该报告得出结论：河源为新安江上游安徽省休宁县境怀玉山脉主峰六股尖东坡海拔 1350 米处；河口为海盐县澉浦长山东南嘴与对岸余姚市西三闸的连线。

11 月 28 日，动工兴建秦山核电站厂区海塘，长 1817.9 米，至 1986 年 12 月 30 日竣工，是县境内海塘标准最高的一段。1990 年该工程获国家银质奖。

1985 年

5 月 28 日，应荷兰王国斯蒂廷顺德开发公司邀请，省水利厅厅长钟世杰一行 2 人赴荷参加荷兰围垦经验现场交流会。

6 月 18 日，省科协、省海岸带领导小组、省国土经济研究会在杭州联合召开杭州湾综合开发治理学术讨论会。会议讨论了黄湾建闸方案、治江围涂方案和人工岛方案。

1986 年

11 月 23 日，萧山县组织瓜沥、义蓬、城南、城北 4 个区 42 个乡镇的 23 万余人围涂，筑拦潮大堤 17.4 千米，完成土石方 338 万立方米，新围海涂 5.2 万亩，于翌年 1 月中旬围成。至此，该县先后进行 22 期围涂，共围涂 47.20 万亩。

12 月 12 日，平湖乍浦港一期围堤工程举行开工典礼。

1988 年

8 月，经省计经委批准，钱塘江 6 段海塘加固工程开工。其中北岸 5 段海塘，包括杭州市七堡至七格北沙支堤、杭州市观音塘围堤，分别于 1991 年至 1995 年竣工。

1989 年

12 月，萧绍海塘绍兴段被列为省级重点文物保护单位。

1990 年

2 月 7 日，《杭州市防洪工程规划》通过专家会审，3 月 6 日市政府正式批准。该规划由杭州市规划设计院、省钱塘江工程管理局等共同编制，确定钱塘江海塘设防标准为 500 年一遇，近期先达到 100 年一遇；东苕溪西险大塘设防标准为 100 年一遇，分期分段组织实施。

3 月 10 日，水利部副部长钮茂生等考察萧山围垦区水利综合经营情况。

1991 年

10 月 25 日，南台头临时围堰工程开工，围堰长 497.65 米。至 12 月 25 日，围堰高程达 8 米，临水面棱体高程达 6.3 米，能抵御冬季海潮。

11 月 11 日，日本静冈县水利考察团考察萧山围垦工程。

12 月 31 日，杭嘉湖南排工程南台头闸开工兴建。许行贯副省长出席开工仪式。

1993 年

8 月 9 日，南排工程南台头闸首次应急开闸排涝，省委常委、副省长刘锡荣到现场并按下启动电钮，省人大常委会副主任许行贯发来亲笔贺信。

1994 年

11 月 26 日，省长万学远视察萧山新围 1.33 万亩第一期机械化围涂工程。

1995 年

1 月 9 日至 12 日，中国水利学会围涂开发专业委员会在萧山召开围垦工程技术规范研讨会。

3月16日，荷兰须德海工程基金会专家一行5人，由省水利厅原厅长钟世杰、副厅长王希明陪同，参观萧山红垦农场、围垦大堤、新围工地和经济开发区。

4月15日，全国政协副主席钱正英到嘉兴视察南排工程南台头闸、长山闸和盐下河站闸现场，对南排工程的作用给予充分肯定，要求加快建设步伐。

5月12日，钱塘江北岸标准海塘工程动工。该工程全长15.6千米，设计防洪潮标准500年一遇，分三期施工，至2001年7月全部完工。

6月21日，钱正英应省政府请求，在省委常委、副省长刘锡荣陪同下，为钱塘江险段海塘加固问题到海宁市大决口等处视察。

1996 年

8月1日，受8号台风影响，沿江海塘连遇强涌潮冲击，多处出现险情，直接经济损失高达407.6万元。

8月23日，市政府向省围垦局上报钱塘江北岸尖山段治江围涂一期工程项目建议书，拟对尖山促淤围垦工程分两期实施，其中一期先促淤围垦3万亩，工程从1997年初开始实施，分3~4年时间完成主体工程。

9月30日，原国家主席杨尚昆到海宁观潮。

11月30日，国务院总理李鹏到海宁市盐官视察海塘并观潮。李鹏总理作出指示："钱塘江海塘是保护杭嘉湖平原的主要屏障，一定要管理好，保护好；海宁潮是世界上独特的旅游资源，要积极开发观潮旅游业，把海宁潮推向海内外。"李鹏总理还为海宁潮题词："西风挡不住，海宁涌潮来。"

12月15日，杭州市区三堡至下沙段24.5千米标准堤塘工程开工。堤塘按抵御百年一遇洪潮一级堤防标准设计。至2004年1月，除交通围堤1.244千米外，已完成23.256千米。

12月16日，省水利厅在海宁市丁桥镇举行钱塘江北岸标准海塘试验段开工典礼，省委常委、副省长柴松岳、刘锡荣等参加。

1997 年

2 月 25 日，省政府以浙政发〔1997〕32 号文件批复，同意建立嘉兴市杭嘉湖南排工程管理局，由嘉兴市负责组建和管理。

4 月 26 日，市政府在小尖山举行海宁市尖山治江围涂工程开工典礼，开始抛坝促淤。

6 月 23 日，省委副书记、代省长柴松岳，省委常委、副省长刘锡荣率省委、省政府有关部门负责人来海宁视察水利防汛工作，检查了老盐仓围堤、浙北线老海塘，对海塘防汛工作提出要求。

8 月，蓝田庙段海塘加固工程竣工。该段海塘全长 500 米，投资 150 万元，塘顶由 8.5 米加高到 10.5 米，建成百年一遇标准海塘。

8 月 18—19 日，遭 9711 号台风袭击，嘉兴市境普降暴雨到大暴雨，沿海三县（市）海塘台风、暴雨、大潮"三碰头"，出现历史最高潮位，海塘决口 99 处，加上内涝，全市直接经济损失高达 4.62 亿元。

12 月 26 日，杭州城市防洪工程——钱塘江海塘标准塘工程开工。该工程属国家计委立项批准的钱塘江北岸险段工程中的一段，防洪标准原规划为防御 100 年一遇洪水，实际按防御 500 年一遇洪水实施。工程分三期施工：第一期工程白塔岭至杭州木材厂段，于翌年 9 月完成；第二期工程观音塘至三堡船闸段，于 1998 年 11 月开工，翌年 9 月完成；第三期工程杭州木材厂至观音塘段，2000 年 11 月开工，翌年 7 月完成。三期工程实建标准塘 10.37 千米。

1998 年

3 月 22 日，尖山治江围垦工程首期 1.1 万亩围涂顺利合龙，围涂成功。

4 月 24 日，海塘乡场前至方家埭 4508 米 50 年一遇标准海塘动工兴建，7 月 20 日竣工。8 月 18 日，通过省、市、县三级有关部门领导、专家验收。

5 月 19 日，钱塘江北岸险段标准海塘正式开工。副省长章猛进、省政协副主席丁德云和来自太湖局、省水利厅、嘉兴市、海宁市的领导出席在海宁举行的开工典礼。

5 月 28 日，经省人民政府批复，嘉兴市杭嘉湖南排工程管理局成立。

该局主要职责为承担杭嘉湖南排 4 个枢纽工程与配套河道的管理及水政执法工作。

11 月，盐官下河枢纽主体工程建设完工。

1999 年

1 月 14 日至 15 日，杭州市人大常委会组织钱塘江标准堤塘建设视察活动。此次活动由丁可珍、张明光、华丽珍、李松春、蒋福弟等五位副主任以及李鸿昌秘书长带领，部分人大常委会委员、代表也参与其中。他们一起察看了下沙、滨江、西湖等沿江标准塘工程设施和建设现场。副市长安志云汇报全市水建设和下沙标准塘沉井质量事故查处情况。

3 月 20 日，海宁市处于强涌潮顶冲地段的盐仓试验段标准海塘工程开工建设。

6 月 9 日，因连续降雨，嘉兴河道水位普遍上涨，市防汛指挥部决定将尚未通过验收的南排盐官下河排涝枢纽，于 14 点 40 分首次开启 2 孔水闸泄洪，时下河与钱塘江水位差 1.4 米左右。次日 16 点 10 分增至 4 孔泄洪，11 日增至 6 孔继续排涝。

6 月 29 日，南排盐官下河枢纽工程通过完工验收。

7 月 15 日，尖山围垦第二块围涂土方工程全线竣工，实现围涂面积 9000 亩，尖山治江围垦一期（第一、第二区块）2 万亩促淤围涂工程基本完成。

9 月 22 日，省水利厅和杭州市政府组成联合调查组，对钱塘江北岸下沙段海塘沉井质量事故进行调查，并于 1998 年 10 月 26 日发出通报。

2000 年

7 月 11 日，嘉兴市政府颁布实施《嘉兴市杭嘉湖南排工程管理暂行办法》。

9 月 16 日，中央电视台一套、四套同时推出"2000 年钱塘江潮直播特别节目"，首次通过卫星向国内外传送"钱江潮"全过程。浙江卫视同步播出。

11 月，钱塘江北岸标准海塘盐仓段 3 千米及 1 座出江排涝闸动工兴建。

12 月，钱塘江北岸标准海塘盐官段 1.4 千米开工建设。

12 月 10 日至 11 日，省海塘办、省钱塘江管理局、绍兴市水电局、绍兴市水利水电工程质量监督站、绍兴县人民政府等单位，对绍兴县 1998 年度和 1999 年度建成的 11.8 千米百年一遇标准海塘工程进行竣工验收。

12 月 23 日，青山至鸽山段海塘开工，塘长 4350 米，标准按 50 年一遇和抗 12 级风浪设计，次年 9 月 15 日竣工。

2001 年

3 月，钱塘江北岸海宁段标准海塘秧田庙至盐仓大坝段 7.9 千米动工兴建。

7 月 18 日，省围垦局以《关于海宁市尖山段治江促淤围涂一期 01 围区工程可行性研究报告的批复》(浙围建〔2001〕16 号)，原则同意尖山段治江促淤围涂一期 01 围区工程，按甲类水利项目建设。围涂规模为 2.0 万亩，总投资 1.62 亿元。除按照省重点围涂工程补助政策给予补助外，其余由海宁市自行筹措解决。

9 月 6—7 日，省水利厅会同太湖局、嘉兴市有关部门单位，通过对南台头闸、上塘河排涝闸工程竣工验收。

11 月，钱塘江北岸海宁段标准海塘黄湾段近 1 千米开工建设。

2002 年

3 月 26—27 日，钱塘江北岸险段标准海塘工程 1999—2000 年单位工程通过验收。海宁段 11 个标段全部被评定为优良等级。

10 月，盐仓段 7.08 千米百年一遇标准海塘建成。

11 月 27 日，鸽山至杨柳山 50 年一遇标准海塘开工，全长 1.07 千米，至次年 8 月 15 日竣工。

2003 年

10 月 27 日，江泽民同志视察钱塘江北岸海塘并观看钱江潮。

11 月 25 日，海盐县黄沙坞治江围垦工程列入省发展计划委员会近年治江围垦建设计划。

2004 年

3 月 26 日，萧山县黄沙坞治江围垦工程在老虎山脚促淤坝上举行开工典礼，治江围垦工程全面启动。规划围垦总面积 2.25 万亩，分两期进行。一期工程围涂面积 1.25 万亩，二期工程围涂面积 1 万亩，堤线总长 8.31 千米，估算总投资 3.5 亿元。

10 月，位于长山北山脚至青山南山脚的小海标准海塘工程开工建设。按 50 年一遇标准设计，总长为 974 米。工程于次年 10 月 30 日竣工。

11 月 22 日，杭嘉湖南排盐官下河站闸枢纽单项工程竣工验收会议召开，会议决定将工程管理职能移交嘉兴市杭嘉湖南排工程管理局。

2005 年

4 月 26 日，尖山治江围涂工程自 1997 年 4 月 26 日抛坝促淤，至 2005 年 4 月 2 日全线封闭，实现围垦滩涂 6.3 万亩。是日，尖山工地举行尖山治江围垦二期工程封堵合龙仪式暨工程成功实施八周年庆典活动。

12 月 30 日，钱塘江盐仓段标准海塘工程通过省水利厅验收，被鉴定为优良等级。

2008 年

5 月 29 日，省委副书记夏宝龙在省水利厅陈川厅长陪同下来海宁调研水利防汛工作，先后察看了辛江塘、盐官排涝枢纽、盐仓海塘、尖山围垦区。

10 月 8 日—10 日，钱塘江海塘北岸险段标准塘工程竣工验收会在杭州召开，工程通过竣工验收。

11 月 19 日，"世纪钱塘，百年辉煌——浙江省钱塘江管理局建局 100 周年庆祝大会"在杭州举行，省委副书记夏宝龙到会致辞，省政协主席周国富为"钱塘功臣"戴泽蘅颁发证书。

12 月 8 日，支持扩大杭嘉湖南排杭州三堡排涝工程开工建设。

2009 年

6 月 12 日，由浙江省钱塘江管理局、浙江省水利河口研究院编制的《钱塘江北岸海塘应对超标准风暴潮研究》通过水利部验收。次年，该项目获 2010 年度水利部大禹水利科学技术二等奖。

2010 年

1 月 15 日，钱塘江南岸标塘工程竣工验收会在杭州召开，工程通过竣工验收。

11 月 9 日—11 日，钱塘江北岸省管海塘标准塘工程竣工验收会在杭州召开，工程通过竣工验收。

12 月 27 日，钱塘江首条隧道——庆春路过江隧道全线建成通车。

参考文献

［1］李海静. 从革命者到水利行家的蜕变：钟世杰访谈录［J］. 浙江水利科技，
    2020，48（01）：74-79.

［2］钱塘江志编纂委员会. 马席庆文存：治理钱塘江［A］. 1995.

［3］陈百先，章光彩. 中华水利史［M］. 台北：商务印书馆，1973.

［4］储裕生. 钱塘江工程考察记［N］. 申报，1946-08-15.

［5］茅以升. 塘工局局长茅以升谈整理钱塘江意见［N］. 东南日报，1946-08-10.

［6］戴泽蘅，李光炳. 钱塘江河口治理开发的回顾与展望［J］. 东海海洋，1989
    （1）：10-15.

［7］程晓陶，等. 智者乐水：林秉南传［M］. 北京：中国科学技术出版社；上海：
    上海交通大学出版社，2014.

［8］中国水利学会. 中国水利学会第二次全国会员代表大会及综合性学术讨论会
    汇刊［R］. 北京：中国水利学会，1963.

［9］钱宁，张仁，周志德. 河床演变学［M］. 北京：科学出版社，1989.

［10］中国水利学会围涂开发专业委员会. 中国围海工程［M］. 北京：中国水利
    水电出版社，2000.

［11］钱塘江志编纂委员会. 钱塘江志［M］. 北京：方志出版社，1998.

［12］韩曾萃，戴泽蘅，李光炳，等. 钱塘江河口治理开发［M］. 北京：中国水
    利水电出版社，2003.

［13］邸永君. 清代的拔贡［J］. 清史研究，1997，（1）：97-102.

［14］张继卫. 三家村［J］. 档案天地，2011（10）：9-13.

［15］韩曾萃，程杭平. 钱塘江江水含盐度计算的研究［J］. 水利学报，1981，（06）：46-50.

［16］韩曾萃，符宁平，徐有成. 河口河相关系及其受人类活动的影响［J］. 水利水运工程学报，2001，（01）：30-37.

［17］李锐. 要对得起自己的良心［J］. 各界，2016（6）：34-38.

［18］佚名. 建国以来关于三峡建设的争论［J］. 经济视角，1994（1）：40-41.

［19］三三〇工程局政治部. 缅怀敬爱的周总理［M］. 上海：上海师范大学，1977.

［20］李海静. "钱塘江工程科技群体采集项目"工作之点滴体会［N］. 中国科学报，2017-07-17.

［21］李海静，王淼. 亲历钱塘江河口治理开发过程的回忆：戴泽蘅、李光炳访谈录［J］. 中国科技史杂志，2015，36（2）：213-226+277.

［22］李海静，王淼. 我的钱塘江河口科研生涯韩曾萃访谈录［J］. 科学文化评论，2017，14（4）：85-102.

［23］赵渭军，韩海骞，林炳尧. 涌潮条件下排桩式低丁坝水力学冲淤试验研究［J］. 水动力学研究与进展（A辑），2001（1）：62-70.

［24］杨火其，王文杰，杨永楚. 强潮河口排桩式丁坝局部冲刷试验研究［J］. 水道港口，2001（3）：122-127.

［25］方正，严盛. 钱塘江强潮区排桩式丁坝设计探讨［J］. 浙江水利科技，2006（1）：64-67.

［26］赵渭军，严盛，宣伟丽，等. 桩式丁坝护滩保塘效果观测分析［C］//第十二届中国海岸工程学术研讨会. 2005.

［27］中国海洋工程学会. 第十二届中国海岸工程学术讨论会论文集［M］. 北京：海洋出版社，2005.

［28］赵渭军，严盛，宣伟丽，等. 强潮河口桩式丁坝减冲促淤效果研究［J］. 水动力学研究与进展（A辑），2006（3）：324-330.

［29］赵渭军，严盛，宣伟丽，等. 涌潮河口桩式丁坝的护滩保塘效果分析［J］. 水利学报，2006（6）：699-703.

［30］中国水利百科全书编辑委员会，水利电力出版社中国水利百科全书编辑部. 中国现代水利人物志［M］. 北京：中国水利水电出版社，1994：208.

［31］王申. 清代钱塘江中小亹引河工程始末：兼及防潮方略之变迁［J］. 清史研究，2019（4）：98-109.

［32］李海静，石云里. 从"防"到"治"：国民政府时期钱塘江防治理念的发展［J］. 上海交通大学学报（哲学社会科学版），2017，25（5）：81-89. DOI：10.13806/j.cnki.issn1008-7095.2017.05.009.

［33］林炳尧，黄世昌，毛献忠，等. 钱塘江河口潮波变化过程［J］. 水动力学研究与进展（A辑），2002（6）：665-675.

［34］林炳尧，黄世昌，潘存鸿. 涌波的基本性质［J］. 长江科学院院报，2003（6）：12-15.

［35］林炳尧，潘存鸿. 涌潮与激波［J］. 自然杂志，2015，37（2）：134-142.

［36］潘存鸿，林炳尧，毛献忠. 钱塘江涌潮二维数值模拟［J］. 海洋工程，2007（1）：50-56.

［37］朱军政，林炳尧. 涌潮翻越丁坝过程数值试验初步研究［J］. 水动力学研究与进展（A辑），2003（6）：671-678.

［38］林炳尧. 泥沙起动流速随机特征的初步分析［J］. 泥沙研究，2000（1）：46-49.

［39］曹颖，余炯，林炳尧. 钱塘江景观与文化关系初析［J］. 浙江水利科技，2006（3）：8-11.

［40］林炳尧. 浅水流中涌潮的形成［J］. 水动力学研究与进展，1988（4）：63-69.

［41］林炳尧，黄世昌，毛献忠. 波状水跃和波状涌潮的分析［J］. 水动力学研究与进展（A辑），1998（1）：106-115.

［42］林炳尧. 钱塘江涌潮的特性［M］. 北京：海洋出版社，2008.

［43］林炳尧. 涌潮随笔：一种神奇的力学现象［M］. 北京：高等教育出版社，2010.

［44］武际可. 记香港科技大学的两位力学家：谢定裕教授和许为厚教授［J］. 力学与实践，1997（3）：71-73.

［45］杨火其，蒋纬. 钱塘江河口护塘丁坝坝根防冲工程措施试验研究［J］. 浙江水利科技，2000（6）：8-10.

［46］JIANG WEI，TAO CUNHUAN. The Seawall in Qiantang Estuary. Engineered Coasts. Jiyu Chen，Doeke Eisma，Kenji Hotta and H. Jesse Walker，Eds. Dordrecht，Springer Netherlands.

［47］蒋纬. 钱塘江浮运沉井试验［J］. 浙江水利科技，1986（1）：8-19.

［48］熊绍隆. 潮汐河口河床演变与治理［M］. 北京：中国水利水电出版社，2011.

［49］陈吉余. 人工河口治理的典范及口外海滨治理的开端［J］. 河口与海岸工程，1998（4）：26-27.

［50］余祈文，符宁平. 杭州湾北岸深槽形成及演变特性研究［J］. 海洋学报（中文版），1994（3）：74-85.

［51］永宁县志编审委员会. 永宁县志［M］. 宁夏：宁夏人民出版社，1995.

［52］谢雪峰. 从全面学苏到自主选择：中国高等教育与苏联模式［J］. 高等教育研究，2001（4）：34.

［53］钱塘江下游赭山湾整治工程初步计划［C］. 浙江省水利厅档案，档案号：F-2-34.

［54］钱塘江丁坝坝头沉井的设计和施工［J］. 水利科技情报，1977（4）：2-22.

［55］周胜，倪浩清，赵永明，等. 钱塘江水下防护工程的研究与实践［J］. 水利学报，1992（1）：20-30+19.

［56］亚·温特. 苏联在新五年计划期间电气化将迅速发展［N］. 人民日报，1953-04-13.

［57］李海静，介玠. 心中有长卷，用奉献诠译的水利情怀：蒋纬先生访谈录［J］. 浙江水利科技，2020，48（4）：99-103.

［58］嘉兴市水利志编制委员会. 嘉兴市水利志［M］. 北京：中华书局，2008.

［59］林波. 钱塘功臣：戴泽蘅［M］. 杭州：浙江人民出版社，2013.

［60］钱旭中，周潮生. 塞文河口潮汐能开发方案研究近况［J］. 东海海洋，1983（3）：76-79.

［61］J.J. 德朗克，韩曾萃，周潮生. 河流、近海区和外海的潮汐计算［J］. 水利水运科技情报，1973（S5）：24-67.

［62］周潮生. 罗伯逊湖工程采用土工复合薄膜建坝的计划［J］. 浙江水利科技，1989（3）：16-22.

［63］余大进. 拉哥纳罗坝的上游防渗护面［J］. 浙江水利科技，1989（3）：47-51.

［64］B. A. Gross, R. Bonaparte, J. P. Giroud, et al. 填筑地渗漏检测层水流估评［J］. 浙江水利科技，1991（1）：11-18，62.

［65］J. Kisskalt，E. Cartung，周潮生. 填筑地中无纺土工布的长期过滤功能［J］. 浙江水利科技，1991（1）：32—36.

［66］周潮生. 关于江河志的思考：修改《钱塘江志》篇目考虑的几个问题［J］. 中国水利·水利史志专刊，1988（2）：967—969.

［67］周潮生. 论江河志与水利志的异同［J］. 浙江方志，1992（1）：1000—1004.

［68］周潮生. 关于《钱塘江志·人物章》的若干思考［J］. 浙江水利水电高等专科学校学报，1998（1）：39—41.

［69］李海静，王淼. 钱塘江海塘及涌潮景观申遗研究［J］. 中国水利，2015（4）：61—64.

［70］周潮生. 试论之江的形成［J］. 浙江水利水电专科学校学报，2001，（01）：42—43.

［71］周潮生. 天下奇观钱江潮［M］. 北京：中国水利水电出版社，1993.

［72］王桂芝，周潮生，章绍英. 钱塘江潮区的主要水文特征［J］. 水文，1982（4）：55—57.

［73］宋正海，赵叔松. 中国古代潮汐表［J］. 大自然索，1987（06，02）：175—179.

［74］林炳尧，周潮生，黄世昌. 关于涌潮的研究［J］. 自然杂志，1998（1）：28—33.

［75］陶存焕，周潮生. 明清钱塘江海塘［M］. 北京：中国水利水电出版社，2001.

［76］支向军. 试论钱塘江海塘的"寓工于兵"管理体制［J］. 浙江水利水电专科学校学报，1999（2）：31—34+24.

［77］宋正海. 中国古代潮灾综合研究中的几点思考［J］. 北京林业大学学报（社会科学版），2006（S1）：26—28.

［78］李海静. 坚毅务实勇立潮头：记百年钱塘江防治［M］. 南京：南京出版社，2021.

［79］潘存鸿，黄菊卿. 河口、港湾潮流数值模拟中的区域分裂法［J］. 东海海洋，1990（1）：27—35.

［80］潘存鸿. 用MAC方法模拟局部水流｜水深平均的 $K-\varepsilon$ 紊流模型及其在潮汐河口的应用［D］. 杭州：浙江大学，1993.

［81］李海静. 我所亲历的水利建设及涌潮研究：林炳尧访谈录（下篇）［J］. 浙江水利科技，2020，48（3）：75—79.

［82］潘存鸿，林炳尧，毛献忠. 求解二维浅水流动方程的Godunov格式［J］. 水

动力学研究与进展（A辑），2003（1）：16-23.

［83］潘存鸿，林炳尧，毛献忠. 一维浅水流动方程的 Godunov 格式求解［J］. 水科学进展，2003（4）：330-336.

［84］潘存鸿，徐昆. 三角形网格下求解二维浅水方程的 KFVS 格式［J］. 水利学报，2006（7）：858-864.

［85］孙中山. 建国方略［M］. 北京：中国长安出版社，2011.

［86］潘存鸿，韩曾萃. 钱塘江河口保护与治理研究［M］. 北京：中国水利水电出版社，2017.

［87］黄世昌，李玉成，赵鑫，等. Numerical Investigation of High Tide Level Due to A Super Typhoon in A Coastal Region［J］. China Ocean Engineering，2007（03）：471-484.

［88］赵鑫，黄世昌. 浙东沿海"9711"台风波浪场数值模拟研究［J］. 浙江水利科技，2006（3）：24-27.

［89］黄世昌，楼越平，周骥，等. 浙江省软土地基海塘的防浪特点研究［J］. 海洋工程，2002（4）：11-16.

［90］黄世昌，周骥，谢亚力，等. 浙江省海塘塘顶高程的确定［J］. 海洋工程，2001（4）：67-71.

［91］林炳尧，黄世昌. 涌潮作用下丁坝护面板水动力分析［J］. 河口与海岸工程，1998（4）：83-95.

［92］韩海骞，牛有象，熊绍隆，等. 金塘大桥桥墩附近的海床冲刷［J］. 海洋学研究，2009，27（1）：101-106.

［93］黄世昌，李玉成，谢亚力，等. 杭州湾湾内天文潮与风暴潮耦合模式建立与应用［J］. 大连理工大学学报，2010，50（5）：735-741.

［94］谢亚力，黄世昌. 钱塘江河口风暴潮经验预报［J］. 海洋预报，2006（1）：54-58.

［95］李来武，黄世昌，姚文伟，等. 象山县下沙和大峧沙滩修复工程设计研究与实施效果［J］. 浙江水利科技，2020，48（4）：65-68.

［96］吴创收，黄世昌，罗向欣. 三门湾海域悬沙输运特征及其影响机制［J］. 水运工程，2021（7）：7-13+31.

［97］姚文伟，黄世昌，刘旭. 淤泥质海床环境下的岬湾海滩补沙试验研究：以象山县下沙海滩为例［J］. 浙江水利科技，2017，45（1）：73-76+85.

［98］黄世昌，韩海骞，赵鑫，等. 浙东淤泥质潮滩试挖槽台风骤淤观测分析［J］. 泥沙研究，2009（4）：25-30.

［99］黄世昌，张舒羽，余炯. 杭州湾灰鳖洋海域海床演变趋势研究［J］. 泥沙研究，2005（1）：46-52.

［100］ZHAO X，SUN Z，HUANG S，et al. Numerical study of the tidal refraction effect on the open coast in southeastern Zhejiang［J］. Journal of Oceanography：edited by The Oceanographic Society of Japan，2020，76（2）：43-56.

［101］赵鑫，姚炎明，黄世昌，等. 超强台风"桑美"及"韦帕"风暴潮预报分析［J］. 海洋预报，2009，26（1）：19-28.

［102］黄世昌，李玉成，赵鑫，等. 浙江沿海超强台风作用下的风暴潮流［J］. 海洋通报，2008（05）：8-17.

［103］黄世昌，李玉成，赵鑫，等. 浙江沿海超强台风作用下风暴潮增水数值分析［J］. 海洋工程，2008（03）：58-64.

［104］MARK ELVIN，SU NINGHU. Man Against the Sea：Natural and Anthropogenic Factors in the Changing Morphology of Hangzhou Bay［J］. Environment & History. 1995：1.

［105］浙江省水利志编纂委员会. 浙江省水利志［M］. 北京：中华书局，1998.

［106］钟世杰. 浙江水利与新中国同兴：浙江水利60年回忆录［Z］. 杭州：浙江水利学会，2009.

［107］中国高考制度变迁史［N］. 北方周末报，2009-06-04.

［108］赵迎新. 国家记忆共和国难忘瞬间［M］. 北京：中国摄影出版社，2016.

［109］河海大学《水利大辞典》编辑修订委员会. 水利大辞典［M］. 南京：河海大学出版社，2015.

［110］《中国电力人物志》编审委员会，水利电力出版社《中国电力百科全书》编辑部. 中国电力人物志［M］. 北京：中国水利电力出版社，1992.

［111］贺海轮，刘杰. 中国共产党延安时期与延安精神研究系列丛书：延安时期著名人物［M］. 武汉：武汉出版社，2015.

［112］浙江省中共党史学会，浙江现代革命历史文化研究基地. 红色名人印迹［M］. 北京：中共党史出版社，2014.

［113］陈来华，徐有成，杨永楚. 钱塘江强潮河段修建护岸丁坝技术探讨［J］. 水利学报，2004（4）：86-90.

［114］朱军政，徐有成. 浙江沿海超强台风风暴潮灾害的影响及其对策［J］. 海洋学研究，2009，27（2）：104-110.

［115］韩曾萃，潘存鸿，姚汝祥，等. 钱塘江河口治理效益评估［J］. 浙江水利科技，2013，41（1）：41-42+47.

［116］徐有成，韩曾萃. 钱塘江河口水资源配置规划研究［J］. 中国水利，2007（5）：19-21+28.

［117］王立忠，吴有霞，徐有成，等. 钱塘江古海塘水动力作用试验研究［J］. 海洋工程，2012，30（3）：68-78.

后　记

2016 年，"钱塘江工程科技群体学术成长资料采集"项目在各方关心和支持下得以立项，这是"老科学家学术成长资料采集工程"的重要一环。立项之初，老科学家学术成长资料采集工程仅有两个项目涉及群体，群体项目在口述访谈对象、资料收集整理方式、总报告的撰写等方面均与个体采集项目不同。其涉及的人、事、物更为庞杂，采集难度也随之增大。在此，我就本项目开展过程中遇到的困难以及处理的方式谈一些个人的体会。

钱塘江防治工程历史悠久，古人修筑海塘防御海潮，今人则运用现代水利科技知识，实现了"江道整治与海塘修筑"并举。这一工程既解决了江道摆动不定、江宽水浅的问题，也修筑了更为坚固的海上长城。在工程实施过程中，人们有意保留了明清时期的鱼鳞古海塘，自然涌潮景观也得以延续，并产出了巨大的溢出效益——围垦土地，为少地的江南地区提供了稀缺的土地资源。而这一工程的完成并不是由某一个人在短期内实现的，而是几代人通过不懈努力、逐步摸索，历经近百年才逐步完成的。在这一过程中，涉及众多的人、事、物，如何确定访谈对象是项目组面临的首要问题。

经过前期深入的了解和调查，项目组将访谈对象确定为四类：水利河口专家、技术组织及管理者、一线工程技术专家以及已过世的专家学者。如此分类和确定采集对象主要基于以下几点考虑：

第一，水利河口专家主要涉及从事钱塘江的江道治理和科学研究的专家学者。这部分专家是采集的主体对象，主要包括三、四代从事钱塘江治理工程的总工程师和技术骨干，以戴泽蘅、李光柄为代表的第一代，以韩曾萃为代表的第二代，以潘存鸿为代表的第三代。每一代治江专家都面临着不同的责任和任务，将他们确定为采集对象有助于项目组全面掌握钱塘江在不同时期所开展的治理规划，以及不同时期专家研究内容和重点领域，有助于我们探微不同时代背景下行业的发展动态。本部分内容主要体现在书稿前三章。

第二，一线技术专家是直接参与治江工程实施的前线技术人员的代表，更应成为我们采集的对象，他们是真正的实施者。这部分访谈对象包括杨永楚、梁保祥和朱涤非，从清华大学的高材生到工人中成长起来的技术专家，他们在治江实践中不断学习和成长，亲历并造就了这一伟大工程。本部分内容主要体现在书稿第四章。

第三，技术组织及管理者是任相关主管部门的负责人。水利建设的开展离不开政府的支持。主管领导的思想、思路往往影响和决定着工程的发展方向。故项目组择选关键时期的关键领导作为采集对象，以进一步深入挖掘政府在水利工程建设中所扮演的角色及发挥的作用。我们选择了历经和主导大围垦工程的钟世杰老厅长和 20 世纪 90 年代亲历并支持千里标准海塘的陈绍沂老厅长。同时，选取钱塘江主管单位钱塘江管理局和科研单位浙江省水利河口研究院的两位负责人徐有成和叶永棋，请他们讲述从基础科研到管理体制的变革与发展。本部分内容体现在书稿的第五章。

第四，已过世专家的资料采集与整理。钱塘江治理工程历时长，很多老专家已离世。故人的贡献不能被后人遗忘，应被记录，因此您在书中会看到"记"的撰写方式，让后人讲出他们的事迹，我们记录下来，以确保这些珍贵的历史信息能够得以传承。这项工作将有助于我们全面系统地了解治江工程开展的真实历史过程，尊重并铭记不同专家学者的贡献和付出。书稿付印之际，受访者中已有 7 位亲历者离世。

整篇书稿的撰写紧紧围绕着"钱塘江防治工程"展开，每一篇个体访谈都服从和服务于这个主体内容，既讲述个体的成长背景和经历，又不离治江这一主线，旨在让读者在了解治江故事的同时，深入探索个人成长与亲历事件之间的微妙关系。

六年时间，点滴积累，多方支持，书稿才有了今日的面貌。自项目开展以来，我深刻体会到老科学家采集工程培训课程中各位专家所强调的采集"态度"的重要性。这是一项繁琐的工作，尤其是资料收集整理，看似简单机械，实则充满挑战。能不能收集到资料，能收集到多少资料，取决于专家对项目组的信任程度。如果能得到专家及其家人充分信任，后续工作开展也将非常顺利。资料的收集整理是对口述访谈内容的辨误和纠错过程。每个专家都是普通人，作为人就有其优缺点，也有愿意或不愿意表达的过往。但是，作为以史学研究为出发点的采集工程，就需要采集项目组探究历史真相，还原和呈现真实的历史面貌，刻画出一个个真实、生动、有血有肉的人物形象。吹捧和恭维都不是史学研究者该做的事情。

我们虽然竭尽所能，但书中仍免存在诸多不足，也请同行、前辈不吝赐教，留作后续研究完善补充。